*Autism*
*The Potential Within*

# 孤独症儿童
# 社交、语言和行为早期干预
# 家庭游戏 PLAY 模式

[美] 理查德·所罗门（Richard Solomon）◎ 著
王崇颖　李巧毅 ◎ 主译

# 著译者名单

**作者**　理查德·所罗门（Richard Solomon）
**主译**　王崇颖　李巧毅

**其他译者**（以参与程度为序）
潘晓光　赵　妍　马丽娜　李美妮
李　谦　国小天　苑子华　修雨昕

此书献给我的妻子——陪伴我 44 年的爱人——琳达（Linda），以及我亲爱的孩子们——安娜（Onna）和加布（Gabe），是他们的爱和鼓励，支持我，让我可以致力为孩子们提供服务。

此书献给所有孤独症孩子及其家人，是他们让我对人文精神和每个人的内在潜能都有了更深刻的理解。

# 推荐序一
## 了不起的老顽童——所罗门医生

当一个孩子被诊断为孤独症时，医生会清晰地告知家长，孤独症目前没有特效治疗方法，但早期开展的心理社会干预可以显著改善孩子的不良行为。多数家长知道这点，但接下来他们会面临的主要问题是：市面上的干预方法似乎太多、太杂，哪一种方法最为有效？我应该为孩子选择哪一种干预方法？家长如果选择机构干预，首先效果如何很难预知，每年数万甚至几十万的干预费用往往让人望而却步；如果选择家庭干预，实施起来并也不容易，家长应该从何入手？时间、能力、精力都有限的情况下，家长能行吗？

那就让我们一起翻开《孤独症儿童社交、语言和行为早期干预：家庭游戏PLAY模式》一书，看看孤独症儿童雅各及其父母在美国密歇根安娜堡PLAY项目中心的理查德·所罗门（Richard Solomon）教授的指导下走过的早期诊断和早期家庭干预的历程。

如果您的孩子是一个典型的孤独症儿童，我相信您在阅读本书时一定会产生强烈的共鸣，雅各的表现和您的孩子的表现是如此的相似；您现在的迷茫其实也是雅各父母当初的迷茫；雅各父母面临的选择困难可能也正是您现在面临的困难；您的孩子在干预过程中出现的所谓"瓶颈"似乎在雅各身上也同样出现；我也相信，雅各的最终的进步和干预成果也会是您所追求和期待的。

"人类最复杂的功能是什么呢？那就是语言和社交技能，而这是孤独症的核心障碍。""最重要的是不要让雅各长时间自己一个人玩。""我能告诉你们最重要的事情就是，即使雅各看起来很喜欢一个人玩，也不要让他长时间独自玩耍，不要让他长时间看电视或一遍又一遍地玩同样的玩具。""当你和孩子都玩得很开心的时候，你的PLAY模式就做对了！"……每每看到这些金句，我都会会心一笑，正所谓"英雄所见略同"。

所罗门教授在成立PLAY项目私人执业之前，就职于美国密歇根大学安娜堡分校，他是国际著名的发育行为儿科学家，是我的同行，2017年7月，在我的学生，也是他的PLAY项目助理李巧毅医生（本书的译者之一）的引荐下，他来到中国访问了我院儿童发育行为中心，举办了PLAY项目工作坊。我们由此相识，一番交谈，共同的事业，共同的理想，共同的发展干预理念，让我们深感相见恨晚，他成了我的老师和好朋友。从那时起，所罗门教授往来中国多次，向国内众多的大学、医院、孤独症干预机构传播他所建立的PLAY模式，受到广大专业人员和家长的热烈欢迎和广泛好评。当《孤独症儿童社交、语言和行为早期干预：家庭游戏PLAY模式》一书的中文版完稿时，所罗门教授希望我能够为这本书写一个序言，我感到莫大的荣幸，欣然应允。

在诸多不同类型的孤独症谱系障碍中，占比较大的是存在早期语言发育迟缓、社交沟通缺陷、兴趣局限、行为重复刻板的典型孤独症，这本书特别适合有这类孤独症的儿童的家长阅读，当然，这本书也特别适合广大医院和机构的专业人员和老师阅读，在我国孤独症诊断干预资源匮乏的情况下，专业人员指导家长开展家庭中和自然情境下的干预是一条必由之路。

在美国，很多孤独症儿童和家长将所罗门医生称为"好玩的医生"（the fun doctor），我见识过他的"好玩"，我亲切地叫他"老顽童"。在我看来，一个让孤独症儿童觉得好玩又会玩的医生，是成为一个优秀的孤独症专家的天然优势。

所罗门教授还是一个中国传统文化的爱好者，在和他的交流过程中，他时不时应景地吟诵一首唐诗宋词。在最后，我愿意用在本书中所罗门教授为激励家长所引用的一句《道德经》中的成语作为结束语：千里之行，始于足下。

邹小兵

中山大学附属第三医院儿童发育行为中心

教授、学科带头人

2024 年 8 月 27 日

# 推 荐 序 二

理查德·所罗门（Richard Solomon）教授创立了"家庭游戏 PLAY 模式"（PLAY PROJECT），该模式是基于自然发展策略的家庭干预方法，不仅能让家长了解孩子的感知觉特点，而且能让家长学会在格林斯潘定义的"儿童功能发展水平"上与孩子快乐互动的技巧。这使得日常养育孩子的时光成为干预过程，家长与孤独症孩子逐渐建立亲密的亲子关系，释放了焦虑，陪伴孩子快乐地成长。家庭游戏 PLAY 模式是有循证医学依据的早期自然情境干预的家庭干预方法，已经被国际学界认可。在美国，已经有十多个州将家庭游戏 PLAY 模式纳入孤独症儿童的法定干预项目。在全球，目前已有 12 个 PLAY 大中心，超过 180 个康复机构或中心正在使用 PLAY 模式，有超过 1000 名已受训的 PLAY 模式家庭顾问（PLAY Project Consultant，PPC）。

2021 年，我获得科技部项目的支持，开始与所罗门教授合作，在全国建立了多中心研究团队，在武汉（华中科技大学同济医学院附属同济医院儿童保健科）、福州（福建医科大学附属福州儿童医院）、郑州（郑州大学第三附属医院儿童发育行为科）、浙江（浙江大学医学院附属儿童医院发育行为科）和深圳（南方医科大学深圳医院康复科）等地培养了 30 名 PPC，并开启了家庭游戏 PLAY 模式在中国的实践与研究。目前该研究已经纳入 150 余名孤独症儿童，并取得了显著成果（研究成果还没有正式发表）。在随机队列研究过程中，我们发现通常在实施 PLAY 干预 1 个月左右，家长们就能迅速缓解焦虑，获得与孩子进行快乐互动的能力，从而增强了使孩子康复的信心。他们通过应用家庭游戏 PLAY 模式的技巧在日常生活场景中给自己的孤独症孩子做游戏干预，成功地让孩子的功能得到了迅速的发展。家长们都深信家庭游戏 PLAY 模式能帮助他们的孩子在今后取得更大的进步，真正做到融入家庭、学校和社会。

2023 年，美国疾病预防和控制中心（CDC）报道孤独症谱系障碍 8 岁儿童患病率为 1/36，给社会带来了极重的经济负担。由于孤独症谱系障碍个体差异性较大，大多数家长甚至包括一些医生对孤独症的认识并不深刻，再加上家长能力培训方面的相关资源比较匮乏，所以无论是在识别孤独症的临床特征上还是在孤独症的诊断和干预上都存在较大的困难。《孤独症儿童社交、语言和行为早期干预：家庭游戏 PLAY 模式》很好地普及了孤独症儿童的临床表现、异常行为、特殊感知觉和情绪问题，让读者更好地了解孤独症，尤其是高功能孤独症儿童的早期表现，以及基于自然发展策略适用于不同障碍程度的孤独症的家庭干预方法——家庭游戏 PLAY 模式。

本书完整地描述了所罗门教授辅导一个名叫雅各的孤独症儿童的家长运用家庭游戏 PLAY 模式的过程，使读者得以跟随雅各的父母一起学习如何通过以孩子为主导的游戏，与孩子建立交流环，从而对孤独症儿童进行早期干预；学习区别对待孤独症儿童的"良好行为、不良行为和不适当行为"，从而改善儿童的行为问题；学习帮助孤独症儿童进行情绪管理的具体措施。全书的语言表述生动有趣，所述的兔子洞等技巧实践性强。

相信本书能够惠及更多的中国孤独症家长，让家长能悦纳孤独症谱系障碍孩子，学会在自然情境中、居家条件下对孩子进行早期干预，迅速领悟"和孩子在一起"的真正意义，学会与孩子快乐地玩耍并在愉悦氛围中发展孩子的人际关系，学会处理孤独症孩子的情绪和行为问题。也希望家长们通过学习能迅速成长，获得培训孤独症孩子的能力，并减轻自己的焦虑，与孩子共同成长。

郝燕博士

博士生导师、主任医师

华中科技大学同济医学院附属同济医院儿童保健科主任

2024 年 9 月

# 中 文 版 序

我感到非常荣幸能够为我的著作中文译本首版撰写序言，这本书的中文书名为《孤独症儿童社交、语言和行为早期干预：家庭游戏PLAY模式》。在过去五年里，我曾多次前往中国，走访了许多城市，从北京到广州和深圳，从昆明到苏州和杭州。在这些旅程中，我对中国人民和中国的家庭有了更深入的了解。我结识了许多为孤独症儿童提供服务的专业人士，也遇到了不少孤独症儿童的家长。

我了解到，中国家长非常疼爱自己的孩子，并且特别重视孩子的学习成绩。他们不仅希望孩子具有善良、勤奋的品德，还期望他们在学业上取得优异的成绩。当孩子被诊断为孤独症并且在学习上遇到困难时，家长们自然会感到非常担心和焦虑。

曾经有一些中国朋友告诉我，中国家长普遍不太重视跟孩子的玩耍互动，他们更希望孩子能够成绩优异，学业有成，日后成为对社会有贡献的一员，而玩耍在他们看来并不是通向成功的途径。然而，我在中国的经历却让我看到，几乎所有我遇到的中国家长都能够成为孩子喜欢的玩伴，并且他们能够非常高效地运用PLAY模式来帮助他们的孤独症孩子。

这本书的核心就是讲述一种基于富有趣味性的互动的干预模式——PLAY模式。这种模式通过有趣的互动实现干预目标，其有效性已经得到扎实的科学研究的证实。我常常开玩笑说："我们是认真地对待玩耍。"在书中，我通过讲述雅各一家的故事介绍PLAY模式。雅各在很小的时候被诊断为孤独症，当时他几乎没有语言，总是沉浸在自己的世界中，发展远远落后于同龄孩子。雅各的父母采用了PLAY模式进行家庭干预，认真对待每一次与雅各的玩耍互动，他们了解到评估和接受雅各所处的功能发展水平的重要性，并且他们能够在雅各实际的功能发展水平上跟他进行玩耍互动。通过这种干预方式，雅各获得了明显的进步。最终，雅各在五岁时已经为入学做好了准备。

书中每一章的内容其实就是雅各一家跟我的一次会面过程。读者不需要按顺序从头到尾阅读，可以先阅读每一章结尾的总结，看看这一次的会面谈话里有没有感兴趣的内容。

第一部分的内容是关于孤独症的诊断过程以及开始对孤独症孩子进行干预的最好方法。其中所推荐的一些建议可能仅适用于美国，但我相信里面的每一条建议都能够为中国家长在选择有效的干预模式方面提供思路。

第二部分详细地介绍了PLAY模式，并描述了当雅各的父母学会用正确的且是雅各喜欢的方式跟雅各进行他喜欢的活动时，雅各获得进步的过程。我常说："当你做孩子喜欢的事情，孩子就会喜欢跟你在一起。"在这一部分的章节里我讲述了雅各在一开始的时候只待在自己的世界里面，他的父母是如何学习并运用PLAY模式的四个原则和五个方法，最终成功地跟雅各进行社交互动，并与他一起享受快乐的时光。第二部分的每一章都展示了像雅各这样的孩子是如何获得进步的。我相信读者会觉得第11章"转折点！"特别有趣。

第三部分探讨了雅各在成长过程中所遇到的各种行为问题。与中国家长一样，雅各的父母也希望雅各能够遵守良好的行为规范，与他人和谐共处。在第三部分中，我分享了我的育儿理念和方法。

我希望读者在阅读这本书时，会发现它不仅有趣、引人入胜，而且，也是最重要的，非常实用。我相信玩耍的力量，一部分原因是科学研究已经证明所有哺乳动物都天生具有玩耍的能力，更重要的原因是，在我 25 年的发育行为儿科工作实践中，我亲眼见证了玩耍的实际效果。我非常高兴能够与中国的家长们分享这些实践成果，并衷心祝愿他们能够成功地帮助孩子提升能力，为孩子未来的学习做好准备。

理查德·所罗门（Richard Solomon, MD），美国发育行为儿科教授，现任美国安娜堡发育行为儿科中心医疗主任、美国儿科学会委员以及美国儿科学会密歇根州分会发育行为儿科委员会主席。

所罗门教授创立的 PLAY 模式（Play and Language for Autistic Youngster Project, PLAY Project）获得美国国家心理健康研究院（NIHM）的研究资助并取得了扎实、有效的科学依据。目前 PLAY 模式已在全世界 10 个国家得到应用，为千万个家庭提供了低成本且高效的家庭干预服务。

所罗门教授担任《儿科学》（*Pediatrics*）、《发育行为儿科学》（*Journal of Developmental and Behavioral Pediatrics*）以及《孤独症与发展性障碍》（*Journal of Autism and Developmental Disorders*）期刊编委。因在孤独症领域突出的工作表现，所罗门教授在 1998 年获得宾夕法尼亚州精神发育迟缓人士协会颁发的"年度专业人士"奖。2023 年，所罗门教授应邀在美国特殊儿童委员会学前教育分会（Division for Early Childhood, DEC）的大会作题为"孤独症：家长实施干预的五个公共政策论点"（Autism: 5 Public Policy Arguments for Parent Implemented Interventions）的主题演讲。

# 原书推荐序

1972年，上高中时，我选修了一门儿童早期发展课程。老师曾在课堂上放了一部很老的黑白电影。这部电影讲述了一位母亲养育孤独症儿子的故事。影片中的小男孩长得很漂亮，他已经3岁大了，但还不会说话，也不看妈妈（更不用说吃妈妈给的食物了）。电影的旁白解释说，这个孩子有孤独症，需要去精神病院治疗。

1994年，当我怀着第一个孩子时，我在当地的一家书店翻阅到一本新出版的育儿书，书中按照字母顺序记录着有可能会危害儿童健康的疾病。在查看以字母"A"开头的疾病时，我注意到在孤独症的治疗方面并没有任何进展，情况还像我在1972年看过的那部电影讲述的一样。这本新出版的书指出孤独症儿童无法康复，需要住院治疗。于是，当我的第一个孩子按时到达每一个发展里程碑时，我都会暗自庆幸。

1998年，我的第二个孩子出生了。在他很小的时候，我就发现了他的第一个孤独症症状。那一天晚上，我正在给他喂奶，我发现他并没有看着我。他躺在我的左侧臂弯，却一直盯着我右侧的百叶窗。意识到这一情况后，我立刻放下奶瓶把他"换"到我的右侧臂弯。在这个过程中，当他的脸逐渐贴近我的脸时，他的**目光移开了**，他不看我。在新的位置上，他不再望向百叶窗了，因为百叶窗现在处于他的后方，他一直注视天花板上的光线。几分钟后，我放下奶瓶，再一次把他"换"到我的左侧臂弯，跟上次一样，他依然**逃避了我的目光**。在那一刻我突然意识到，他逃避对视的样子跟我在1972年看的那部电影里的小男孩是一样的。

那时候即使是十分出色的儿科医生也不知道该如何帮助我的小儿子康复。医生跟我和我丈夫说言语语言治疗、作业治疗和物理治疗可能会对我们的孩子有帮助，但我们的孩子还太小，无法长时间安坐或集中注意力，疗效会受到影响。于是我们带他到附近的一家治疗机构进行了评估，医生建议我们立即开始对孩子进行言语语言治疗、作业治疗、物理治疗和感统训练。可是经过了九个月的干预治疗，孩子依旧不会说话，其他方面也收效甚微。治疗机构的工作人员建议我们找孤独症专家所罗门医生咨询。

2001年2月，我们见到了所罗门医生。当时我们的儿子已经2岁6个月了，有着漂亮的红色卷发和黑色的眼睛。他的目光在房间里面游离，却从不跟我的眼神接触，这让人觉得他茫然又冷漠。所罗门医生仔细观察了我们的儿子之后，明确地说孩子有孤独症谱系障碍。尽管两年多以来我们一直怀疑孩子有孤独症，可是当所罗门医生证实了我们最担心的事情时，那一刻我的心仿佛停止了跳动。不过所罗门医生鼓励我们，他说孩子拥有参与互动的能力，是PLAY模式的最佳人选。这让我看到了希望。

所罗门医生的PLAY模式就像是在非常黑暗又可怕的荒野中伫立起的一座希望灯塔。与那些描述孤独症治愈无望的书本不同，所罗门医生给我们展开了一幅如何帮助孩子发展的详细规划图。当他告诉我PLAY项目需要每周进行20小时的游戏治疗时，我十分坚定地回答："如果能帮助孩子进步，就算要每周7天、每天24小时我都能做到！"

克里斯蒂·普拉特（Christy Pratt）是我们PLAY模式的家庭顾问。她第一次家访是在2001年5月。那时我们儿子的实际年龄是2岁8个月。但是（几年后）克里斯蒂告诉我，孩子当时的功能发展水平只有9个月。之后的每个月，她都会拍摄我和我丈夫跟孩子玩耍的视频，并将视频转发给所罗门医生。所罗门医生会查看视频，并打电话（或发电子邮件）对我们进行指导，告诉我们下个月应该如何与孩子玩耍，以帮助孩子进入下一个发展阶段。

我们是参加PLAY模式的第十九个家庭，当时这个项目是密歇根大学的一个新项目。虽然在2001年这一项目还处于试验阶段，但这种基于游戏的疗法对我和我丈夫来说是很有帮助的。起初我们不明白**如何**"跟随孩子的引导"，这使得我们运用所罗门医生推荐的PLAY策略有一定的困难。然而在我们掌握了诀窍之后，我们发现PLAY模式的策略是具有创造性和开放性的，并且非常有趣！我和我丈夫常常会在此基础上想出新的方法实施PLAY模式。例如，我开发了"快乐或悲伤表情游戏"，这个游戏可以帮助孩子在他会说话之前表达他的情绪（到目前为止，恐惧是他最常出现的情绪）。我丈夫开发了另一个游戏——在跟孩子荡秋千时说出身体部位的名称。在荡秋千时，我们可以一边教孩子身体各个部位的名称，一边和孩子互动玩耍。

进行了几个月的PLAY模式后，我们的儿子有了很大的进步。他终于说出了一个词——"阿奇"（Ahkee）。虽然当时没有人知道它的意思，但他的表达欲望突然变得很强烈，开始频繁（几乎是持续不断地）地使用这个词。一年后，在他4岁生日之前，他开始真正会讲话了。此后不久，当我问他"阿奇"是什么意思时，他用小手摸着我的脸，看着我的眼睛，高兴地回答："妈妈！阿奇是妈妈！"

我们家持续参加了三年PLAY模式，所罗门医生每月都会看我们的视频，并给予指导。他的建议都非常中肯、有用、让人安心。他好像对孩子在想什么、孩子的下一个发展阶段是什么都了如指掌。

虽然PLAY模式是为年幼的孩子设计的，但即使儿子长大了，我们依旧频繁地使用PLAY模式的"干预框架原理"培养他的能力，那些许多普通儿童似乎自然而然就能拥有的能力，比如想象力、灵活性、专注、同理心和幽默感等。我们的儿子现在已经17岁了，他的语言和社交能力跟普通高中生无异。他的成绩非常好，他也是一个快乐的、极富幽默感的、适应力强的、善解人意的小伙子。

我知道当获悉自己的孩子被诊断有孤独症时，父母会产生极度的恐慌：一旦想到"孤独症"这个词跟自己的孩子有关系，心就会隐隐刺痛。然而，对于孤独症儿童的家庭和孩子本身来说，PLAY模式就好比是绝望荒野中的希望灯塔。我不敢想象如果没有所罗门医生和PLAY模式，我的儿子和我的家庭会变成什么样子。

丽莎·格里奇科（Lisa Gretchko）
2016年2月8日

# 致　　谢

在过去的二十五年里，我在办公室里接待了数千个孤独症谱系障碍儿童及其家庭，这是我把他们的生活和经验写成书的动力来源。我首先要感谢"我的"家庭和"我的"孩子们，他们让我更理解人文精神，让我知道每个人的内在潜能都是无穷的。我们会悲伤，但仍能够应对；我们会不知所措，但仍可以克服；我们会面临各种挑战，但依然能成长和发展，能欢笑、快乐，能去爱。

其次，我要感谢我的导师和同事——斯坦利·格林斯潘医学博士（Stanley Greenspan, MD）和塞蕾娜·维尔德博士（Serena Weider, PhD），还有里基·罗宾逊医学博士（Ricki Robinson, MD），他同时也是公共卫生硕士，是他们激励我为孤独症儿童及其家庭提供基于发展、个体差异和人际关系的方法（即地板时光）。几十年来，我们一直专注于如何使用应用行为分析（Applied Behavior Analysis, ABA）、斯金纳主义、行为主义等方法"由外而内"地改变孤独症儿童的行为，这些是美国最常应用的方法。斯坦利·格林斯潘一直致力于儿童情感生活和功能性情感发展重要性的基础研究，尽管他已于2010年去世，但他的研究方向至今依旧是研究热点。塞蕾娜·维尔德绘制了我们现在都参照的"地图"，这一地图可以提高孤独症儿童的象征性能力和想象力。里基·罗宾逊也是我的榜样，他向我展示了作为一名称职的孤独症儿科医生应该具备的能力。斯坦利、塞蕾娜和里基教会我一种方法，这种方法的理念是坚信儿童具有**内在**成长的独特潜能。如果没有上述各位前辈和同行的指导和启发，我不可能写出这本书。

PLAY模式是一种基于严格循证模型的研究（见附录A）。2007年，吉姆·莱迪（Jim Lyddy）向我分析了该项目获得美国联邦研究资助的可能性。佩里·齐默尔曼（Perri Zimmerman）是一位出色的研究经理，他把2009—2012年间美国国家卫生研究院（National Institutes of Health, NIH）的拨款管理得井然有序。罗恩·麦奥博士（Ron Maio, DO）帮我准备了研究手稿，并在方法论方面提出了重要的建议。我在密歇根州立大学社区评估和研究协作中心的同事劳里·范·埃杰伦博士（Laurie Van Egeren, PhD）和梅丽莎·昆–哈伯博士（Melissa Quon-Huber, PhD）对该项目进行了严格的评估。最后感谢我的朋友兼同事杰瑞·马霍尼博士（Jerry Mahoney, PhD），他是俄亥俄州凯斯西储曼德尔应用社会科学学院的教授，不仅允许我们使用他的测量结果，而且在整个研究过程中给予了实用的建议和指导。在这个循证实践的时代，即使是再精美的临床模型，如果没有好的研究数据支持，也常常会被忽视。

还有来自我深爱了四十四年的妻子琳达的支持，她给了我写这本书的空间，让我可以数小时、数个周末和数月都沉浸在书稿的编写中，让我能够精心打磨这本书的内容。她也阅读了其中的一些章节，并给予了只有妻子才会提出的最真诚的意见。她让这本书变得更好了。我亲爱的女儿兼同事安娜支持我，鼓励我，给予我批判性的意见和建议。我是两个成年人的父亲和四个孩子的祖父，他们和我一样居住和工作在安娜堡市。感谢他们的理解，理解他们的爸爸或爷爷一直在忙着写书，在本书完成后我会和他们共度更多的欢乐时光。

最后，我还要感谢许许多多帮助过我的人。非常感谢弗兰克·墨菲（Frank Murphy）完成了本书最终的编辑工作，尼克·维特尔（Nick Vetter）在出版本书的技术方面提供了帮助，以及露露出版社（Lulu Publishing）的所有员工，他们让出版过程进行得很顺利。

# 全书概述

**孤独症儿童希望自己的世界能一直保持不变。**这种重复和孤立的倾向往往剥夺了他们充分发挥内在潜能的机会。然而，如果他们的家人，还有与他们时常相处的专业人员知道如何发掘每个孩子的潜能，那么通过早期密集干预，许多孤独症儿童就**能够**获得必要的语言和社交技能，具备良好的社会功能。

在过去的二十五年中，我作为一名发育行为儿科医生，跟踪了数千名孤独症幼儿（14个月至6岁）和大龄儿童，并从他们身上找到了儿童成长发展的进程与规律，这是可以帮助他们变得更好的方法。当这些儿童在生命早期便接受适当的、个性化的和基于人际关系的干预时，其中许多儿童都能在发展上取得巨大的进步，并且大多数是实质性的变化。作为一名儿科医生，我接受过专业训练，能够仔细倾听父母的倾诉，并给予科学合理和专业性的实用指导。在本书中，我会设身处地地给出专业建议，那就是如果我的孩子有孤独症，我会怎样做？

在孤独症儿童家庭来找我咨询期间，我经常记录我与他们之间的讨论。本书记录了雅各家（作为大多数孤独症儿童家庭的缩影）"咨询"时的一系列讨论。雅各是众多孤独症儿童的代表。本书记录了雅各从确诊孤独症到上学前班的整个过程。一路走来，我与雅各一家合作，以最实际的方式帮助雅各在思维、情感和社交方面发展。我希望其他家庭也能从雅各一家的经历中找到共鸣，发现自己所处的阶段，从而引导孩子到达下一个潜力层级。[①]

- **第一部分：首先要做的事。**我陈述了孤独症儿童家庭在儿童初诊时需要考虑的所有事项，包括孤独症的基本信息、最有价值的相关网站和资源以及最佳干预类型。
- **第二部分：PLAY模式的应用。**我提出了基于游戏和发展的孤独症干预方法。每个父母都想和自己的孩子建立更好的关系。PLAY模式是一种家长在家庭实施的干预模式，它促进亲子间的游戏互动，帮助孩子提高其功能发展水平（见**术语表**），并让父母享受成为孩子最佳玩伴的快乐。我从雅各接受密集干预的起始阶段一直随诊到他上小学。
- **第三部分：日常麻烦。**我讨论了如何使用"行为干预"作为帮助孤独症儿童成长和学习适当行为和社交技能的方法，介绍了可以帮助父母应对最常见困境（如在公共场合发脾气、同胞竞争、如厕训练困难、挑食等）的"育儿方案"。我还讨论了药物治疗对雅各的行为和情感问题的改善是否有帮助。
- **在每次咨询结束时**，我会提供一份简要的总结、一份相关**资源和网站**列表[②]，以及说明下一阶段的发展方向。

---

[①] 译注：本书虽然以雅各从确诊孤独症到上学前班为时间轴纵向展开，但重点是要突出如何应对雅各成长中遇到的问题，因此，每章（尤其第二部分和第三部分）里雅各的年龄前后重复或跳跃，并未随着访谈时间的推进而呈现递增的趋势。

[②] 编注：此资料已转为线上资源，可前往"华夏特教"微信公众号浏览获取。

根据我的经验，我知道父母希望他们的孩子至少能够达到以下三个基本要求。第一，孩子能够与父母建立一个亲密无间、充满爱和令人满意的关系。第二，孩子能够在思维、语言、行为和社交技能方面取得进步。第三，孩子能够在艰难的世间生存并茁壮成长。我相信把有趣的互动与其他治疗及学校教育相结合，是帮助父母实现其自身期望、帮助孤独症孩子达成父母对他们的期望的关键。另外，围绕孩子热爱的东西所建立的社交基础能力也是所有孩子都需要的。我常对父母说："当你做孩子喜欢的事情时，孩子就会喜欢和你在一起。"这种爱促使孤独症儿童更愿意融入社会。在这个残酷的世间，尤其对孤独症儿童而言，光有智商是不够的，情商才是成功的关键。

我学到的另一个关键内容就是，家庭需要希望。我曾见证过那么多的孤独症儿童得以改善，因此我可以给予家长真正的希望。希望，就是在悲伤中握着你的手，让你接受现实。接受，能让你看清你的孩子的真实情况，而且正如我经常对家长说的，"接受孩子的真实状况，才是帮助他们发挥全部潜能最好和最快的方式！"

总而言之，对大多数孤独症儿童来说，如果给予他们早期的、密集的干预，他们将来就有可能拥有不错的社会功能。不同儿童孤独症的严重程度各不相同，虽说只有一部分孤独症儿童会不断地进步，最终脱离谱系，但大多数孤独症儿童也会在思维、情感和社交方面稳步发展，尽管他们还是会表现出各种孤独症的症状。我不否认父母在帮助孩子时会面临各种困难，我也不否认父母所经历的悲痛，但我也不是在给父母虚假的希望。不仅我可以亲自证明大多数孤独症儿童在接受早期密集干预时取得了惊人进步，还有越来越多的科学文献（包括我们自己的文献，见**附录 A**）支持我的临床观察。

欢迎来到我的办公室。我诚意邀请您一起见证我陪雅各一家共同探索，帮助雅各充分发挥潜能的过程。

# 序　言
## PLAY 模式的由来
（致查尔斯）

我将在第 1 章给大家介绍雅各一家。在这之前，我想告诉你们，我最初是如何得知孤独症儿童看待世界的方式的。

## 石溪湾的初遇

20 世纪 70 年代，我在上医学院之前曾在一所公立的特殊学校当了两年的"心理健康辅导员"。这所学校有一个很好听的名字，叫"石溪湾"。在这所学校里面有着整个安娜堡市行为表现**最差**的孩子。这些孩子大多数是孤独症儿童。也就是在这里，我遇到了 10 岁的查尔斯。他是一个高功能孤独症儿童，能说会道，很聪明，但也有可怕的攻击行为，比如尖叫、打人、骂人，甚至故意呕吐。

查尔斯有很多有意思的地方，例如，他走路的方式很奇怪。他每次走路的时候，都是先向前迈一步，接着后脚抬起往后晃动，同时双臂微微向上弯曲，伴随着每一次的摇晃步伐他轻轻地挥动双手，看起来像是一只想要起飞的小笨鸟。他**总是**用这种"摇晃的步伐"走路。于是我们每次外出时，他看起来都很古怪，而且走路的速度很慢。**加油啊！查尔斯，你走得太慢了。**

在我和查尔斯相处几个月后，终于有一天，我问他：

"查尔斯，你**为什么**要这样走路？"他的回答让我吃惊。

"我在撤回往前走的那一步。"他一脸平静地说，好像我原本就该知道似的。

"撤回？"

"是的，我向前迈了一步，然后又后退一步，这样就**撤回**了。"

我明白了，他不是要往后晃动身体，而是在**后退**。

至少在查尔斯看来，他这样做就可以保持原地不动了。这样他就可以**让世界保持不变**，这是所有孤独症儿童的生活主题。查尔斯教给我的这个知识点，让我永生难忘。但直到我完成自己的医学学业，包括儿科住院医师的实习和发育行为儿科的专科培训，以及随后在匹兹堡和密歇根州追踪数百名孤独症儿童的临床实践，我才真正理解孤独症的本质，也理解了孤独症儿童为什么需要让世界保持不变。

## 密歇根州立大学医学院的学习

离开石溪湾后，我去了密歇根州立大学医学院学习（我在医学院里几乎没有学习到任何关于孤独症的知识），同时也完成了儿科医师的实习（我开始对孤独症有所了解）。后来在参加发育行为儿科专科培训时，我接触到了斯坦利·格林斯潘医生的研究，他是全美公认的儿童精神病学家和孤独症专家。格林斯潘研究出一套基于发展、个体差异和人际关系的模型（也称地板时光），他基于游戏的方法与我在石溪湾时使用的方法一致，因此我想了解更多关于地板时光的知识。

在此期间，我认识了斯坦利·格林斯潘，并深入学习了地板时光。然而，直到 1989 年，当我在匹兹堡的阿勒格尼总医院担任发育行为儿科的医学主任时，我才有机会将地板时光应用于孤独症儿童的治疗。

## 匹兹堡的尝试

1990 年，几位来自匹兹堡地区的孤独症幼儿（2～7 岁）家长找到我，请我为他们孩子的干预服务开具"处方"。根据宾夕法尼亚州的医疗补助法，无论父母收入高低，所有确诊的孤独症儿童都可以获得医生开具的免费干预服务———一般是每周 20～40 小时！我对这"大笔一挥"就能提供的服务感到震惊。

在接下来的十年里，我运用各种方法为匹兹堡地区的数百名孤独症儿童提供了密集而全面的干预服务（见第二部分"导言"）。我开创了基于游戏和发展的方法（我第一次称之为"PLAY 模式"），我还培训了数百名专业人士。1998 年，我很荣幸地获得了宾夕法尼亚州精神发育迟缓人士协会颁发的"年度专业人士"奖——表彰我为孤独症儿童及其家庭所做的工作。

## 密歇根州的实践

2000 年，我回到密歇根州指导密歇根大学的发育行为儿科项目。一想到能把在宾夕法尼亚州学到的知识应用到密歇根州的工作中，我就很兴奋。我以为我可以开出密集干预服务的"处方"——由专业人员上门为孤独症儿童免费提供每周 40 小时的一对一密集干预。令我意外的是，密歇根州孤独症儿童的密集干预治疗竟然没有医疗补助！事实上，像美国的大多数州一样，密歇根州几乎没有（直到现在也没有）任何类型免费的密集而全面的干预服务。

我在宾夕法尼亚州的工作中获得的主要启发是：如果孤独症儿童能够在生命早期（18 个月至 6 岁）接受密集干预，他们能力的提升空间就会很大；如果有合适的机会，他们能够在语言和社交技能方面获得明显改善。**实际上，我们是在拯救孤独症儿童的发展生命。**

为了能给密歇根州的家庭提供密集干预服务，我义无反顾地决定无视缺乏公共服务的现实，直接去找这些家庭。每个家长都希望与孩子有更好的联系和更密切的关系，而即使是单亲家庭需要全职工作的家长，每周也有 45 个小时的非睡眠时间跟孩子待在一起。因此，我将 PLAY 模式重新设计成一个家庭顾问项目，由专业人士指导父母在家中为孩子提供密集干预。

**PLAY 模式指导家长学会跟沉浸在自己世界里的孩子互动。** 当我们开始在 PLAY 项目家庭咨询模式下指导父母时，我们了解到许多父母并不知道如何与孩子互动。当朱莉和吉姆（都是化名）第一次来咨询准备离开我的办公室时，我说："我能告诉你们最重要的事情就是，即使雅各看起来很喜欢一个人玩，也不要让他长时间独自玩耍，不要让他长时间看电视或一遍又一遍地玩同样的玩具。"

朱莉说："您说不要让雅各一个人待着，但我根本不知道该如何与他互动。"从他们发现雅各有发育迟缓的问题开始，吉姆和朱莉就一直试图与他互动。可是雅各却总是不予理睬，背对着他们，甚至走开。朱莉感觉被拒绝了，她非常沮丧！这也是许多父母都会经历的事情——我竟然不能和自己的孩子互动！当雅各连让他不要做危险或具有攻击性的事情等最基本的规劝都不听时，吉姆内心有一种巨大的挫败感——我说什么他都不听！朱莉和吉姆感到异常无助，因为雅各沉浸在自己的世界里。我向他们保证，只要坚持不懈，他们一定能让雅各参与互动。孤独症儿童倾向于保持世界不变，即使这意味着不理睬自己的父母，他们也还是我行我素。我们需要做的只是找到切入点。

结合我最初在石溪湾与查尔斯相遇的经历，以及随后在孤独症大脑方面所做的相关研究，我开始理解孤独症儿童**为什么**想要保持世界不变。研究表明，孤独症儿童大脑的神经元（脑细胞）要么组织混乱，要么联结不足，或者两者兼而有之，他们的大脑就像一张千疮百孔的网，无法应对错综复杂的世界。在孤独症儿童的感受中，整个世界混乱不堪，让人感到压抑，所以他们会退缩，因为他们只有在一成不变、可控制和熟悉的世界中才能感到安全。

我把这种表现称为处于"神经舒适区"，**就是孩子做他们想做的事情**。他们通常有重复的行为表现，从过度关注视觉对象和玩具（比如，观察门的开合或盯着排列好的火车）到专注于看书，或者只对恐龙或行星等话题感兴趣。为了待在舒适区里，中重度孤独症儿童经常会屏蔽声音，尤其是语言，甚至在别人喊自己的名字时也不做出任何反应，以至于许多父母担心孩子的听力异常。这些回避反应是**无意识的，不是故意的**，是孤独症儿童神经元联结不足的大脑影响了感觉刺激的传输，并将其行为表现锁定在舒适区内。如果任由这些孩子独处，他们对外界的感受会进一步受到限制，这反过来又会阻碍其潜力的发展。这是一个恶性循环。**与人互动可以帮助大脑建立神经元联结**。幸运的是，大多数孤独症儿童的大脑都有发展的潜力。如果能够得到密集干预，大脑就可以建立更多、更好的联结，即具有"神经可塑性"，这就是孤独症儿童的希望所在。当孩子开始形成一个更复杂的世界图景时，与人互动实际上会使得大脑建立更强、更好的联结。而这一切都取决于**参与**。孩子和现实世界的许多交汇点都是其参与的机会。我们只需要充分利用它们。1977年，我在石溪湾时写了一首题为《木偶店》的诗，讲述了将孩子拉出舒适区，打破他们心理上自我隔离的过程。

### 木偶店

我们找到他了，

在一个旧玩具箱里，

在店后面的阳台上，

他的灵魂像木偶的身体般僵硬，

他的眼睛像记忆中木偶剧里木偶的眼睛。

但他不是真的木偶，

在某天，某个地方，

当我们帮他打开他的世界大门时，

他会用千变万化的眼神

看着我们。

然后，我们开始将他拉回，

逐根线逐根线地拉。

我把这篇序言献给查尔斯，他是第一个让我理解孤独症儿童如何看待世界的人。通过了解孤独症儿童保持世界不变的需求，我们可以更好地进入他们的世界。我们采用的是一种既有趣又实用的方式，是一种帮助孤独症儿童充分发挥潜能的方式，它就是"看见多样性"。正如我对初学的父母所说的那样："当你和孩子都玩得很开心的时候，你的 PLAY 模式就做对了！"

接下来，我会向你们介绍吉姆和朱莉，他们是雅各的爸爸和妈妈，他们来找我是想让我给 2 岁 6 个月的雅各做一个明确诊断，而雅各此时还沉浸在他的神经舒适区里……

# 目　录

## 第一部分　首先要做的事：儿科医生给雅各的诊断和建议

第1章　第一次来访①　雅各确诊孤独症 / 2

第2章　第一次来访②　确诊之后：悲伤、愧疚、希望和行动 / 10

第3章　第一次来访③　走出诊室后：迈出第一步 / 15

第4章　电话访谈　饮食、生物医学治疗、免疫接种与孤独症 / 25

第5章　第二次来访　早期干预和特殊教育幼儿园 / 33

第6章　第三次来访①　攀登语言大山 / 44

第7章　第三次来访②　感觉统合作业治疗 / 57

## 第二部分　PLAY模式的应用：助力雅各攀登每一级发展阶梯

导言　PLAY模式和/或ABA？ / 74

第8章　第四次来访　开始PLAY模式 / 80

第9章　家访　PLAY模式的七个环节 / 98

第10章　第五次来访　我们要继续前进吗？ / 115

第11章　第六次来访　转折点！ / 129

第12章　电话访谈　学前班：我们准备好了吗？ / 142

第13章　第七次来访①　想象与意义：方法路径 / 149

第14章　第七次来访②　想象与意义：雅各的情况 / 159

第15章　第八次来访　丰富的假扮游戏 / 177

第16章　第九次来访　有效适应学前班的七个习惯 / 194

## 第三部分　日常烦恼：通过行为干预促进雅各的情感思维

导言　雅各成了熊孩子！/ 228

第 17 章　第十次来访　良好行为、不良行为和不适当行为 / 230

第 18 章　第十一次来访　20 个过渡技巧 / 252

第 19 章　第十二次来访①　鞋子里的一粒沙：睡眠问题 / 276

第 20 章　第十二次来访②　雅各令人抓狂的早晨 / 286

第 21 章　第十三次来访　外出和就餐 / 300

第 22 章　电话访谈　用药？/ 317

第 23 章　第十四次来访　如厕训练 / 328

第 24 章　第十五次来访　同胞间的竞争！/ 343

后记　什么是孤独症儿童的内在潜能？/ 362

附录 A　PLAY 模式的研究支撑 / 363

附录 B　雅各的初步评估结果 / 364

附录 C　PLAY 模式功能发展水平概述 / 368

附录 D　呼吸、放松和想象——为孤独症儿童提供的技巧 / 371

术语表 / 372

译后记 / 377

# 第一部分

## 首先要做的事：
## 儿科医生给雅各的诊断和建议

# 第1章

# 第一次来访①
# 雅各确诊孤独症

**诊断**

雅各确诊孤独症时，2岁6个月大。在花了近两个小时给他做评估后，我可以十分肯定他有孤独症（见**附录B**）。他的爸爸叫吉姆，妈妈叫朱莉。我仔细地询问了吉姆和朱莉有关雅各的语言、社交技能及兴趣爱好等方面的情况，还了解了他们家族的遗传病史和雅各的既往病史。

我在跟吉姆和朱莉聊天的时候，雅各和查理一直在我的办公室里玩耍。查理是雅各的弟弟，他现在15个月大。我观察了他们之间的互动情况，发现兄弟俩基本是各玩各的，极少有互动。只有在查理想要拿雅各的小火车时，雅各才会对查理有所反应。每次雅各发现查理想要碰他的小火车，雅各就会焦虑、生气，继而会用力地推开查理。整个来访期间，雅各从未过来找爸爸妈妈跟他一起玩，偶尔来找爸爸妈妈时，他会去拉他们的手，因为他想要离开。但当爸爸妈妈告诉他"还不可以走"时，他又会回去独自玩小火车。他玩小火车的时候，基本上全程都低着头，不理会其他人。他把各式各样的托马斯火车头放在木制的8字形轨道上推来推去，兴奋地拍着双手。

下面是在本次会面结束之前，我总结的雅各一家的评估情况。我把录音整理成了文字版。

**尼克医生**："好了，现在我来总结一下我所了解到的情况。雅各现在差不多3岁大，他还不会说话，只会偶尔说一些单字，这说明他有**语言发育迟缓**。但他能明白一些日常的常规活动，比如他知道你们说'吃饭了'或'洗澡了'是什么意思，还有当你们让他停下，不要继续做某件事情时，他是明白你们的意思的。这种情况其实还不错。"

**爸爸**："只有让他做他想做的事情时，他才会听话去做。"

**妈妈**："否则他就像完全听不到一样，所以我们曾一度很担心他的听力有问题。"

**尼克医生**："在社交方面，他在日托班里大多数时候都自己一个人躲在角落玩玩具，不跟其他小朋友们一起玩。我也留意到他不太搭理弟弟。他今天也没有过来找你们跟他一起玩，而你们说他平时也是这样的。因此，他在**社交参与**和**互动**方面都存在问题。另外，他喜欢汽车、火车和卡车，喜欢看转动的轮子。他经常排列小火车，重复地开门和关门。而且他是'小小爱因斯坦'①视频的忠实粉丝。因此，可以说他有**执着和一成不变的兴趣**。"

---

① 译注：小小爱因斯坦，是由美国迪士尼公司旗下子公司针对3个月到3岁的婴幼儿推出的一款早教多媒体产品。

妈妈:"如果不管他,他可以看一整天的视频。"

爸爸:"我们没让他那么做。"

尼克医生:"他还有几个**感觉方面的问题**。当他觉得难受时,他会用手捂住耳朵,一旦他不高兴了,他的情绪就久久难以平复。处于嘈杂、混乱、充满噪声的环境中时,他会非常困扰。他有时会踮起脚尖走路,还会兴奋地拍手。他偏好视觉刺激,特别喜欢看排列好的物品。另外,他有点偏食,只喜欢吃那些流质的食物。

非常遗憾,虽然我并不想这么说,但雅各应该是有孤独症的。他的程度不算严重,不过我很确定他的表现属于孤独症。"

我停下来没有继续说话,想给他们时间消化一下。朱莉的脸色苍白,紧接着她泪如雨下。我递给她纸巾擦眼泪。吉姆则面无表情,低头看着地板,伸手握紧妻子的手。

尼克医生:"我很抱歉。"

妈妈:"我其实已经猜到了。"

爸爸:"我们很早之前就有预感。"

妈妈:"可真正听到时还是会很难受。"

尼克医生:"没有父母愿意听到别人说他们的宝贝孩子有问题……"

## 诊断之路

其实雅各的父母是在经历了一系列波折后,才来到我的发育行为儿科门诊咨询的。他们第一次怀疑雅各有发育问题时,雅各才 18 个月大。他们自己上网搜索,结果搜到了铺天盖地的信息。看了这些信息,他们以为使用特殊饮食、维生素注射和其他的"生物疗法"能够治疗孩子的孤独症(见**第四章**)。

然后,他们去找了孩子的家庭医生。家庭医生告诉他们,男孩一般比女孩发育慢一点,让他们再等等,看看在接下来的六个月里雅各的发展情况如何(见**资源和网站**)。而雅各的爷爷奶奶则说吉姆以前学说话也比他的姐姐晚,所以无须担心。

雅各到了 2 岁还不会说话时,他的父母开始绝望地四处求医。最终(在我来看是很可惜的),他们怀着对雅各不会说话的忧虑彷徨了一年时间后,终于从一个熟人那里打听到我的门诊。他们的经历并不是个例,属于很常见的现象。虽然很多家长早在孩子 18 个月大的时候就开始担心孩子的发育有问题,可是不少孩子还是要到 4 岁之后才会被确诊。而事实上,孤独症的诊断时间最早可以在孩子 14 个月大的时候![1] 还好吉姆和朱莉在雅各 3 岁之前把他带过来了。

## 准确信息

在雅各一家第一次来找我咨询时,我觉得首先要跟他们科普的是:**什么是孤独症**,以及我是如何得出这个诊断结论的,还有家长可以从何处获得**与孤独症相关的准确信息**。我还会给吉姆和朱莉时间,让他们谈谈对于孤独症这一诊断的看法和感受(见**第二章**),接下来我们讨论了可以选择的干预方法。

吉姆和朱莉正从诊断带来的震惊中恢复过来，朱莉在哭过后显得很疲惫。我想要录下我们的讨论内容，我知道在余下的时间里，因为内心的悲伤，他们不一定能听得进我说的话。

尼克医生："你们介意我继续录音吗？这样的话能保存下来重要的信息。"

爸爸："好的，没问题……那么我们该怎么办呢？"

尼克医生："坏消息是雅各有孤独症；好消息是如果接受适当的干预，我相信他会好起来的。"

妈妈："我太难过了。"

尼克医生（尽量以充满希望的口吻）："朱莉，请听我说！雅各在3岁前已经有一些语言了。我在他的体检中没有发现异常，而且他看起来很聪明。他的情况其实不算差。我先来给你们简单介绍一下什么是孤独症，还有我们接下来要怎么帮助雅各走上康复的道路吧。"

爸爸："好的。"

尼克医生："首先，我希望你们知道，**这不是你们的错**。"

妈妈（再次泪流满面）："我终于可以松口气了。我一直担心是不是我做错了什么。"

尼克医生："不是的，这跟养育方式或者你在怀孕期间吃了什么或做了什么没有关系。而且你们刚才告诉我，雅各出生的时候一切正常。因此雅各患病并非任何医学原因引起的。"

爸爸："那是什么原因引起的呢？"

## 孤独症主要是一种遗传性疾病

孤独症主要是由遗传因素（虽然也有后文中所提到的其他影响因素）导致的大脑神经联结不足。目前已经发现有几十种跟孤独症相关联的基因，并且有科学研究证实孤独症儿童的亲属具有孤独症的某些特质，比如有轻度语言发育迟缓，或者非常内向，又或者非常讲究细节和善于分析（见**资源和网站**）。当我在了解患者家族史并查看他们的"家谱"时，我常常发现其中某些人的工作很有代表性，包括工程师、计算机技术人员、机械师、模具制作者、会计师及其他"左脑思维"和线性思维的工作者。在孤独症儿童的亲属中发现的其他常见特征包括：强迫倾向、语言落后、"收藏癖"、社交困难，或者什么工作都做不成。

**重要的是，如果家里已经有了孤独症孩子，那么再生出来的孩子患有孤独症的可能性就会很高，尤其下一个孩子是男孩的话。**[2] 下一个孩子患有孤独症的概率为：男孩约为20%，女孩约为5%。在同卵双胞胎中，两个孩子同时患孤独症的概率约为70%，但即使在异卵双胞胎中，两个孩子同时患孤独症的概率也达到35%。毫无疑问，孤独症跟遗传有关。仅2016年一年就有500多篇孤独症跟遗传相关方面的文章发表（见**资源和网站**）。

妈妈："查理呢？他也有孤独症吗？"

尼克医生："我今天也一直在观察查理，他看起来没什么问题。他的语言不错，而且他一直在留意我们。如果他有什么让你觉得担心的情况，你可以告诉我。不过在我刚才问吉姆家族史的时候，吉姆提到他的叔叔是一名模具工人，而且在家庭聚会的时候显得不太合群。"

爸爸："他就像一张三美元钞票那么奇葩①。"

妈妈："我和吉姆都是完美主义者，吉姆是信息技术顾问。"

爸爸："我在工作时会做到非常细致和准确。"

尼克医生："我发现两个聪明的、讲究细节的人生下的孩子有孤独症的概率会高。"

**大脑联结不足**　孤独症基因导致孤独症儿童大脑的神经元"联结松散"[3][4][5]（见**资源和网站**）。我告诉家长，**孤独症儿童的大脑就像一张松松垮垮的网，这使他们无法应对复杂的世界**。拥有正常大脑的儿童充满好奇心，而孤独症儿童则力求"一成不变"。可悲的是，这会使他们封闭在自己的世界里面。这就是他们为何一遍又一遍地做同样的事情。这些孩子喜欢保持世界不变，我把他们的这种表现称为处于"**神经舒适区**"（见**术语表**）。不断的重复可以让这些孩子觉得混乱的世界变得具有可预测性。它减轻了孩子的焦虑和不知所措的感觉。

爸爸："也就是说，孤独症是大脑的问题，它让我们的孩子难以跟其他人产生联结，所以他们就会处于断线的状态。"

尼克医生："吉姆，你说得没错！孤独症谱系障碍孩子不太会处理过于复杂的事情。人类最复杂的功能是什么呢？那就是语言和社交技能，而这是孤独症的核心障碍。我们要做的干预工作就是把孤独症儿童大脑的'神经网络'收紧，让他们能够更好地理解世界，获得语言和学会社交。"

## 孤独症患病率升高得如此之快的原因

尼克医生："简单来说，脑科学研究发现，孤独症儿童在两种最复杂的人类功能方面遇到了困难，即语言和社交技能。他们希望世界一成不变，这导致了他们有重复刻板行为和狭隘的兴趣。孤独症儿童有两大特征（见**资源和网站**）：社交/沟通障碍及狭隘的兴趣和刻板的行为，这些内容组成了孤独症的诊断标准。"

爸爸："嗯，我昨天刚在报纸上看到孤独症正在变成流行病。我不明白的是，如果像您说的那样，孤独症是遗传的，那它的患病率怎么会不断地大幅升高呢？我就没听说过唐氏综合征会变成流行病。"

尼克医生："吉姆，你很敏锐！对孤独症患病率的升高原因进行研究的学者已经得出结论，他们认为不能将此单纯地归因于遗传因素。虽然大多数专家都认为**孤独症患病率升高的部分原因是更多的孤独症儿童获得了早期诊断，并且那些轻症的病例也越来越多地被发现和诊断**，但还有其他的影响因素。根据2014年美国疾病预防和控制中心（CDC）发布的数据，每68名8岁儿童中就有1名孤独症儿童，男孩的患病率是女孩的4倍，也就是说每42名男孩中就有1名有孤独症！[6]②"

妈妈："为什么会这样呢？"

尼克医生："男性的思维方式更加线性。这可能跟睾丸激素有关，但没有人知道确切的答案。我只能说，因为'女性是高级生物'。"（我们都笑了起来。）

---

① 译注：美国并没有发行过面值为三美元的钞票。

② 译注：2023年CDC公布的最新调查数据表明，孤独症的患病率已经上升为每36名8岁儿童中就有1名孤独症儿童。

爸爸："但为何会大幅度地升高呢？我开车时，看到路标上写着'在你去上班的路上，又有1名儿童被诊断为孤独症了'。"

### 环境因素与孤独症

尼克医生："我现在不想让这个话题占用我们太多的时间，孤独症确诊人数的持续增加似乎也跟**环境因素**有关，比如早产和宫内接触毒素等。"（见下面的列表。）

妈妈："子宫内的毒素？！"

尼克医生："脐带血研究发现，所有接受检测的母亲羊水中都含有**数百种神经毒素**，如二噁英、五氯苯酚、阻燃剂，尤其是农药残留。[7]虽然含量很少，但即使是少量的毒素也可能影响婴儿的大脑发育。最近的一项研究发现，如果父母的工作使胎儿接触了毒素，那么他们的孩子确诊孤独症的概率就会提高。[8]更新的一项研究发现，新生儿早产和母亲在妊娠期间服用百优解①一类的选择性5-羟色胺再摄取抑制剂

> **增加孤独症患病风险的因素**
> - 极小月龄的早产
> - 妊娠期间服用选择性5-羟色胺再摄取抑制剂（百优解类）
> - 孕期（子宫内）接触毒素
> - 高龄产妇
> - 父亲的年龄大
> - 精子变异
> - 妊娠期肥胖和糖尿病
> - 人工受孕
> - 其他

（见**术语表**）会增加新生儿孤独症谱系障碍的患病风险。[9]简而言之，环境因素与遗传因素共同导致了孤独症儿童大脑的神经元联结不足。我想强调的是，虽然环境风险真实存在，但它带来的影响其实极其有限。在服用百优解一类的药物的母亲中，97%的母亲不会生出有孤独症的孩子。"

妈妈："我能通过调节饮食来避免这种情况吗？"

尼克医生："不能，污染无处不在，空气、食物和水源中都有。环境毒素真的避无可避。我们都被污染了。"

爸爸："太可悲了。"

尼克医生："同样的，我们也清楚地知道哪些不是孤独症的病因。孤独症**不是**由疫苗接种引起的（见**资源和网站**），也不是由饮食或对小麦或牛奶过敏引起的。"

**大脑可塑性：真正的希望** 尽管遗传、毒素和其他环境因素引发了孤独症，但幸运的是，孤独症儿童的大脑具有**神经可塑性**。儿童的大脑有着非常大的可变性或者说"可塑性"。大脑在生命头七年以惊人的速度发育，儿童在3岁时大脑体积翻倍，到7岁时已经达到成人大脑的90%！从本质上讲，"大脑可塑性"是大脑神经细胞改变并建立许多新联结的能力，可以通过努力的练习重新塑造。孤独症就是如此，尤其是跟其他发育障碍相比，孤独症个体大脑的可塑性更大。这是孤独症儿童与众不同的原因，也是孤独症儿童需要尽早进行密集干预的原因。

---

① 编注：百优解（Prozac）是盐酸氟西汀的商品名之一，为了与本书对话的口语风格保持一致，正文中保留了该商品名。

尼克医生："因此，雅各有孤独症并不是你们的错，而且我们可以做很多事来帮助雅各。不过在进行干预之前，我要先谈谈雅各孤独症的严重程度。"

## 孤独症特征

正如我跟吉姆和朱莉所解释的那样，孤独症谱系障碍的特征是社交/沟通障碍及狭隘的兴趣和刻板的行为。另外，感知觉异常和运动异常也很常见。这是精神科医生和心理学家所使用的定义。我们可以在《精神障碍诊断与统计手册（第5版）》（*Diagnostic and Statistical Manual of Mental Disorders Fifth Edition*, DSM-5）中找到（见**资源和网站**）。

之前吉姆和朱莉都把注意力集中在一些比较个别的行为上，因此他们觉得雅各的表现不像有孤独症。吉姆说过"雅各会跟人对视，而且跟我们的关系很亲密"，但他没有看到雅各整体上的语言发育落后、社交互动障碍及狭隘的兴趣和刻板的行为。

家长也很难分辨孤独症谱系障碍的严重程度。有些孩子可能完全不会说话，社交互动表现极差，还有非常刻板的行为（如排列玩具、反复开关门等）。这些孩子可能处于谱系中的"严重"一端。

> **孤独症谱系障碍定义**
>
> DSM-5
> A. 在多种场所下，社交交流和社会交往方面存在持续性缺陷。
> B. 受限制、重复的行为模式、兴趣或活动。
> C. 症状必须存在于发育早期。
> D. 这些症状导致社交、职业或目前其他重要功能方面的有临床意义的损害。
> E. 这些症状不能用智力障碍（智力发育障碍）或全面发育迟缓来更好地解释。

但有些孩子的语言发展**几乎**是正常的，只表现出一些社交互动方面的困难和狭隘的兴趣（如喜欢小汽车、火车、超级英雄等）。这些孩子可能处于谱系中的中段或中后段。

另外，有些孩子的语言发展相当正常，但他们在社交互动方面表现笨拙或者令人非常尴尬，并且他们有着狭隘的、属于高智力水平的兴趣爱好（如喜欢研究行星等）。这些孩子可能有轻度的孤独症，被称为"高功能孤独症"，但要判断他们是否有谱系障碍，就必须看他们是否有**明显的社交障碍**。随着能力的提升，他们可能表现得有点奇怪但有相对健全的社会功能（目前称这些孩子患的是**阿斯伯格综合征**）。实际上，约有10%的孤独症儿童可以随着年龄增长脱离谱系范畴！[10]

这些不同的表现给孩子的诊断带来了困难。这就是为什么进行优秀的专业评估是如此重要（见**资源和网站**）。最近的研究指出，孤独症谱系障碍儿童早在2岁时就可以被确诊了，甚至最早可能在14个月时就能获得诊断。[11]

在美国的某些州，学校系统可以进行"**教育诊断**"。但如果要做早期诊断，最好还是去找有经验的专业人士，比如发育行为儿科医生、神经科医生、儿科心理学家或儿童精神科医生。

尼克医生："其实雅各的情况很不错。他已经会说一些单字了，而且参与互动相对容易，另外，他的自我孤立行为也不太严重。所以，**他的孤独症属于轻到中度，预后会很不错**。"

爸爸："你的意思是雅各虽然有孤独症，但不是高功能孤独症。"

尼克医生："没错，目前来看确实如此。通过密集干预，孤独症谱系障碍孩子可以获得惊人的进步。我见过太多例子了，我相信雅各也可以的。我虽然不会用水晶球进行占卜，但我坚信他能有良好的预后。"

妈妈："我最近看到有人说孤独症是可以治愈的。"

尼克医生："好吧，我从来不会用'治愈'这个词。但一项研究发现超过10%的孤独症儿童，他们的症状可以大幅改善，甚至不再符合DSM-5的诊断标准。[12]我也见过很多孩子，他们的症状不断改善，最终可以去普通教育学校，并且交到了真正的朋友。"

爸爸："我以前不知道还有这种可能性。"

妈妈："我想问一下，雅各有可能属于那10%吗？"

尼克医生："有可能啊，可是在开始干预之前，谁也不知道结果。我接下来会跟你们聊这方面的内容。"

爸爸（难过地看着妻子）："为了雅各，我们会竭尽全力的。"

尼克医生："我知道你们会的。请让我先关闭录音，之后我们来谈谈你们目前的情况。"

## 小结

- 我介绍了雅各一家的成员：爸爸吉姆、妈妈朱莉、2岁6个月的雅各和15个月大的弟弟查理。
- 我询问了雅各的个人情况，并诊断他有**轻至中度孤独症**（见**附录B**）。
- 我讨论了孤独症的病因——遗传、宫内接触毒素和其他环境因素。
- 我根据公认的标准对孤独症谱系障碍进行了定义，并解释了为何孤独症的患病率会大幅提高。

## 预告

- 在第2章，我将跟吉姆和朱莉交流他们对雅各确诊的**感受**。
- 在第3章，我将谈谈给家长的建议，以及他们回家后可以采取的干预措施。也就是，如果**我的孩子有孤独症谱系障碍，我应该怎么做**。

## 知识点

孤独症基因编码大脑中的蛋白质，这些蛋白质在正常情况下有助于建立更强的神经联结，但在孤独症人士中，这些联结是较弱的。[13]受影响的大脑区域包括：做出决策的**额叶**；控制冲动的**扣带回**；储存新信息和回忆最近事件的**海马体**；有助于协调自主运动的**基底核**。而**杏仁核**是大脑的情感中枢，那里有非常多的神经元，但它们发育迟缓，没有发育出适当的分支。这就是为什么孤独症儿童在理解他人的情绪方面存在问题。另外，在孤独症人士的大脑中控制精细和粗大运动协调的小脑的神经元较少，这可能可以解释孤独症儿童常有拍手、踮脚走路、怪异动作等表现。**胼胝体**是协调大脑两侧活动的神经纤维束，孤独症儿童的胼胝体往往比普通儿童更薄，这表明大脑区域之间及其内部的协调不佳。

有趣的是，由于上述这些大脑异常，孤独症儿童的大脑在生命早期是**过度发育的**[14]，这会导致他们的头围增加。最近头围大被认为是孤独症的另一个神经学体征。大多数孤独症儿童的头围增速会在童年后期恢复正常。

让我们把视线从孤独症个体大脑的解剖结构转到生理学上，现有的研究发现孤独症个体头部的功能性磁共振成像扫描结果异常，该扫描着眼于脑组织中的氧气消耗区域。[15] 诸多研究一致表明，孤独症个体在理解他人面部表情和情绪方面存在困难，这是因为他们大脑相关区域的代谢活动较少。他们倾向于关注无关的社交线索。例如，他们更喜欢看物体而不是人的眼睛。孤独症儿童往往具有视觉优势，这就是为什么他们经常进行视觉上的自我刺激（例如，趴在地板上，把玩具火车放在眼前来回推动）以及使用图像思维。

美国知名的儿童神经学家南希·明舒博士（Nancy Minshew）和她的团队使用神经心理学评估发现，孤独症个体在处理各种复杂任务上都存在困难，而不仅限于与语言和社交技能有关的任务。[16] 他们可能在书写或完成任务的速度方面都存在问题。他们往往使用具象思维，就是只能理解字面上的意思。所以当你跟他们说"跳过这一段"时，他们可能真的会跳起来。他们大脑中额叶和颞叶的异常导致**心理理论**困难，也就是说他们无法理解他人的观点。换言之，孤独症人士不知道每个人都有自己的想法。

## 参考文献

[1] [11] Landa R. (2008) Diagnosis of autism spectrum disorders in the first 3 years of life, *Nature Clinical Practice Neurology*, 4:138-147.

[2] Sandin S, Lichtenstein P, et al. (2014) The familial risk of autism. *JAMA*, 311(17): 1770-1777.

[3] [15] Just M, Cherkassky V, Keller T, Kana R, & Minshew N. (2007) Functional and anatomical cortical underconnectivity in autism: Evidence from an fMRI study of an executive function task and corpus callosum morphometry. *Cerebral Cortex*, 17(4), 951-961.

[4] [14] Courchesne E, Carper R, Akshoomoff N. (2003) Evidence of brain overgrowth in the first year of life in autism. *Journal of the American Medical Association*, 290(3): 337-344.

[5] [10] [13] [16] Minshew NJ, Goldstein G, Siegel D. (1997) Neuropsychologic functioning in autism: profile of a complex information processing disorder. *J Int Neuropsychol Soc*, 3: 303-316. Disorder. *J Autism Dev Disord*. Nov, 42(11): 2323-34.

[6] Baio J, CDC. (2014) Prevalence of Autism Spectrum Disorder Among Children Aged 8 Years - Autism and Developmental Disabilities Monitoring Network, 11 Sites, United States, 2010, Surveillance Summaries, March 28, 1-21.

[7] Environmental Working Group: http://www.ewg.org/research/body-burden-pollutionnewborns/study-methodology.

[8] McCanlies EC, Fekedulegn D, Mnatsakanova A, Burchfiel CM, Sanderson WT, Charles LE, Hertz-Picciotto I. (2012) Parental Occupational Exposures and Autism Spectrum.

[9] [12] Harrington RA, Lee L, Crum R et al. (2015) Prenatal SSRI Use and Offspring with Autism Spectrum Disorders or Developmental Delay. *Pediatrics*. 133(5). e1241-e1248.

# 第 2 章

# 第一次来访②
# 确诊之后：悲伤、愧疚、希望和行动

我关上录音设备，想给吉姆和朱莉一些时间消化内心的感受。悲伤再度涌上朱莉的心头，她又哭了起来。吉姆挪动椅子，靠近朱莉，轻轻握住了她的手。我又递了一张纸巾给她，同时也拿了张纸巾擦去自己的眼泪。我们坐在一起，沉默良久。我虽然已经经历过很多次这样的场景，但**始终无法泰然处之**。

查理仿佛察觉到房间里的紧张气氛，摇摇晃晃地走到了朱莉身边。查理坐到了朱莉的腿上，他心满意足地拿着妈妈给他的吸管杯喝了起来。雅各一直自娱自乐地玩着玩具，似乎并没有察觉到房间里发生的事情。

**妈妈**（缓过来一点儿了）："对不起，尼克医生！我只是为雅各感到难过。他不该承受这一切。"

**尼克医生**："朱莉，你无须道歉。你要体会自己内心的感受，这很重要。这一切确实不公平。"

**爸爸**："我得承认一开始的时候我没有发现孩子的问题。可是朱莉不断地跟我说：'不对劲，孩子真的有问题！'"

**尼克医生**："家长就算怀疑孩子有问题，但听到医生的诊断时还是会很难接受。没有人愿意听到别人说他们的孩子可能有问题，更不用说有孤独症了。所以，下意识地否认其实是一种自我保护。"

**爸爸**："我到现在还是不愿意相信。"

**尼克医生**："所谓的悲伤就是，当你不再否认现实并开始接受孩子的真实情况时，内心所感受到的痛苦。也就是说，为了接纳真实的孩子，你们必然会悲伤。请不要误会我的意思。我知道你们一定深爱着自己的孩子，但爱跟接受孩子有问题是两回事。**起初，你们一定会为失去理想中的孩子而悲伤，然后你们会逐渐爱上现在所拥有的孩子。**"

## 悲伤的过程

这些痛彻心扉的感觉是对悲伤降临的即时反应，随着时间的推移，这个过程还会经历许多阶段。好的悲伤会开启疗愈之旅，带来行动和接纳。病态的悲伤（如无动于衷），我们称之为否认，可能导致不作为，而这将给孩子和家庭带来灾难性的后果。

### 否认

否认的形式包括**愤怒**或**自我防御**式的想法。例如，愤怒："尼克医生根本不知道他自己在说什么！"**震惊**："我不相信！这才不是孤独症呢！我们需要再找其他医生咨询。"合理化："我也是到 4 岁时才说话的，可我现在还不是好好的？"**直接否定**："孩子根本什么事都没有！等他长大一点就好了！"

否认存在两大风险。第一个风险是会导致配偶离心。夫妻中的一方**知道**孩子出了问题，而另外一方却**否认**问题的存在，看清问题的那一方会因为不被"听到"而感到孤立无援。这会让婚姻出现裂痕，并且这种情况如果继续下去，裂痕会不断变大从而带来隔阂，最终甚至导致分居和离婚。当然，还会有其他给婚姻带来困难的因素，否认问题的存在是重要原因之一。

否认带来的第二个风险是会导致干等，而干等会延误孩子生命中关键的干预时机。**我给予家长的忠告是：相比悲伤，更糟糕的感觉是你以后回想起来后悔当初没有采取行动。**我遇到过一些家长，他们过了好几年之后才最终接受了孤独症的诊断。可是到了那个时候，孩子已经错过了有效的早期干预黄金期。

### 抑郁

另一方面，过度的悲伤也不是好事。否认的背后是这种感觉实在是太**痛苦**了，因此一些心理上的自我防御是必要的。可是你如果太过沉浸其中，就可能会被这些情绪淹没，导致严重的抑郁，以至于没法帮助孩子。

我遇到过一些家长，他们无法宣泄自己的悲伤。他们向所有的亲朋好友隐瞒了孩子的诊断。当孩子在公众场合表现出"孤独症样"的行为（如拍手）时，他们就感到不安，因此他们不再带孩子外出。他们也不跟配偶谈论内心的感受，只会独自哭泣。他们给自己戴上了一副坚强的面具，假装若无其事，实际上内心深处十分痛苦和迷茫。我建议那些内心充斥着悲伤、愤怒和难过等情绪的家长接受专业的咨询，让自己能够处理这些情绪，这样才能逐渐**接受**事实。

### 接纳

著名的悲伤研究学者伊丽莎白·库伯勒-罗斯（Elizabeth Kubler-Ross）说过，悲伤的最终目标是"接纳"。当孩子的**真实**情况开始被家长接受时，家长反而能够神奇地踏上一条更快、更好的干预之路，从而帮助孩子成长为家长所期待的样子——成为社会的一员。如果家长只是一味否认或心存太多悲伤，这一切就不可能实现。

我的初心是帮助家长接受孩子的情况，从而进一步让孩子参与有趣的互动，这会让孩子感受到真正的快乐。我认为快乐与成功有关，但远比"成功"更重要，尤其是在生命的早期。对孤独症儿童来说，快乐尤其重要。比起教他们学习，玩耍和开心对于孤独症幼儿的干预更加重要。有趣的、基于游戏的社交互动可以推动情商的发展。而情商比智商更能带来社交成功。

所以我得出了一个结论：接纳带来更良性的互动及更多与他人相处的乐趣，与人相处的乐趣能够带来快乐、功能性技能和情商，而情商可以带来成功。

### 行动

根据我的经验，往往父母中的一方会更易被感情支配（一般是妈妈，但并不绝对），而另外一方则更偏向于行动派，想要立即采取行动。如果情绪化的一方还沉浸在悲伤之中，并没有准备好迈出下一步，行动派的一方则会感到很恼火。此时重要的是，行动派的家长要接纳内心的所有情绪，并仍然深爱、理解和扶持沉浸在悲伤中的配偶。同样重要的是，情绪化的家长得明白，行动派的家长对家庭处理悲伤的过程是非常有帮助的。最要紧的是**不要停滞不前**，**且痛且前行**。

另外，有些家长反而会在孩子确诊后感到**如释重负**。他们**知道**孩子有问题，并且希望得到证实。当他们来就诊时，他们的心情已经基本平复，已经从最初最深的伤痛中走了出来，他们想要继续前行。

**内疚**

吉姆已经准备好迈出下一步了，但朱莉还有一系列的情绪需要处理……

爸爸："我们接下来该怎么办？（吉姆有些小激动，他提高了音量）尼克医生，雅各会成为那些脱离孤独症谱系障碍群体中的一员吗？他可以上普通的幼儿园吗？他会……"

尼克医生："会结婚并快乐一生吗？你果然是老爸啊！（我们都笑了起来，打破了房间里紧张的气氛。）吉姆，我也对雅各寄予厚望。他有很多预后良好的征兆。我接诊过很多与雅各情况类似的孩子，如果最终他的干预效果不理想，那才真的会让我惊讶。不过，须知前路漫漫啊。"

妈妈："我还没办法想那么长远的事情。对不起，尼克医生！我还是觉得应该早点儿带雅各来找您的。您确定不是因为我们做了什么，孩子才出问题的？我带他打了疫苗之后，他就出现了症状。会不会是打疫苗引起了孤独症？"

尼克医生（拿起录音机）："我继续录音好吗？（他们点头）我想告诉你这句话。喜剧演员埃尔玛·邦贝（Erma Bombeck）曾经说过：'内疚是源源不断的礼物。'（我们都笑了）我在你的问题中听到了很多的内疚。"

妈妈："我早就觉得雅各的发育出了问题。我应该相信自己的直觉。"

尼克医生："关于早点儿带雅各来看病的问题，你当然是可以早点儿带他来的。不过在 3 岁之前带他来看病也不算晚，我们还有很多时间帮助他。此外，实际上你还得依靠儿科专业人员的指引，而他们在雅各 2 岁之前并没有发现需要处理的问题，因此你无须自责。"

爸爸："那打疫苗有没有影响呢？"

尼克医生："麻腮风疫苗的接种时间是在孩子 15 个月左右大的时候，而孤独症最初出现症状的时间一般在孩子 15 到 18 个月大的时候。要知道**原因**和**巧合**之间是有区别的。在这种情况下，疫苗是巧合而不是原因。现在已有超过 20 篇文章清楚地指出疫苗接种**不会**引起孤独症，并且没有出现任何持反对意见的文章（见**资源和网站**）。"

妈妈："您确定不是因为我孕期做错了什么？"

尼克医生（半开玩笑地）："朱莉，看着我的眼睛。（她看着我）我很确定。"

爸爸："我家里人埋怨日托班不负责任，因为他们每次去接雅各都发现他自己一个人在玩。我妈妈说是因为日托班'没有人管雅各'，他才变成这个样子的。"

妈妈："这就是为什么我要辞职在家带雅各。"

尼克医生："在家陪雅各是一件好事。待会儿我们谈到干预的时候，你就会明白了。但日托班的照顾方式并不是雅各有孤独症的原因。孤独症的起因跟育儿方式没有关系。（我提高音量，对着录音机大声地说）你们听我说。我特此赦免你们所有的罪过！"（我们都忍不住笑了。）

大多数家庭都像雅各家一样，父母担心是自身的原因使孩子有了孤独症。我一般都会跟父母反复强调孩子有孤独症不是他们的错。当然了，风险因素确实存在（见**第 1 章**），可是我还是需要再强调一下，孩子的孤独症不是由家长的疏忽或家庭冲突导致的，也不是因为妈妈在妊娠期吃了什么或做了什么（尽管孕妇服用某些药物会增加胎儿患上孤独症的风险）。孤独症在很大程度上是由那些父母无法控制的遗传因素导致的大脑神经变异引起的。

爸爸："我要怎么跟家里人说呢？他们是老一辈的观念，总是说：'他是男孩子嘛，长大一点儿就好了。'"

尼克医生："你需要让他们好好听你说话。你要利用他们的愧疚之心！告诉他们，如果他们不接受孩子的诊断，你就没法跟他们谈论内心的感受。告诉他们，你爱他们，你希望跟他们分享你的生活。"

妈妈（带着指责的语气对着吉姆）："就是因为他们，我们才没有早点儿带孩子过来检查。"

尼克医生："朱莉，过去的事情就不要提了。"

妈妈："对不起，尼克医生！但他们一直否认孩子有问题。平时都是他们帮忙带孩子的。"

尼克医生："朱莉，你的家里人怎么看呢？"

妈妈："其实我的父母认同我的看法，但他们住得有点远。"

尼克医生（跟朱莉使了个眼色）："好吧，我们得让爷爷奶奶跟我们统一战线。（开始录音）所有关系密切的家庭成员都要在孩子的诊断及干预计划上达到一致，这非常重要。"

朱莉笑了。

### 其他家庭成员

在诊断过程的早期，让父母和**其他家庭成员**了解什么是孤独症并接受孩子有孤独症这个事实是非常重要的。有时祖父母会让父母已有的否认和内疚感变本加厉。因为一旦祖父母接受这个诊断结果，他们也会感到伤心且不知所措。但是若他们**不接受诊断**，其实就是否定了父母对孩子的认知和感受，这会破坏家庭团结。在这段寻求接纳之路的时期，家人的互相支持至关重要。

### 希望

虽然悲伤无可避免，但我希望能缩短它的时间。对于所有来寻求帮助的家庭，我可以让他们看到真正的希望，那就是孤独症儿童的发展能力可以得到显著的提升。我之所以如此乐观，是因为我已经见证过许多通过密集干预获得进步的孤独症孩子。就算是那些障碍程度严重的孩子，在使用适当的方式进行干预后，他们的情况也能够改善。我相信希望可以带来行动。

爸爸："那我们下一步该怎么做呢？"

尼克医生："我们接下来就会谈这个问题了。"

## 小结

- 我与吉姆和朱莉讨论了得知孩子确诊孤独症后的基本反应：难过、悲伤、否认、内疚和接纳。
- 我跟他们谈了帮助所有家庭成员（包括祖父母）接受孤独症诊断的方法。
- 我把"接纳"定义为："我们一定会为失去了我们理想中的孩子而悲伤，而之后逐渐地爱上我们现在拥有的孩子。"

- 接纳带来更良性的互动及更多与人相处的乐趣。与人相处的乐趣能够带来快乐和情商。而情商可以带来成功。

**预告**

- 我们将会讨论"密集干预"的定义、不可取的疗法和有效的干预计划。通过这样的讨论,我可以帮助雅各一家踏上希望之路。

第 3 章

# 第一次来访③
# 走出诊室后：迈出第一步

眼看与雅各一家的第一次会面就要结束了，在他们离开之前我还要再跟他们交代一下可选的干预措施。对他们来说，今天的信息量非常大，还好我录了音，会整理成文字发给他们（详见**附录 B**）。接下来我们还会安排一次后续的会面，到时我们会详谈有关雅各在未来几个月需要接受的各种干预措施。

在整整 2 个小时的会面期间，雅各跟爸爸妈妈几乎没有怎么互动，但他现在越来越想要离开诊室了（他拉着爸爸的胳膊走到门前，我用椅子把门挡住了）。我试着用小丑八音盒分散他的注意力，可是他不为所动。查理也开始闹起来了。眼看差不多到午餐时间了，我给了他们几根棒棒糖，暂时把他们安抚下来。

**尼克医生**："好吧，今天就先聊到这儿。我们还有大概十分钟的时间，小家伙们已经待不住啦。我想总结一下你们回家之后需要做的事情。我会继续录音，这样可以把要点记录下来。我也会把这次咨询的录音整理成文字发给你们。之前在回顾既往史的时候，你们提到雅各参加了学区的早期干预计划（0～3 岁）。"

**妈妈**："他到秋天就要满 3 岁了。"

**尼克医生**："所以我们接下来也要谈一下关于幼儿园的选择（见**第 5 章**），不过我现在想重点谈谈密集干预。"

**妈妈**："无麸质或无酪蛋白的饮食有用吗？我在网上看到很多家长说有帮助。"

**尼克医生**："慢慢来，我很快就会谈到饮食和生物疗法的。"

**妈妈**："我朋友的女儿也有孤独症，他们给孩子打了维生素 $B_{12}$ 注射剂……"

**爸爸**："亲爱的，先让尼克医生说完。"

**妈妈**："好的，对不起！只是我满脑子都是这些东西。"

**尼克医生**："没关系，我会讲到注射维生素 $B_{12}$ 的。"

很多家长会上网搜索怎么治疗孤独症，结果却搜出了一大堆让人眼花缭乱的网站。这些网站会吹嘘各自独有的特效疗法。我要做的主要工作之一是帮助家长从海量的信息中筛选出适用的方法。

**尼克医生**："朱莉，我会根据科学文献、专家建议及我自己的临床经验给你们提出最佳的建议。然后我们再来聊那些所谓的生物疗法。"

妈妈:"好的。"

## 密集干预

爸爸:"我真的很想知道您觉得我们应该怎么做。"

尼克医生:"吉姆,简而言之就是要做**密集**干预。如果是我自己的孩子被诊断为孤独症,这就是我会做的事情。

"2001年,在美国国家研究委员会的召集下,美国最聪明的人聚集在一起开会,为孤独症幼儿制定了干预指南(见下面的早期密集干预)。

"你可以自己去看长达300页的《**孤独症儿童教育**》(Educating Children with Autism)(见**资源和网站**)。但我可以告诉你里面五个关键的实施要点。第一,你得尽早开始(在雅各3岁之前进行干预算是早的)。第二,孤独症儿童每周需要进行15~25小时的干预,这一点很关键。第三,干预措施必须具有社交参与性。第四,开始的时候一般需要一对一的干预,即一个成年人单独面对一个孩子。第五,干预必须着眼于儿童的所有需求。换言之,所做的干预必须具有综合性和策略性。

"**综合性**意味着所使用的干预方法可以全面解决孤独症儿童存在的多方面发育迟缓(语言发育迟缓、社交落后、学习能力差、感觉运动问题等)。**策略性**意味着通过精心规划和巧妙设计可以实现特定的目标。"

爸爸:"每周的干预时间要达到15~25个小时!时间好长啊。"

尼克医生:"这其实取决于你怎么做。就算是双职工家庭或者是单亲家庭,家长每周跟孩子相处的时间(非睡眠时间)也有45个小时。就你们的情况而言,朱莉在家照顾孩子,你们有更多的时间可以跟孩子进行互动。"

爸爸:"我没有从这个方面想过。"

尼克医生:"我会建议家长利用好**每一次互动的机会**。目前你们还需要计划好每天腾出1~3个小时来跟孩子互动。"

爸爸:"为什么是1~3个小时?"

尼克医生:"这取决于孩子孤独症的严重程度。程度越严重,干预的时长就越重要。对于雅各,我认为从每天2小时开始就可以了。我还要提醒你们,**最重要的是不要让雅各长时间自己一个人玩**,不要让他一直看电视或者反复地玩同样的玩具,就算是他喜欢自己玩也不行。"

妈妈:"您说不能让雅各一个人待着,但我不知道要怎么跟他玩啊!一天这么多个小时,我该跟他做些什么呢?"

尼克医生:"我知道这听起来就让人头疼,不过听我说完你们可以选择的方案,我想你们会感觉好一些。放心,我会一直帮助你们的。"

妈妈:"好吧,我感觉好多了。"

---

**早期密集干预**

美国国家研究委员会2001年推荐

- **早期干预**:1.5~5岁
- **每周15~25小时的直接干预**
- **社交参与性**
- **个别化**(1:1或1:2)
- **综合性**
- **策略性**
- **目标**:个人独立和社会责任

## 密集干预方案

在美国的许多州（有一些例外），家长可以选择的干预仅限于：

1. 特殊教育服务
2. 言语语言治疗
3. 作业治疗

虽然这些都属于综合性方法，但还不够，因为它们没有达到我前面所提到的美国国家研究委员会推荐的强度。目前只有两种**美国普及**的早期干预方法符合美国国家研究委员会的**密集**干预标准，并且有循证医学证据的支持。美国各地还有其他的干预计划，不过大多数州都无法参与这些计划。我在这里所指的干预方法是针对 18 个月到 6 岁幼儿的。

一种干预模式属于**行为**干预，一般是由训练有素的专业人员实施，通过重复教学让孩子练习关键技能。另一种干预模式属于"**以游戏为基础**"的**发展**方法，一般由父母来实施，它能够促进社交参与和社交互动。这两种干预方法并不相互排斥。事实上，它们能够互补。另外，还有其他结合了发展、行为和教育方法的干预模式（见**资源和网站**），但这些干预模式的实施费用往往非常昂贵，并且目前在大多数地方还没有普及。

---

**孤独症的密集干预模式**

- 应用行为分析（Applied Behavior Analysis, ABA）/ 早期密集行为干预（Early Intensive Behavior Intervention, EIBI）——最常见，最普及
- 基于发展、个体差异和人际关系的模式（Developmental, Individual Differences, Relationship-based, DIR），又名地板时光（Floortime）
- 孤独症幼儿游戏和语言干预（Play and Language for Autistic Youngster, PLAY）模式
- 早期干预丹佛模式（Early Start Denver Model, ESDM）
- 关键反应训练（Pivotal Response Therapy, PRT）
- 人际关系发展干预（Relationship Development Intervention, RDI）
- Son-Rise 项目（Son-Rise project）
- 社交沟通-情感调节-交往支持模式（Social Communication, Emotion Regulation and Transactional Support Model, SCERTS Model）
- 其他[见网站"孤独症之声"（Autism Speaks）]

---

## "剂量"的重要性

尼克医生："在我讲述两种主流（最普及）的干预类型——行为干预模式和发展干预模式之前，请先容许我稍微花点儿时间谈一下'剂量'，也就是干预所花的时间。就像我得了链球菌性咽喉炎，而我只服用一粒青霉素的话，我的病是治不好的。因为就算我吃对了药，我服用的药量也没有达到治疗所需的剂量。所以，干预所花的时间很重要！已有明确的证据证明了这一点。**实施干预的人，无论是家**

长还是治疗师，每天都至少需要花2个小时实施直接干预。并不是说要一口气连续做2个小时的干预，而是可以分解成若干个15～20分钟的时段。"

妈妈："不需要连续做2个小时干预，对吧？"

尼克医生："是的！其实将干预疗程分解成若干个短时段，会更好实施。你们应该全天候使用这些干预方法，无论是雅各起床、穿衣服、吃东西的时候，还是和你们一起外出的时候，你们都可以对他进行干预。这些都是跟雅各建立联系的机会。我希望你们也跟他一起玩，单纯就是玩。雅各想玩什么都可以。"

妈妈（几乎是脱口而出）："玩！跟雅各玩！那可真是新鲜了。吉姆能跟孩子打打闹闹，可是我并不擅长啊！"

尼克医生："还有很多其他的玩法，不过也需要你放得开和玩得动。"

妈妈："我觉得我不行啊。虽然我也很想跟雅各一起玩。"

尼克医生："你一定可以的。一起开心地玩，不是很棒吗？"

妈妈："我也希望可以！"

爸爸："我们可以再聊聊其他不同的治疗方法吗？听您的意思是我们应该做行为模式或发展模式的干预。哪一种对雅各最好呢？"

## 行为干预模式

尼克医生："嗯，最出名的、被研究得最多的行为模式是**应用行为分析（ABA）**（见**资源和网站**）。伊瓦尔·洛瓦斯（Ivar Lovaas）博士从1970年开始将它应用于早期干预，历史已经很悠久了。顾名思义，行为学家将特定的行为技能分解为细小的、分散的、简单的步骤（或"尝试"），这些步骤是高度结构化的，旨在帮助孤独症儿童获得语言、认知和学前技能方面的进步。这也被称为回合尝试教学（Discrete Trial Training, DTT）。孩子们会因为学会这些技能而不断地获得奖励，包括食物、小玩具或有趣的活动。我在匹兹堡宾夕法尼亚医学院担任副教授时，曾指导过一个回合尝试教学洛瓦斯计划。我和洛瓦斯本人一起工作过，所以我知道ABA是如何实施的。"

### 更多关于ABA的信息

当ABA应用于孤独症幼儿时，这种方法被称为早期密集行为干预（EIBI），而且有好几个版本。如上所述，原始版本是伊瓦尔·洛瓦斯博士在1970年开发的，（现在仍然）被称为回合尝试教学。在这个模式中，孤独症儿童坐在座位上，在桌面上反复地学习技能，平均每周40小时！在DTT中，孩子要听从各种指令，例如，"小尼，摸鼻子"，当孩子完成任务时，他会得到奖励（一般会奖励食物，如一块饼干），"很棒！这是你的奖励"。这种方法基于斯金纳操作性条件反射原理。

据称，洛瓦斯研究发现，这种非常高强度的干预能够使一半左右的孤独症孩子在6岁时到普通教育学校上学，而且不需要任何辅助。天啊，一半啊！当凯瑟琳·莫里斯（Catherine Maurice）在《**让我**

听见你的声音》[1]（见**资源和网站**）一书中写到她的孤独症孩子通过回合尝试教学得到"康复"时，全国各地的父母都一窝蜂地奔向这种疗法了。

这项早期研究和随后的许多研究都证实了 EIBI 的效果。然而，最近这项研究受到了质疑。在洛瓦斯最初的研究中，参加实验的儿童样本量很少，每组才 20 个，而且在现实环境中进行重复实验的效果不如在原始的实验环境中的效果好。

较新版本的 ABA/EIBI 没有旧版本那么内容艰涩，并且更具趣味性，比如，应用语言行为（Applied Verbal Behavior, AVB）和关键反应训练（Pivotal Response Therapy, PRT）等（见**资源和网站**）。AVB 由文森特·卡蓬（Vincent Carbone）、马克·桑德伯格（Mark Sundberg）和詹姆斯·帕廷顿（James Partington）共同开发，它使用 ABA 的原则，但更具"发展性"，聚焦于语言，并且很有趣。PRT 由罗伯特·凯格尔（Robert Koegel）和琳·柯恩·凯格尔（Lynn Kern Koegel）（他们是夫妻搭档）开发，是 ABA 方法中最有趣并以儿童为中心的方法，强调以孩子的喜好作为奖励。我们在选择早期密集干预模式时，需要看看这种干预模式是以计划为中心还是以儿童为中心。通常，ABA 以计划为中心的属性更强，AVB 次之。以儿童为中心的方法是 PRT。但以儿童为中心属性最强的还是发展模式。

（我总是开玩笑地说，随着 ABA 的发展，实施方法对孩子来说变得更加细腻和敏感，越来越像发展模式了！）

尼克医生："虽然到目前为止，ABA/EIBI 拥有最多的研究证据支持（见**资源和网站**），但如果你们要采用 ABA，就一定要找一个非常优秀且经验丰富的项目主管。做得好的 ABA/EIBI 计划，每年的平均费用是 3 万～5 万美元！"

爸爸："哇，这么贵啊！"

尼克医生："如果有效果的话，还是值这个价钱的。"

### ABA 的保险报销

妈妈："我刚看新闻说密歇根州副州长正在推动一项法律，让保险公司支付行为分析的服务费用（见**资源和网站**）。我听说如果该项法律通过的话，我们每年可以获得高达 5 万美元的服务费用报销！"

爸爸："您觉得我们应该去争取这项福利吗？我们的保险公司是蓝十字[2]，我想他们应该属于会支付 ABA 费用的保险公司之一。"

尼克医生："如果是我的话，我肯定会去啊！谁会跟 5 万美元过不去呢！我觉得你们应该保持开放的态度，只是不要高兴得太早了。我去过很多已经通过这项法律的州，在那些地方最终能获益的孩子并不如你们想得那么多。"

爸爸："为什么呢？"

尼克医生："原因就是服务名额有限，排队的人很多，加上确诊的条件非常苛刻，还有就是存在其他的官僚主义问题。"

---

[1] 编注：凯瑟琳·莫里斯所著的《让我听见你的声音：一个家庭战胜孤独症的故事》（*Let Me Hear Your Voice: A Family's Triumph Over Autism*）中文简体版已由华夏出版社于 2018 年出版。

[2] 译注：蓝十字，英文是 Blue Cross，是美国的医疗保险公司之一。

爸爸："那这些法律有没有涵盖发展干预呢？"

尼克医生："还没有，只包含ABA，还有就是言语语言治疗和作业治疗。我希望通过我们提供的新证据（见**附录A**），能够让他们把PLAY模式也包括在内。"

爸爸："如果这个法律通过了，我们能够报销，我们可以同时采用ABA和PLAY模式吗？"

尼克医生："当然可以。另外，你们马上就可以开始做PLAY模式了。"

爸爸："这两种干预方法可以一起使用吗？"

尼克医生："肯定可以。它们是互补的（见**第二部分"导言"**）。当然，我认为PLAY模式在帮助孩子改善社交互动方面是最好的，但你不能白白浪费天上掉下来的5万美元的馅饼啊。这是一项超级大的福利。"

爸爸："也就是，**如果**可以申请到报销的话，我们可以试一下ABA，看看我们喜不喜欢。"

尼克医生："是的。"

妈妈："至少现在我们已经可以报销言语语言治疗和作业治疗的费用了（见**第6章和第7章**）。"

尼克医生："如果你们确定采用ABA的话，我希望你们能清楚了解它的利弊。"

爸爸："收费那么贵，它最好值回票价！"

### 对ABA的质疑

尼克医生："首先，单一的干预模式不可能适用于所有的孤独症儿童。这跟你花多少钱是没有关系的。ABA不会对所有儿童都有效果。我们当时在匹兹堡提供ABA服务时就发现，它对很多孩子都不起作用。即使ABA确实有效，它本身也是存在弱点的。

"对ABA/EIBI主要的批评是孩子们'不会泛化'他们所学到的东西。孩子们在训练中学到的内容无法应用于现实世界。有些已经被训练了很长时间的孩子，他们会显得很'机械'并'依赖于辅助'。他们缺乏内在的动机，需要成年人的辅助和奖励才可以施展这些技能。当我在匹兹堡做ABA项目时，我就经常发现这样的问题。从事ABA的专家们知道这一问题的存在，他们正在提高自身的能力帮助儿童泛化，但是这个问题仍然存在。

"我个人认为在教导孩子学业技能、认知技能及特定的语言概念方面ABA的效果很好。虽然我们可以运用这个方法教授孩子某些特定的社交技能，但没法用它教会孩子如何进行社交互动，或者更重要的是，它没法促使孩子爱上与其他人互动。ABA的基本互动过程是：'你要这样做。很好！''你要那样做。非常棒！'虽然运用这两个基础步骤可以教会孩子某些特定的技能，但这并不是人们真正互动的方式。"

妈妈："我们有一个朋友采用了ABA对孩子进行干预。孩子的表现确实就像您说的那样，他妈妈让他做什么他就做什么，可是一旦有机会，他又会自己一个人玩了。"

### 发展干预模式

尼克医生："虽然行为干预模式和基于游戏的干预模式我都督导过，但我更倾向于在开始的时候实施以玩为基础的干预。**如果**你学会了怎样和孩子一起玩，那么'玩'就是孩子们（包括孤独症孩子）

最佳的学习方式。虽然行为干预模式的背后有更多的科学证据支持（至今为止），但发展的、以玩为基础的模式（更难以评估）也有越来越多的研究支持（见**资源和网站以及附录**①）。我预测很快就会有足够的证据让发展模式成为家长首选的干预方案。"

**更多关于发展模式的信息**

正如ABA有好几个版本一样，发展的干预模式也有几个版本，包括地板时光、Hanen项目、响应式教学（Responsive Teaching）、合作伙伴交流模式（ECO/Communicating Partners Model）、社交沟通–情感调节–交往支持模式和Son-Rise项目（见**资源和网站**）。这些发展干预模式都侧重于帮助照顾者和专业人员教会儿童参与日益复杂的社交互动。这些干预措施以儿童为中心。PLAY模式就是基于游戏的、发展的、由父母实施的干预方法的典型代表。

## PLAY 模式

尼克医生："我们这个基于游戏的发展干预模式被称为PLAY模式。它有一部分的理论基础来源于斯坦利·格林斯潘博士和塞蕾娜·维尔德博士的**地板时光理论**（见**资源和网站**）。我先跟你们说说地板时光的简称'DIR'代表什么意思，然后再来谈谈其他的干预选择。我会逐个字母来讲解它们所代表的意思。

- 'D（Developmental）'代表**发展性**。根据格林斯潘的理论，儿童到5岁时要经历六个发展阶段，才能发展出社交技能和情感。当然后面还有更多的发展阶段，但我们现在重点关注与雅各年龄相关的发展阶段。
- 'I（Individual differences）'代表**个体差异**。每个孩子感知世界和处理感觉的方式，在遗传和生理上都是独特的。例如，孤独症儿童往往很容易受到噪声的困扰，因此他们可能会待在自己的世界里，在被叫到名字时也没有反应。这些孩子可能会对某些食物过敏，或者沉迷于以特定的方式去玩玩具，比如喜欢排列玩具火车。在进行干预的时候，将这些个体差异纳入考虑之中是非常重要的……"

妈妈："您刚才说的就是雅各啊！"

尼克医生："DIR中的'R（Relationship-based）'代表**以人际关系为基础**。整个干预的目的就是帮助孤独症儿童参与社交，与父母、兄弟姐妹、同伴和其他重要的人建立温暖、联结的关系。"

妈妈："这很吸引我。"

尼克医生："嗯，孤独症是一种复杂的疾病，而每一个家庭也都是复杂而又独特的。**我要再次重申，当寻求合适的干预措施时，你是不会找到某一种适用于所有人的特定的干预类型的**。虽然大多数专家推荐ABA，但我认为每个家庭都要先了解他们所在社区可提供的服务选项，然后从中选择最适用并有最多证据支持的干预措施。"

爸爸："那么DIR与ABA有何不同呢？"

---

① 编注：此附录已转为线上资源，可前往"华夏特教"微信公众号浏览获取。

尼克医生："ABA 是一种'由外向内'的方法，使用分解的练习教导技能，DIR 及其他发展模式则使用'由内向外'的方法，成年人跟随孩子的引导做孩子想做的事情。我常常跟家长说：'当你做孩子喜欢的事情（而不是你认为他应该要学的事情）时，孩子就会喜欢和你在一起。你就进入了孩子的舒适区，让他们不再与世隔绝。'

"这种方法的目的是提高孩子的注意力和参与度，培养孩子主动交流的意愿（即逐渐撤除辅助），并促进长时间的来回互动。随着孩子的进步，我们会把重点转向问题解决、假扮游戏和情感思维——格林斯潘理论架构中的更高阶段。"

爸爸："亲爱的，这听起来更适合我们，你觉得呢？"

妈妈："我还是担心雅各会不理我。"

尼克医生："无须担心。在 PLAY 模式的家庭咨询计划里，家庭顾问一般会每个月家访 1 次，每次是 2～3 小时。家庭顾问的学历要求是硕士或硕士以上，并且从事儿童发展相关专业的工作。他们会示范并指导你们如何跟雅各互动。他们也会拍摄你们互动的视频，给你们提供 PLAY 活动及其技巧的书面计划。"

妈妈："要拍视频？"

尼克医生："别担心，你慢慢就会习惯了！这是我们模式的特色之一。通过拍视频你会真正看到你跟孩子是怎么互动的。我们会指出你们做得好的地方。我们采用'PLAY 模式的七个环节'（见**第二部分**），这会让整个模式非常系统化，并且你会很容易就知道下一步该做什么。"

爸爸："所以您建议我们先做 PLAY 模式吗？"

尼克医生："你们要充分了解你们所有的可选项。作为你们的医生，我一开始就要让你们了解所有最优的选择，然后你们得自己决定哪一些是适合自己的。我强烈推荐你们上**孤独症之声**网站看看上面的 100 天工具包（100 Day Kit，见**资源和网站**），里面已经列出了所有的选项。在某种程度上来说，我已经替你们做了这件事情，但你们仍然需要自己上网去查。有些州的保险公司不会为干预服务付费或很难找到提供服务的机构。"

妈妈："那密歇根州的保险立法呢？"

尼克医生："如果是我的话，肯定会排队等 ABA 服务，但是我也会现在就着手做 PLAY 模式。如果你们选 ABA 服务，还没有保险报销的话，你们每年得自己付 3 万～5 万美元的费用。"

爸爸："哇！"

尼克医生："就算是在那些已经通过 ABA 保险法的州，家长也可以把其他的服务作为备选。尤其是 PLAY 模式，花费是相对便宜的。"

爸爸："多少钱叫便宜呢？"

尼克医生："这要看在哪个州以及保险是否会报销，总体来说，PLAY 模式的花费只是 ABA 的

---

**PLAY 模式**

家庭咨询计划
- 以结构化的"PLAY 的七个环节"为基础。
- 每月 1 次 2～3 小时的家访。
- 拥有硕士及以上学历的儿童发展专家。
- **示范和指导**如何跟孩子一起玩。
- 拍摄互动过程的**视频**。
- 提供关于如何进行 PLAY 的口头和书面反馈。
- 提供社会支持并帮助寻找资源。

十分之一。"

爸爸："这怎么可能？"

尼克医生："ABA是由专业人员提供服务，而PLAY模式是由**你们自己**做干预。如果要为你们自己所花的时间付钱的话，PLAY模式的费用也会高达3万美元。老实说，就算不考虑钱的事情，如果我有一个孤独症孩子，我也会先采用以玩耍为基础的方法，然后等孩子有更多的语言之后再加入ABA。我会想要一种能够先帮助我和孩子建立关系的方法。而且PLAY模式和ABA是兼容的，能够同时进行。当然，PLAY模式是我一手创立的，所以我会有偏向性。还有其他一些我很喜欢的发展模式，比如Hanen项目、地板时光等，但PLAY模式拥有最佳的证据支持，并且你们现在就能做。第一步是很重要的，你们应该花一些时间考虑一下。"

爸爸："PLAY模式有什么证据支持？"

尼克医生："问得好。我们刚完成了一项大型的、非常严谨的关于PLAY家庭指导计划的科学研究（见**附录A**）。很高兴我们获得了有力的证据。PLAY模式不仅可以教会家长怎样跟孩子一起玩，怎样有效地跟孩子互动，也可以帮助孩子改善孤独症症状。"

爸爸："太牛了！听起来真不错！我们可以马上开始做吗？"

尼克医生："一个月之内就能开始。"（见**资源和网站**）

妈妈："我们会由您督导吗？"

尼克医生："全国各地大多数的PLAY模式并没有聘请我作为他们的医疗总监，但我会审核和指导雅各的干预进度。"

妈妈："我们的学校项目还要继续吗？"

尼克医生："当然啊！当PLAY模式跟其他服务（包括ABA）一起应用时，效果是最好的。你们要记住，美国国家研究委员会推荐采用综合性和策略性的干预计划。学校可以为雅各的干预计划增加很多内容。"

妈妈："雅各正在参加0～3岁的早期干预计划，我们已经帮他申请上参加秋季的特殊教育幼儿园了。"（见**第5章**）

尼克医生："太好了！如果你们在这方面需要我的帮助，可以告诉我。我也推荐你们做言语语言治疗（见**第6章**），还有作业治疗（见**第7章**）。这两种治疗雅各每周要做0.5～1个小时。"

爸爸："我查了一下，我的保险每年可以报销做言语语言治疗还有作业治疗各30次的费用。"

尼克医生："我会给你们一些关于如何使用这30次服务的具体建议。另外，我会给你们推荐当地最好的治疗师，不过在很大程度上这取决于你们的保险公司所覆盖的范围。等一下我们的接待员艾米会给你们提供治疗师的名单。我还

---

**雅各的初步干预计划**

- PLAY模式或ABA或两者兼而有之。
- 特殊教育幼儿园。
- 每周0.5～1个小时的言语语言治疗。
- 每周0.5～1个小时的作业治疗。
- 每3～4个月定期复诊1次。
- **孤独症之声**100天工具包。
- PLAY模式在线工作坊。

有一些关于早期干预、言语语言治疗和作业治疗的宣传手册。另外，我还会给你们一份专门关于生物医学治疗、饮食及疫苗接种与孤独症之间关系的讲义。"

妈妈："我特别想跟您谈谈这方面的内容。"

尼克医生："这样吧，这个星期你找时间给我打个电话，我们到时再谈。现在最重要的是让你们尽快走上密集干预之路。记住，'剂量'很重要！你们每天要花2个小时跟雅各互动，每次10～15分钟。你们可能要花几个月的时间调整自己。孤独症干预不是短跑，更像是一场马拉松比赛，不过你们得尽快踏上跑道了。"

妈妈（看着她的丈夫）："我想我们至少应该先开始做PLAY模式。"

爸爸："咱们就按尼克医生的建议去做吧，先看看其他的选项再决定。"

尼克医生："这样最好了。这是一个重大决定。你们有时间考虑。你们的选择相当有限且清晰。记得告诉我你们的选择。朱莉，找时间给我打个电话，我们聊聊关于生物医学治疗方面的内容。"

## 后续

朱莉当晚给我打了电话，她在办公室的答录机上留了言。首先，他们决定做PLAY模式，并希望家庭顾问尽快到他们家做家访。其次，她想谈谈生物医学治疗的事。

## 小结

- 我讲了成功干预的五个关键要素，还强调了美国国家研究委员会提出的建议。
- 我指出了在网上寻找孤独症谱系障碍最佳干预措施的风险。
- 我们讨论了最重要的干预选项，包括孤独症谱系障碍的行为干预模式和发展干预模式。
- 我简要描述了行为干预模式与发展干预模式之间的差异，这是两种最常见的密集干预模式。
- 我简述了PLAY模式家庭顾问计划。
- 这次咨询后我会为雅各制订一个综合性和策略性的干预计划。
- 父母仍需决定是在ABA和PLAY模式之间二选一，还是把两者结合起来。

## 预告

- 在第4章，我将评价孤独症的"生物医学疗法"。
- 在第5章，我们会讨论语言发展及言语语言治疗。
- 在第6章，我们讨论了作业治疗和调节障碍。

# 第 4 章

# 电话访谈
# 饮食、生物医学治疗、免疫接种与孤独症

第二天，我回拨了朱莉的电话。她之前在留言里提到，除了想了解该如何着手 PLAY 模式，她还想谈谈生物医学治疗，因为她必须"立即做决定"。

## 生物医学治疗

我了解生物医学治疗的内容。名人珍妮·麦卡锡（Jenny McCarthy）公开宣称她的儿子通过食用无麸质或无酪蛋白饮食[1][2]及使用多种生物医学治疗后，他的孤独症"康复"了。底特律是她美国巡回演讲的城市之一。孤独症圈子内的人都在谈论她。麦卡锡是一位强势的、引人注目的和富有魅力的演讲者。她还**反对**免疫接种，声称免疫接种是造成孤独症诊断增加的原因。

妈妈（满怀期望地）："我要去找她吗？"

尼克医生："你得自己做决定。"

妈妈："之前好像没有跟您提过，其实我们已经找了一位'治愈孤独症协议医生'，让他帮忙制订雅各的饮食和补充营养素计划。他认为我们应该去找珍妮·麦卡锡，但我想听听您的专业意见。"

尼克医生："'治愈孤独症协议'自几年前出现以来，就引起了我强烈的兴趣，我一直在关注这方面的进展。不过，我现在只能说非常失望。该协议的宗旨是研究和评估各种生物医学治疗是否有效。迄今为止，还没有证据表明他们的补充维生素、饮食、食用酶等方案对治疗孤独症有效。这太让人灰心丧气了。"

> **生物医学治疗**
>
> - 补充维生素/矿物质
> - 无麸质/无酪蛋白饮食
> - 注射维生素 $B_{12}$
> - 螯合疗法
> - 无酵母饮食和抗真菌治疗
> - 高压氧
> - 分泌素
> - 治愈孤独症（Defeat Autism Now, DAN）协议

妈妈："但据说这对很多孩子都有效啊！网上可以找到各种各样的报道。"

尼克医生："这个嘛，我自认为我是一个思想非常开放的医生，也一直在留意各种可以帮助孩子们的方法。但在随诊了数百名尝试过各种饮食和生物医学治疗的孤独症儿童之后，我可以坦白地说，我所见到的绝大部分患者都没有从这些疗法中受益。"

妈妈："太令人失望了！"

尼克医生："我也很失望啊！如果改变饮食或给予营养补充剂，就可以改善孩子的孤独症症状，岂不是天大的好事，但恐怕在大多数情况下，这只是美好的愿望而已。毕竟孤独症在很大程度上属于遗传性疾病。回想起来，以前也兴起过治疗唐氏综合征儿童的超级维生素热潮。除了极少数的例外情况，可以说用饮食或维生素治疗遗传疾病是没有效果的。朱莉，你别误会，我也真的希望能有'灵丹妙药'。跟所有家长一样，我也希望可以通过注射维生素$B_{12}$，进行螯合治疗，使用高压氧或无麸质/无酪蛋白饮食等方法帮助孤独症儿童康复。你在互联网上看到的各种疗法有效的帖子，其实属于'安慰剂效应'。科学研究已经证明，如果接受治疗的人相信该种疗法是有效的话，那么就算是某些虚假治疗有时也可以改善患者的病情。人们越相信某项治疗是有用的，就越有可能体验到好处。可惜这只是人们一厢情愿的想法。

"我发现唯一能够持续有效的疗法，就是上次我们所提到的密集的发展或行为干预模式。"

妈妈（不确定地）："真的一点儿用也没有吗？既然这么多家长在网上说他们的孩子改用无麸质/无酪蛋白饮食后情况好转了，那应该还是有点用的吧？我在网上也找到了很多证明其有效性的链接。"

## 孤独症与互联网

确实，当你在浏览器中输入"**孤独症治疗**"时，马上会弹出数十万个链接。在搜索结果第一个页面上的大多数链接都有提到孤独症人士的饮食治疗方法，甚至包括**孤独症之声**网站的相关链接也是如此！还有一些网站会推荐各种替代疗法，如补充维生素，注射维生素$B_{12}$，补充其他营养成分，使用抗酵母饮食、高压氧治疗……网上所列举的替代疗法数不胜数。另外，还有一些网站会把免疫接种说成是造成孤独症的原因。

**家长要如何整理收集到的信息、得出真相，判断什么是有效的治疗、什么是无效的治疗呢？**

尼克医生："你得小心网上那些所谓的'证据'，不要完全相信网络上的信息。最糟糕的科研方式就是个案研究：'我试过了，这个东西有效！'你只要能找出一篇科研文章，一篇有着良好的研究设计并证明饮食疗法有助于孤独症人士康复的科研文章就行。但事实上，一篇都没有。"

妈妈："一篇也没有？"

尼克医生："没有。反而有研究表明饮食疗法没有效果。[3][4] 不过公平地说，我见过整体健康因饮食改变而得到改善的孩子。"

妈妈（再次燃起希望）："您见到过吗？"

尼克医生："孤独症的孩子往往在饮食方面非常不健康，并且他们对自我内在的状态非常敏感。一旦他们觉得不舒服，他们的表现就会很糟糕。

"我见过把那些对小麦（麸质）或牛奶（酪蛋白）过敏的孩子饮食中相应的过敏原去除之后，孩子的注意力和参与度都会变得更好的例子。其实对于那些有类似过敏情况的普通孩子也是一样的，这种情况并非孤独症孩子所特有。我见过随着饮食的改变睡眠问题得到改善的孩子，甚至见过在肚子不痛时自我刺激行为（即拍手、踮脚走路、喃喃自语等）有所减少的孩子，但是从未见过一个孤独症孩子仅靠替代疗法就'康复'了。"

妈妈："雅各已经进行了几个月的饮食控制了。"

尼克医生："是吗？"

妈妈："是的，可我还没有看到什么明显的变化，而且这真的太折磨人了。他喜欢吃的食物都含麸质，比如椒盐脆饼、麦片和饼干。"

尼克医生："这确实麻烦。上次评估的时候我有没有遗漏什么信息？雅各会对什么东西过敏吗？"

妈妈："没有。他的身体好得很。我们的'DAN协议医生'认为他有过敏的可能性，但我们没有发现。"

尼克医生："如果你们担心他过敏的话，我建议你们带他去找真正有资质的儿科过敏专科医生看看。"

妈妈："我们怎么知道这东西是否有效呢？"

尼克医生："这就是另一个问题了。在你投入了时间和金钱去做治疗后，就算实际上根本没有变化，你也会想方设法地找出治疗前后的不同之处。首先会有'安慰剂效应'，意思是只要相信其有效就会看到效果。其次，还有'霍桑效应'，也就是只要刻意寻找任何变化的蛛丝马迹，你就会认为这些变化是当时的治疗带来的。"

妈妈："说得太对了！我们一直紧盯着雅各，会把他身上发生的每一件小事都归功于饮食疗法。"

尼克医生："你们可能需要做一项消除试验——先试一两个月的无麸质/无酪蛋白饮食，然后恢复正常饮食，看看有没有什么变化。"

妈妈："好复杂啊。"

尼克医生："除非有明显的改善，不然这种疗法就不值得尝试。"

妈妈："我以为通过改变雅各的饮食就可以帮到他呢，我还为此兴奋不已啊！因为这是我力所能及的事情。"

## 生物医学治疗的危害

尼克医生："某件事如果听起来好得不可思议，一般就不会像说得这样好。人们总是在为复杂的问题寻找简单的解决方法。朱莉，我只是不希望你为了虚无的希望白费力气，你努力的方向错了。"

妈妈："那么选择生物医学治疗会有什么危害吗？"

尼克医生："唉，你要花很多钱。"

妈妈："确实。一大堆的维生素和营养补充剂，还有各种化验，这些都要花不少钱。"

尼克医生："是的。这些都已经形成产业链了。在推销这些疗法的人当中，有很多人是出于善意的，可是也有不少人是昧着良心赚这些病急乱投医的家长的钱的。此外，它会让你浪费很多**时间**，会把你的注意力从那些公认有效的疗法上拉走。最严重的后果是它可能会让家长**走火入魔**。"

妈妈："走火入魔是什么意思？"

尼克医生："你不是一直担心自己会错过什么吗？"

妈妈："肯定会啊，我都快要抓狂了。"

**这就是生物医学治疗的危害之一：焦虑。**

我们都笑了起来，其实这并不好笑。**对我来说，最难受的是看到家长为了虚假的希望而产生的内耗，进而变得焦虑不安。** 孤独症儿童的家长追逐各种疗法，并且摇摆不定，总是想确认"我还需要做些什么才能保证孩子获得最好的治疗？"这种焦虑会永无休止，因为家长应该会时刻留意，寻找可以帮助孩子的方法。我已经看到太多这种"治愈期望"所带来的焦虑给家庭造成的影响。它不但烧钱，而且占用时间，最重要的是它还会消耗家长的精力。

尼克医生："你会感到焦虑，总是想自己是不是还能做点什么。"

妈妈："我们就是不想错过任何可以帮助雅各的机会。"

尼克医生："就是这样！只要你觉得这些疗法当中，可能有某种疗法会对你的孩子有效，不管机会有多么渺茫，只要你没有全部试过，你都会心怀内疚。"

妈妈："您说得太对了！我和吉姆都有这种感觉。"

尼克医生："我见过好几个孩子的家长就因为尝试了所有的生物医学疗法，而让自己的生活变得一团糟。"

妈妈："大家都说：'你一定要试试这个，你一定要试试那个。''我看到这项治疗有效，我看到那项治疗也可以。'我就是被这样推着往前走的！它会让我觉得自己做得还不够。"

尼克医生："我特别理解你。请相信我，如果我发现某项有用的替代疗法，我肯定会告诉你的。我不是老学究，非得要有绝对的证据才会推荐某项治疗。据我目前所知，有好几项干预措施还没有足够的研究证据支持，但我一直都在推荐。"

妈妈："比如？"

尼克医生："言语语言治疗或是作业治疗，虽然截至目前它们还没有很多的科学依据支持，但我认为它们很有用，并且有道理。我相信自己的临床判断。可是我却没有看到生物医学治疗的好处。"

妈妈："我很失望，不过我对于现在所做的事情感觉好点了。我想我们还会继续尝试的，您真的帮我减轻了一部分负担。"

尼克医生："试一下也无妨，不然你总是会心存疑问，但不要期望有奇迹发生。"

妈妈："注射维生素 $B_{12}$ 呢？"

尼克医生："对于你们的'DAN 协议医生'所提的建议，我都没有意见。只是希望你们不要在这些方面花太多的钱……"

妈妈："或者太多的时间。我明白的。"

尼克医生："把精力集中在我们知道会有效的方法——密集干预上。小心那些投机者和忠实信徒。要知道网络世界充满危险。"

**忠实信徒的危害**

妈妈："您不会是在说珍妮·麦卡锡在坑孤独症儿童家庭吧？"

尼克医生："我绝对没有那个意思。她是忠实的信徒，正因为如此，她甚至可能比投机者更加可怕。投机者想要的只是你的钱，忠实的信徒却瞄准了你内心深处的愿望，他们知道你想让孩子的病情快速好转。投机者和忠实信徒的共同点在于：他们都依赖于你迫切期望帮助孩子的心意。忠实信徒的问题在于，他们如果是错的（往往如此），就会拉着一大帮人犯错。他们可能会在无意中伤害许多家庭和孩子。"

妈妈："您觉得她关于饮食和打针的看法是错的吗？"

### 为什么家长会相信生物医学治疗有用？

- 家长都希望孩子能从孤独症谱系障碍中"康复"。
- 忠实的信徒和投机者依靠这种愿望推广或销售针对复杂问题的简单解法。
- 某人试过有效，因此推荐，但这并不是可靠的有效证明。
- 人们很容易会把"巧合"与"原因"混为一谈。
- 人们心中的期待会带来积极的预期：安慰剂效应。
- 密切观察变化时，就会看到变化：霍桑效应。
- 科学研究显示无麸质/无酪蛋白等饮食疗法对孤独症症状的改善没有明显的效果。
- 科学证明免疫接种不会导致孤独症。

尼克医生："我可以告诉你，根据我随诊了很多家庭所获得的经验，饮食疗法对他们的孤独症孩子没有效果。他们去找'DAN协议医生'尝试了所有的生物医学疗法，但都没起作用。不过，你是不会读到他们的故事的。就我所知，没有从饮食和替代疗法获益的家庭数不胜数，可是你不会到网上去看他们的证词。我们需要的是科学证据而非更多的体验和推荐。"

妈妈："您认为珍妮·麦卡锡是在伤害孤独症孩子及其家庭吗？"

尼克医生："如果某个家庭因为受珍妮·麦卡锡这样的人的影响而选择无麸质/无酪蛋白饮食疗法**而不是**做密集干预，那么她就损害了这个家庭为孩子采用最好干预措施的机会。如果家长因为害怕疫苗会导致孤独症而不让孩子接种，那么万一他们的孩子得了百日咳或麻疹，并且不幸死于并发症，这将是难以弥补的损失。许多家庭担心免疫接种会导致孤独症而选择不接种，儿童期疾病的患病率因此上升。儿科界的专业人士确实很担心这个问题。"

### 免疫接种和孤独症

妈妈："就是说您不相信免疫接种或针剂中的汞会引起孤独症。"

尼克医生："这不是信不信的问题。科学证据表明，**免疫接种里有没有汞都不会导致孤独症**（见资源和网站）。[5] 对我来说更有趣的是为什么人们会相信这两者是有关系的。"

妈妈："网上有很多关于孩子打疫苗后立即患上孤独症的故事。难道这些家长都大错特错了吗？"

尼克医生："我来告诉你为什么吧。当两件事情同时发生时，人们很自然会把它们联系在一起。孩子一般要在15个月、18个月和24个月时进行免疫接种。那你猜猜孤独症的症状出现在何时呢？"

妈妈："同一时间。"

尼克医生："没错。孩子通常在15个月到24个月之间表现出孤独症症状。家人带孩子去打疫苗，而孩子就在当月没有达到语言发育的里程碑。这种'倒退'类型的孤独症儿童在孤独症人口中占比高达 30%。于是,父母会将疫苗与孩子的孤独症联系起来,并责怪这是疫苗惹的祸。[6] 但孤独症跟免疫接种是无关的,已经有数十项研究显示孤独症和免疫接种之间没有关系,**也没有研究**表明两者有关联(见**资源和网站**)。

"此外,儿科医生是不会想去伤害孩子的。当轮状病毒疫苗被证明会引起问题时,他们立即就将其下架了。当得知百白破混合疫苗会造成神经损伤时,政府在他们的呼吁下建立了疫苗保险法案。你以为是谁发现了疫苗中的汞含量过高的?就是儿科医生!如果疫苗会引起孤独症,那么为什么他们会继续给孩子接种疫苗呢?"

妈妈:"安德鲁·韦克菲尔德(Andrew Wakefield)呢?他发表了一篇很有影响力的文章,就是关于麻疹疫苗会导致孤独症的。"

尼克医生:"你没看到报道吗?他的研究数据刚刚被人发现造假(见**资源和网站**)。他就是个骗子!他捏造了实验数据,让数据按照他想要的方式呈现出来!最具影响力的英国科学期刊《**柳叶刀**》史无前例地撤回了他的文章,并向公众表示了深切的歉意。他还被吊销了医师执照。"

妈妈:"我倒不知道这件事。"

尼克医生:"珍妮·麦卡锡一直用韦克菲尔德的研究支持其观点,当她得知他学术造假时,她仍继续坚持认为免疫接种会导致孤独症,因为'这样的事情就发生在我儿子身上'。这是忠实信徒的宿命,就算是事实也没办法让他们醒悟。"

## 原因或巧合:把传闻当作证据的危险

妈妈:"好吧,我想我还是别去找她了。我还有最后一个问题。"

尼克医生:"说吧。"

妈妈:"难道您不相信珍妮·麦卡锡的儿子好了,不再有孤独症了吗?"

尼克医生:"我相信她儿子的情况确实好转了,我只是觉得她搞错了孩子会变好的**原因**。她除了花钱给孩子采用饮食疗法和替代疗法,每个月还花数万美元在密集干预上,包括 ABA、言语语言治疗及作业治疗课程。另外,她还找了喜剧演员吉姆·凯里(Jim Carey)陪她儿子一起玩。"

妈妈:"非常有意思。尼克医生,您说的我都听到了,但我还是有点疑虑。我还是不太相信会有那么多家长都搞错了。"

尼克医生:"好的,朱莉,我来解释一下这是怎么回事。首先,你知不知道有 10%~20% 的孤独症孩子就算不接受任何干预也会好起来?"

妈妈:"真的吗?"

尼克医生:"真的。我见过很多孩子随着年龄增长,他们的症状会自动好转。我来跟你分享一个我遇到的案例,你就能明白把'我试了这个方法,然后孩子好多了'作为科学证据的问题在哪里了。"

### "治愈"的案例

我给朱莉讲了一个病人的故事。他叫小约翰,3 岁大。在珍妮·麦卡锡上了《奥普拉秀》之后不久（就是那么巧！），小约翰的父母带着做了6个月的以玩耍为基础（PLAY模式）的密集干预的小约翰，来找我复诊了。

小约翰从候诊室走进诊室的瞬间，我就知道在他身上发生了一些奇妙的事情。他居然跟我打招呼了！他看着我的眼睛说："嗨，尼克医生！"一个非常具有社交性的短句！要知道小约翰在2岁6个月之前，语言发展一直落后，他那时只会说几个单词。

当我得知小约翰过去6个月的进步情况时，我感到震惊！小约翰从不说话变成话痨了！他从不理人到整天黏着爸妈不放，想要跟他们一起玩；他从有很多重复刻板行为、兴趣狭隘到有了更加广泛的兴趣爱好。我打心底为这家人感到高兴。我说："小约翰进步神速啊！你们到底做了什么？！"

他妈妈说："我们就只是按您说的去做。我们把电视关上，每天陪他一起玩几个小时，每周做言语语言治疗和作业治疗，他还上了幼儿园。就是这样，他的情况就改善了。"

她说她并没有给小约翰做任何的饮食、维生素治疗或采用任何一类的替代疗法。

我记得我当时说："我也很想把小约翰的惊人进步归功于我的功劳！"但他就是自己好转了。我有好几个孩子都有类似的情况，他们自发地有了明显的改善。一般来说，这种情况通常会出现在孩子2～3岁时。我向他妈妈恭喜了小约翰的进步。这太让人高兴了！当然，我必须加上点评："幸好你们没有采用无麸质/无酪蛋白饮食或维生素$B_{12}$注射等疗法，否则你们可能会跑上街大喊：'谢天谢地！我给小约翰用了饮食疗法，治好了他的孤独症！'"

尼克医生："他们要是这么做了的话，那可真是饮食疗法完美的案例了。"

妈妈："我明白您的意思了。如果他们**之前**改变了饮食，他们可能就真的相信这是饮食带来的改变了。"

尼克医生："没错！他们可能会把这件事发到网上，然后其他人就会信以为真并一传十、十传百。小约翰好转的真正原因是他自发的进步（密集干预也会有所帮助）。"

妈妈："DAN协议那一套真的没用吗？"

尼克医生："可能会让孩子感觉好些。"

妈妈："真让人大失所望啊！"

尼克医生："只要有绝望和脆弱的人（所有孤独症的家长都是如此）存在，投机者就有可乘之机。我只是根据我的经验和科学研究给你们建议。"

妈妈（气馁）："我想我不会去参加珍妮·麦卡锡的讲座了。"

尼克医生："我不是故意要打击你的。"

妈妈："没关系。我其实松了一口气。我每天要为雅各和查理做很多事情，已经够累了。专门去做无麸质食物更是让我感到筋疲力尽。老实说，我并没有看到任何实质的改善。不过我们可能会尝试注射维生素$B_{12}$。"

尼克医生："嘿，如果不是花很多钱或时间的话，你可以去试试各种替代疗法，但不要钻牛角尖，不然你会走火入魔的。还有，永远不能让替代疗法凌驾于密集干预之上。治疗的关键是**干预的时间**。雅各有巨大的潜能，我们会让他不断进步的。"

## 小结

- 朱莉打算去听一位名人的演讲，这位名人认为孤独症是由免疫接种引起的，可以通过补充维生素和无麸质/无酪蛋饮食进行有效治疗。
- 我分享了我的观察结果，在我25年的职业生涯中，我从未见过孤独症孩子单纯通过改变饮食、补充维生素、服用补充剂或采用替代疗法就可以改善症状。
- 朱莉想知道如果无麸质/无酪蛋白饮食没效果的话，为何互联网上有这么多"证据"支持。
- 我们讨论了为什么家长愿意相信治疗孤独症有"灵丹妙药"。
- 我们讨论了"个案证明"和真正的科学研究之间的区别。
- 有很多科学证据表明免疫接种不会导致孤独症。
- 没有科学证据表明饮食疗法能有效治疗孤独症。

## 预告

- 雅各的0～3岁的早期干预计划差不多要结束了。吉姆和朱莉担心雅各的特殊教育幼儿园的转衔问题。
- 我和他们谈论了教育法规为什么这么重要，以及要如何合理利用教育系统，还有如何帮助雅各在学校获得最合适的服务。

## 参考文献

[1] [3] Mulloy, Austin, Russell Lang, Mark O'Reilly, Jeff Sigafoos, Giulio Lancioni, and Mandy Rispoli. "Gluten-free and Casein-free Diets in the Treatment of Autism Spectrum Disorders: A Systematic Review." *Research in Autism Spectrum Disorders* 4, no. 3 (2010): 328-339.

[2] [4] Elder, Jennifer Harrison, Meena Shankar, Jonathan Shuster, Douglas Theriaque, Sylvia Burns, and Lindsay Sherrill. "The Gluten-Free, Casein-Free Diet In Autism: Results of A Preliminary Double Blind Clinical Trial." *Journal of Autism and Developmental Disorders* 36, no. 3 (2006): 413-420.

[5] [6] Thompson, William W., et al. "Early Thimerosal Exposure and Neuropsychological Outcomes at 7 to 10 Years." *New England Journal of Medicine* 357, no. 13 (2007): 1281-1292.

# 第 5 章

# 第二次来访
# 早期干预和特殊教育幼儿园

在密歇根州七月里阳光明媚、美丽而温暖的一天，雅各的父母来找我咨询。这距离我们第一次会面已经过了 3 个月。他们想要跟我讨论雅各的秋季入学安排。这一次，他们没有带孩子一起来。雅各现在快 3 岁了，他的**早期干预**计划马上就要结束了。秋季开学的时候，他会去上**特殊教育幼儿园**。我引导家长做的最多的事情，就是帮孩子匹配最佳的教育资源，但这也是最困难的任务。

**尼克医生**（查看我们上次会面的记录）："雅各的早期干预计划进展如何呢？"

**妈妈**："上门家访的工作人员很不错，我和雅各都喜欢参加他们组织的小组游戏。"

**爸爸**："我还是觉得不满意，因为学区没有给雅各下孤独症诊断，也没有告诉我们该怎么办。"

**妈妈**："我们五月份参加了学区的会议，他们说雅各是'幼儿发育迟缓'。我印象特别深刻。"

**尼克医生**："幼儿发育迟缓是最常见的**教育**诊断。不过既然雅各现在都要去上特殊教育幼儿园了，我觉得吉姆说得对，他们应该重新评估雅各的孤独症。这是我的问题，我们应该早点讨论这方面的问题。"

**妈妈**："我其实也想过先找您谈谈的，我应该早点打电话给您。"

**尼克医生**："雅各的个别化教育计划（Individualized Education Plan, IEP）会议结果如何呢？"

**爸爸**："您说的是什么会议？"

**尼克医生**："吉姆，**个别化教育计划**是美国《残疾人教育法》（Individuals with Disabilities Education Act, IDEA）中的一部分（见**资源和网站**）。该法律规定了雅各 3 岁后可获得的特殊教育服务。五月份的会议就是雅各的个别化教育计划会议。"

**妈妈**："吉姆，你忘了吗？我们还去学校重新填了所有的表格。这就是为什么我觉得应该在会议**之前**先找尼克医生谈谈。因为会议**之后**我感觉不太对劲。"

**尼克医生**："家长们应该坚信他们的直觉。来吧，说说看，发生了什么事？"

**妈妈**："他们说雅各（转向她的丈夫）秋季开学要去……"

**爸爸**："他们让雅各去认知障碍班。朱莉很不放心，因此她去看了这个班的情况。"

**妈妈**："这是一个收的孩子都是低功能孩子的班级。班里孩子的情况都很严重。"

**尼克医生**："你们签了个别化教育计划文件，同意他们把雅各安排在认知障碍班？"

**妈妈**："是的。"

**爸爸**（观察我的表情）："我们不应该签吗？"

**尼克医生**："如果你们签了个别化教育计划文件，就意味着你们同意把雅各安排到认知障碍班。我不确定这对雅各来说是否是最好的安排。他有孤独症，但并没有认知障碍。"

**妈妈**："我肠子都要悔青了！是我们把雅各送进认知障碍班的？"

**尼克医生**："对！但你们**可以随时变更雅各的个别化教育计划**。你们可以马上提交一份**书面**申请。不过现在已经放暑假了，所以会有点难度。"

**妈妈**："完了！"

**尼克医生**："不用担心，你们会处理好的。就算到了秋季开学的时候，他被安排在认知障碍班，你们也可以申请把他转到其他的班级。而且对他来说，这也有可能是最适合他的班级，毕竟学校给的建议一般都不会错的。现在让我们一步步解决这个问题吧，看看什么样的安排会对雅各最有利。"

## 美国特殊教育服务概述（0～5岁儿童）

雅各目前处于从早期干预项目（0～3岁的服务）到特殊教育幼儿园（3～5岁的服务）的**过渡时期**。现在，我们开始讨论他的入学安排。

但在讨论雅各的学校安排问题之前，先让我概述**常见的特殊教育服务**和孩子获得服务的过程。下文列出了美国常见的特殊教育服务类型。

**注意**：美国各地的特殊教育服务大同小异，因为它们都是根据《残疾人教育法》制定的（各州之间可能存在一些差异）。有关您所在地区的详细信息，请咨询当地的学区（您如果对此已经有所了解，可以跳到"**早期诊断和更好的服务**"那一节的内容）。

---

### 美国特殊教育服务

- **发现有问题的儿童**
  - 筛查出生至3岁的儿童是否存在发育迟缓；
  - 筛查出来的幼儿会被转介到早期干预计划；
  - 有关如何进行发育筛查，请咨询当地的学区。

- **早期干预**：适用于2岁11个月以下的儿童
  - 完成全面的多学科团队评估；
  - 必须符合"发育迟缓"的诊断标准；
  - 所提供的孤独症诊断的服务很有限（即可能无法做孤独症诊断）；
  - 由州卫生部门或教育部门管理；
  - 所提供的服务仅限于每周家访和组织小组游戏；
  - 提供有限次数的言语语言治疗和作业治疗服务；
  - 为家庭提供个别化家庭服务计划；
  - 属于《残疾人教育法》的C部分（见下一节）；

- **特殊教育幼儿园**：适用于 3 岁至 5 岁 11 个月的儿童
  - 完成全面的多学科团队评估；
  - 必须符合"发育迟缓"的诊断标准；
  - 可以提供更好的孤独症诊断评估；
  - 由州教育部门管理；
  - 每周提供 4～5 天，每天 2～3 小时（半天）的幼儿园教育；
  - 可以提供更多的言语语言治疗和作业治疗服务；
  - 有可能与普通的同龄孩子一起在幼儿园接受融合教育；
  - 为家庭提供个别化教育计划；
  - 属于《残疾人教育法》的 B 部分（见下一节）。

**雅各的特殊教育服务**

雅各进入特殊教育幼儿园的流程是：雅各的儿科医生（之前在雅各 18 个月大时，曾让他们"等等看"！）终于在雅各进行 24 个月常规体检时，确认了其父母之前的担心并非杞人忧天。她把雅各转介去做发育迟缓的筛查，并推荐他申请加入早期干预计划。

雅各申请加入**早期干预**计划后完成了**多学科团队评估**（该团队包括教育工作者、言语语言治疗师和作业治疗师）。经过评估，雅各被确诊存在发育迟缓，因此他获得了参加早期干预的资格（尽管当时没有被诊断为孤独症）。吉姆和朱莉签署了个别化家庭服务计划文件，该文件列出了法律规定的服务内容。最后，雅各参加了早期干预计划。（每个州的早期干预计划都有不同的名称，密歇根州叫**早期行动**，俄亥俄州叫**助我成长**，印第安纳州叫**迈出第一步**。）雅各可以参加每周 1 次的小组游戏（需要有家长陪同）。另外，还有一位早期干预老师会每周家访 1 次，每次 1 小时，目的是帮助吉姆和朱莉促进雅各的发展。早期干预计划并没有包括密集干预的内容。

现在雅各快 3 岁了，他会转到**特殊教育幼儿园**。学校并没有重新评估雅各是否有孤独症，而是直接安排他上认知障碍班。在密歇根州教育标签仍然使用的是"障碍系统"（以前对残疾的统称），而在其他州会使用更正面的名称。

## 《残疾人教育法》：维权的五个秘诀

尼克医生："在讨论上认知障碍班是否最有利于雅各之前，我想问一下，学校的工作人员有跟你们谈过《残疾人教育法》赋予你们的权利吗？"

爸爸："并没有，至少我印象中没有。朱莉，你呢？"

妈妈："我想他们可能有提到过或是给了我们一些相关的资料，但在学校开会时，我们没有时间去详细了解这方面的内容。"

尼克医生："那么我跟你们分享一下维权的五个秘诀吧。"

爸爸："我觉得很有必要。"

**第一个秘诀：捍卫你们在孩子教育方面的话语权。**

**尼克医生**："首先，最重要的是家长在特殊教育系统中有很大话语权。很多时候，你们拥有为孩子制订教育计划的决定权。"

**爸爸**："我们没觉得自己有决定权啊，亲爱的，对吧？"

**妈妈**："那时候我整个人都懵了。"

**尼克医生**：《残疾人教育法》最初是在家长的大力推动下制定而成的，你们如果了解这项法律的话，就会知道它确实赋予了家长话语权。但根据我的经验，学校一般不会真的帮家长弄明白他们所拥有的法律权利。"

**第二个秘诀：了解法规的关键内容。**

**尼克医生**："绝大多数情况下，学校都会从孩子的最大利益出发做出安排。你们如果跟学校存在重大分歧的话，就得站出来，成为孩子最好的维权者。所以第二个秘诀是，你们一定要知道该法律的关键内容和关键术语。以下是关于《残疾人教育法》要点的摘要。"（我递给他们一份复印件。）

---

**《残疾人教育法》**

- C部分有0～3岁儿童享有的服务内容。
- B部分是特殊教育幼儿园的服务内容。
- 规定特殊教育服务免费，并且一定要适合孩子。
- 规定残疾孩子拥有与普通孩子一起上常规课程的权利（如果可以的话）。
- 个别化家庭服务计划（0～3岁）或个别化教育计划（3～5岁）规定要以书面形式向家庭提供孩子完整的教育计划。
- 如果不同意以上两个计划，家长可以**进行维权**。
- 还有许多其他的内容（见资源和网站）。

---

**尼克医生**："早期干预计划和**特殊教育幼儿园**服务都是面向公众的免费服务。《残疾人教育法》规定，这两项服务由州和联邦税收支付费用，并且它们应该是**适合**孩子的教育需求的。0～3岁儿童的早期干预服务相关内容，收录在《残疾人教育法》的C部分。而3～5岁儿童的特殊教育幼儿园服务内容，则在B部分中有详细讲解。"

**爸爸**："B和C部分？"

**尼克医生**："这些是法规章节的实际名称。《残疾人教育法》里面有很多章节，你们需要知道哪些部分对你们来说是重要的。0～3岁的儿童可获得的服务内容在B部分，而3～5岁的儿童可以获得的服务内容在C部分。"

**爸爸**："还好您告诉我们了。"

**尼克医生**："该法规在另外一个重要的方面赋予了家长很大的权利，就是家长有权要求孩子在**限制最少的环境**中受教育，这意味着雅各可以在普通班级里面学习。而认知障碍班则是**限制最多的环境**。"

妈妈："您的意思是我们可以决定雅各的教育计划？学校建议把雅各放到认知障碍班，那时候我还以为学校老师肯定比我懂，他们会知道什么是对雅各最有利的呢。"

尼克医生："一般学校都会从最有利于孩子的角度做决定，可你们还是应该知道自己有什么选择。我觉得你们应该详细**了解**一下，你们所在的学区可以为孩子提供的安排**都**有哪些。"

爸爸："还可以这样？"

**第三个秘诀**：如果需要找专业人士帮你们维权，学区可以给你们指派这样的人。

尼克医生："当然可以。你们知道吗？其实你们可以找专业人士帮你们维权，这些人得到了学区的认可，了解特殊教育的相关法规，能够教你们如何跟学校打交道，还可以陪你们参加个别化教育计划会议。"

妈妈："那就太好了！为什么我们没有这样的专人指导？"

尼克医生："你们得提出申请。"

妈妈："没有人跟我说过这方面的事情。"

尼克医生："所以我要跟你们分享这五个秘诀啊。"

爸爸："我想问一下，既然我们能掌控雅各的教育计划，为什么就不能要求学校提供更多的密集干预服务呢？"

尼克医生："这个问题问得好。原因就是《残疾人教育法》中没有这方面的规定，而且特殊教育系统不是为孤独症孩子提供密集干预服务而设立的。美国目前的做法是密集干预服务的费用由保险公司承担，而不是学校。"

**注意**：在撰写本文时，只有少数州的早期干预计划（0~3岁儿童），例如，加利福尼亚州中心地区特殊教育系统为孤独症儿童提供的干预服务，达到了**美国国家研究委员会**所推荐的3岁之前儿童**密集干预的标准**（例如，每周15~25小时，1∶1或1∶2的师生比；见第3章）。

## 早期诊断和更好的服务

爸爸："我可以理解学校不提供密集干预服务，但是为什么他们没有给雅各下孤独症的诊断呢？而且为什么他们连密集干预的重要性也不告诉我们呢？"

尼克医生："有些州确实会给年幼的孩子进行孤独症的早期诊断，并马上提供密集干预服务，但截至2016年，绝大部分的早期干预系统，比如密歇根州的早期干预系统都没有这样的服务。"

爸爸："我们的运气不够好啊。"

尼克医生："确实，很多地方**无法**在0~3岁儿童的早期干预计划中安排早期诊断。"

爸爸："您说的'无法'指的是……"

尼克医生："没有得到州政府的官方许可。在很多州，尤其是要对3岁之前的孩子做出正式的孤独症诊断，必须由医生、心理学家或大学的孤独症中心的研究人员完成，因此家长要拿到诊断证明得排长队。"

妈妈："太糟糕了！我觉得应该尽早给孩子诊断的。"

**尼克医生**："其实我们最早在孩子 14 个月大时就**可以**做出孤独症诊断了，大多数个案在 18～24 个月时**应该**就可以得到诊断。"

**爸爸**："您的意思是说就算学校觉得孩子有孤独症，他们也不能说什么？"

**尼克医生**："嗯，学校不想出错。因为在此之前，要诊断孤独症并不容易。可是现在情况有所改变了，有些州的早期干预专业人员可以使用新版的诊断工具进行诊断（见**资源和网站**）。这是一件好事，因为我们得让这些小家伙们尽快接受密集干预。"

### 搬去其他州？我的秘诀里可没有这条！

**爸爸**（半开玩笑地）："或许我们应该搬去有更好服务的州？"

**尼克医生**："我的秘诀里可没有这条。不过我有一些病人确实搬去了有更好服务的州，比如加利福尼亚州、纽约州或威斯康星州。"

**妈妈**："我们不会搬家的。我们的家人都在这里。"

**爸爸**："不是所有的州政府都会做出正确的决策，这让我很恼火。"

**尼克医生**："他们也在尽量做得更好，可是需要时间改进系统。搬家也有风险。我有一个病人家庭曾经为了获得更好的服务而搬了家，但等他们安顿下来后，却得不到之前心心念念的服务。所以我会建议家长在做任何重大决定之前，一定要非常了解特定的州、特定的县、特定的学区、特定的学校目前所能提供的服务内容。"

**妈妈**："放心，我们哪儿都不会去。不过我真的很担心到了秋季开学的时候，学校的安排并不适合雅各。"

### 第四个秘诀：以书面形式跟学校对每一重要事项进行沟通

**尼克医生**："现在我们要谈到第四个秘诀了。我建议你们把跟学校对每一重要事项的交流都用书面形式记录下来。你们如果想要改变学校的安排，就得更改雅各的个别化教育计划。"

**妈妈**："会不会太迟了？我们已经签字了。"

**尼克医生**："永远都不会太迟。我会建议你们以**书面的形式**申请一份新的个别化教育计划，'亲爱的特教主管：我特此要求对我儿子雅各的个别化教育计划进行重新审核'。你们可以用书面形式列出你们的想法，比如要求他们对雅各进行孤独症的评估，并且附上我的初步评估结果，这样的话他们就不得不给雅各做评估了。写信告诉他们，你们希望重新考虑雅各的班级安排。你们用书面形式提出要求，就等于走了法律流程，我相信学校会在 30 个工作日内回应你们的申请，并重新召开个别化教育计划会议。"

**爸爸**："太棒了！短短的一封信就可以搞定了？这样我们就会有一份新的个别化教育计划，也许还可以安排新的班级并进行孤独症评估？"

**尼克医生**："秘诀一正是你们拥有权利。实际上，我建议你们用书面形式跟学校交流并提出所有重要的要求！保留你们跟学校交流的记录；把所有正式的通信记录整理好保存在文件夹里；保存邮件；写信表达你们的担忧，不要只是跟某些人去诉说。一旦以书面形式记录，它就是有法律效力的，可以通过法律途径解决。"

妈妈："如果可以如此轻松地解决，我就不用那么内疚了。"

尼克医生："你们的要求可能会被学校驳回。他们可能会说他们想等等看雅各的表现如何，但你们要坚持，要知道法律是站在你们这一边的。"

**第五个秘诀：如果出现争议，可以通过法律途径解决。**

尼克医生："这就引出了最后一个秘诀：在出现争议的时候，你们需要知道你们的合法权益是什么。你们如果发现跟学校存在重大的意见分歧，就可以采取一系列的行动迫使学校依法解决你们的问题。你们**有权让调解员倾听你们的疑虑**，实在不行你们还**有权起诉**学区。我一般不会建议这样做，但我知道有不少家长曾威胁学校表示要进行调解或起诉，不过他们最终都不需要真的走这一步。学校通常会妥协。对于学校来说，走调解的流程代价非常大。"

爸爸："我觉得我充满了力量！"（我们互相击掌。）

尼克医生："现在让我们看看什么安排最适合雅各吧。"

## 融合和限制最少的环境

我跟他们解释，目前学校为雅各安排的认知障碍班是**限制最多**的教育环境，里面都是有问题的孩子，没有普通孩子。

有一些州为残疾儿童所设的班级会纳入普通儿童，这种班级被称为**融合班**。在融合班里，残疾儿童可以模仿普通儿童或向他们学习。这种班级也被称为**限制最少**的班级，因为班里面有不同类型的孩子。比起为残疾儿童设立专门的班级，这种融合模式推行起来更加困难，并且成本更高，但美国的大趋势是融合班越来越多。

普通的幼儿园属于**限制最少**的环境，对雅各来说不一定有好处，因为普通的幼儿园没法给予他足够的支持。

### 不要成为班里能力最好的孩子。

尼克医生："我们希望雅各可以待在**限制较少**的环境中，这对**他**来说是最好的。朱莉，我想问一下，你已经去过认知障碍班了，你觉得那里的孩子的能力都比雅各差吗？"

妈妈："没错，我印象中是这样的。"

尼克医生："如果真是这样的话，那么这就不符合我的关于班级安排的基本准则：**不要成为班里能力最好的孩子。**"

妈妈："越聊我越觉得不该让雅各待在认知障碍班。"

尼克医生："朱莉，我跟你有同感。看完你们上次做 PLAY 模式的视频后，我发现雅各进步很快。我们希望他保持这种势头。我们希望他能向上模仿。"

爸爸："您的意思是模仿那些能力比他好的孩子？"

尼克医生："至少是跟他水平相当的孩子。我们梳理一下吧。"

## 班级的选择

**尼克医生：**"虽然看起来有不少的选择，其实基本上就是五个选项，我会按从限制最少到最多给它们排序。"

---

**班级的选择**

- 幼儿园
  - 普通的私立幼儿园或开端计划幼儿园[1]，一般接收普通儿童。
  - 融合幼儿园，普通儿童和残疾儿童都接收。
  - 为轻度发育迟缓儿童提供服务的特殊教育幼儿园。
  - 为中度至重度发育迟缓/认知障碍儿童提供服务的特殊教育幼儿园。
  - 为孤独症谱系障碍儿童提供服务的特殊教育幼儿园。
- 班级
  - **限制最少的班级** 对残疾儿童来说，跟普通同龄儿童一起接受教育的班级，是限制最少的学校环境。在某些州，这一选项是可选的。在密歇根州，有些学区会提供这种"融合班"。家长当然也可以让孩子完全脱离特殊教育，进入普通的私立幼儿园。对于大多数残疾儿童来说，这并非是好的选择，因为他们在私立幼儿园的教学环境里并不能获得足够的支持。
  - **限制较少的班级** 这种班里没有普通儿童，所有孩子都有轻度发育迟缓（符合本州对发育迟缓的定义）。根据法律规定，教师和孩子的比例必须是1∶12，还要配置影子老师[2]帮忙。这些孩子中很多有语言发育迟缓问题或轻度的认知障碍。
  - **限制最多的班级** 这样的班级通常有两种情况：(1) 所有的孩子有着中度到重度的认知障碍（朱莉所观察到的）；(2) 所有孩子都有孤独症谱系障碍。在这些配置齐全的教室中，法律规定教师和孩子的比例是1∶6，并有影子老师帮忙。

---

**尼克医生：**"我们先了解一下各种班级的利弊，然后谈谈关于雅各的安排。"

**爸爸：**"我们应该在签署个别化教育计划之前就做这件事。"

**妈妈：**"唉，我哪儿知道啊！"

**尼克医生：**"万事开头难嘛。哪怕我已经做过很多次这种事情了，我还是会觉得不容易，因为每一个孩子都不一样，每一个学区也不一样。我们按从限制最少到最多的顺序，先看看**普通幼儿园**吧。"

## 普通幼儿园适合雅各吗？

**尼克医生：**"从法律上来说，你们一直都有权把孩子放到普通幼儿园，跟普通孩子一起学习，只要

---

[1] 编注：英文是 Head Start preschool，美国联邦政府资助的最大的早期教育机构，致力为低收入家庭的孩子提供高质量的教育。
[2] 译注：在美国因学区不同，这一职位名称是不一样的，对应的译法有"助教""陪读"等，为方便读者理解，书中统一使用目前国内经常用的称谓"影子老师"。

你们付费给私营机构就可以了。"

妈妈："您是说我们可以把雅各放到他弟弟上的幼儿园？我觉得他在普通幼儿园是跟不上的。"

尼克医生："上普通幼儿园的好处是：

- 雅各仍然会通过学区享有他的个别化教育计划服务。因此，他可以在普通的幼儿园环境中获得言语语言治疗和作业治疗等服务。
- 他会通过模仿学习普通孩子的行为和社交技能。
- 他所学习的内容是适合他年龄的。

上普通幼儿园的风险在于：

- 雅各在课堂上不会得到特殊的帮助（除非你们自费请影子老师）。没有特教老师，没有影子老师，就没有其他人去协助老师。
- 老师比较忙，因此你们平时得到的反馈不会太多。
- 教学节奏比较快，而且老师会按对普通孩子的要求来要求雅各，因此雅各会跟不上，这样他会有压力并出现行为问题。

"我担心雅各在普通幼儿园里会自己待在一边，学不到该学的东西。"

爸爸："这个选项可以排除了。下一个选项是什么？"

尼克医生："针对轻度发育迟缓儿童的特殊教育幼儿园。它比普通幼儿园的限制要多一些，但是……"

爸爸："比认知障碍班宽松一些，对吧？"

尼克医生："吉姆，你说得非常对。"

## 针对轻度发育迟缓儿童的特殊教育幼儿园

对于雅各来说，上这种类型的幼儿园的好处是：

- 班级规模小于普通幼儿园的班级规模。根据法律规定，教师与学生的比例至少为1∶12，并有影子老师帮忙。
- 教师们接受过培训，知道如何跟有特殊需要的儿童打交道。
- 教师们了解特殊教育和孤独症领域的相关知识。
- 配备言语语言治疗师和作业治疗师。虽然一般每周只会各提供大约半小时的言语语言治疗和作业治疗，但孩子如果需要更多的服务（并且你们积极争取，记得要用书面形式！），就有可能会得到更多的一对一服务。
- 班上的其他孩子可能有轻微的认知障碍或轻至中度的语言发育迟缓问题。因此，轻度孤独症儿童可以很好地适应这样的班级环境。换句话说，雅各不会是他们班上能力最好的孩子。

妈妈："听起来这应该是雅各的首选。"

爸爸："学校为什么要推荐雅各上认知障碍班呢？"

尼克医生："可能他们误以为雅各的孤独症是认知障碍，但以雅各对居家干预的良好反应来看，认知障碍班并非是他的最佳选项。朱莉，不要对你自己太过苛求了。学校认为这是最好的安排，而你去了解了这个班的情况，这已经是非常明智的做法了，非常有助于我们做出更好的选择。"（朱莉笑了。）

### 孤独症谱系障碍班和认知障碍班

妈妈："万一学校是对的呢？我又开始纠结起来了。"

尼克医生："嗯，实际上限制最多的环境会最适合特定的孩子。有时候，在限制最多的环境里，教室的配置齐备，有最好的老师和团队。"

- 根据法律规定，这一类班级的规模小于轻度发育迟缓班的规模，要求教师与学生的比例为1∶6，并且有影子老师帮忙。
- 如果一个班里有两名影子老师协助老师，那么这些班的师生比例是1∶2，达到了密集干预的标准。
- 大多数时候，这些教师接受过专门针对孤独症和/或认知障碍儿童的培训。
- 一般会配备言语语言治疗师和作业治疗师，因此孩子会得到更多服务。

妈妈："那么我之前的决定就有可能是对的。我都被弄糊涂了。"

尼克医生："我只是在讨论你们所有的选项。不过对雅各来说，我认为他需要待在轻度发育迟缓班里。我重复一下我的基本准则：

- **不要成为班里能力最好的孩子**。我觉得雅各会是认知障碍班或孤独症谱系障碍班里能力最好的孩子。
- 研究已经发现这类班级的主要问题在于，他们可能会低估雅各的能力，因此不会激发他发挥自己的潜能。
- 这类班里的孩子可能会有一些你们不希望雅各模仿的行为。你们不会想要雅各一直模仿那些糟糕的行为，比如奇怪的行为、尖叫、转圈等。你们肯定希望雅各模仿好的行为。

爸爸："就这么定了。我们会写信给学校。我们得从学区拿到孤独症的诊断，然后重新制订他的个别化教育计划，让他可以上轻度发育迟缓班。"

妈妈："他们会不高兴的。"

尼克医生："他们马上就会意识到他们是在跟了解自身权益的家长打交道了。"

妈妈："听完了所有的选项，我认为轻度发育迟缓班最适合雅各。"

爸爸（对着我说）："这些关于我们合法权益的信息都太赞了！"

尼克医生："我想最重要的是我们已经为雅各做了正确的选择。接下来我们要谈谈其他治疗，比如言语语言治疗、作业治疗。"

### 后续

朱莉打电话和我说，她已经给学校写了一封信，要求重新制订个别化教育计划并进行孤独症评估。就算现在是暑假，按法律要求学区也要在30个工作日内做出回应。

## 小结

- 吉姆和朱莉要对雅各下一学年的教育安排做出重要决定。
- 在回顾雅各当前的个别化家庭服务计划时,吉姆和朱莉表达了对于学区对孩子的诊断和标签化的担忧。
- 我讲解了儿童参加早期干预系统的流程。
- 吉姆和朱莉了解了《残疾人教育法》。
- 美国有两种针对残疾儿童的服务系统:

    0～3岁儿童的早期干预服务(C部分);

    3～5岁儿童特殊教育幼儿园服务(B部分);
- 我总结了《残疾人教育法》中与残疾儿童父母相关的关键条款。
- 我讲述了**维权的五个秘诀**。
- 我们聊了关于雅各幼儿园的选项。
- 我帮助吉姆和朱莉为雅各制订了新的个别化教育计划。我们必须修订雅各原来的个别化教育计划。

## 预告

- 在雅各接受言语语言治疗和作业治疗之前,吉姆和朱莉应该考虑的事情。

# 第6章

# 第三次来访①
# 攀登语言大山

### 最大的愿望

所有孤独症儿童的家长都有着共同的愿望:"希望孩子能说话。"在这次会面里,我跟吉姆和朱莉谈了要怎样去帮助雅各攀登语言大山,最大限度地发展**功能性**语言,也就是可以跟其他人真正用语言交流。

吉姆和朱莉已经决定选择**密集干预方法**(他们选择了 PLAY 模式)和**特殊教育服务**,接下来他们还要为雅各找好的言语语言治疗师和作业治疗师,这样就组成了一个完整的综合干预计划(我们下次见面的时候会讨论作业治疗)。

虽然学校按照特殊教育计划一般都会为孤独症儿童提供言语语言治疗和作业治疗,但通常每周的治疗时间并不多(最少的可能<u>每个月</u>只有半小时,最多的也不过就是<u>每星期</u>半小时)。家长也可以向学区申请在孩子的个别化家庭服务计划或个别化教育计划中加入更多时间的治疗安排。如果经济条件允许或者有保险支付费用的话,多数家长会给孩子做更多的言语语言治疗和作业治疗。

**尼克医生**:"现在是谁帮你们看孩子?"

**妈妈**:"我妈妈。"

**尼克医生**:"有人帮忙就最好了。"

**爸爸**:"连我都喜欢他们呢。"

**尼克医生**:"那就更好了。问题是他们喜欢你吗?"

**妈妈**:"哈哈!我爸妈都喜欢吉姆。我爸会和吉姆一起去钓鱼。"

**爸爸**:"我帮他们修整房子。老人家年纪大了。"

**妈妈**:"不过他们还是可以帮忙照顾孩子的。这让我有时间喘口气。"

**尼克医生**:"你们最近怎么样了?有收到学校关于个别化教育计划会议的回复吗?"

**妈妈**(自豪地):"收到了!他们安排了新的个别化教育计划会议。"

**尼克医生**:"太棒了!你们有申请找专业人士帮你们吗?"

**爸爸**:"我们写信申请了,而且已经收到她的回复了。我们正跟她一起制订会议计划及一些个别化教育计划的目标。"

**尼克医生**:"太棒了!"

妈妈："今天我们想跟您谈一下雅各的言语语言治疗和作业治疗的目标，好让我们把这些目标写入雅各的个别化教育计划中。"

**保险问题**

尼克医生："你们越来越懂行了！我赞成雅各做言语语言治疗和作业治疗，但在深入讨论各种细节之前，我想问一下你们的保险是否可以支付这两种治疗的费用呢？这是你们首先要考虑的问题。"

爸爸："我查了我们的健康保险，保险公司说每年可以支付言语语言治疗和作业治疗各30次。"

尼克医生："这太好了！保险公司能够每年替你们支付这两种治疗各30次的费用，已经很不错了。很多家庭的保险公司支付的次数比你们的少，尤其是涉及孤独症的时候。你们的保险公司说可以支付孤独症的治疗费用吗？"

爸爸："并没有。我只是说雅各不会说话。"

尼克医生："你得小心了。有很多保险的理赔申请中是不能用'孤独症'这个词的，孤独症治疗费用不在他们的支付范围内。"

爸爸："他们竟然不支付治疗孤独症的费用？！太奇葩了，对吧？"

尼克医生："保险公司宣称健康保险应该为**急性疾病**而不是**发育**问题提供医疗保障，孤独症就不属于急性疾病，甚至连'语言发育迟缓'都不予支付。你必须用一些术语，比如用'失语症'申请做言语语言治疗，或者用'肌张力减退'申请做作业治疗。"

爸爸："还得玩这种文字游戏！太让人恼火了……"

尼克医生："保险公司一般都会按标准给你们支付治疗费，不会太为难你们。"

妈妈："如果他们不给呢？"

尼克医生："你可以打电话给他们，找出保险的确切受益条款及可支付编码，然后请医生帮忙写一封信发给他们。我经常会为家长写这样的信。一般来说，言语语言治疗师和作业治疗师都很熟悉这些编码。如果你们还是拿不到报销款项，我建议你们逐级地去找他们的上层管理人员，直至找到能够拍板的人。"

爸爸："谁能够拍板呢？"

尼克医生："一般是保险公司的医疗总监或特殊保险董事会成员。只要你们够强硬，他们也不想惹恼你们的。如果你们的需求合理，他们通常都会尽力帮忙。"

爸爸："有时候我觉得他们只是想守住他们的底线而已。"

尼克医生："保险业的格局在变化，孤独症逐渐被视为一种疾病，以后保险公司可能会支付所有的费用，不过目前我们还得玩这些文字游戏。"

**传统的言语语言治疗不是密集干预治疗**

尼克医生："我不是想打击你们，就算你们一周可以做一个小时或两个小时的言语语言治疗，强度还是不够的。"

妈妈："您的意思是每周一个小时的治疗没有什么作用吗？"

尼克医生："这些传统治疗的真正问题是它们沿用**旧的医疗模式**——家长把孩子带到门诊来，医生给他治病。这样的治疗方式对于口吃或进食问题的改善可能有帮助，但是对孤独症症状的改善并没什么效果。虽然这么说会让你们失望，但是确实并没有证据可以证明**传统的**言语语言治疗能让孤独症儿童的情况好转。"

爸爸："没有证据吗？"

尼克医生："确实没有证据表明传统的言语语言治疗对孤独症的症状改善有效。有一些研究发现Hanen项目对孤独症干预有效果（见**资源和网站**）。Hanen项目的言语语言治疗师通过为期12周的课程培训家长，让家长学会用好玩的方法跟孩子互动。之后家长可以在家里应用这些方法。"

妈妈："雅各的早期干预计划里面有做Hanen项目。"

尼克医生："我喜欢他们的书《言语之外》（*More Than Words*）。"

妈妈："但是上完课后他们没有任何跟进。"

尼克医生："确实，不过你们可以从这些课程里面学到很多东西。"

爸爸："做PLAY模式的话，治疗师会每个月家访，对吗？"

尼克医生："没错。我们一般会提供一到两年的服务。"

爸爸："那我们还需要做言语语言治疗和作业治疗吗？"

尼克医生："当然要啊。孩子必须接受这些治疗。好的言语语言治疗师对孩子的语言发展非常有帮助。因为他们精通自己的专业，并且能够引导雅各攀登语言大山。我刚才的意思是，如果每周只有这些治疗，即使每周一个小时，作用也不大。因此我推荐：

- 将每次言语语言治疗的间隔时间**延长**，每隔一周一次，甚至每月一次。这样你们的保险能够负担的治疗次数的使用时间也会延长。
- **观察**治疗师上课的情况，学习治疗师使用的方法。你们应该每次都跟孩子一起上课。
- 上课时选择大约十分钟的核心内容**拍视频**。
- 在日常生活中**应用**这些方法。"

爸爸："有道理。我们的保险每年只支付30次的治疗费用，如果我们每周都做治疗的话，半年就做完30次了。之后我们就得自掏腰包，那可不便宜啊！半小时的治疗要80美元！但是如果我们按照您的建议，保险支付时间可以至少延长至一年。"

尼克医生："吉姆，数学不错哈。"

妈妈："就是说我们要一起去上课，拍一些视频，然后在日常生活中应用这些方法。"

尼克医生："没错。"

## 对孩子说话的期望

爸爸："尼克医生，说真的，刚才的对话让我有点挫败。"

尼克医生："为什么呢？"

爸爸："因为听起来我们还得花很长的时间，做很久的治疗，才能让雅各开口说话。"

妈妈："我们曾经对言语语言治疗寄予厚望的。"

爸爸："对我们来说，最重要的就是让雅各能够说话。"

尼克医生："他已经开始跟你们沟通了。他会拉着你们的手去拿他想要的东西，开始明白一些日常生活中的常规，对吧？"

爸爸："但这些都不是**说话**！当他见到其他人时，他连'嗨'都不会说。"

尼克医生："可是他有时也会说一些字啊。"

爸爸："我知道，我知道！但我希望他能像他弟弟查理一样**说话**。"

尼克医生："查理差不多18个月了？"

妈妈："对，他开始会说词组了。"

爸爸："查理已经可以进行简单的对话了。我希望雅各也能如此。"

尼克医生："我有信心雅各也可以这样的，不过他得攀登我所说的'语言大山'。"

妈妈："语言大山？"

## 攀登语言大山

所有孤独症孩子的家长都有着相同的愿望，那就是希望他们的孩子能够开口**说话**，并且可以与他人交谈。当然，我也有同样的愿望。不过我知道，孩子们要攀上语言大山的高峰——对话，他们（及他们的家长）必须从山脚下出发，迈出他们攀登的第一步。

攀登语言大山（图1）的第一步是，孩子先要具有**共同注意**这种简单的能力，接下来孩子要能够长时间地**参与**，这样才能够进行**双向来回**互动，然后主要以**肢体语言**跟他人进行交流。孩子需要花一年甚至更长的时间才能做到这种程度，应该说，花费的时间取决于孩子攀登的速度。

```
            对话
         表达性句子
         表达性词语
    接受性语言：给/拿的指令
         接受性常规
         肢体语言沟通
         双向的来回互动
            参与
           共同注意
```

**图1 攀登语言大山**

**开始的时候**，关键在于家长要跟孩子开心地互动，通过跟随孩子的兴趣，做孩子想做的事情（他们一般喜欢打闹游戏），这样才会让孩子想要跟家长进行互动。

神奇的是，跟孩子玩这种**非言语**的游戏是帮助孩子获得语言，并达到社交沟通目的的最快捷的途径！

接着，一旦孩子开始会用**肢体语言**回应（比如，举起手或点点头，或者微笑示意想要继续玩），这就表示孩子逐渐开始明白日常**常规**活动的内容,说明孩子具备了语言理解能力。这种理解能力叫**接受性语言**。如果孩子的语言理解能力发展起来了,他就有能力真正地理解这个世界。你说"吃饭了",他就会在厨房或餐厅找到自己的座位坐好。几个月之后,他能够理解**一步指令**,并且跟从指令,比如,"去拿那个球"或者"把球给爸爸"等。

当孩子有以下的表现时,他们就要开始说话了:

- 用肢体语言交流。
- 听指令做一些日常的活动,比如,吃饭、洗澡等。
- 解决简单的问题(例如,让你去给他拿吃的)。
- 玩非常简单的假扮游戏(把电话放在耳朵边上、喂娃娃)。
- 跟其他人有更长时间的来回互动。
- 跟从当下发出的一步指令(不是常规的活动)"去拿"一个东西,或将东西"交给"某人。

在孩子到达语言大山脚下所有的这些初级里程碑后,孩子会说的**词语数量**就会倍增。这就是**表达性语言**。数月到一年之后,孩子可以说两个词的句子。最后,孩子会说更长的句子,这样孩子就能够跟别人进行越来越长的**对话**。对话是**最后**一个里程碑,而到达这个里程碑所需的时间是有个体差异的,有的孩子可能需要花好几年的时间。

我跟吉姆和朱莉解释了这个过程,然而我的直觉告诉我,他们并没有真的听进去。他们一心只想要雅各会说话。

### 言语与语言

爸爸:"有什么办法可以加快这个过程吗?"

尼克医生:"花更多时间进行密集干预确实可以加快这个过程,但如果每天干预的时间都有2~3小时,甚至更长,长此以往,你们自己和雅各都会受不了的,家里的每个人都会苦不堪言。"

爸爸:"哦,我们会花时间做干预的。我想说的是有没有其他的办法可以让雅各快点学会说话。"

尼克医生:"事实上,你是可以让他快点学会说话的。"

爸爸(兴奋且感兴趣):"要怎么做呢?"

尼克医生:"只要反复训练并把重点放在发音练习上就可以了。不过你们得小心,不要以牺牲语言能力为代价加快言语的出现。"

妈妈:"我一直以为言语和语言是同一回事。"

尼克医生:"言语和语言有很大的差别。你们知道阿斯伯格综合征孩子吗?"

爸爸:"他们很聪明但是很古怪,就像天宝·格兰丁。我在网上看过她的视频。"

尼克医生:"她是成人了。阿斯伯格综合征孩子很早就会说话了(也就是说言语能力是没有问题的),不过他们的参与能力以及真正的来回沟通能力是有问题的,他们无法展开对话。言语语言治疗师把这种情况称为'语用'问题,也就是不能进行有效的社交沟通。换言之,他们的言语很好但语言很差。"

爸爸:"我明白了。**言语**就是从嘴里说出的话……"

尼克医生:"而语言是沟通的能力。"

妈妈:"所以就算会说话,也不代表真的能够跟人沟通。"

尼克医生："正是如此。我见过很多家长在孩子还没有准备好的时候就反复训练孩子说话。最后，孩子确实会开口说话了，可是他们并不能用自然的方式跟人沟通。很多这样的孩子说话时声调没有高低变化或语气怪异，听上去就像机器人说话一样。他们的肢体语言也很差，或者他们开口说话只是为了获取他们想要的东西，可他们并不**喜欢**与人互动和交谈。"

妈妈："我们不想要这样的结果。"

尼克医生："让孩子能够开口说话是家长梦寐以求的事情，但要知道，建立真正的沟通能力需要花很长的时间，家长要有极大的耐心。"

### 建一座砖头房子

尼克医生："除了攀登语言大山的比喻外，你们还可以想象一下盖房子。首先我们得打好地基，意思就是孩子需要具有注意力、参与能力及一些沟通互动的能力。接着我们要砌墙壁，即孩子要具备使用大量的**交流环**（交流环指的是来回的互动，就像打乒乓球一样，你来我往）及肢体语言的能力和解决问题的能力。最后是盖屋顶，也就是孩子具有运用单词、句子和对话的能力。没有前面这些能力作为基础，你就无法盖一座坚固的房子。"

爸爸："就像三只小猪故事里面的砖头房子。我正在给孩子们讲这个故事呢。"

妈妈："他们听完故事后就围着屋子吹啊吹，想要看看能不能把它吹倒。"

爸爸："所以我们其实是**可以**加快开口说话的进程……"

尼克医生："那就等于搭建了一间稻草房子。我们可以把重点放在'语言'和沟通能力的发展上，而不只是关注言语。"

爸爸："这样就可以盖一座砖头房子了。"

尼克医生："没错！虽然这样花的时间更长，但效果更好。虽然我很难说服家长先打好"地基"，但我坚信这才是正道。"

### 孩子什么时候会说话？家长要知道的是：攀登语言大山是没有捷径的！

爸爸："好吧，我被您说服了。我们不应该只追求让孩子开口说话。如果我们按您说的去做，要多久才能登上语言大山的顶峰呢？"

我的直觉是对的，吉姆和朱莉之前并没有真正地把我的话听进去。我觉得他们现在能够理解了。

尼克医生："我没有可以预测未来的水晶球，不过我可以按照时间轴推算一下雅各爬上语言大山所需要的时间。

"首先，最重要的是**你们必须一起玩得开心**。这样才会带来共同注意和参与的机会，然后才会有时间越来越长的来回互动。我们马上会在 PLAY 模式里重点练习这些内容。接下来，假设一切顺利的话，雅各会继续往上攀登，这时候他会用肢体语言来沟通，他的语言理解能力也会提高，他还会说很多的词语。这个过程需要九个月到一年的时间。根据对雅各的特点的分析，我是持乐观态度的。

"然后，再过九到十二个月，他很有可能可以说两个词的短语。一般来说，**像雅各这样有轻度孤独症的孩子，他们的发展能力比同龄孩子至少落后两年**。"

爸爸:"等雅各到了3岁……"

妈妈(声音里充满失望):"那时候他才有1岁孩子的能力水平?"

尼克医生:"嗯,他就像1岁大的孩子那样会说一些词,大部分沟通还是通过肢体语言完成的。"

爸爸:"这太打击人了!"

尼克医生:"通过密集干预,假设一切顺利的话,我们能让他以一个很不错的速度前进。"

爸爸:"就是到他6岁的时候,他的能力就和一个4岁孩子的一样吗?"

尼克医生:"有些孩子可以赶上同龄孩子的能力水平,不过根据我的经验,大多数孤独症儿童会落后于同龄儿童一到两年。"

爸爸(看着他的妻子):"落后一年还可以接受,两年的话就太糟糕了。"

尼克医生:"到他6岁的时候,如果他的能力发展落后于同龄孩子一年,已经非常好了。而且,这是很有可能实现的。我对此相当乐观。"

爸爸:"他40岁的时候,就像38岁或39岁的人!"(我和爸爸都笑了起来,但妈妈看起来很难过。)

妈妈:"意思是查理的发育会比雅各快?"

尼克医生:"恐怕如此。"

妈妈:"这太让我难过了。"

尼克医生:"我明白,我明白。当家里年龄大的孩子发育得还不如年龄小的孩子时,确实会让人很难过。我知道这是一个非常沉重的话题,但请不要灰心丧气。"

妈妈:"我会尽量打起精神的,但能不能每天都充满信心就另当别论了。现在离雅各学会说话还有好长时间呢。"

尼克医生:"请看着我!我真心相信雅各会好起来的。对此我很有信心,我不是信口开河。事实上,我看到雅各已经能够跟人沟通了,这让我大受鼓舞。"

妈妈:"可是他只会说几个词语,而且他平时基本不说。"

爸爸:"朱莉,这就是尼克医生一直说的,语言会来得迟一些。"

尼克医生:"吉姆,你说对了。他迟早会说话的。"

我看着他们,然而他们都看起来很绝望。

尼克医生:"好吧,你们现在的样子让我也有点难受了。"

妈妈:"您的意思是大概要花两年的时间他才会说话。"

尼克医生:"不只是会说话,而是真正的沟通。而且这个过程会很有趣。请你们一定要对此有信心。"

爸爸(把双手举过头顶又放下):"我信,我信。"

妈妈(用手推了一下他,仍然有一点儿懊恼):"不要亵渎神明。"

尼克医生:"我喜欢他的幽默感。"

妈妈:"你俩可真是合得来。"

尼克医生:"我很抱歉让你们难受了。"

妈妈:"只是再次失望罢了。"

爸爸:"我们是真的希望他可以早点说话。"

尼克医生:"我知道他会的。我们一步步来,好吗?"

爸爸:"接下来要谈什么?"

## 肢体语言

尼克医生:"让我们先谈谈目前你们可以做些什么促进雅各的语言发展,然后我们会聊一下怎样寻找好的言语语言治疗师。我现在可以录音吗?"

他们很难过,但他们现在能听得进我说的话了。我拿出录音设备开始录音。

尼克医生:"雅各下一步的语言发展涉及**肢体语言**的运用。让我用肢体语言来强调我的话吧。"(我站起来,把手举过头顶,一边摇头一边摆动着双手,向朱莉和吉姆靠近并大声宣布)"肢体语言对孩子语言发展的重要性简直无法用言语形容。"

爸爸:"您吓了我一跳。"

尼克医生:"成年人超过 80% 的沟通是通过肢体语言完成的。我把肢体语言分为三种类型——大动作、小动作和细微动作。"

妈妈:"雅各有很多肢体语言。"

尼克医生:"确实很多。所以我们一定要留意他**肢体语言背后的意图**,并且认真地对待这些肢体语言,因为它们的确很重要!"

> **肢体语言的类型**
> 
> - 大动作。
>   - 拉手
>   - 转头
>   - 转动身体
> - 小动作。
>   - 用手指东西
>   - 点头或摇头
> - 细微动作。
>   - 目光接触
>   - 声调变化

**不要忽略肢体语言的含义** 在我的工作坊里面,我举过一个忽略了肢体语言的例子。有一个叫小尼的男孩子,他想要从冰箱里拿一些果汁。他用肢体语言跟妈妈进行沟通。他伸手去够、用手去指、用面部表情示意……这些肢体语言都清晰地表明他想要果汁。

小尼妈妈说:"小尼,你想要什么?"

小尼伸手去指,他嘴里发着含糊不清的声音,他伸出手去够。

妈妈继续问:"你想要什么呢?"

小尼继续嘟囔着,他很受挫,可是他仍然没有说出妈妈想让他说的话。最终,小尼放弃了,他哭着走开了。

妈妈:"你想要什么?你说'果汁',说'我想要果汁'。"

小尼满怀希望地走回来了。

妈妈:"说'果汁'。说'我想要果汁'。"

最终,经过多次这样的尝试,小尼可能学会了说"果汁"。其实这就是那些认为言语是终极目标的父母会犯的错误。这是不对的!要知道**语言**才是目标。人类早期的语言就是**肢体语言**,而不是词汇。

小尼已经运用肢体语言清楚地表达了他想要什么，但妈妈忽略了他的肢体语言。妈妈的做法其实就等于忽略了小尼最重要的沟通系统，结果可能会导致他的肢体语言枯竭。

尼克医生："朱莉，试想一下，如果你靠近吉姆，探过身并噘起你的嘴（动作示意）想亲他的时候，他却退开说：'朱莉，你想要做什么？你要说"亲亲"，说"亲亲"。'遇到这样的情况，你有何感受呢？会感到被侮辱？感觉他超级幼稚？这样的情形同样会让孩子感到受挫。"

妈妈："我从来没有从这个角度去想过。"

爸爸："我绝对不会那样做的。想从她儿那得到一个吻可不容易。"

妈妈（做出警告的样子）："吉姆，如果你想我亲你的话，你说话最好小心一点。"

爸爸："遵命！亲爱的。"

尼克医生："你可真识时务！我们如果忽略了**肢体语言**传达的意思，就是以牺牲孩子真正的沟通系统（如肢体语言）为代价换来了言语。这是捡了芝麻，丢了西瓜！如果你们忽略了孩子的肢体语言，孩子会认为他的肢体语言和意图是无关紧要的。正如我之前所说，你们一定要坚信随着语言的发展，言语的出现就是水到渠成的事。我常对家长们说：'不要揠苗助长！'如果一味地追求孩子早点儿开口说话（言语），可能就会毁掉孩子的语言能力。"

爸爸："对，我们想要的不仅是言语，我们更想要语言。我现在明白了。"

**真正的语言发育迟缓**

尼克医生："言语会随着语言的发展而发展，但是这条规律也有一种例外的情况，就是孩子的**语言理解远好于语言表达**，这种情况有时会被称为**失用症或运用障碍**，我把它称为**表达性语言迟缓**。

"当孩子可以遵从一到两步指令（比如，去拿那个杯子，然后把杯子给爸爸），但仍然不会说单个词组时，这就是表达性语言迟缓。这是我常用的一种检验方法。

"解决这个问题的方法包括传统的言语语言治疗、电子沟通设备干预和替代言语干预等。这时候就需要言语语言治疗师的参与了，他们是语言发育迟缓方面的专家。"

## 促进语言发展的技巧

妈妈："您觉得雅各有这个问题吗？"

尼克医生："我并不认为雅各有运用障碍。他已经会说一些词语，他的发音没有问题。我们只需要根据他现有的能力进行干预就可以了。时间会证明一切的。"

爸爸："我们现在该怎么办？"

尼克医生："言语语言治疗方面有不少好的方法和技巧。在这个过程中最重要的是大家都觉得开心。其实有很多可以提高语言能力的技巧，在这里我只教你们几个入门招数。你们需要一位好的言语语言治疗师的真正原因是，他/她可以带领你们帮助孩子攀登语言大山。"

尼克医生："当孩子用肢体语言示意时，你们可以试一下我最喜欢的招数——用孩子的口吻<u>替</u>他们把想法用陈述的语气说出来。以我的观察，家长对孩子说话时习惯使用大量的问句并在句末升调，如'想要果汁？''出去？''吃曲奇？'……注意，跟孩子说话时**要用陈述的语气**，并且简明扼要。当孩子伸手要果汁，你递给他的时候，可以说：'哦，你要果汁。'或者简化为：'果汁，你的果汁。'"

妈妈："太惭愧了，我就是那种不停提问的家长。"

尼克医生："不用觉得惭愧。大多数家长都是如此。只要留意你说话的方式并尽量用陈述的语气就可以了。而另一个我特别爱用的技巧是使用**拟声词**。"

> **语言技巧**
> - 重视肢体语言的沟通。
> - 替孩子说话。要陈述，不要提问。
> - 使用拟声词，听到发音就知其意。
> - 自问自答。
> - 突出关键词。
> - 20个最重要的词汇。
> - 用正常的声调和节奏对孩子说话。不要说宝宝语！

尼克医生："拟声词就是那些一听发音就知道是什么意思的词，就像'嗡嗡'，听起来就像蜜蜂发出的声音；提高声音说'上……去'，降低声音拉长说'下……来'；用喉咙发音说'呃''嘟''嘟嘟'等。孩子们听到这些发音就会明白是什么意思。孩子们会喜欢听你们发出这样的声音，特别是当你们在跟他们玩打闹游戏的时候。

"我从一位从事言语语言治疗的朋友那里学了一个很实用的招数，叫作**自问自答**。比如当孩子想要果汁的时候，你可以问：'雅各，你要**果汁**吗？'然后你自己答：'好的，给你**果汁**。'这样他就听到了两次'果汁'这个词。

"记住，语言应简单，突出关键词。以上提到的两个招数都用到了这一技巧。突出意味着'显眼'。可以命名物件（比如球、汽车或泡泡）和动作（比如跳、开或关），或者称呼人物（妈妈、爸爸或查理）。

"雅各会先说单字，他说出来的字词对你们来说可能没有什么意义，但对他而言可能是最重要的字词。因此下一个技巧是判断哪些字词是最重要的。我把它称为20个最重要的词汇。"

爸爸："您的意思是像'出去'这个词对他来说就是重要的词汇，因为他喜欢出门。"

尼克医生："没错。就像数'1，2，3'里的'3'，或者是'准备，开始！'里面的'开始'。这些属于决定性的词汇。这里列出了一些孩子最早会使用的词汇及其功能。"（我递给吉姆一张列表。）

爸爸："太有用了。"

妈妈："所以在我们**替雅各说话**的初期，应该用他可能会说的单个字词或两个词组合的短语。"

尼克医生："没错。另外，当你们对雅各说话时，应该用正常的语调和节奏，以句子的形式来表达。"

> **孩子最早使用的词汇**
> - 拒绝：不要
> - 不存在/消失：没有了
> - 停止或禁止行动：不行、停下
> - 重复：还要、再来
> - 对物件的操作：拿到、做、弄、扔、吃、找、画、修、洗、亲、撞、推、挤
> - 方位性动作：放下、拿起、上去、下来、出去、套上、坐下、跌倒、过去、倾倒、转动
> - 属性：大、热、脏、漂亮
> - 所有权：我的
> - 评论：看
> - 社交互动：嗨、再见、晚安

爸爸："这样不就自相矛盾了吗？"

尼克医生："可能**听起来**有点自相矛盾，但其实是有道理的。你们跟查理说话时是用完整的句子，对吧？"

爸爸："确实如此。"

尼克医生："为什么你们会这样做呢？因为你们希望让他知道什么是恰当的语言表达。因此，跟雅各说话的时候也要说完整的句子，不要说宝宝语。"

妈妈："我一直跟雅各说宝宝语。"

尼克医生："你能发现这一点挺好的。你们现在不要用太复杂的语言跟雅各说话。尽量用正常的语调和节奏，说简单的句子就可以了。你们还可以把要说的话唱出来。"

妈妈："我喜欢唱歌。"

### 后面的语言里程碑

尼克医生："我们已经谈了怎样攀登语言大山，就要结束这一部分的讨论了，因为我们还得花时间聊一下为你们寻找好的言语语言治疗师的事情。"

在雅各会说一到两个词的句子后，他很有可能会：

- 模仿说出爸爸妈妈要他说的任何话。
- 能够回答有既定答案的"什么？"的问题（比如，指着狗问"这是什么？"回答"狗"）。
- 可以回答"这是谁？"的问题（"这是谁？""爸爸"）。
- 可以回答"什么东西/谁在哪里？"的问题（"爸爸在哪里？"他指向爸爸）。
- 可以恰当地回答"是与否"的问题。

尼克医生："最终雅各将能够回答答案是开放式的'什么'的问题，比如'你在做什么？'或者'你想做什么？'此时就是他会'说话'的时候了。"

爸爸："我都等不及了。"

尼克医生："我希望你们能够了解要如何攀登语言大山。"

妈妈："我们要先跟他有互动，然后是肢体语言的沟通，接下来才是口头语言的沟通。"

尼克医生："没错！最终他会提问和回答'为什么'和'如何'这一类问题，并且能够回忆发生过的事情，例如'你早餐吃了什么？'或者'你今天在学校做了什么？'稍后他也会正确使用人称代词。随着时间的推移，他的词汇量、能够说出的句子长度和语句的语法准确性都会逐渐提高。"

---

**后面的语言里程碑**

- 模仿说出你们说的大部分词汇。
- 单个词的句子（命名物件）。
- 两个词的句子（"妈妈，出去"）。
- 简单的对话。
- 回答简单的疑问句："什么？""在哪里？""谁？"
- 使用动名词。
- 回答是或否。
- 回答答案是开放式的"什么"的问题（"你在做什么？"）。
- 会使用简单的代词（"我""我的"）。

## 言语语言治疗师的选择

**爸爸：**"您刚才说的都很有帮助，我感觉好多了。但我们还得选言语语言治疗师。"

**妈妈：**"我们要去哪里找好的言语语言治疗师呢？"

**尼克医生：**"我会建议你们先从保险公司可以支付费用的范围里面选择，这样的话就无须自掏腰包。"

**爸爸：**"但我们想要找一个好的言语语言治疗师。"

**尼克医生：**"大多数医院和大学诊所里面的言语语言治疗师都非常不错。我会给你们推荐一些可以用保险支付费用的私立康复中心。我也有一份不能用保险支付费用的私人执业治疗师的名单。"

**爸爸：**"他们为什么不接受保险支付呢？"

**尼克医生：**"人家不愁没有病人啊。"

**爸爸：**"我懂了。他们足够优秀。"

**妈妈：**"我们先找可以用保险支付的吧。不过我们怎么知道他们好不好呢？"

**尼克医生：**"这是我的判断标准：

- 首先，他们要有证书和执照，这样你们就可以知道他们是训练有素的。在医院和大学诊所里工作的所有言语语言治疗师都是持证上岗的。
- 如果是熟人推荐的，那他们会非常值得信赖。
- 接下来，他们需要与雅各建立良好的关系。
- 他们应该知道如何帮助雅各攀登语言大山。
- 最后，他们不会不敢让你们进治疗室观看和拍摄视频。他们要愿意教你们。他们会给你们布置一些家庭作业，让你们可以在家里帮助雅各提高语言能力。"

**爸爸：**"您这样一说我们就有概念了。"

**尼克医生：**"还有一件事情。根据我的经验，言语语言治疗师分为两种类型。一类是**以言语语言为中心**，而另外一类是**以孩子为中心**。第一种类型偏向于语言目标，而第二种类型则偏重孩子玩的兴趣。那些把重点放在言语语言上的治疗师，他们会不断地进行**反复练习和活动**。而以孩子为中心的治疗师，则会用**游戏**来训练孩子集中注意力，以及参与到有趣的来回互动中。一些有能力的治疗师可以把这两种方法有效地结合起来。

"我的意见是，雅各仍处于语言大山山脚起点的早期干预阶段，他需要一位**以孩子为中心**的言语语言治疗师。当他有了更好的语言理解能力，开始明白简单的问答类型问题时（相当于2岁孩子的语言能力），我会推荐你们找一位以言语语言为中心的治疗师。如果你们能找到两者兼顾的，那就更好了。"

**妈妈：**"尼克医生，太感谢您了。"

**尼克医生：**"关于雅各'说话'的问题，你们现在感觉好点了吗？"

**妈妈：**"其实能知道真相就是最好的。我会没事的。相信真正着手行动之后，我会好起来。"

**爸爸：**"我们要帮助雅各从语言大山的山脚往上爬。"

**尼克医生：**"我真心觉得这是最好的方式。我对于雅各的语言发展是寄予厚望的。我们还要谈的另一件事情是作业治疗，因为我们不希望雅各的感觉问题影响了他的能力发展。另外，作业治疗很有趣，并且这是你们可以首先着手去做的事情。"

## 小结

- 吉姆和朱莉最希望的就是雅各会说句子并能够进行对话。
- 他们想让雅各接受言语语言治疗，学会"说话"。
- 我们讨论了保险支付的范围及如何充分利用保险进行言语语言治疗。
- 我向吉姆和朱莉介绍了**语言大山**，并区分了"言语"和"语言"的不同。
- 吉姆和朱莉难以接受孤独症儿童需要经历漫长的过程才能够爬上**语言大山**的顶峰，获得对话的技巧。
- 语言的发展始于基础的功能发展水平，即集中注意力、保持参与和发起双向互动。
- 为了促进孩子的功能发展，父母需要跟孩子进行有趣和愉快的互动，重视孩子的想法和意图。
- 我想我最终说服了吉姆和朱莉，我跟他们说，如果试图强迫雅各说话，而忽视了孩子的肢体语言和语言理解能力发展的话，雅各会失去复杂语言的能力。

## 预告

- 雅各的"感觉特点"是什么？
- 我们如何帮助雅各进行自我调节？
- 什么是"感觉统合作业治疗师"，他们是如何给孩子提供帮助的？

# 第 7 章

# 第三次来访②
# 感觉统合作业治疗

## 为什么孤独症谱系障碍人士要接受作业治疗？

**妈妈：**"我们现在知道言语语言治疗是怎么回事了，但我还是不太明白为什么雅各也要接受作业治疗。难道不是那些身体有问题的孩子才要接受作业治疗吗？"

**尼克医生：**"那是传统意义上的作业治疗。"

**爸爸：**"可是雅各的身体一点儿问题都没有啊。我觉得他的动作很协调。他会用叉子吃东西，还会像猴子一样灵活地爬，身体壮得像头牛。"

**妈妈：**"你觉得他动作协调？我倒觉得他笨手笨脚的，经常横冲直撞，地板上有东西也不会避开，直接就踩上去。他好像根本就不会留意周围的环境。"

**爸爸**（承认）：**"这倒是真的。"

**尼克医生：**"虽然作业治疗师跟物理治疗师一样，他们的工作主要是针对外伤后的康复和日常生活技能的培养，比如进食和穿衣，但他们也能够帮助有感觉运动问题的儿童。"

## 感觉运动领域

**爸爸：**"您说的**感觉运动**到底指的是什么呢？"

**尼克医生：**"**感觉**指的是来自感觉器官的感觉输入，而**运动**指的是来自肌肉和关节的感觉输入。大多数孤独症儿童由于大脑神经元的联结不足（见**第 1 章**），感觉运动系统还没有成熟，因此他们在感觉运动方面确实会有些问题，他们不太能掌控自己的身体。"

**妈妈：**"这就是我们很难在雅各沉迷于玩具时跟他互动的原因吗？"

**尼克医生：**"这是个好例子。当他陷入视觉沉迷时，他无法调节或控制自己，也就无法与你们产生联系。但是他的感觉运动系统会外显出一些重要的信息。正如下面会说到的（表1），每个孩子在不同的感觉运动领域都有自己的特点。"

表 1 感觉运动系统

| 系统 | 特征 |
| --- | --- |
| 视觉（排列、门、轮子） | 常常沉迷其中，不理人 |
| 听觉（突然的响亮声音、歌曲） | 常受声音困扰，喜欢音乐 |
| 本体感觉（关节/肌肉运动） | 容易被忽略的互动方式 |
| 前庭觉（旋转/空中运动） | 容易被忽略的互动方式 |
| 深触觉（挤、压） | 容易被忽略的互动方式 |
| 轻触觉（挠痒痒，对衣物的感觉反应过度） | 不喜欢衣服标签或粗糙的质地，可能会喜欢轻触觉的活动 |
| 空间系统（远或近） | 靠近更好，离得远不容易互动 |
| 口腔觉（进食，含，口腔运动技能） | 一般会挑剔食物的口感 |
| 嗅觉（闻，与味觉相关的嗅觉） | 不喜欢浓郁的气味 |
| 动作计划和协调性 | 协调性差会影响孩子的意图表达 |

**尼克医生**："当你'倾听'孩子的感觉运动系统在'说'什么的时候，你就可以更好地跟孩子建立联系。就像语言系统包括了说话和身体语言一样，我们的身体也有'身体语言'。好的治疗师能听懂这种'身体语言'，并且能够把孩子带离独自沉迷的感觉世界。治疗师会跟家长说他们正在'帮助孩子统合他的感觉运动系统'，简称为'感觉统合'。我把这些治疗师称为感觉统合治疗师或作业治疗师。感觉统合治疗师或作业治疗师利用孩子的感觉运动系统与孩子进行社交互动。"

**爸爸**（有点困惑）："所以感觉统合治疗有助于提升孩子的自我调节能力？"

**尼克医生**："我接下来会讲到更多关于自我调节的内容。我们可以把'自我调节'看作自我控制。这就像是雅各的感觉接管和掌控了他的身体，而我们通过'统合'让他不再深陷于感觉世界之中。因此'感觉统合'意味着孩子可以控制他的感觉并跟外界建立联系。"

**妈妈**："否则的话，孩子会受不了的。"

**尼克医生**："没错！不只是孤独症孩子如此，越来越多的研究发现，其实我们所有人都存在感觉统合的问题。"（见**资源和网站**）

**爸爸**："确实，我讨厌去那些吵闹的餐馆。"*

**妈妈**："这就是雅各不喜欢去商场的原因？"

**尼克医生**："看，你们现在就颇有感觉统合治疗师的风范了。"

*科学解释：露西·米勒博士（Lucy Miller, PhD）的研究发现（见**资源和网站**），越来越多的证据表明，许多人（不仅是孤独症儿童）都有感觉方面的问题。通过反复的生理测量，她发现有些人对感觉反应过度，而另一些人却对感觉反应不足。她还指出有些人是"感觉寻求者"，渴望感觉输入。

## 雅各的感觉运动特点

妈妈："雅各确实会'深陷于他的感觉中'，完全不会留意身边的人和事。有时他就像听不见似的，我怎么喊，他都完全没反应。您说的是不是就是这个意思？"

尼克医生："没错。这属于听觉处理问题。他没有对所听到的声音进行处理或辨别。上次雅各过来的时候，你们都看到了他是怎样痴迷地看着那些排列好的小汽车，对吧？所以，雅各存在感觉运动问题，他需要接受感觉统合作业治疗。"

爸爸（笑了）："他甚至会把小车放在桌上，让小车刚好跟他的眼睛在同一水平上，这样他就可以更好地研究它们。他的视力是没有问题的。"

尼克医生："如果作业治疗师能够帮我们了解雅各的感觉运动特点，我们就可以'说出他的身体语言'并加入他的活动。"

爸爸："在他看'小爱因斯坦'视频时，我就很难与他产生联结。"

尼克医生："这也是感觉系统带来的问题：特定的感觉喜好可以让孩子完全陷于自己的'孤岛'。我们可以利用其他的感觉带领孩子走出'孤岛'，也就是说，孩子能够跟我们在一起。以我的经验，**偏好视觉系统往往会让孩子更加孤立，而偏好触觉系统，比如打闹、追逐和挤压，往往能帮助孩子更好地参与社交互动**。"

爸爸："雅各喜欢跟我们打闹。我们经常一起玩一个名为'撞车'的游戏。他会不停地来回和我'撞车'。"

尼克医生："看到了吗？偏好视觉系统会让他孤立，然而偏好触觉系统会让他跟其他人联结起来。雅各还有其他感觉或运动问题吗？"

妈妈："他的听力非常好。吉姆，你还记得吗？很多时候我们都还没有听到飞机的声音，他却听到了。但他也讨厌待在吵闹的地方。"

爸爸："除了购物中心，我们带他去商场和餐馆的时候，他也会一直想要离开。"

妈妈："他还喜欢把东西放嘴里咬。我们得一直盯着他。"

尼克医生："那么欢迎来到作业治疗的世界！简·艾尔斯（Jane Ayers，见**资源和网站**）是作业治疗领域的奠基者之一，她认为这些感觉运动问题来源于神经系统，作业治疗可以改变孩子的大脑，让孩子不再被感觉支配，也不再那么刻板和沉迷于某种感觉，也就是说孩子会变得'更加统合'。（我翻看着雅各的记录。）雅各在运动方面情况如何？我的意思是他的肌肉系统。之前的记录显示他很早就会走路了。"

妈妈："他的动作发展一直都不错。"

尼克医生："也就是说他的'动作'发展很快。"

妈妈："非常快。"

尼克医生："他给我的印象是十分活泼，但也很容易生气。"

爸爸："没错。只要他想要一样东西，他就一定要拿到手。如果拿不到的话，他就会发脾气。这也是他感觉运动系统方面的一个问题吗？"

尼克医生："冲动指的就是一个人对事件的反应速度和强烈程度，这是大脑运作的一部分，肯定跟情绪调节有关系。"

爸爸："可以通过作业治疗缓解吗？"

尼克医生："许多作业治疗师认为情绪可以通过调整身体调节。虽然某些感觉运动模式，比如摇晃和摆动，确实可以让人感到平静和放松，但我认为要解决像发脾气之类的事情，就不能单靠作业治疗。"

妈妈："很高兴听您提到了这个问题。当雅各拿不到他想要的东西或者感到沮丧时，他就容易发脾气。虽然不是大吵大闹那种，但时不时就会发作一下。"

爸爸："他一天到晚都这样，还好他很快就会平复下来。"

尼克医生（做笔记）："那就是说他有自我控制方面的困难，还有难以调节情绪的困难。有些孩子会对情绪、噪声、气味等**反应过度**。以往不好的经历会让他们感到焦虑和烦躁，甚至出现攻击行为。而有些孩子则表现得**反应不足**，似乎没有任何事情可以打扰他们。他们不会在乎别人拿走他们的玩具。他们自己把自己封闭起来了。"

妈妈："我觉得雅各在这两个方面都有点问题。他弟弟以前可以随便拿走他的玩具，不过现在不行了。"

爸爸："他有时真的很生气，但大多数时候只会忽视，直接走开。"

尼克医生："那我试着总结一下雅各的特点吧。雅各是一个非常偏好视觉系统的孩子，他沉迷于视觉刺激。比如，我曾经见他趴在地板上，盯着眼前的小火车。他有着灵敏的听力，受不了突发的响亮声音或嘈杂的环境。在动作计划方面，他有点笨手笨脚的，我记得你们说过，他喜欢跳、爬和转圈。他喜欢把东西放嘴里咬，而且很冲动，容易烦躁不安，还有一点就是他有坏脾气。"

---

### 雅各的感觉运动特点

- 视觉沉迷。喜欢看排成一列的物品。当他沉迷于自我刺激时，其他人很难与他产生联结。
- 听觉高度敏感。嘈杂的声音会让他受到干扰，经常忽略周围的说话声。
- 有动作计划方面的问题。动作笨拙，身体强壮。
- 喜欢攀爬、跳跃和旋转，就像身上装了"马达"。
- 喜欢深压力（玩打闹游戏）。
- 喜欢把东西放进嘴里。对食物的口感挑剔。
- 情绪化，但可以调整。

---

爸爸："他就是那样子的。"

妈妈："能知道雅各的特点，真的太好了！"

尼克医生："嗯，这就是他的感觉运动特点。"

妈妈："看来感觉运动特点对他的影响很大。"

尼克医生："感觉统合作业治疗师可以找到孩子感觉系统中正确的平衡点，从而让反应过度的孩子平静下来，让反应不足的孩子有更多的参与。"

爸爸："您一直在说感觉统合作业治疗，我还以为作业治疗师只会帮那些脑卒中后的病人做康复呢。"

妈妈："您的意思是说，现在我们必须要增加作业治疗了。要考虑这么多的事情，我有点无从下手啊！"

尼克医生："要考虑的事情确实很多。因为我们所采用的干预措施必须能够解决雅各存在的所有问题，所以一定要用综合的方法。但你也不用太担心，我们会一起解决这些问题。"

### 传统的作业治疗和感觉统合作业治疗

尼克医生："我会告诉你们接下来要做的事情。现在我先介绍一下传统作业治疗和感觉统合作业治疗的不同之处，然后我们为雅各制订一个计划。

"传统的作业治疗一般主要是训练：

- 精细运动（小肌肉）协调（比如书写）。
- 粗大运动（大肌肉）协调、平衡和动作计划（如动作笨拙或一系列动作的排序）。
- 肌张力（低张力）、姿势（僵硬）、动作幅度（难以越过中线）和力量。
- 日常生活技能（吃饭、穿衣、上厕所、刷牙等）。

"例如，传统的作业治疗师会为那些在交通意外中肢体或头部受伤的患者，或者烧伤引起肢体动作幅度受限的患者，或者脑瘫、脑损伤等导致协调性非常差的孩子提供康复训练。一般在儿童医院或康复机构中会有这一类的作业治疗或物理治疗服务。治疗师会使用秋千、斜坡和其他运动设备，还有设计精细运动游戏等帮助孩子提高身体技能。这一类服务通常由保险公司支付费用，而且其有效性早已被证实。

"然而，对于孤独症儿童来说，这些传统的作业治疗方法仅有助于解决精细运动问题或口腔运动/喂养问题等，以及针对肌张力、姿势、平衡和动作计划/协调等方面的问题。所有这些都是孤独症儿童可能会出现的问题。"

妈妈："雅各确实对食物的口感很挑剔。"

爸爸："他越大越挑食。"

尼克医生："这正是传统的作业治疗可以帮忙解决的问题类型，而这也是我们下一次会面讨论的内容（见**第三部分**）。但我现在要来介绍一下感觉统合作业治疗，让你们对感觉统合治疗有一个清晰的概念。"

### 感觉统合作业治疗

尼克医生："专注于感觉统合的作业治疗师可以帮助家长'说出孩子的身体语言'，这样你们就会知道，一方面，雅各寻求某些感觉输入，另一方面他又难以处理或想要避开某些感觉输入。你们要帮他处理这些感觉输入，这样他才能更好地与世界联结，尤其是跟人建立联系。你们现在所做的，从根本上说就是帮助雅各理解世界。你们在帮他把感觉统合到一个动态的整体中，或者说融入整幅图画中。

"孤独症儿童体验到的外部世界都是四散的感觉碎片，就像没有被拼起来的拼图块。例如，他们眼中所看到的面孔并不是'完整的一张脸'，只是几个器官，而这几个器官永远无法组成一个整体。意思就是，他们可以看到眼、耳、口、鼻等，但在他们的脑海里没法拼凑出一张人脸的画面。他们眼里的火车也不是'火车'，它只是颜色、转动的轮子和一系列的方形连成的线条。

"当孩子以这种方式去体验世界时，孩子很容易沉迷于一种或多种感觉中，就想待在自己的世界里，与外界隔绝。例如，孤独症儿童会目不转睛地沉迷于观看转动的轮子。感觉统合是帮助孩子把碎片拼成完整拼图的过程。

"因此，除了传统的治疗模式，感觉统合作业治疗还包括一系列根据儿童感觉特点而实施的治疗方式，包括：

- 感觉饮食和替换疗法[①]。
- 脱敏。
- 感觉运动处理。
- 把所有的感觉输入统合在一起，让孩子的感觉体验更好。
- 自我调节及跟其他人分享注意。"

在我列出所有感觉统合作业治疗模式后，朱莉睁大了眼睛，眉头紧皱，看起来很焦虑。我停下来，看着她，等她说话。

**妈妈**："好像有不少的事情要做啊！我希望我能办好。"

**尼克医生**："虽然看起来好像很多，但在你们明白了雅各的感觉需求后，你们的生活会变得更轻松，而不是更艰难。请继续听我讲讲感觉统合的内容吧。"

**爸爸**（给妈妈打气）："亲爱的，我们一步步来。我们可以做到的。"

**妈妈**："嗯，其实我就是因为有了期望才会有压力。"

**尼克医生**："万事开头难，开始时确实要学习很多东西，而且会感到肩上的担子沉甸甸的。但如果你们能了解雅各的感觉需求，你们就能够帮助他更好地成长。从长远来说，你们也会更开心。"

**妈妈**（不太有信心）："希望如此吧。"

**尼克医生**："让我们先来谈谈'感觉饮食'吧。"

### 感觉饮食

很多孤独症儿童渴望得到某些感觉输入。如果他们的饥饿感没有得到满足，他们就会到处"觅食"，满脑子都充斥着"饿"的念头，就像我们肚子饿的时候一样。当我们（根据他们自身的特点）"投喂"给他们感觉或运动输入时，相当于给他们提供了**感觉饮食**。孤独症儿童得到了合理的"感觉饮食"，会变得更平静、更专心，可以更好地进行自我调节，也更快乐。这种"饮食"可以包括每天3次或3次以上给予他们身体的深度压力（打闹游戏、挤压胳膊和腿、将他们压在床上等），或者让他

---

[①] 编注：替换疗法（replacement therapy）在下一页中已有解释，其含义不同于本书其他章节中出现的替代疗法（alternative treatment/therapy），替代疗法指在传统或常规医学之外使用的各种治疗实践，其有效性和安全性仍是科学界争论的焦点。

们有机会去攀爬、转圈、摇晃或跳跃。

**爸爸**："雅各会喜欢这种'饮食'的。"

**妈妈**："我想我们并没有让他的感觉需求得到足够满足。他渴求身体压力。"

**尼克医生**："好的作业治疗师会帮助家长找到合适的'感觉饮食'。"

**作业治疗说明**：威尔巴格方案（Wilbarger Protocol）是一种特殊类型的'感觉饮食'，包括每天增加刷牙的次数（使用手术磨砂刷）和挤压关节（字面意思是通过推动手臂和腿使关节部位受到挤压）。家长反映这个方案很难在家里持之以恒地做下去，但我也听到过一些正面评价。如果孩子极度厌恶触摸或协调能力非常差，家长可能值得一试。

**尼克医生**："'感觉饮食'还有一个很重要的方面就是**替换疗法**，就是把那些不可接受的感觉需求/行为替换成可以接受的行为。比如当孩子啃咬玩具或衣服时，可以用咬口香糖或感觉咀嚼项链，或者作业治疗师提供的小橡胶锤来**换**这种咬不适当的东西行为；用让孩子拿着一缕剪下来的头发闻**替换**他闻别人头发的行为。我遇到过一个小男孩，他只想摸妈妈的乳房。我们就必须找到替代品，比如一个柔软、圆润、用种子填充的枕头。当他想摸妈妈乳房时，我们可以把那个枕头给他摸。"

**妈妈**："谢天谢地！还好雅各没有这样的问题，但雅各确实喜欢……嗯……"

**尼克医生**："摸自己的生殖器？"

**爸爸**："实际上他是趴在地板上挤压。"

**尼克医生**："自慰在这个年龄段是很常见的，并且很可能会随着时间推移逐渐消失。如果情况一直持续，到时我们可以用行为管理的方法处理。我不会用感觉统合的方法解决这个问题。"（我们都笑了起来。）

**脱敏**

**尼克医生**："许多孤独症儿童表现出**感觉防御**，就是当他们感受到外界有太多的信息扑面而来时，他们会试图通过避免过多的输入保护自己。这种情况下孩子会表现得非常固执，让家长抓狂！"

**妈妈**："雅各总是要穿一样的衣服，而且一定要拿掉衣服上的标签。"

**妈妈**："他讨厌听到查理哭，就算是**他自己把查理弄哭的也不行**！"

**爸爸**："他太挑食了！这让我很抓狂。他不吃我们平常吃的东西，而且他现在吃得越来越少。我们小时候不会这样挑食。我们都是餐桌上有什么就吃什么。"

**妈妈**："说到固执，最离谱的就是我们去超市的时候，他只愿意走固定的往返路线。"

**爸爸**："如果我们不走他认定的那条路，他就会发脾气。"

**尼克医生**："作业治疗师在这方面可能提供的帮助有限。他们更多的是针对味觉、听觉、触觉和协调性等方面提供帮助，对于刻板行为方面的问题并没有太多的办法。"

**妈妈**："我们该怎么办呢？情况越来越糟了。"

**尼克医生**："我可以帮助你们解决这个问题（见**第三部分**）。但我想让你们明白，感觉统合作业治疗师能够帮助制订**脱敏方案**，这样你们就可以慢慢地让雅各接触一些他不喜欢的感觉，帮他减少感觉防御，变得更加灵活。

"例如，作业治疗师会建议你把少量食物放在一个单独的盘子里，这样雅各就会逐渐习惯看到新的食物。他如果尝试了新食物，就可以获得一个小奖励（见**资源和网站**）。行为心理学家和发育行为儿科医生也可以提供这方面的帮助，特别是当问题超出了作业治疗的范围时，比如自慰或发脾气。"

**感觉处理**

**尼克医生**："一旦孩子的感觉需求能够通过适合的'感觉饮食'获得满足，并且防御指数能够通过**脱敏**得到降低，也就是孩子不再那么容易因外界刺激而崩溃，那么感觉统合治疗师就会评估孩子大脑**处理输入信息**的能力，即孩子如何理解他们的感觉。

"你们可以把大脑处理输入信息的过程理解为三个基本的步骤，第一步是感觉**输入**，第二步是大脑进行**处理**，第三步就是**输出**/产生做某事的意图。你们得知道这个输入–处理–输出的流程，这非常重要。我想问一下，如果你们喊雅各的名字，他会立即回应吗？"

**爸爸**："有一半的次数会。"

**尼克医生**："如果走近点再喊他呢？"

**爸爸**："除非他正在排列东西或看视频，否则他一般都会看一眼我们。"

**尼克医生**："所以，如果你引起了他的注意，那就有了更好的**输入**。而如果你再次重复，那他就能更好地**处理**你想表达的信息。接着他抬头看你，这就是**输出**了。"

**爸爸**（大笑）："我还以为他只是不想理我呢。"

**尼克医生**："他并不是真的不理你，而是因为他在输入–处理–输出方面存在问题。"

**妈妈**："您的意思是，我们一定要先吸引他的注意，然后重复，让他能够明白，最后给他时间做出反应。"

**尼克医生**："没错。观察和等待是很重要的，尤其是等待。"

**爸爸**："有时我们玩肢体游戏正玩得开心时，雅各会突然走开，然后又会突然回来想要再玩，这是怎么回事呢？"

**尼克医生**："那是另一回事了。我觉得这种情况更多的是跟他处理强烈情感的能力有关系。他的输入没有问题，但当输入的信息量太大时就有问题了。他可能会因为玩得太过开心而不知该如何是好！他必须处理了这种兴奋的情绪才能稍微平静下来。接着，他又会想要继续玩。而他的输出也是没有问题的。"

**爸爸**："太有意思了。这就是他的表现方式。"

**妈妈**："您听听我的理解对不对。'感觉统合'意味着我们只要明白了雅各如何通过他的感觉看待世界，就可以帮助他更好地去感受，使他更加平静……"

**爸爸**："表现得更好。"

**尼克医生**："完全正确。这是一项基本原则。当像雅各这样的孩子处于平静、可控和专注的状态中时，他们会更容易参与互动，也就会取得进步。"

**爸爸**："能给我们举个例子吗？"

## 用感觉统合帮助雅各

尼克医生:"好的。我们从视觉系统开始吧。正如我前面说的,视觉系统很容易让人们陷入自我沉迷的状态(就像那些周日下午看球的男球迷一样!)。你们也提到了,当雅各沉迷于视觉刺激时,你们一般很难跟他互动。"

妈妈:"非常难!对于我来说,好像更难。"

尼克医生:"你提到的这个点,很有意思。我发现妈妈们往往喜欢用视觉辅助工具教孩子,比如书本、橡皮泥和拼图,这些刺激物都会让孩子沉迷于视觉刺激。而爸爸们一般会跟孩子玩肢体游戏,比如打闹、追逐、捉人、举高、转圈和'骑马'等,这些活动往往更容易实现跟孩子的互动。"

妈妈:"您这样一说,好像确实如此。我常常在教孩子。"

尼克医生:"这无可厚非,但你要在互动时调动更多的感觉。你得变得强悍,放飞自我!嗨起来!这样你就会发现,雅各在参与度和目光接触方面会有明显的改善,他会更想要跟你玩。"

妈妈:"我爸妈生了三个孩子,我从小就得很强悍,不然争不过。"

爸爸:"她现在也是如此。"

尼克医生:"非常好!请确保你们在与雅各互动时能利用他的所有感觉通道。我们可以利用视觉刺激跟雅各进行互动,但其实通过触觉(比如,深压、挠痒痒、挤压等)更容易实现社交互动,也更容易参与他的活动。"

### 非视觉系统

实际上,感觉统合作业治疗师一般使用非视觉系统(摇晃、攀爬、深压等)来帮助孩子,通过重复且有趣的活动及跟人建立的联系统合孩子的感觉。治疗师主要是以孩子喜欢的方式去训练孩子的触觉(轻触和深压)、本体感觉(肌肉和关节的感知觉,比如跑步和跳跃)、前庭觉(在空中转身——旋转)和运动系统(计划动作顺序——运动)。通过这样的方式,孩子知道了"秋千"这个词意味着好玩,而作业治疗师是一个带来有趣活动的人。家长可以在家里开展好玩的作业治疗练习,帮助孩子了解更多的感觉。记住:**当你做孩子喜欢的事情时,孩子就会喜欢和你在一起。**

通过接受感觉统合作业治疗,孩子从只关注自己的感觉,到对外界产生更全面的认知,就像是用四散的拼图块逐渐拼出完整的图画。这可能是一个缓慢的过程,先训练孩子更好的注意力和自我调节能力,接着是更好的互动,最终使孩子发展出更好的语言能力并能够真正理解这个世界。

## 自我调节:感觉调节连续性

爸爸:"所以重点是让雅各逐步进入我们的世界。"

尼克医生:"最终结果是:

- 通过合理的'感觉饮食',满足他的感觉需求。
- 帮助他缓解对环境的高敏感。
- 促进他的感觉运动处理。

- 用帮助他理解世界的方式统合他的感觉，使他更冷静、更可控，这样他就可以提高共同注意能力并和你们一起互动！如果雅各的内在反应与他的动作并不同步，太快或太慢，那么他就难以跟外界产生联结（见**资源和网站**）。"

妈妈："雅各就是这样子。他大部分时间都待在自己的世界里，做他自己的事。"

爸爸："或者他会乱来，还有发脾气。"

尼克医生："好的。最后我们聊聊自我调节与感觉调节连续性。"

爸爸："这是什么？"

尼克医生："我来解释一下。在自我调节方面，孤独症儿童分为两种基本类型：

- 在自我调节方面有困难的是**高反应类型**。我把他们称为'疯狂的熊孩子'。这类孩子对环境有高敏感性，常常表现为多动，还有反应过度。他们很容易失控。
- 在联结方面有困难的是**低反应类型**。我把他们称为'小呆子'。这类孩子反应迟钝，难以跟人建立联结，他们只愿意待在自己的世界里，不喜欢被打扰。

"朱莉，你曾经提过雅各表现出这两方面的反应，事实确实如此。这是描述这两种类型孩子的**感觉调节连续性**图（图2）。"（我递给他们一份复印件。）

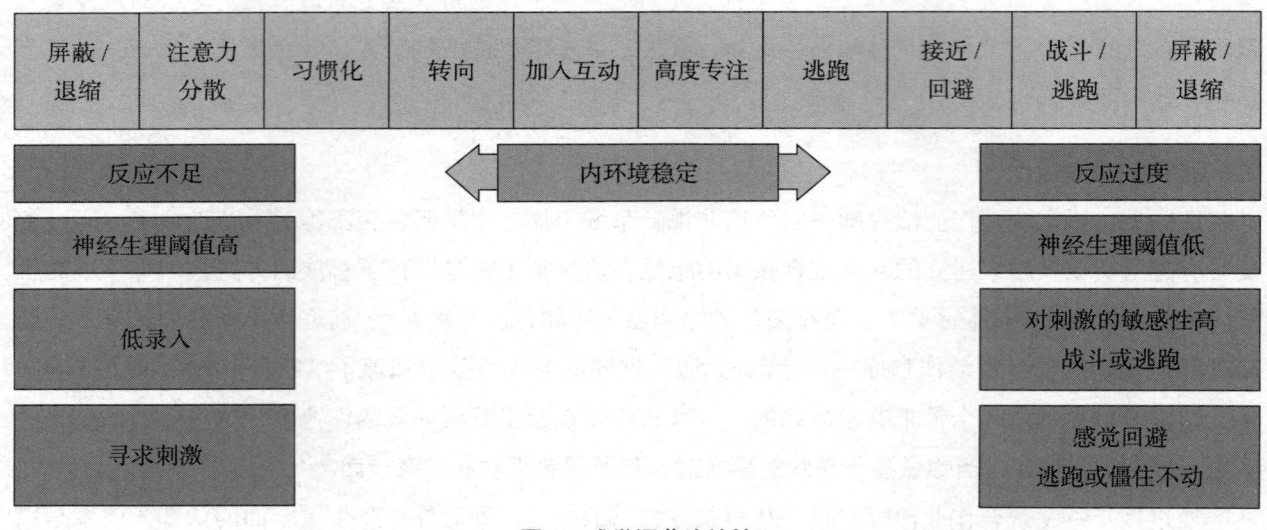

| 屏蔽/退缩 | 注意力分散 | 习惯化 | 转向 | 加入互动 | 高度专注 | 逃跑 | 接近/回避 | 战斗/逃跑 | 屏蔽/退缩 |
|---|---|---|---|---|---|---|---|---|---|

| 反应不足 | ←内环境稳定→ | 反应过度 |
| 神经生理阈值高 | | 神经生理阈值低 |
| 低录入 | | 对刺激的敏感性高 战斗或逃跑 |
| 寻求刺激 | | 感觉回避 逃跑或僵住不动 |

**图 2　感觉调节连续性**

尼克医生（张开双臂）："从待在自己的世界（'不理人'）到接触外界，再到脱缰野马（'过激反应'），这样的连续性范围是很大的。对于雅各这样的孩子，我们的工作（把手收回）是帮助他移动到这个图的中间位置——不要太狂野奔放，也不要待在自己的世界——这样他就可以'加入互动'。看到没有？这就是处于中间位置的'加入互动'。"

爸爸："但图上显示两边都是'屏蔽'。我明白低反应的孩子可能会处于屏蔽的状态，但我不明白为何高反应的孩子也会如此。"

尼克医生："当外界环境让孩子感到不堪重负时，比如家长带孩子去参加人多且嘈杂的家庭聚会，那些反应过度的孩子也会待在自己的世界。"

妈妈："吉姆，你还记得吗？我们去参加家庭野餐的时候就遇到了这种情况。"

爸爸："哦，没错！雅各跑掉了，他躲到一棵树后面，死活不肯出来。"

尼克医生："他把自己封闭起来了。"

爸爸："我硬把他拉出来时，他当着所有人的面叫得像杀猪一样！"

妈妈："他在商店里也是如此。其他人看我的眼神就像我是那种最差劲的家长。"

爸爸："他有可能两种类型的反应都有吗？"

尼克医生："当然有可能。我把雅各的情况叫作'控制问题'，意思是他就像钟摆一样来回摆动，一会儿处于屏蔽的状态，一会儿又会敏感烦躁。不过我们先来梳理一下雅各的情况吧。"

**反应不足的雅各**

尼克医生："我们先来看看雅各**低反应的倾向**——当他待在自己的世界里的时候。请看图左侧'反应不足'下面的内容，这显示他有着高神经生理阈值，意思是我们需要花很大力气才能引起他的注意。这些孩子属于感觉寻求者。"

妈妈："这说不通啊。他如果待在自己的世界里，为何会寻求感觉刺激呢？"

爸爸："他坐在那里排列小火车，可以玩好几个小时。我觉得那可不太像是在寻求感觉刺激。"

尼克医生："低反应的儿童对感觉比较迟钝。他们只有在获得大量的感觉刺激时才会感知到外界。所以，如果你想让雅各从他自己的世界里面'**出来**'，你就要让他活跃起来。吉姆，这种时候你可以跟他玩本体感觉游戏和前庭游戏（如摔跤和打闹）。因为他有时对外界的输入反应不太好，也就是低录入，这意味着他需要强烈的感觉刺激。"

爸爸："你的意思是雅各确实是一个感觉寻求者。他会扑到家具上，并且喜欢玩打闹游戏。"

尼克医生："他的这些行为是在告诉你们'来压我吧！'所以你们要去挤压他的胳膊和腿，用力地压他。"

妈妈："他喜欢用脚来玩游戏，还喜欢《摩托艇、摩托艇》这首歌。

摩托艇、摩托艇，开得真慢，

摩托艇、摩托艇，开得真快，

摩托艇、摩托艇，加油！"

尼克医生："这是我最喜欢的歌曲之一。当我们根据歌词以快慢不同的节奏推拉孩子的脚时，孩子们都会非常喜欢。"

妈妈："还有，他会爬到很高的地方跳下来！每次都把我吓得半死。"

爸爸："他超级喜欢我把他扛到肩膀上，然后把他翻过来。"

妈妈："这也吓到我了。以前看到我的弟弟妹妹打架时，我就觉得特讨厌。"

尼克医生："这是前庭游戏。看得出他喜欢那些强烈的感觉刺激。他是感觉寻求者。明白了吗？"

爸爸："明白了！"

尼克医生："很好。我继续描述雅各的情况，如果我说错了，你们可以纠正我。当他没什么反应时，说明他处于屏蔽的状态，他带上了孤独症的面纱，并沉迷于小火车带给他的视觉刺激中。"

妈妈："或者他就像迷途羔羊一样四处游荡。"

爸爸："又或者他会趴在地上长时间地排列小火车。"

尼克医生："雅各的低反应让他很难保持参与。他内心闪现出**习惯性**的念头：'没错，我一点儿都不想到那里去，不想做那件事情。'"

妈妈："我每次看到他不理人，我都好难受。"

爸爸："我会觉得恼火。看到他在做那些事情时，我会把他从地板上拉起来。"

尼克医生："对家长来说，极其难过的事情就是看到孩子表现出孤独症的症状。我看到孩子的这些表现，也会很难受。但你们要有信心，这些自我刺激的行为会随着时间推移而消失。当雅各的低反应让他处于自己的世界时，当他的'引擎'动力不足时，我们得给他'加油'。"

感觉统合作业治疗师的建议如下：
- 打闹、摔跤、追逐和捉人游戏。
- 挠痒痒（要小心的是，有时就算被挠痛了，孩子还是会笑的）。
- 数数或唱歌时有节奏地挤压胳膊和腿。
- 用枕头压孩子的身体。
- 用毯子玩荡秋千游戏。
- 避免提供非常容易引起沉迷的玩具和活动（比如看电视、视频等）。
- 加入孩子感兴趣的活动。

尼克医生："希望疗程结束时，雅各的症状能够得到明显改善，不再**沉迷**于自我刺激中。通过作业治疗、言语语言治疗、PLAY 模式和特殊教育，我们会尽最大努力让雅各不再待在自己的世界里。"

爸爸："但他并不会一直处于封闭状态。比如我们去野餐的时候，他更像是之前说的那种疯狂的熊孩子。"

尼克医生："这就是雅各小朋友如此有趣的原因了。他兼具低反应性和高反应性。因此，最后我们谈谈高反应的雅各吧。"

**高反应的雅各**

尼克医生："请再看一下图（图2）上写着'反应过度'的部分。雅各有时是一个高反应的孩子。在人多嘈杂的场合（如去野餐或在超市里），雅各稍不顺心就会大发脾气。他有一个'低阈值'，这意味着一丁点小事都会让他失控。"

爸爸："说得太对了。"

尼克医生："然后他一下子就进入了'战斗或逃跑'模式。他会变得焦虑不安，或者控制欲极强，又或者大受打击，突然间就爆发了，他尖叫、扔东西、打人。"

爸爸："甚至咬人。"

尼克医生："他还会咬人？"

爸爸："他昨天就无缘无故地咬了查理。"

妈妈："并不是真的'无缘无故'。查理走进了雅各排好的那些小火车队伍里，雅各马上就抓狂了。"

尼克医生："你们是怎么做的？"

妈妈："我们真的不知道该怎么办。"

尼克医生："对于高反应的孩子，感觉统合作业治疗师会建议通过结构化的设计让环境更具可预测性或更令人放松，这样雅各'高速运转的马达'才能慢下来。"

感觉统合作业治疗师的建议如下：
- **减少刺激**，降低环境中的噪声和混乱度。
- 使事情变得可预测和有序。
- 给予舒缓的感觉输入，如深压或摇晃。
- 放慢互动的**步调**。
- 降低**玩耍**的兴奋度。
- 紧紧抓住雅各的意图，看看他真正想要什么。

爸爸："看到他咬查理的时候，我只想打他屁股，而不是给予舒缓的感觉输入。"

妈妈："吉姆，雅各听不懂我们说的话啊！事实上，当我们对他大喊大叫时，他会再次被惹恼，然后又去追查理。"

爸爸："于是我只好抓住他，紧紧地抱住他，想要制止他。他还想要咬我呢！"

尼克医生："你做得很对，你可以这样制止他。通过紧紧抱住他，给予他深压，帮助他平静下来（虽然你当时并不知道这个方法！）。这是感觉统合作业治疗师推荐的做法。但听起来你好像对此很不满。"

爸爸："没错，确实如此。"

尼克医生："为什么呢？这不是雅各的错啊。"

爸爸："他应该知道用更好的办法去处理，而不是咬弟弟。"

尼克医生："应该？他理解什么是分享吗？"

爸爸："唉，好吧！他不懂。"

尼克医生："他确实不懂。他只是在想'不要啊！我的火车！我排好的火车被弄乱了！'然后他就反击了。他反应过度，并且失控了。"

妈妈："可怜的查理现在手臂上还有被雅各咬的牙齿印呢。发生这种事情，我真的很内疚。"

尼克医生："你当时并不知道雅各的反应会如此强烈。真的，这不是你的错或者养育方式存在问题，也不是雅各的性格有问题。他不是故意这样做的，事情的原因是雅各的大脑出现了过激反应。"

爸爸："她就是会把所有事情都揽到自己身上。"

妈妈："我忍不住啊！我是妈妈！"

尼克医生（看着吉姆和朱莉的眼睛）："你们明白我说的意思，对吧？这真的不是你们的错，也不是雅各的错。"

妈妈："谢谢！这对我们来说真是莫大的安慰。"

爸爸："我们该怎么办？不让查理靠近他哥哥吗？"

尼克医生："当雅各做他自己的事情时，不要让查理闯进他的活动空间（见**第三部分**）。这就是作业治疗师所推荐的——防患于未然。创设结构化的环境，实现环境安全、可预测且有序。之后我们会努力帮助雅各明白分享的意义，但现在他还做不到。"

妈妈："看吧！吉姆，我跟你说过了！你总是说'他该懂事了！'其实他还不懂事。"

尼克医生："吉姆，我们会帮助雅各变得更加懂事的，但接下来他就会故意惹是生非了！"

爸爸（故意说反话）："哦，那真的太好了！"

## 感觉统合作业治疗、情感与PLAY模式

妈妈："也就是说进行作业治疗至少会对其中的一些问题有所帮助……"

尼克医生："你指的是调节问题？怎么说呢？可能会也可能不会。单靠作业治疗是不可能解决所有关于调节或自我控制的问题的。一些作业治疗师认为通过用吊床摇晃孩子，或泡个热水澡，或提供深压，可以改善孩子的情绪与自我调节状况。这些做法也确实有些效果。

"但是，正如我们刚刚所讨论的，与情绪相关的问题很复杂，作业治疗的方法必须与发展和行为方法相结合。

"跟你们讨论你们的感受，这并非作业治疗师的工作范畴，而训练雅各的情绪控制能力也不是作业治疗师的工作内容。回想一下你们的种种感受：吉姆感到愤怒；朱莉感到悲伤和内疚；雅各因为弟弟踩到了他的玩具而大发脾气；而查理却不知道哥哥为什么要咬他；雅各在商店里发脾气时，你们感到焦头烂额（见**第三部分**）。"

妈妈："真的是一团糟！"

尼克医生："一大团情绪的乱麻！而作业治疗师不会去处理涉及情绪和行为的那部分。"

爸爸："这就到您出场的时候了，对吗？"

尼克医生："嗯，我会帮助父母了解情感方面的内容。第一步是通过作业治疗了解雅各的感觉/运动特点，而下一步，则是以一种可以帮助**雅各理解世界的方式**跟他玩耍和互动，**这样他就不会被他的感觉所控制**。我们必须提高他的功能发展水平，这样才能够让更高层次的大脑结构控制或'调节'较低层次的大脑结构。"

妈妈："所以了解雅各的感觉/运动特点只是第一步。"

尼克医生："是的。我们必须针对他的问题进行干预。目前，他主要沉迷于感觉/运动的活动和兴趣，这是作业治疗师所擅长的。我们希望从这里开始帮助他，提升他的能力，并最终让他明白咬弟弟是不对的，让他知道如何分享和解决问题。"

妈妈："可怜的查理并不知道什么是哥哥的雷区。"

尼克医生："我知道这样的场景确实让人难受。不过我希望你们明白：由于雅各调节系统的问题，他会像钟摆一样，从低反应的一侧摆动到高反应这边。请看图的第一行，这里表示高反应的孩子进入了'战斗或逃跑'模式。"

爸爸："雅各是'战斗'多过'逃跑'。"

妈妈："但野餐时他还是跑开了，躲在树后面。"

尼克医生："这就是逃跑了。"

妈妈："太有意思了，您说的就是他啊！"

尼克医生："我觉得有意思的是，一切都跟神经系统有关系。"

爸爸："这是他大脑运行的方式。"

尼克医生："不仅雅各的大脑如此，很多孤独症孩子也存在同样的问题。所以从根本上来说，我们要做的是改变他的大脑。"

爸爸："这需要多长时间呢？"

尼克医生："雅各吗？至少要花几个月的时间。有些孩子则需要好几年。进行感觉统合作业治疗是一个好的开始，但我们还要对雅各的功能发展和他的内在感受进行密集干预，而不仅仅针对他的身体。"

**PLAY模式如何跟感觉统合作业治疗相配合**

爸爸："这就是PLAY模式所针对的内容吗？"

尼克医生："对。不久之后，我们就要处理雅各的行为问题了（见**第三部分**），因为他的功能发展水平越好，行为可能就越糟糕。"

妈妈："你的意思是雅各到时也会像查理一样调皮捣蛋吗？查理已经在明知故犯的边缘反复试探了。"

尼克医生："没错。"

爸爸（又故意说反话）："太好了！"

尼克医生："总而言之，**我们试着理解雅各的自我调节特点，通过上调他的低反应倾向与下调他的高反应倾向平衡他的感觉运动系统，这样可以让他保持平静（即自我调节）并能够与他人产生联结**。这是帮助雅各获得功能发展的第一步。

"这部分内容与格林斯潘提出的功能发展水平第一阶段'共同注意和自我调节'相关。如果孩子不能保持平静，不具备充分的自我调节能力留意身边的人和事，他们就无法与人交往。你们看，这里就引入了PLAY模式。"

爸爸："发展水平第一阶段是？"

尼克医生："共同注意和自我调节，接着是功能发展水平第二阶段'参与'。当他在自己的世界时，我们必须与他产生联结，把他带入一个分享的世界。当周围环境中存在太多的刺激或情感太强烈让他不知所措时，我们可以简化环境，减轻他的焦虑。"

爸爸："啊，我明白了！这就像是我们在平衡他的大脑。当他太靠下时，我们把他拉起来；当他翘得太高时，我们把他拽回来。"

尼克医生："吉姆，你的解释非常到位。"

妈妈："这样做的话，他就不会失控了。"

爸爸:"比如我们可以一大早带他去商店,那个时候店里的人不多。"

尼克医生:"你们还可以把他的小火车带上,这样他会专注于这些安抚物,相当于把他的反应'下调'了。"

爸爸:"真的很有意思,让我有了看待问题的新思路。"

尼克医生:"这种感觉统合的视角相当不错,对吧?"

妈妈:"非常感谢!您帮我们更理解雅各了。"

> **功能发展水平**
>
> - 功能发展水平第一阶段:共同注意和自我调节
> - 功能发展水平第二阶段:参与
> - 功能发展水平第三阶段:简单的双向沟通
> - 功能发展水平第四阶段:复杂的双向沟通
> - 功能发展水平第五阶段:分享意义和象征游戏
> - 功能发展水平第六阶段:情感思维/逻辑思维

尼克医生:"感谢作业治疗吧。我给你们推荐一个很棒的作业治疗师,她既可以做感觉统合治疗,也很懂 PLAY 模式。当我们把作业治疗作为综合治疗的一部分时,效果会是最好的。请记住,**你们在日常生活中也要进行作业治疗**。如果你们想要达到'剂量'并利用作业治疗的活动跟孩子互动,那你们必须在家里运用这些方法!当孩子**接受作业治疗时,你们要在场并拍视频,请作业治疗师向你们讲解他们所用的方法,然后你们在家里实施治疗师在训练室里所做的活动**。你们不需要把家变成一个体育馆,但可以选择一些器材/设施(如大的治疗球、小蹦床、爬行隧道和用来荡秋千的毯子等)组织活动,这些活动应该是可以在家里实施的。"

爸爸:"我们需要参与 PLAY 模式、言语语言治疗、作业治疗和上特殊教育幼儿园,还有遗漏的吗?"

尼克医生:"目前做这些就可以了。请记住:要跟孩子一起玩得开心。我们很快就会再次见面,到时我们会讨论如何启动 PLAY 模式,我会先观看你们的家访视频。希望到时能听到你家孩子的好消息。如果你们有什么问题,请打电话给我。"

## 小结

- 我向吉姆和朱莉解释了为什么雅各需要接受作业治疗。
- 我们讨论了感觉运动系统,主要谈了传统的作业治疗和感觉统合作业治疗之间的区别。
- 我列出了感觉统合作业治疗的方法并给出了感觉统合的定义,讲述了感觉统合的不同模式。
- 我们明确了雅各的感觉特点。
- 由于受困且沉迷于感觉,雅各无法理解世界。我们必须帮助他统合感觉,对世界形成更完整的认识。
- 雅各也存在**自我调节问题**,这是他个人特点的一部分。他对环境既有低反应性,也有高反应性。我们讨论了如何通过感觉统合作业治疗,帮助雅各更容易跟其他人互动。
- 良好的感觉统合作业治疗会带来更好的互动和参与,从而带来更好的发展和人际关系。

## 预告

雅各一家开始做 PLAY 模式了!

第二部分

# PLAY 模式的应用：
# 助力雅各攀登每一级发展阶梯

# 导　言

# PLAY 模式和 / 或 ABA？

## PLAY 模式与 ABA

在第 3 章，我跟吉姆和朱莉讨论了尽快为雅各实施循证密集干预计划的重要性。他们决定采用 PLAY 模式进行干预，但我也鼓励他们去了解 ABA 干预。

在本部分中，我想简要回顾一下我参与 ABA 干预与 PLAY 模式的情况（更多细节见**序言**），然后比较一下在大多数州行为干预与发展干预这两个主要密集干预项目的实施情况。

- ABA/EIBI：ABA（见**术语表**）是改变行为的一般行为方法，而 EIBI 是改变孤独症儿童**特殊**行为的干预方法。我将使用 ABA 或 EIBI 这两个术语。
- PLAY 模式：它的理论基础来自以发展为理论框架的地板时光（DIR）模型，而 ABA 以行为为理论框架。

我在这里用一个简单的表（表 2）总结了我们之前的讨论。因为雅各父母的个人偏好，加上雅各需要排队等待做 ABA 干预，所以雅各父母选择先从 PLAY 模式开始。

表 2　PLAY 模式 vs. ABA/EIBI

| PLAY 模式 | ABA/EIBI |
| --- | --- |
| 以互动为重点 | 教授技能 |
| 非结构化：自然主义 | 高度结构化 |
| 跟随孩子的引导 / 意图 | 分成小步骤训练孩子 |
| 内在强化：乐趣 | 外在强化 |
| 强度：每周 20 个小时以上 | 强度：每周 30～40 个小时 |
| 开始训练时一对一 | 开始训练时一对一 |
| 效果难以测量：就像测量蝴蝶的飞行轨迹 | 效果容易测量：有力的研究证据支持 |
| 更易泛化 | 没有那么容易泛化 |
| 更便宜 | 更昂贵 |

## 我从事 ABA 与 PLAY 模式的经历

我在序言中提到过，我在 2000 年被聘为密歇根大学发育行为儿科的负责人。之前在匹兹堡工作的时候，我曾是 ABA/EIBI 和 PLAY 模式的医学主任。在我回到密歇根州后，我需要决定是发展 ABA/EIBI 项目，还是 PLAY 模式，又或者两者兼顾。

在回答这个问题之前（尽管你们已经知道答案），我要再谈一下我的从业经历。在 1989 年至 1998 年的 10 年间，我在匹兹堡的阿勒格尼综合医院担任孤独症干预服务的医疗主任，我曾指导了一个严谨的 ABA/EIBI 项目！没错，作为 PLAY 模式的创始人，我曾经是伊瓦尔·洛瓦斯博士（他是以 ABA/EIBI 治疗孤独症的开创者）的同事，并参与了他的研究。我亲身体验过 ABA 干预服务的运作过程。当时作为宾夕法尼亚州的一名医生，我大笔一挥，就能让专业的治疗师免费上门为孤独症儿童提供每周 40 小时一对一的 ABA 治疗。

我知道对于那些身处几乎没有密集干预服务地区的人们来说，这可能是难以置信的，但事实就是如此。在 10 年的时间里，我在宾夕法尼亚州的西部地区为成百上千的儿童提供了孤独症干预服务。

### 匹兹堡的行为干预项目

一开始，我们为有需要的家庭提供的干预服务只有 ABA/EIBI 项目。但几年后，我引进了斯坦利·格林斯潘的地板时光（DIR），发展出了基于游戏的发展干预，我把它称为 PLAY 模式（**孤独症幼儿游戏和语言干预**），这样父母就有了更多选择：做 ABA 或 PLAY 模式，又或者同时做这两种干预。

我喜欢以 ABA/EIBI 系统地教授孩子技能。这种通过高度结构化和规定的方式循序渐进地训练孩子的干预是密集的、定向的和精准的。当孩子成功时，他/她会得到食物或其他奖励，由此强化行为。许多儿童（一旦他们习惯于坐在桌子前）喜欢（至少能够容忍）重复性的训练。ABA 方法是明确的，儿童获得的技能也显而易见。正因如此，ABA/EIBI[1][2] 比任何其他类型的干预都有更有力的证据支持。

### 对 ABA 的忧虑

我对 ABA/EIBI 的主要担忧来源于它不是一个完整的干预方法。当时（和现在一样），它包括预先设定好的、结构化程度非常高的互动。传统的 ABA/EIBI 中，主要使用的方法是回合尝试教学（见**术语表**）。在回合尝试教学中，孩子坐在桌子前，在行为治疗师的监督下进行"尝试"（基于重复练习的教学情节）："这样做。"（孩子跟着做了。）"很好！这是你的'奖励'（例如，饼干、热狗、挠痒痒等）。""做这个。好样的！做这个。不错哦！"在经典的 ABA/EIBI 中，孩子只有完成回合尝试教学任务后才可以从桌子旁站起来。试想一下，如果有人在所有互动中都提醒你做他们想让你做的事，然后给你一块糖果或其他的奖励，你会喜欢这种互动形式吗？

这种斯金纳式的**操作性条件反射**方法（见**术语表**）对于教授孩子认知技能和提高智商测试的成绩很有用。但这根本**不是**人类的互动方式，甚至是一种非常糟糕的教导孩子如何社交的方式。我更感兴趣的是帮助孩子在社交方面变得更聪明（即拥有更高的"情商"）。我想要一个能帮助孩子建立亲密关系的干预方法，而使用回合尝试教学的 ABA/EIBI 并不能达到这种效果。此外，对许多年幼的孩子（3～6 岁）来说，让他们每周 30～40 小时坐在桌子前接受训练，真的太难了！他们会"精疲力竭"。

此外，在 ABA/EIBI 的回合尝试教学中，是成人决定孩子需要学习什么。大多数时候，孩子甚至不明白自己在做什么。他们被训练挑选正确的颜色或将相同的图片放在一起，但是他们在离开桌子后就做不到了。他们不能将练习中所学的东西**应用**到其他环境中，也就是说他们的泛化能力很差（见**术语表**）。

虽然接受 ABA/EIBI 干预的儿童往往比接受 PLAY 模式干预的儿童更早学会说话，但他们并不能功能性地使用语言。我发现他们说话时像在"背诵台词"，听起来就像机器人在说话（例如，他们想要什么东西时都会用一样的语句"我想＿＿＿"表达）。

鉴于上述原因，即使接受多年的 ABA/EIBI 的回合尝试教学，很多孩子也没法很好地跟其他人互动。如果可以选择的话，他们会选择不跟其他人进行互动。他们更愿意以简单、重复、没有想象力的方式独自玩耍，无法进行功能性的互动。

ABA 专家会争辩说，较新的、更复杂的 EIBI，特别是语言行为疗法和关键反应训练法（见**术语表**），正在解决这些问题。确实，新的版本会更强调自然主义并经常利用儿童的**内在**动机作为强化物（而不是像饼干或奖品这样的外在奖励）。我喜欢半开玩笑地说，随着 ABA/EIBI 变得更加复杂，这些方法现在越来越像 PLAY 模式了！不过，目前对这些新版本的 ABA 研究并不多，所以事实上，它们不像回合尝试教学那样有实证基础。此外，它们仍然采用**需求—反应—奖励**作为其中心的**操作性条件反射**方法。

### 关于自主性的核心问题

因此，行为干预模式是**由外而内**的：孩子要跟随成人的引导，成人决定孩子要学什么。PLAY 模式是**由内而外**的：成人首先要跟随孩子的引导。在行为干预模式中，成人教什么，孩子就学什么，孩子没有选择学习内容的权利，有**拒绝**的权利。在 PLAY 模式中，成人**遵循孩子的**意愿，通过有趣的互动吸引孩子，帮助孩子成长、发展。在 PLAY 模式中，孩子有权通过口头语言、肢体语言或行动表示**反对**。

我想采用一种尊重孩子的自主性并将其视为最重要的价值之一的模式。这就是我在匹兹堡开创基于游戏的发展方法的根本原因，我把它称为 PLAY 模式。

PLAY 模式不仅尊重孩子的自主性，而且很有趣！在 PLAY 模式中，成人跟随孩子的"引导"，遵循孩子的想法和意愿展开互动。根据格林斯潘的理论，这可以带来更好、更复杂的功能发展。[3] 当父母做孩子喜欢的事情时，孩子就喜欢和父母待在一起。孩子**想要**和别人一起玩，而不是自己一个人待着。这对孤独症儿童来说是一个非常大的进步。

### 自然和有机的方法

基于游戏的方法更加"有机"，就像种花一样，揠苗助长是行不通的；只有耐心地浇水施肥，植物才会自然生长。父母一旦学会这种"自然主义"的方法，就可以将其应用于全天候的每一次互动中。这使得泛化（将所学的东西应用于其他环境的能力）变得更加容易。教会父母实施 PLAY 模式所需要的费用比做 ABA/EIBI 要少得多，因为后者依赖治疗师及特定的训练方法和计划。

然而，以游戏为基础的发展方法面临的难题是：它要求父母成为孩子的玩伴（PLAYmate），但可惜不是所有的父母都有这种能力或意愿。"跟随孩子的引导"这种方法可能会有好长一段时间似乎没有什么效果，而且有些孩子可能会让家长觉得没有什么"引导"可以跟随。对有些家长来说，PLAY模式可能是一条比ABA干预更难走的路。

此外，与ABA/EIBI相比，通过PLAY模式帮助孩子在学业领域取得进步可能需要更长的时间。父母需要坚信这种较慢的、更自然的方法会起作用。父母会担心：**如果我把大部分精力都放在有趣的互动上而不进行指令性的"训练"，那么我的孩子最终能开口说话吗？能去上学吗？能有好的学习成绩吗？**

凭借我多年追踪研究数以千计的儿童所获得的临床经验，我可以向父母保证：对绝大多数孤独症谱系障碍儿童来说，PLAY模式可以促进语言和学业技能的发展，特别是当我们把它与言语语言治疗和学前教育相结合时。

### PLAY模式的证据

父母的另一个担心是"有何凭证"。到目前为止，以游戏为基础的干预方法的科研证据（见**附录A**）还没有很多。这在很大程度上是因为它与ABA干预的回合尝试教学不同，它以社交互动为重点，而社交互动是不容易被评估测量的，就好比要测量蝴蝶的飞行轨迹，非常困难。尽管如此，截至我写这篇文章时，对于基于发展和人际关系的干预模式的研究还在不断增加（见**线上资源中的附录**）。

### 密集干预是有效果的！

我在宾夕法尼亚州工作了10年，我了解到无论孩子是接受ABA干预还是PLAY模式，密集干预都是有效的！

按照宾夕法尼亚州的法律，家长必须每三个月带孩子回来找我复诊，我要重新为他们开具干预服务的"处方"。我发现经过密集干预，有60%～70%的孩子的发展水平明显提高了。他们从不会说话到会说话，从不爱社交到爱社交，重复行为也明显减少了。我对他们的进步感到惊讶。但不是所有的孩子都会进步神速，有些孩子进步的速度比较慢，有些孩子进步的速度比较快，而有些孩子进步的速度比较适中。不过几乎所有的孩子都在**进步**，都会有所收获。当年我在医学院学到的"**孤独症儿童无法好转**"的说法是错误的。

然而，我注意到了接受ABA/EIBI与接受PLAY模式的孩子之间的重要区别。每周接受30～40小时ABA/EIBI的孩子显然学到了更多的认知技能和学业技能，他们甚至提前学会了某些语言技能。ABA/EIBI提高了他们在认知或智力方面的水平。但他们与其他人联系的能力或意愿并不强，他们仍蒙着"孤独症面纱"。又或者说，他们在社交方面很僵化，倾向于"依赖辅助"。这意味着他们依赖成人组织互动，告诉他们该怎么做。与接受PLAY模式的儿童相比，他们心理上不够灵活，解决问题的能力也较差，而且他们在与成人或同伴的游戏中缺乏想象力。换言之，他们的情商比接受PLAY模式的儿童的要低。

接受PLAY模式干预的儿童在与人互动时更加自然。他们有能力进行简单和复杂的**非言语**沟通（目光接触、身体倾向、微笑）。虽然需要花更长的时间，但这些儿童发展出了进行长对话和持续互动的能力。他们把语言跟自己的感受联系起来了。他们有更好的想象力，并且在没有辅助的情况下，可以跟其他人玩假扮游戏。用专业术语来说，他们已经具备了进行"依联、交互的社交互动"的能力。在这里"依联"的意思是我所做皆因你所为，"交互"的意思是来回的互动。

最后，重要的是：PLAY 模式的主要理念就是**家庭**是帮助儿童的核心。PLAY 模式顾问不仅指导孩子，也为家庭提供支持，帮助家庭成员走出悲伤、内疚和自责的困境。

简而言之，接受 PLAY 模式干预的儿童在**互动**方面做得更好一些，更具有社会性，而且许多儿童最终会与他们的同伴互动得更好。基于游戏的发展干预在心理学上更加复杂和深入。这些孩子**同时发**展了情绪智力和认知智力。那么，哪种干预措施对年幼的孤独症儿童来说是最好的？我认为，答案毋庸置疑。

公平地说，我发现有些父母在采用 ABA/EIBI 的时候做得更好，因为他们更善于教导而不是和孩子一起玩。家长需要相信自己的直觉，并学会选择。要知道，**一种干预措施并不适合所有的孤独症儿童。**

也许，最好的方案是将 ABA/EIBI 与 PLAY 模式相结合。孩子在一开始的时候接受 PLAY 模式干预，之后在准备上学时接受 ABA/EIBI。这样他们就能收获两种方法的最好结果，最终能够在普通教育环境中学习，有些孩子可能需要辅助，有些孩子则不需要。通常，这两种类型的干预措施都需要 2～4 年的时间帮助孩子发掘他们的全部潜能。

这些是我从在匹兹堡的 10 年（以及此后 15 年的）工作中得出的结论。因为帮助宾夕法尼亚州建立了一个密集干预服务系统，我在 1998 年获得著名的宾夕法尼亚州精神发育迟缓人士协会颁发的"年度专业人士"奖。

### 回到密歇根州：ABA 还是 PLAY 模式？

后来因为我的妻子想回到密歇根州，我也成了密歇根大学发育行为儿科的负责人。我发现密歇根州和美国的大多数州一样，医疗保险根本不报销密集干预服务的费用，这让我非常沮丧。（这一点最近已经有所改变。）我为这些家庭感到非常难过。我知道他们需要密集干预服务，也深知密集干预的效果，我急切地想帮助他们。

我需要做出决定。我应该把哪种类型的干预措施带到密歇根州？ABA/EIBI 还是 PLAY 模式呢？我正处在一个十字路口上。我知道前者有最好的证据支持，而我在一个以科学和研究为最高价值的学术机构工作。但是在我心里，我知道如果我有一个孤独症孩子，我会首选 PLAY 模式作为孩子的干预方法。我一直都相信，情商对于孩子在这个社会上获得幸福和成功是最重要的。此外，PLAY 模式的成本较低，对家长来说也更容易实施。

相信你们现在已经猜到，我把 PLAY 模式引入了密歇根大学和密歇根州。当时做 PLAY 模式所需的费用是多少？每个孩子每年大约 2500 美元，相对的，如果接受的是 ABA/EIBI 干预，每个孩子每年的费用是 3 万～5 万美元！现在，我们已经培训了数百名家庭顾问和数千名家长，在全美范围都可以提供 PLAY 模式服务。2014 年，我们通过美国国家心理健康研究院的研究资助发表了强有力的科学研究报告（见**附录 A**），证明了父母可以学会这些方法，并且可以通过使用这些方法帮助孤独症儿童在社会交往和功能发展方面获得明显的改善。我的梦想是为美国社区的孤独症儿童带来一种成本低、效益高、密集的、基于游戏的干预措施，这个梦想正在实现！

## 预告

介绍雅各的父母是如何学习并实施PLAY模式的方法，以及雅各是如何在其发展阶段上取得进步的。

## 参考文献

[1] Lovaas, O. Ivar. "Behavioral Treatment and Normal Educational and Intellectual Functioning in Young Autistic Children." *Journal of Consulting and Clinical Psychology* 55, no. 1 (1987): 3-9.

[2] McEachin J., Smith T., and Lovaas, O. Ivar. "Long Term Outcome for Children with Autism Who Received Early Intensive Behavioral Treatment." *American Journal on Mental Retardation* (1993), 97(4), 359-372.

[3] Greenspan, Stanley I., and Serena Wieder. "*Engaging Autism: Using the Floortime Approach to Help Children Relate, Communicate, and Think.*" Cambridge, MA: Da Capo Lifelong Books, (2006).

# 第 8 章

# 第四次来访
# 开始 PLAY 模式

## 悲伤、支持和行动

你们可能还记得（见**第 5 章**），在雅各父母与我的第二次来访会谈中，我们发现到秋季开学的时候，雅各会被学校安排到不合适的班级。而在第三次来访时，雅各父母已经以书面形式向学校提出制订一个新的个别化教育计划的要求，但我还不知道后续情况。因此，这次我先询问了这件事情的进展。

**爸爸**："费了些力气，但上周我们终于和学校负责人见面了。我们陈述了理由，学校同意把雅各从认知障碍班转到发育迟缓班了！"

**尼克医生**（在雅各的病历上做记录）："恭喜啊！太棒了！我就知道你们能做到！"

**妈妈**："我也去看了发育迟缓班，看完后我感觉好多了。那个班的老师很好，孩子们的能力也没有认知障碍班里的孩子那么差。雅各过几个星期就会去那里上学了。"

**爸爸**："我们已经在做言语语言治疗和作业治疗了，每周各 1 次，每次 1 小时。"

**尼克医生**："而且你们马上就要开始做 PLAY 模式了。看来你们已经为雅各制订了一个很好的计划。但是万事开头难！你们有何感觉？"

**妈妈**："要让雅各获得所需的一切治疗，真的太难了！我都快受不了啦！还好吉姆帮了我很多，我们逐渐走上正轨了。"

**爸爸**："我发现她经常哭，这让我也很难受。"

**妈妈**："吉姆说我必须保持专注，可是我做不到啊！所有的一切都让我感到不安和难过。"

**尼克医生**："你在伤心之余是不是还会感到内疚？"

**妈妈**："是的。"

**爸爸**："亲爱的，我不想让你感到内疚。"

**妈妈**："现在我感觉难受是因为我让他内疚了，而他内疚的原因是他让我内疚了！（她笑了起来。）我只是想做对大家都好的事。"

**尼克医生**："我随诊过数以千计的孤独症家庭。我想跟你们说，你们已经做得很好了。真的，你们想法一致，彼此相爱，互相支持。你们可以悲伤，但仍须继续前行。当雅各开始取得进步时，一切就会好转。"

我之前诊断雅各有轻度至中度的孤独症（见**第1章和附录B**）。现在雅各的父母开始为3岁的雅各安排早期密集干预了。我会一直追踪随访雅各的治疗进展。

今天我要给这个家庭介绍PLAY模式的一些最重要的方法，包括：

- 跟随孩子的引导。
- 获取交流环。
- 跟难以参与社交互动的孩子进行互动的技巧。
- 达到前三个功能发展水平。

在这次复诊之后，PLAY模式的家庭顾问会每个月进行一次家访，指导雅各的父母与雅各进行互动（见**第9章**）。我会每3~4个月进行一次复诊，以监测雅各的进展。

不过，现在雅各甚至没有稳定的叫名反应，也没有任何语言能力。虽然我认真听了他们对雅各的愿望，同时这也是我的愿望，但根据长期的经验，我知道雅各必须先攀登语言大山（见**第6章**），才会开始有稳定的对话能力。我有意把这部分的内容留到后面讨论。

尼克医生："查理今天在哪里？"

妈妈："和我的家人在一起。"

爸爸："我们想集中精力在雅各身上。"

当雅各适应了办公室的环境时，我仔细地观察着他。他又开始寻找视觉刺激了：他趴在地板上，在眼前将托马斯小火车排成整整齐齐的长排，欣赏着它们的样子。他坐了起来，兴奋地拍着手，非常享受这样的视觉场景。

尼克医生："他在家里还会经常这样做吗？"

妈妈（沮丧地）："经常会。"

尼克医生："他让你们参与这种游戏吗？"

妈妈："不太会。如果我靠近，他就会走开。"

尼克医生："好的，今天我们要以一种尊重雅各兴趣的方式与他建立联结，同时以一种有趣的方式加入他的活动。"

吉姆和朱莉的眼神中充满了怀疑。

尼克医生："我可以录音吗？"

爸爸："当然可以。"

## "陪伴"、什么都不做、等待

尼克医生："一开始，你们能为雅各做的最重要的事情是等待。意思就是你们什么都不做，只是陪伴在他的旁边，这是PLAY模式的一个重要方法。"

吉姆和朱莉茫然地看着我。我继续说……

尼克医生："为什么要先学会这种简单的'陪伴'呢？原因有几个，但其中最重要的原因是，它可以**让你们清楚地知道雅各的想法**。当你们内心平静、全神贯注、真正地去观察他时，你们就会发现他的注意力在哪里，他想要做什么。这种方法就好比是'戴上**隔离帽**'，然后把**大脑放空**，只跟随孩子的线索就可以了。好吧，现在让我们来观察和**陪伴**雅各。你们告诉我他现在在做什么？"

妈妈："他在玩小火车。"

尼克医生："不错，但他是**真的**在'玩小火车'吗？他的注意力在哪里呢？"

爸爸："他好像是在看车轮。"

尼克医生："对了！现在他的意图是什么？"

妈妈："他在把小火车排成一排。"

尼克医生："对！这是真正准确的观察。他的意图是寻求视觉刺激。他真正在做的是**把东西按顺序排列**。我们接下来要做的是**跟随他的引导**，这是另一个关键的方法。让我们看看接下来会发生什么。"

## 跟随孩子的引导

我趴在地上，面对雅各。

尼克医生（我继续同吉姆和朱莉交谈，雅各并不理我）："我在等待，我时刻都在紧盯着他，看他在做什么，他有什么意图，他想要做什么。"

雅各已经挑出了所有的托马斯小火车——托马斯、珀西、亨利和戈登。他喜欢把这些小火车按顺序排列。我按照他的想法，开始有节奏、有顺序地用手指指着这些小火车并念出它们的名字。

尼克医生："托马斯、珀西、亨利、戈登！"

我的声音有点像苏斯博士。雅各看着我笑，就像在说："酷！再来一次！"我又重复了一遍。他又笑了。我们玩了几次这种"命名游戏"。他真的很喜欢。

看到这样的情景，吉姆和朱莉感到十分震惊（我也松了一口气）。我运用了一点干预方法，让我和雅各有了共同注意和互动，也收获了一些笑声。我转身回到吉姆和朱莉身边。

尼克医生："他笑得很开心。"

爸爸："你太厉害了！"

妈妈："他喜欢和你一起玩。"

尼克医生："你是怎么知道的？"

妈妈："他看着你，他想让你一次又一次地说出小火车的名字。"

尼克医生："我要澄清一下，其实我并不是真的在'给小火车命名'。对于雅各来说，他并不明白我说的话。我就算发出其他的声音，比如：'呼巴，呼巴，呼巴，呼巴！'他也一样会喜欢听。因为这些**声音**跟他的小火车排列方式相匹配。我的声音就像小火车一样有序地排列。"

爸爸："这太有意思了，不过也很复杂！"

## 我们要识别并跟随雅各的想法、兴趣和活动

**尼克医生**："这只是一种看待事物的新方法，你们要学会这种方法，但在某种程度上，它也挺复杂的，主要是因为雅各的想法很可能瞬息万变，我们必须跟随他那些随时变化的想法。雅各很多的想法都跟感觉和身体有关系。"

**爸爸**："感觉和身体？"

**尼克医生**："对雅各来说，目前他感兴趣的玩法都跟感觉有关，比如看着某些东西、奔跑、寻求深压……"

**妈妈**："他喜欢深压。他会把手臂伸给我让我捏，越用力越好。他可能知道'挤压'是什么意思。"

**尼克医生**："这是一个关于感觉和身体方面的好例子。"

事实上，随着孩子的进步，他们所喜爱的东西会发生改变。请看右侧的活动层次结构——从感觉运动类活动开始，上升到因果关系活动，然后是更高层次的游戏兴趣。

> **活动层次结构**
> - 感觉运动类活动。
> - 因果关系活动。
> - 序列活动。
> - 各种游戏活动。
> - 简单的假扮游戏。
> - 单一主题的假扮游戏。
> - 复杂的假扮游戏。

**爸爸**："您的意思是说，雅各现在处于较低的活动层次。"

**尼克医生**："目前确实如此。这是我们可以用来了解他是否有进步的一种方式。他的兴趣会不断发展，他会**想要**进行更高层次的活动，但是现在如果他喜欢深压，我们就给他深压。"

就像接到信号一样，雅各停止摆弄那些火车，他站了起来，扑通一声坐在诊室的椅子上，他显然是在寻求压力的输入。于是我迅速起身，按住他的背部，给了他一个挤压／压迫的体验。他很喜欢我的做法，他回过头看着我，似乎在说："哎哟，不错哦！"我一边再次给予他深压，一边说着"挤压"这个词。

## 获取交流环

接下来，我跟吉姆和朱莉解释：无论何时，只要孩子有意识地对你们做出反应时，那就是你们参与到他的活动中的黄金机会。

**尼克医生**："在 PLAY 模式中，特别是在开始的时候，我们一定要把重点放在让雅各参与互动上。一旦我们获得交流环，我们就能够知道雅各参与了互动。"

**爸爸**："交流环？"（交流环是指来回的互动，见**术语表**）

**尼克医生**："我一再强调，对于你们来说，理解'交流环'这个概念是非常重要的。让我再来解释一下'交流环'。首先，我**逐一**说出小火车的名字（其实是发出声音），就是'打开'、开启或发起一个交流环，他做出回应（看着我并微笑），等于'关闭'了这个交流环。打开-关闭，这就完成了一个交流环。每一个真正的交流环都必须有开始和结束，它必须具有**社交性**，针对的是与人的互动。"

**妈妈**："他确实是对你笑了，他喜欢你所做的事，真的太棒了！"

**爸爸**："使用肢体语言可以'打开'交流环吗？"

**尼克医生：**"当然可以。如果他还没有口头语言，那么开始时，肢体语言的运用将是他沟通的主要方式。如果他用微笑邀请我们，**发起**互动，这肯定就是'打开'了交流环。"

**爸爸：**"您看看我这么理解对不对？当雅各扑通一声坐到椅子上时，您走过去挤压了他一下，您'打开'了一个交流环。"

**妈妈：**"雅各看着您，他好像想让您再来一次。他是在'打开'交流环还是在回应您呢？"

**尼克医生：**"我在压他的时候'打开'了交流环，后来他看着我邀请我再做一次，相当于他也'打开'了一个交流环。交流环的'打开'和'关闭'有时会很微妙。这就是为什么新手入门时会觉得有难度。你们必须时刻'读取'孩子的细微线索，这也是等待和观察的一个重要原因，你们必须对他的线索非常'敏感'。

"好吧，这是个开始。现在，我希望你们两个人在陪伴雅各的时候都戴上'隔离帽'——放空大脑，不要有你们自己的想法。现在让我们轮流试一下跟随雅各的想法。"

吉姆和朱莉忧心忡忡地相视一笑。

## 互动的焦虑

我知道他们为何会露出那种笑容，这对他们来说是一个焦虑的时刻。尽管我不是故意给他们施压，但我还是把他们推到了风口浪尖。有些家长担心他们在我这个"孤独症专家"面前表现不佳。这就是我让家长在开始的时候可以"什么都不做"的第二个原因，我希望家长真的不要感觉有压力，非要做点什么，他们需要做的就是观察。但在开始时，大多数家长都没法放松，他们想"把事情做好"，想要"完成既定时间的PLAY模式干预"。

曾经有一个妈妈告诉过我，在她完成"每周30个小时"的互动之后，她才可以放松下来，享受与孩子的相处。不过，有经验的家长告诉我，最初他们也担心自己能否成为一个足够好的玩伴，并且有着需要"达到规定时间"的压力，不过后来他们就能够泰然处之了。他们在**大多数**时间里都能够放松并享受与孩子的相处。PLAY模式与其说是一项干预工作，不如说是玩游戏。

另一个常见的初始反应是，家长不希望孩子有排列物件和其他的"自我刺激"行为。他们不想鼓励这样的"孤独症行为"，他们不希望孩子看起来"不正常"。这时，雅各又回去排列他的小火车了……

**尼克医生：**"你们刚才的笑容是怎么回事？我真的想知道你们为什么那样笑。"

**妈妈：**"我不想这么说，可是我不喜欢雅各做这些事情，我不想鼓励他这样做。"

**爸爸：**"这让他看起来……"

**尼克医生：**"……像孤独症？你是说'自我刺激'和排列物品的行为？"

他们点点头。

**尼克医生：**"看着自己的孩子出现'孤独症'的症状，那一定是很痛苦的。"

我似乎沉默了很长一段时间，我看着朱莉，她哭了。吉姆递给她一张纸巾，他自己也哭了。我也忍不住开始流泪，我们都感到很难过。接下来，又是一段长时间的沉默，但是现在我们之间感觉很亲密，很舒服。我感谢他们的真诚，我承认孤独症带来了悲伤。我向他们保证我们会一起努力，帮助雅各参与互动，不再是"孤独症的模样"。

尼克医生："我们如果想让他变得更好，就必须**准确地从他所处的发展阶段开始，然后帮他取得相应的进步**。我们必须吸引他参与互动，让他开心，让他笑。我一直跟家长们说：'接受孩子真实的情况，是帮助他成为你理想中的孩子最快的方法。'"

可是跟孩子一起坐到地板上，看着孩子，并承认孩子有孤独症，这会让父母感到悲伤。这种悲伤感觉是父母要跟孩子一起玩的路上必须翻过的第一座大山。这也是我对开始实施 PLAY 模式的父母提出的难以达到的要求之一。

尼克医生："朱莉，你还好吗？（她点点头）你要不先去陪雅各玩？不过我想提醒你，你不可能做到跟我一模一样，所以不要有压力。"

朱莉给了我一个感谢的眼神，然后她在雅各旁边坐了下来。这时，雅各继续看着排列好的小火车。起初，朱莉似乎无所适从。接着，她拿起一列小火车，她一边说"轰隆隆，轰隆隆……"一边在雅各的后背上开动火车。但是雅各身体僵硬，并没有理会朱莉。朱莉无奈地看着我说："他不想跟我玩。"

朱莉和吉姆跟我说，这就是他们的第二大忧虑。他们非常害怕自己无法与雅各建立联结（尤其是当我在场时！）。我日常的工作中最难的任务之一就是帮助父母建立信心，让父母相信他们**会**与孩子建立很好的关系。但当他们失败的时候，我必须实话实说。

尼克医生："好吧，确实如此。不用担心，这只是个开始。你非常勇敢，不要对自己失望。我保证今天在你回家之前，你可以学会这些方法。正如你刚才看到的，有时**跟随孩子的引导**是很难的。你的做法很普遍。之所以父母不知道该怎么做，是因为他们会有**自己的想法**。你刚才想出了假装在雅各背上开小火车的主意。但问题在于，雅各的想法是把东西摆放整齐，他想要做的是'看这些东西是如何排列的'，而不是在想'这些是一辆辆的小火车'，对吗？"

妈妈（有点沮丧）："对，但我不知道该怎么办。"

尼克医生："要想知道该怎么做，你可以问问自己**是在跟随雅各的想法，还是在用自己的想法引导他**。请不要误会我的意思，我不是说'不能用自己的想法'。我们等一下会讨论这个问题，但首先我要确保你知道雅各正在干什么，之后你的参与就会水到渠成。请你相信我。"

让雅各妈妈和雅各互动的关键是：让她根据孩子**目前的发展水平**跟孩子玩。这意味着我们不能玩得太难或太简单。如果我们玩得太简单，雅各会停留在他的舒适区。如果我们玩得太难，他就会忽视我们，因为我们的玩法超出了他的能力水平。

尼克医生："朱莉，你认为你的玩法是太难还是太简单？又或者是对雅各来说刚刚好呢？"

妈妈："太难了？"

尼克医生："是的，火车'轰隆隆、轰隆隆'地开动是**你的**想法。你把小火车当作假扮游戏的玩具，可问题是雅各能够明白这是**假扮**游戏里面的小火车吗？他恐怕是不明白的。因此我们要跟随**他**的引导，坚持遵循**他**的想法。"

妈妈："我蒙了。"

尼克医生："我知道你的感受。他的想法并不容易被发现，但他确实有自己的想法。我们需要观察和发现它们。我非常感谢你的坦率、真诚和敢于冒险的精神。放心，你们可以做到的。让我们集思广益，讨论一下如何能够参与这个小家伙的活动。然后我们再试一试。"

朱莉现在感觉好一点了，她站起来坐在吉姆身旁，而雅各继续自己玩。

### 如何跟难以参与社交互动的孩子进行互动

我向吉姆和朱莉解释说：当孩子沉迷于感觉刺激不理人的时候，他正处于自己的"神经舒适区"（见**术语表**），简称"舒适区"。我称其为"神经系统主导"，因为此时孩子无法完全控制自己。他的大脑和神经系统正在控制他寻求重复感、安全感和舒适感。"舒适区活动"的定义为：**当你让孩子做的是他们想做的事情时，他们就会去做**。排列物品绝对是一种舒适区活动。

> **舒适区活动**
> 
> - 无目的地来回走动、跳跃、自言自语。
> - 观察风扇、线条、车轮。
> - 排列物品（尤其是小火车、小汽车）。
> - 开／关门。
> - 翻书。
> - 反复观看同一个电视节目或光盘。
> - 兴趣固着在相同的主题上（火车、恐龙、天气、行星等）。

那么问题来了：**我们该如何加入雅各的舒适区活动，帮助他发展能力，参与互动，并获得快乐呢？**

#### 兔子洞技巧

我给了吉姆和朱莉一份**兔子洞技巧**清单的小册子（见下文）。

尼克医生："这些技巧对吸引（最初）难以参与社交互动的孩子非常有效。当孤独症儿童进入舒适区，待在自己的世界里时，我把这种表现比作受惊的小兔子躲在兔子洞里了。**兔子洞技巧**是以温和的方式将孩子从孤立状态中唤醒。除特殊情况外，我们都要**跟随着孩子的引导**。"

尼克医生："我们已经使用了第一个技术——陪伴。我们只要进入孩子的空间就会改变他的整个世界。

> **六个兔子洞技巧**
> 
> - 陪伴。
> - 叙述：将观察到的孩子的行为或意图描述出来。
> - 帮助他做得更好。
> - 平行游戏：模仿孩子的行为。
> - 主题和变化：引入我们的想法。
> - 改变感觉模式。

你们此时不需要做任何事情。朱莉，你先来吧。"

这时雅各已经开始玩滚珠迷宫了。迷宫玩具的路线上有五颜六色的滚珠，上下左右都有。他沿着路线把滚珠从迷宫的一边滚到另一边，先把它们堆放在一边，再堆放在另一边。他完全不看我们，他在他的舒适区里。

### 陪伴

尼克医生："我们来练习一下。吉姆，你也可以在旁边试着观察。朱莉，你来**陪伴**雅各。你跟他面对面，保持同一视线水平，看看他的注意力在哪儿，他的想法和意图是什么。"

妈妈（到雅各身边，这次雅各飞快地瞥了她一眼！）："你们看到了吗？"

尼克医生："朱莉，雅各刚刚向你打开了一个小的交流环！"

妈妈："他的注意力在滚珠上，他的意图是把它们从一边滚到另一边。"

### 叙述：将观察到的孩子的行为或意图描述出来

尼克医生："很好，完全正确。朱莉，很不错啊！（她笑了笑。）现在，使用第二个兔子洞技巧——**叙述**。你把他正在做的事情**说出来**，像镜子一样反映出他的情况。你要真正看到他的想法，不要提问，只进行叙述。"

妈妈："有一颗蓝色的滚珠。它滚落回去了。啵！有一个黄色的滚珠，啵！"

雅各带着甜美的笑容看着她。

爸爸："亲爱的，你成功了！"

尼克医生："耶！我喜欢你发'啵'这个声音的方式！现在，把你的注意力放在重要的事情上。当他改变时，你也要改变，就像骑在难驯的野马上。"

妈妈（在滚珠落下时寻找说话的时机）："蓝色……黄色……绿色……红色……橙色！雅各，你看！它们排成了一排。"

雅各看着她，好像在说："嗯，都排好了！""太棒了！"

朱莉的眼中含着泪水（这次是喜悦的泪水）。

### 帮助他做得更好

尼克医生："好吧，吉姆，该你了。你俩换个位置。我们来练习第三个兔子洞技巧——**帮助他做得更好**。不管他在做什么，帮助他完成。他现在在做什么？等待，观察，带上'隔离帽'，读懂他的意图……"

爸爸："他在把滚珠从一边推到另一边。"

尼克医生："没错！既然你知道他的意图了，你可以帮他一下。用一种有趣的、有节奏的方式告诉他，但不要问'你在做什么？'"

当雅各推着一组红色的滚珠穿过迷宫时，吉姆轻轻地把他的大手放在雅各的小手上，沿着路线推滚珠，同时说："它们来了！它们来了！"

尼克医生："太棒了！继续！"

这时，雅各没有看我们，也没有笑。他开始移动下一组滚珠。吉姆继续轻轻地帮忙推。

爸爸："它们来了！它们来了！"

他们一起把滚珠推到路线上，再沿着路线推到另一边。

### 改变节奏和等待

尼克医生："吉姆，你现在要慢一点！等一下雅各的反应。"

接着，雅各想要把另一组滚珠推过去。当雅各开始推的时候，他看了吉姆一眼，好像在说："你要帮我吗？"吉姆很激动，帮了雅各。

尼克医生："好的，刚刚发生了两件大事。首先，吉姆**等待**并放慢了互动节奏，这有什么作用呢？"

妈妈："这样会给雅各机会……"

爸爸："……去打开交流环。"

尼克医生："天啊！你们都学会抢答啦！我们接下来会讨论更多关于PLAY模式的方法，比如**等待**，但我们现在要继续讨论当下的事情，你们打开和关闭了多少个交流环？我们数一数吧。"

妈妈："让我想想，吉姆把他的手放在雅各的手上。"

尼克医生："对的，那是吉姆**打开**了一个交流环，而雅各和爸爸一起推滚珠的时候，就是**关闭**了交流环，对吗？他确实让爸爸这么做了，他本可以把爸爸的手拉开（这也是打开了交流环，这种方式被称为消极线索），但他没有这样做。所以这就是一个完整的交流环，对吗？"

爸爸："然后，雅各看了看我。"

妈妈（对自己想到的感到很兴奋）："那是**打开**交流环，接着你做了**他想做**的事，**关闭**了这个交流环。"

尼克医生："因为你**放慢**了节奏，给了雅各发起交流环的**等待**时间，我们得到了两个完整的交流环。如果你观察成人的交流方式，你会发现我们一直在用手势和语言打开和关闭交流环，这也是我们希望雅各最终能做到的。"

妈妈："我们还有很长的路要走。"

尼克医生："中国有句老话，千里之行，始于足下。"

妈妈："这就像有一个看不见的流程一直在进行着，而我们以前从未注意到。"

尼克医生："是的，要帮助雅各有更稳固的互动能力，我们必须注意到这个看不见的交流环的**互动过程**。交流环就像砌墙的砖头，我们希望用大量的砖头建造一堵坚实的墙。"

### 平行游戏：模仿孩子的行为

尼克医生："好的，吉姆，让我们进行下一个兔子洞技巧——**平行游戏**。你模仿雅各，让事情变得有趣，你去滚动他还没有滚动的滚珠。"

吉姆从玩具的另一侧滚动了一些滚珠，他用生动的语气说："上去，上去，上去！下来，下来，下来！"雅各停下推手中的滚珠的动作，看了爸爸一眼。

爸爸："看到了吗？他又打开了一个交流环。"

尼克医生："对，他想知道你接下来要做什么。把滚珠全都推到他那边，然后停下来**等一下**，看他会做什么。"

当吉姆这样做的时候，雅各不再理睬我们。他回到了他的舒适区，继续沉迷于滚珠带给他的视觉刺激之中。

**主题和变化：引入我们的想法**

尼克医生："他不理我们了，现在没有交流环了。不过没关系。你现在还不能让他持续参与互动。让我们试试第五种技巧，加入'主题和变化'。你已经跟随雅各的引导做了几种变化，但我们需要再想一些变化。"

妈妈："我能试一试吗？"

尼克医生："当然，你们可以一起来。"

关于"主题和变化"的讨论回答了"**我们可以用哪五种或更多的方法来玩这个游戏和这些珠子，让雅各觉得好玩？**"这个问题。现在开始引入**我们的**想法。这时，要小心一点，不要玩得太难。我们仍然要**读懂雅各的细微线索**，看他是否喜欢我们的想法。

> **主题和变化**
>
> ● 用好玩的方式堵住滚珠。
> ● 在滚珠往下落的时候数数。
> ● 用某样物品（托马斯火车头）推滚珠。
> ● 用转动滚珠的方式代替推滚珠。
> ● 在他推滚珠的时候，轻轻地摇晃迷宫。
> ● 在他推滚珠的时候，唱一首关于滚珠的歌曲。
> ● 假装让滚珠互相对话（现在还不行，太难了）。*

*注：什么样的玩法会太难了？像我前面列出的前6种变化，它们适合雅各现在的能力水平。但第7种变化，让滚珠互相"说话"，对于雅各目前的能力发展水平来说，就太难了。

尼克医生："我们试一下用一种好玩的方式**阻挡滚珠**。你们要记住这种阻挡的方式一定得是好玩的，不能让孩子有挫折感。现在你们轮流试试吧。朱莉，你先来。你可以试着把手挡在珠子要经过的位置。当雅各推着珠子碰到你的手时，你说'哎哟！'然后把你的手拿开。他可能不理解'哎哟'这个词，不过这种戏剧化的、搞笑且令人惊讶的方式，会让你们参与并保持跟他的互动。"

雅各推着滚珠碰到朱莉的手时，朱莉夸张地大喊"哎哟！"并把她的手缩了回来（打开第一个交流环）。雅各觉得很好玩，他开始放声大笑（关闭第一个交流环）。他看了看朱莉，示意让她再来一次（打开第二个交流环）。吉姆接手继续玩。雅各把滚珠推到吉姆的手上（打开第三个交流环），吉姆大叫"哎哟！"（关闭第三个交流环，同时吉姆又打开了一个交流环）。雅各笑得很开心（关闭吉姆打开的这个交流环）。我们一直这样玩（继续打开和关闭了好几个交流环），直到雅各失去了兴趣，他又不理我们了。

妈妈:"这太有趣了!"

尼克医生:"你们配合得真棒!从刚才的游戏中,你们可以真切地看到雅各具有参与互动的潜力。我们和他一起完成了七八个交流环,以后情况肯定会变得越来越好。"

**改变感觉模式**

尼克医生:"好的,你们俩准备好应用最后一个技巧了吗?"

爸爸:"改变感觉模式?"

尼克医生:"吉姆,你学得真快!我发现,对于大多数孤独症儿童来说,参与度最差的感觉模式是视觉模式。你们也可以看到,当雅各观察物体时,他是多么投入!简直是欲罢不能。因此,当你们无法打开交流环时,那是因为孩子太沉迷于自己的视觉舒适区。这时候你们要将**感觉模式**从视觉转为其他感觉,如触摸、声音、运动、摇晃、追逐打闹、挠痒痒或跳跃。

> **感觉模式**
> 
> ● 视觉。
> ● 听觉:歌曲、动物声音、拟声词(嗡嗡声、轰隆声、撞击声等)。
> ● 触觉:轻触(挠痒)、深触(按压、挤压)。
> ● 本体感觉:感觉到关节的运动,跳跃,手臂和腿抖动的感觉。
> ● 前庭觉:空间运动。
> ● 动作计划:调动肌肉的运动。
> ● 空间:你们之间的距离越近,联系就越紧密。

"事实上,朱莉,当你发出'啵'的声音时,你就把感觉模式改成**听觉**了。吉姆,当你握住雅各的手,帮他沿着路线滚动珠子时,你就把感觉模式改为**触觉**了。一般来说,如果孩子愿意让你参与互动,你最好继续做孩子感兴趣的事情。

"但是,假设你已经尝试了兔子洞技巧,并且已经尝试了很长一段时间去跟随他,试图跟他建立联系,可是他对视觉活动仍旧很痴迷,深陷其中不能自拔,也不理会你们的话……

"我们就需要通过引入**我们**的想法改变感觉模式。这里有一个风险,这种技巧就像**主题与变化**一样,是**我们自己的想法**——对于什么好玩的想法,我们并没有真正跟随孩子的引导,至少在开始时没有。所以你们要小心,不要完全主导并由你们打开所有的交流环(意思是成人不要一直在发起交流)。尽管有风险,但当你们不能跟孩子建立联系,特别是不能通过视觉模式建立联结时,**改变感觉模式**是一个好的技巧。

"让我们把感觉模式改为**运动**。开始时我们可以用有趣的方式摇动雅各的手臂。如果他喜欢这样的玩法,我和爸爸就会提着他的胳膊和腿,把他像荡秋千一样放到妈妈的大腿上。我们会等着看他是否喜欢,看他是否会提示我们继续这样玩。"

妈妈:"实际上是我们不再跟随他的引导了?"

尼克医生:"嗯,这是个很好的问题。尽管在技术上我们没有跟随他原来的玩法,但我们还是继续在玩他喜欢的感觉运动游戏。"

我走到雅各身边,他仍沉迷于视觉刺激中。他全神贯注地推着珠子。我一边拉着他的手(打开第一个交流环)轻轻地摇晃,一边说:"摇啊摇,摇啊摇!"这种配合动作发出的声音被称为"拟声词"。

我充满期待地伸出手（打开第二个交流环）。果然，他对着我微笑（关闭第一个交流环）并把手伸给我（关闭第二个交流环）。

> 妈妈："他喜欢这样玩。"
>
> 尼克医生："只要他喜欢，我们就可以引入我们的想法了。"

我示意他把双手交给我（打开交流环），他照做（关闭交流环）。我一边说："摇啊摇，摇啊摇！"一边摇晃着双手。他喜欢我这样做。

于是，我抓住他的手，吉姆抓住他的腿，我们一边说："1，2，3，荡！"一边把他荡到朱莉的腿上。他落在朱莉的腿上时，朱莉给了他一个大大的拥抱，接着把他放回地板上。

> 尼克医生："现在我们要等一下，看看他想不想再玩一次。"

雅各给了我们一个"眼神"（打开交流环），并举起他的腿和胳膊，示意还要荡秋千（打开另一个交流环）。

> 尼克医生："看，我们等来了什么！雅各，来吧！1，2，3，荡！"

我们玩了一次又一次，获得了很多交流环，包括用手、脚、眼神示意的，大的、小的和微小的手势交流环。我们通过改变荡秋千的高度或者换我抓住脚而吉姆抓住手等不同方式加入变化（**主题和变化**）。雅各太爱这个游戏了，当我们累得要停下来时，他还不高兴地发小脾气了。

> 尼克医生："对不起啊，雅各。你现在停不下来了，你还想要继续跟我们互动！"

我们都开心地笑了，那个有孤独症的孩子想跟我们在一起！

> 爸爸："我们能把您带回家吗？"
>
> 尼克医生："嘿，我只是个教练。你们都玩得很好！"

随后我解释说，在某种意义上，他们在家里做 PLAY 模式其实就等于把我带回了家。因为家庭顾问每个月会到他们家进行一次家访，教他们 PLAY 模式的方法（见**第9章**）。家庭顾问会拍摄他们玩耍互动的视频，并根据所拍摄的视频片段给予他们书面的视频回顾报告，以指导他们接下来该怎么做。大多数孤独症儿童不会每天或每周频繁地发生变化，但通常每个月或每两个月，雅各的父母就需要跟上雅各，适应雅各在攀登发展阶梯时发生的变化。

> 尼克医生（我从文件箱里拿出一份资料给他们）："这份与雅各玩耍的活动清单（见本章末的 PLAY 模式清单），总结了我们刚才讨论的内容。对于刚才这部分内容，你们感觉怎么样？"
>
> 妈妈："真的很有趣！虽然有很多东西要学，可是很有趣。"
>
> 爸爸："雅各已经有进步了！"

**尼克医生**："雅各有巨大的潜能。你们是出色的父母，绝对可以 PLAY[①] 得好。"

大家都被我无意中的双关语逗笑了。

## 雅各的功能发展水平

**尼克医生**："结束之前，我们简单地看一下雅各的**功能发展水平**。这些功能水平理论源于斯坦利·格林斯潘医学博士和塞蕾娜·维尔德博士的地板时光理论。我强烈推荐他们的书《地板时光》[②]（见**资源和网站**），他们在书中详细介绍了这些水平。我们会把功能发展水平作为 PLAY 模式的一部分教给你们。

"这是六个功能发展水平的简单介绍（见**附录 C 和附录 D**）。PLAY 模式顾问会向你们介绍关于功能发展水平的更详细的内容（见**第 10 章**）。

> **功能发展水平**
> - 功能发展水平第一阶段：共同注意和自我调节
> - 功能发展水平第二阶段：参与
> - 功能发展水平第三阶段：简单的双向沟通
> - 功能发展水平第四阶段：复杂的双向沟通
> - 功能发展水平第五阶段：分享意义和象征游戏
> - 功能发展水平第六阶段：情感思维/逻辑思维

"我并不想搞得太学术化，可是我又确实需要记录雅各随着时间的推移产生的进步。雅各就是我所说的'处于功能发展水平第一、第二和第三阶段的孩子'。"

**爸爸**："这算好的吗？"

**尼克医生**："这就是大多数孤独症儿童的起点。你们可以看看我给你们的清单。"（见本章末的 PLAY 模式清单。）

### 功能发展水平第一阶段：共同注意和自我调节

我向吉姆和朱莉解释：在共同注意和自我调节阶段，雅各把自己封闭起来，经常消失在他的"兔子洞"里。因此，他没有和我们"在一起"，而是在他的舒适区里做自己的事情。他的问题是待在自己的世界里（见**第 7 章**），这让他在大多数时间里无法与我们分享注意。他现在一天中只有**部分时间**与我们"在一起"。

**爸爸**："这样的情况我可太熟悉了。"

**妈妈**："他经常不理我们。"

**尼克医生**："如果用百分比来衡量的话：

- 25% 为部分时间。
- 50% 为一半时间。
- 75% 为大部分时间。

---

[①] 译注："玩"的英文单词 play 刚好对应 PLAY 模式的英文缩写 PLAY。

[②] 编注：《地板时光：如何帮助孤独症及相关障碍儿童沟通与思考》（*Engaging Autism: Using the Floortime Approach to Help Children Relate, Communicate, and Think*）中文简体版由华夏出版社于 2019 年出版。

- 100%为所有的时间。

我把雅各的功能发展水平第一阶段评定为25%,意思是他只有部分时间与我们'在一起'。"

爸爸:"我明白了。"

尼克医生:"刚才在我们使用兔子洞技巧后,雅各已经打开了交流环,他想要玩。如果我们每天能有两个小时做PLAY模式游戏,雅各的共同注意和参与能力应该会得到很大的提高,并更稳固地进入功能发展水平第二阶段和第三阶段。"

爸爸:"所以我们必须更努力地让他更多地参与互动。"

尼克医生:"是的。只要你们努力,我相信雅各很快就会喜欢和你们在一起。然后,他的功能发展水平将提高到'大部分时间'和我们在一起。"

爸爸:"那就是75%。"

妈妈:"太好了!"

**功能发展水平第二阶段:参与**

尼克医生:"现在雅各的主要目标是要**参与**,我把这个阶段称为'**流汗**'阶段。你们必须很努力(即汗流浃背),不要让雅各经常一个人待着。我建议将电视、视频或电脑时间(即所有的屏幕时间)限制在每天一小时内。即使你们根据你们的想法提出了有趣的玩法,也要保证他留意到你们并且有参与。你们要真正去关注他的注意力在哪里,他的想法是什么,我认为当**我们做出努力时**(也就是说,当我们'流汗'时),他至少有一半的时间可以参与互动,所以我把雅各的功能发展水平第二阶段评定为50%。"

爸爸:"当我们打开大部分的交流环时,就进入了'流汗'阶段,对吗?"

尼克医生:"对,这就是我所说的'流汗'阶段。你们负责了大部分互动的内容。"

妈妈:"但也要等待。"

尼克医生:"对,你们必须等待,给雅各机会。"

爸爸:"……回应的机会。"

妈妈:"还有打开交流环的机会。"

尼克医生:"你们真的学会了!"

**功能发展水平第三阶段:简单的双向沟通**

一旦我们发现雅各可以分享注意并能够参与互动了,那么我们就在通往功能发展水平第三阶段——**双向沟通**的路上了。这意味着雅各不仅能在**我们打开第一个交流环时做出回应**,还能**发起**并打开自己的交流环(我们知道他能做到)。如果说当雅各处于功能发展水平第二阶段,也就是**流汗**阶段,我们必须发起很多互动的话,那功能发展水平第三阶段就是**等待**阶段,我们必须**放慢节奏**,看雅各是否愿意回应或主动发起互动。当雅各同时处于第二和第三阶段时,我们既要流汗又要等待,具体怎么做要看当时的情况。

尼克医生:"如果总是由你们打开第一个交流环,那雅各处于功能发展水平的哪个阶段呢?"

爸爸："第二阶段？"

尼克医生："对！可以这么说。如果你们包揽了所有的工作，雅各就不能'锻炼自己发起交流的肌肉'。**如果你们不等待，他就没有机会发起交流**。因此你们要放慢节奏，等他做出反应。这样也可以减轻你们需要不断地打开交流环的压力。如果他没有主动打开交流环，你们就得努力地（出汗）追在他后面。请记住：一定要给他机会打开**和**关闭交流环。我把雅各的功能发展水平第三阶段评定为25%，因为他只是有时会发起交流。因此，他目前的功能发展水平状况是第一阶段25%，第二阶段50%，第三阶段25%。"

爸爸："那么，他什么时候会说话呢？您以前说过，但我忘了。"

尼克医生："现在和接下来的几个月，我们必须在他的**肢体语言**交流上下功夫，以巩固功能发展水平第一、第二和第三阶段。我们需要帮助雅各把'好玩'这个概念跟相关的表达建立联系，比如，'1，2，3，开始''果汁''爸爸回来了''吃饭了''向上、向上、向上''摇、摇、摇''晃、晃、晃''继续'等。"

爸爸："可以列一个清单吗？"

尼克医生："这是个好主意，但必须是雅各的清单，而不是你们的清单。"

妈妈："您是不是说过，雅各到功能发展水平第四阶段才可能说话？"

尼克医生："是的，朱莉的记忆力真好！孩子需要到功能发展水平第四阶段（复杂的双向沟通）才会有口头语言。因此，首先具备共同注意和自我调节（功能发展水平第一阶段）、参与（功能发展水平第二阶段）、简单的双向沟通（功能发展水平第三阶段）的能力。起初，雅各的沟通主要依靠**肢体语言**，比如，看向别人，伸出手，或者身体靠近等，这些是表示继续的肢体语言。接下来，雅各可以明白你们说的话（接受性语言的出现），然后才是口头语言的出现。"

爸爸："我很期待那一天的到来。"

尼克医生："我知道，我也是如此。请你们现在不要太担心雅各开口说话的问题。揠苗助长只会浪费你们的时间，还可能会延缓雅各的发展。差不多到结束时间了，让我来总结一下。

"如果出现以下情况，我们就知道雅各有进步了：

√ 他更多地和我们**在一起**。

√ 他能够持续打开和关闭3～5个交流环。

√ 他更多地**主动发起交流**（打开交流环）。

"我希望这些内容能够对你们有所帮助。"

妈妈："非常有帮助。"

爸爸："要学习的东西很多。"

尼克医生："我会把音频文件发给你们。另外，PLAY模式顾问在家访时会和你们一起复习这些内容。我强烈建议你们购买PLAY模式的讲解视频（见**资源和网站**）。这可以让你们节省时间，不用多跑一次来听我讲解，视频里面的内容可以引领你们了解这个模式。我建议在你们实施PLAY模式后，每3～4个月过来复诊一次。"

妈妈："太开心了！我们的顾问下周就会过来。这是一次愉快的会面。"

爸爸："刚才看到雅各笑了，感觉真的太好了！"

妈妈："他以前从来没有在医生的办公室里这样笑过。"

尼克医生："可能是因为我不会给他打针！（我们都笑了。）很高兴见到你们。有什么问题就给我打电话。雅各，拜拜！"（他没有理会我。）

妈妈："他又在他的舒适区了。"

爸爸："我们还需要努力啊！我们一定会努力的。"

尼克医生："吉姆，你的态度很端正。我非常看好这个孩子，我觉得未来他会有很大的进步。"

## 结尾

我希望这次会面给雅各一家的信息量不会过大，但这些信息将在 PLAY 模式家庭顾问的家访中被反复提及。家庭顾问会拍摄成人和孩子互动的视频，并在第一次家访中介绍 PLAY 模式的原则和方法（见**第 10 章**）。我预感雅各会有不错的进展，不过他还有一段长路要走。

## 小结

在这次来访中，我向雅各一家介绍了：

- 什么是"跟随孩子的引导"。
- 如何获得交流环。
- 当参与互动有困难时，应该使用什么技巧（见下文的清单）。
- 如何理解功能发展水平前三个阶段，以及在雅各身上的具体体现。

## 预告

雅各一家学习 PLAY 模式的原则、方法、活动和技术。

# PLAY 模式清单

适用于功能发展水平第一、第二和第三阶段

### 功能发展水平第一阶段：共同注意和自我调节

1. 你的**位置**是怎样的？你会陪在孩子的旁边吗，靠近他们，或者跟他们一起待在地板上，或者面对他们，或者跟着他们在房间里走动？
2. 你会**留意到孩子的注意力**所在吗？他/她在看哪里？他/她的注意力集中在什么上面？
3. 你会**注意到孩子的真正意图**吗？他/她现在对什么感兴趣？
4. 你能够**解读孩子的微妙线索**，了解他/她想要什么吗？你真的"读懂"孩子了吗？
5. 当你的孩子表现出他/她的意图时，**你会以支持的方式做出回应，鼓励孩子做他/她想做的事情**？你能接受孩子目前的状态吗？
6. **这是谁的游戏想法**，是你的还是孩子的？
7. 你在使用"**兔子洞技巧**"吗？
8. 你能定义**交流环**吗？你知道打开或关闭交流环是什么意思吗？你知道怎么**数交流环**吗？
9. 你们在一起玩得**开心**吗？

### 功能发展水平第二阶段：参与

1. 你们是在**适当的水平**上玩吗？会太难吗（孩子不明白）？会太简单吗（吸引不了孩子）？
2. 你能通过**跟随孩子的引导**让他/她参与互动吗？
3. 你**热情、活泼、滑稽、有趣**吗？你会使用声音、手势和动作增加趣味性吗？
4. 你能用**正确的感觉模式**吸引孩子吗？你可能要避免容易引起视觉沉迷的活动，以获得更好的参与。
5. 你能获得 3～4 个**交流环**吗？你知道怎么**数交流环**吗？
6. 通过戏剧化的、搞笑的、有趣的、敏锐察觉孩子兴趣的方式，你能让孩子的参与维持多久？（你"**流汗**"了吗？）
7. 你们在一起玩得**开心**吗？

### 功能发展水平第三阶段：简单的双向沟通

1. 你能**放慢节奏**，花足够长的时间**等待孩子的回应**吗？
2. 你能获得 6～10 个**交流环**吗？
3. 你会在玩耍时"想着交流环"，并寻求更长的互动链吗？
4. 是谁**打开了第一个交流环**？你会等待**孩子**主动发起吗？
5. 你会使用"**主题和变化**"技巧创造性地进行游戏吗？
6. 你会把词语与常规活动和有趣的事件联系起来吗？当你提到常规活动时，孩子是否明白？孩子有叫名反应吗？
7. 你看到孩子有任何模仿行为了吗？
8. 孩子有任何肢体语言吗，比如，示意"继续玩"，挥手再见，指向某物？
9. 你们在一起玩得**开心**吗？

# 第9章

# 家　　访
# PLAY 模式的七个环节

**PLAY 模式的七个环节：PLAY 模式的应用**

在上一次复诊时，吉姆和朱莉开始学习 PLAY 模式的**基本原则**和**方法**。安波是一位具有硕士学位的社工，她是雅各家的 PLAY 模式家庭顾问。她接下来会：

- 对雅各家第一次家访，以后每月 1 次，每次 2～3 个小时（参与 PLAY 模式通常会持续 1～2 年）。
- 了解雅各家的情况并收集一系列雅各的评估报告。
- 拍摄 10～15 分钟吉姆和朱莉跟雅各的游戏互动视频。
- 在家访期间给家长口头反馈（指导家长）。
- 家访结束后，给家长提供书面反馈（视频分析），指导家长在日常生活中实施 PLAY 模式。

通过这种方式，雅各一家将学会如何帮助雅各攀登功能发展的阶梯，并发挥他的内在潜能。

这一章，我会用旁述的方式讲解，让大家了解家庭顾问安波在家访时是如何向雅各的家长介绍 PLAY 模式的七个环节的。以下是 PLAY 模式的七个环节（图 3）。

**PLAY 模式的第一个环节：准备好，开始 PLAY 模式！介绍原则和方法**

第一个环节，PLAY 模式家庭顾问会向雅各的家长介绍 PLAY 模式的**原则**和**方法**，帮助他们理解这项干预的目标，学习如何改善跟雅各互动的方式和提高雅各的功能性技能。

图 3　PLAY 的七个环节

让我们从 **PLAY 模式的第一个环节**开始，回顾 PLAY 模式的四个原则：

1. **跟人玩得开心**。开始时，应该一对一进行 PLAY 模式，而且活动必须具有参与性。
2. **"剂量"很重要**。每天实施 PLAY 模式的时间是 2 个小时（可以拆分成 10～20 分钟的片段），每周总共 15 个小时。
3. 根据儿童的舒适区、感觉运动特点和功能发展水平，对儿童进行**准确的评估**。
4. **根据孩子的功能发展水平跟孩子玩**。

以下是四个原则的详解：

1. **跟人玩得开心**。当**你**玩得开心，**孩子**也玩得开心时，那么你就玩对了。当你做孩子喜欢的事情时，他/她就会喜欢和你在一起。开始时游戏应该是一对一的，就是一个成年人和一个孩子一起玩，孩子要真正参与进来。随着时间的推移，孩子的能力提高了，他会想跟兄弟姐妹玩，然后是跟同龄人玩。

我们确实能够与雅各一起**开心**地玩耍（见**第 8 章**）。在上次复诊时，我们通过一些感觉运动活动，特别是荡秋千，让雅各笑得很开心，但这种快乐是短暂的，因为他难以参与互动。因此，对吉姆和朱莉来说，投入足够的时间尤为重要。

2. **"剂量"很重要**。雅各确实有孤独症，所以吉姆和朱莉应该尽量每天做足 2 个小时的 PLAY 模式。我们不期望家长一口气连续玩 2 个小时，这也不现实。相反，家长应该把跟孩子玩的时间分成 10～20 分钟的片段并贯穿在全天的时间里。此外，我们鼓励家庭把**所有日常生活互动都变得既有趣又有吸引力**，使**每一次互动都成为良好的互动**，比如，起床、穿衣、吃饭、外出等；要密集地玩耍，从一对一的互动开始，让孩子的大脑中形成更紧密的神经联结。通常过了一段时间后，家长就会告诉我，他们喜欢做 PLAY 模式，甚至都不会再担心投入的时间不够了。

3. **在以下方面对孩子进行准确的评估**。

- 舒适区
- 感觉运动特点
- 功能发展水平

在第二个环节中，我们将更深入地评估雅各的情况，以下是我们在第一个环节考虑的要点。

- **舒适区**（见**术语表**）是指：孤独症儿童在做他们想做和喜欢做的事情时，尤其是重复活动时，所拥有的神经心理舒适感。舒适区源于儿童异常的神经系统，这种神经系统使儿童想要沉浸其中，保持不变。
- **感觉运动特点**包括：哪些感觉（视觉、触觉、运动觉等）输入受孩子喜欢，哪些感觉运动方式容易让孩子参与，哪些模式则需要避免（如看视频）。这些问题我们在第 7 章中有详细的介绍。
- 现在你应该能够熟记格林斯潘的 6 个**功能发展水平**（如果你不能，见下文）。这些水平就像一个"发展的阶梯"。当你跟孩子玩得开心，投入了足够时间，并**根据孩子的功能发展水平**跟他玩时，孩子就会向上攀登。如果你还不太清楚这些水平中的里程碑，请查看附录 C。我们将在 PLAY 模式的第二个环节中分析雅各的功能发展水平。

**4. 在适当的功能发展水平上跟孩子玩。** 当你准确地评估孩子的情况时，你就**更有可能在正确的水平上跟孩子一起玩**。这意味着游戏不要太难（超出孩子的能力范围）或太简单。当你在正确的水平上跟孩子一起玩时，孩子就更有可能与你保持互动。你可以通过戏剧化的、有趣的、出其不意的方式融入他们的世界，当你们在适当的水平上玩得开心时，孩子自然会进步，并发挥他们的内在潜力！

> **格林斯潘的六个功能发展水平（见附录C）**
> - 共同注意和自我调节（功能发展水平第一阶段）
> - 参与（功能发展水平第二阶段）
> - 简单的双向沟通（功能发展水平第三阶段）
> - 复杂的双向沟通（功能发展水平第四阶段）
> - 分享意义和象征游戏（功能发展水平第五阶段）
> - 情感思维/逻辑思维（功能发展水平第六阶段）

上次跟雅各一家会面时，我指导吉姆和朱莉根据**孩子的功能发展水平去跟孩子玩**。他们本能地想跟孩子玩那些难度大的游戏，他们想在**象征水平**上玩（妈妈用玩具火车玩假扮游戏）。而雅各却想在**感觉水平**上玩，他想玩那些会带来视觉刺激的活动，比如排列玩具火车。这时候在他眼里，那些玩具火车并不是常规意义上的"火车"。

**为什么父母往往会在过高的水平上玩呢？** 答案就是：因为所有父母都希望他们的孩子能够说话和社交！他们对孩子的期望太高了，以至于他们总想"揠苗助长"，而不是顺其自然。我必须不时地提醒父母，孩子的干预过程像建房子一样：首先得打好地基（互动），在建好墙壁（接受性语言和手势）之前，先不去搭建屋顶（说话和社交技能）。说话和社交技能是发展的巅峰，也就是最终的成就。如果父母想让孩子攀登发展的阶梯，他们就必须在正确的水平上跟孩子玩（见**第6章**）。

著名的心理学家维果茨基说过，我们必须在"恰当"的水平上进行教学和游戏，他称这个水平为"最近发展区"。

"最近"意味着"接近"或"处于"孩子的发展阶段。如果我们一直跟雅各玩**舒适区**的活动，这些活动对于他的能力水平来说太简单了，他就不会有进步，因为我们没有给他足够的挑战，他就会待在自己的世界里。但如果我们玩得太难，超过了雅各的功能发展水平，也就是维果茨基所说的"**潜在发展区**"，雅各就不明白我们在做什么，也不会理睬我们。帮助雅各取得快速进步的最好方法是在"恰当"的水平上进行游戏，也就是"最近发展区"。

对雅各来说，这意味着我们要加入他的视觉刺激活动中，跟他一起排列物品，挤压他的手/手指，还有摇晃他。对吉姆和朱莉来说，要加入雅各的"孤独症行为"，在情感上是比较难接受的。可是当他们这样做时，他们就可以跟孩子进行互动，看到孩子的笑容，和孩子一起发出欢声笑语。

### PLAY 模式的基本方法

如果说PLAY模式的**原则**像一张地图，指引互动的总体方向，那么**方法**则好比旅途中常伴父母左右的锦囊，告诉父母该怎么做才能保持互动。我们在**每次**互动中都应该用到这些**方法**（如需观看家长使用PLAY模式的方法的案例，请观看在线视频：www.playproject.org）。

这些方法包括：跟孩子的视线保持同一水平，跟随孩子的引导，以孩子当前的状态为基础，把孩子的能力提升到该有的水平。换而言之，使用这些**方法**会带来乐趣并让我们可以和孩子在正确的水平上玩耍，这也是PLAY模式的两个主要原则。

**线索有助于你了解孩子的意图** 线索是指孩子的行为和那些不易察觉的肢体语言给出的**提示**，它们会让你知道孩子在想什么或打算做什么。孤独症孩子不会抬头对你说："嘿，妈妈，我想跟你说一下，我只是喜欢这些小火车按颜色排列的样子。"通过观察孩子的**注意力**所在，你可以解读他们留下的**线索**，并摸清孩子的**意图**，即孩子想要什么。

> **PLAY 模式的五种基本方法**
> - 准确地"读取"孩子的线索/意图。
> - 跟随孩子的引导，对孩子的要求做出回应，尊重孩子的想法。
> - 放慢你的节奏，观察，等待！
> - 获取交流环，进行来回的互动。
> - 建立在孩子的想法之上。

**跟随孩子的引导** 一旦你读懂了孩子的线索并理解了孩子的意图，你就需要回应并跟随孩子的引导。这意味着你要对孩子的线索、意图、行为和想法做出回应。在开始时，孩子的线索/想法可能很简单（比如"排列小火车"），你一不注意就会错过它，特别是当你太专注于自己的想法时。**因此，请留意孩子的注意力所在和意图。**开始时，这个方法可能对父母来说最有挑战性。

**节奏和等待** 为了"读懂"孩子的线索，父母必须**放慢**互动的节奏，密切地观察孩子，并**等待**，看看孩子想要什么，**等待**孩子的想法。这能让孩子回应你或发起互动。我们把这种来回的互动称为"交流环"。

开始时，成人通常要通过有吸引力的、有趣的和充满活力的（但不要太过刺激！）方式打开大部分的交流环。我们必须通过孩子的笑容、笑声、眼中的神采捕捉孩子的注意力所在和参与度。因此，我们必须一直留意孩子有没有做出回应（**关闭**交流环），或者孩子是否会表现出**他的想法**并打开（即发起/开始互动）交流环，这是我们更加期待的表现。孩子这些最初的想法及发起的交流就像金子般宝贵。

对于功能较低的孤独症幼儿来说，最初的"想法"（意图）只基于**寻求感觉输入**（例如，深压、排列、看旋转的物体、跑步）或寻找**因果体验**（例如，打开/关闭门、翻页、打开/关闭灯）。很久以后，孩子才会有更复杂的想法。我会在后面谈到活动的层次时讨论这些问题。

**互动的过程：获取交流环** 通过读懂孩子的线索，理解孩子的意图，跟随孩子的节奏，并在孩子的功能发展水平上做出回应，我们**将**以一种有趣的方式让孩子与我们互动。参与意味着互动，而**互动意味着打开和关闭交流环**。

我们会不断地打开（发起或开始）和关闭（回应或完成）**交流环**，交流环是指来回的互动/沟通，就像打乒乓球一样，你来我往。我在上次会面时和雅各父母聊了这个问题（见**第8章**）。在典型的社交互动中，会有许多来回的互动（我们称之为"持续的互动流"），以至于很难数清有多少个交流环。一般情况下我们甚至都不会意识到这种**互动过程**，它自然而然就发生了。

不过低功能孤独症儿童在互动过程中，能完成的交流环少之又少。他们会完全无视他人的存在，甚至连一个交流环都没有打开！他们几乎没有叫名反应。即使是许多功能较高的孤独症儿童，他们展开内容丰富的互动对话能力也是很有限的。

在 PLAY 模式中，我们非常关注这种**互动过程**，因为它是未来社交技能的基础，必须尽早建立，以便让孤独症儿童在未来拥有社交功能。

因此，在 PLAY 模式的第一个环节里，我们必须关注互动过程。我们必须开始数交流环、想着交流环、获取交流环。

**拓展游戏** 我们一旦熟悉了孩子的想法、行动和兴趣，就可以引入我们的想法并扩展他们的想法。我们可以挑战他们，同时也可以跟随他们。要如何做到这一点？这就涉及活动和技巧方面的内容。我会在后面的 PLAY 模式的第三个环节中谈到这部分内容。

## PLAY 模式的第二个环节：了解你的孩子，创建一个独有的个人档案

为了帮助雅各发挥他的全部潜能，家庭顾问安波需要了解雅各独特的发展特点。在 PLAY 模式中，我们的方法是完全个性化的。因为每个孩子都是独一无二的，有不同的特点。在第一次的家访中，安波将进行一系列评估，了解雅各的语言、功能发展水平、孤独症严重程度和游戏互动等方面的情况。她将帮助雅各父母了解雅各的特点，从而保证在进行 PLAY 模式时，互动的方式符合雅各的功能发展水平。

我们根据以下三个方面，简要地回顾一下雅各的情况（见**第 8 章**）。

- 舒适区
- 感觉运动特点
- 功能发展水平

**舒适区**

雅各仍然十分沉迷于自己的世界，做自己的事情，主要是寻求感觉运动的输入。雅各与他人的联结仍然很弱。随着时间的推移，雅各与他人的联结会越来越紧密，他的舒适区活动自然会减少。为了帮助雅各这个难以参与互动的孩子，我们使用了兔子洞技巧（见**第 8 章**）。

**感觉运动特点**

我们在第 7 章和第 8 章详细介绍了雅各的感觉运动特点。作业治疗师提供的专业评估对我们非常有帮助。下面是对雅各最重要的特征的简单总结。随着雅各的进步，他的感觉运动系统也将更多地融入他的功能发展中，而不会削弱他的社交联结。

---

**雅各的舒适区和感觉运动特点**

- 舒适区
  - 排列、沉迷于视觉刺激、看门的开合、翻书、看《芝麻街》节目、漫无目的地来回走动。
- 感觉运动特点
  - 低反应性（呆若木鸡），喜欢视觉刺激，但也喜欢深压、运动、挠痒、音乐。
  - 讨厌嘈杂混乱的环境，讨厌突然的响声，喜欢摇晃，讨厌旋转。
  - 对食物口感很挑剔，喜欢口感酥脆的，不喜欢软糯的。

---

**功能发展水平**

正如你所看到的，雅各的功能发展水平包括他的舒适区和感觉运动特点。

**什么是"牢固""漏洞"和"能力"？** 当我讨论一个孩子的情况时，我会使用一些术语衡量孩子的发展状况，这些术语包括：

- "牢固"，意味着达到了该功能发展水平。
- 有"漏洞"，意味着未完全达到该功能发展水平。
- 在更高的水平上有"能力"，意味着孩子有未开发的潜力。

> **雅各的功能发展水平**
> 
> - 功能发展水平第一阶段：共同注意和自我调节
>   - 不牢固，大部分时间仍在他自己的世界里。
>   - 拒绝和回避他人。
>   - 喜欢舒适区活动。
> - 功能发展水平第二阶段：参与
>   - 不牢固，参与的时间很短。
>   - **父母需要付出高强度的努力和精力（"流汗"），才能让雅各参与互动。**
> - 功能发展水平第三阶段：简单的双向沟通
>   - 刚刚出现，雅各只是偶尔会发起交流。
>   - 甚至难以关闭交流环。

所以说，雅各在较低的三个功能水平中仍存在困难，他难以分享注意（功能发展水平第一阶段）、保持参与（功能发展水平第二阶段）、以双向的方式互动（功能发展水平第三阶段）。换句话说，他的能力并不"牢固"，他在较低的三个功能水平上有"漏洞"。但他看起来很聪明，他在功能发展水平第三阶段有很好的能力，甚至可能在第四阶段也有一定的能力，我们知道他有潜力。雅各的家庭顾问安波会对这些功能发展水平进行评分，并制作图表。

另外，在功能发展水平方面，关键是我们要知道孩子**不会**只表现出某个功能发展水平的能力，而会在所有已发展出的功能水平上都有所表现。因此，我们可以将孩子看作是在攀登**"发展的阶梯"**，他的"脚"踩在最低的"阶梯"上，他的"身体"处于中间的"阶梯"，而他的"手"则伸向最高的"阶梯"。那么，我们应该从何处着手呢？也就是说，我们应该**在哪个功能发展水平上跟雅各玩呢**？

**从何处着手开始 PLAY 模式？**

雅各的"脚"踩在他的"舒适区"，也就是说，他的功能发展水平第一阶段并不"牢固"，只是在某些时候会**分享注意**。他的"身体"处于第二阶段，这意味着他的父母必须很努力才能让他参与互动（这就是为什么我们把第二阶段称为"流汗"阶段）。只要父母努力，他们就有一半的时间可以跟孩子产生互动。而雅各的"手伸向"第三阶段，这意味着他只产生了一些双向沟通，没有打开和关闭许多交流环。

因此，**干预工作将主要集中在第一阶段（引起他的注意）和第二阶段（保持他的参与）**，我们会尽可能地促进第三阶段（注意到他何时打开和关闭交流环以创造**双向沟通**）。耶！现在我们有了一个基础的计划！

一旦我们对孩子进行分析，了解他/她的舒适区、感觉运动特点和功能发展水平的阶段，那么我们就可以找出要使用的**技巧**类型和要引入的**活动**。欢迎来到 PLAY 模式的第三个环节。

## PLAY 模式的第三个环节：设计 PLAY 模式计划——个性化的技巧和活动

通过初步评估，我们知道了雅各的独特优势和需求。安波将与吉姆和朱莉合作，设计一个个性化的**技巧和活动**方案，帮助他们将雅各带入一个好玩的、有趣的关系中，从而帮助他取得进步。与他人建立联结是 PLAY 模式中最重要的事情。父母想要知道当他们和孩子在一起时"该做什么"。PLAY 模式的第三个环节将给家庭赋能，培养他们作为孩子玩伴的技能，同时帮助孩子完成各阶段的发展。

## 技巧

让我们从技巧开始。我们如果想围绕孩子的意图、行动、感觉、兴趣和想法展开互动，要么天生就很会玩，要么就得有一个计划。基于技巧我们可以拟订计划，这个计划就是：**我接下来要做什么**？我们可能会一次使用一个技巧，但一般情况下，技巧会与**方法**结合使用，从而构建流畅的互动流程。

> **PLAY 模式的基本技巧**
> - 陪伴
> - 拉太妃糖
> - 制造悬念和惊喜
> - 设置好玩的障碍
> - 突出关键词
> - 主题和变化
> - 因果关系

### 基本技巧

我会先给你介绍一些基本的技巧。然后，我会告诉你如何把各种技巧组合起来，为你的孩子创造变化，使互动充满乐趣。

**陪伴** 这是最基本的技巧。你只需要陪在孩子的旁边，跟他的视线保持在同一水平，面对面地待在一起。你不需要有自己的想法（即戴上你的"隔离帽"，放空你的大脑）。这样做能够让你观察孩子，真正看到他的意图、感觉和想法（例如：排列小火车，通过在沙发上翻滚寻求深压，想要玩更多打闹的游戏等）。这种技巧能够让你更好地共享与孩子相处的时光，捕捉线索，准确地了解孩子的状态，跟随孩子的引导。

**注意**：对于参与互动非常难的孩子，你不能等得太久，否则孩子不会再参与。对于这些孩子，我建议使用**兔子洞技巧**（见**第8章**）和有趣的**活动**。你必须努力地让他们参与互动，你必须要流汗！

**拉太妃糖** 当孩子参与时，比如与你有了良好的目光接触，就不要放走它！保持这种目光接触，让互动持续下去。你可以通过一些方法延长这种参与，就像**拉太妃糖**[①]一样，放慢你的节奏，或者加入一点细微的变化，或者制造一点悬念，或者为孩子设置一个小惊喜……谁知道接下来会发生什么呢？我这样的说话方式，是不是会让你开始好奇我接下来要讲什么呢？

**制造悬念和惊喜** 这也是一种"拉太妃糖"的方式。你可以通过制造悬念和惊喜，让孩子一直参与其中。

- 例如，数数游戏。你每数到一个数字，戏剧性的紧张感就会上升："1，2，3，4，5！挠痒痒，挠痒痒，挠痒痒！"
- 我也很喜欢"魔爪"游戏。你可以把你的手放在孩子（通常是躺着的）的身体上方，然后摆成爪子的形状，一边说着"魔爪来了！魔爪来了！"一边把"爪子"落到孩子的肚子上。
- "准备——开始"游戏也可以制造悬念和惊喜。
- 躲猫猫游戏中也有悬念和惊喜。

把你的声音节奏放慢一点（但不要太慢，以免失去乐趣！），再试着把它拉长（"拉太妃糖"）。

**设置好玩的障碍** 这种技巧可以让孩子为得到他们想要的东西而努力，可应用于一天中的许多情景中。

---

[①] 编注：拉太妃糖是一种手工技艺，通过反复拉伸使糖体中的气泡分散，最终制作出具有独特口感的太妃糖。

- **例子 1**：孩子想要进门，你故意站在门口拦住他的去路，妨碍他进门，孩子需要把你推开才能进去。孩子推你的时候，你可以很夸张地假装摔倒，孩子喜欢这种戏剧效果。
- **例子 2**：你用拳头紧握住孩子想要的东西，让孩子一个手指一个手指地打开你的手去拿东西。每当孩子打开一根手指时，你都要数数。当他拿到物品时，你说："在这儿！"请记住，我们的目的是为了好玩，而不是给孩子制造很大的阻碍。

记住：乐趣总是胜过任何技巧。不要太过阻碍孩子，不要把事情拖得太久。如果孩子不喜欢这个活动，就不要再继续下去了。

**突出关键词**　突出的意思是"突显"。在这种技巧中，我们希望能够突出某些词语和短句。那些对孩子来说最重要的词语，应该被反复强调。最常见的词就是那些可以让孩子发笑的词、激励孩子的词（如食物）、亲人的名字（包括家里的宠物！），以及与日常活动相关的词语。你可以列出目前对孩子来说最有意义的20个词语，让家里的每个人在互动中不断地提到这些词。

**主题和变化**　主题和变化是最重要的技巧之一。对低功能和高功能孤独症儿童你都可以应用这个技巧。

当孩子做他喜欢的活动时，比如荡秋千，他就会想一遍又一遍（又一遍！）地做同样的活动。这时就需要"**主题和变化**"这个技巧。**主题**是当前（重复的）的活动。为了制造变化，你可以问自己这个问题：这个主题可以加入哪些有趣的玩法（5～10项）呢？这里有一些关于"荡秋千"的变化。

- 慢下来，等孩子主动示意他想要继续玩。
- 说出孩子的肢体语言所要表达的："哦，你想荡秋千！"
- 装傻充愣，让孩子请求你两次或三次再继续。
- 在荡秋千时，你数1、2、3，在2的时候停下来，看看孩子是否会说3。
- 唱一首关于"荡秋千"的歌，让孩子一起唱。
- 这一次把孩子摇晃到沙发上，下一次再摇晃到别的地方。
- 用上下移动的方式而不是左右或前后摇摆的方式移动孩子。

**理解因果关系**　随着功能发展水平的提高，从第一阶段（共同注意，更多地与我们"在一起"）到第二阶段（很容易参与）到第三阶段（开始持续对我们做出回应，并越来越主动），孩子会变得更有目的性，并开始理解因果关系。因此，父母需要将**因果关系**游戏作为一种技巧引入互动中，从而引导孩子学会理解因果关系。

拨动电灯开关，孩子就知道灯会亮起来；说"1，2，3"，孩子就知道会有有趣的事情发生；玩躲猫猫的游戏时，你的脸会从毯子后面出现，孩子就会"学到"，甚至会模仿。他看，他笑，他想要继续游戏。重复是关键。

这种理解**因果关系**的能力从功能发展水平第三阶段（简单的双向沟通）开始出现，到第四阶段（复杂的双向沟通/解决问题的能力）变得更加稳固。通过大量的重复，孩子不再只限于理解简单的因果关系，还开始认识**常规活动**。如果你在几天、几周甚至几个月内反复地说"我们走吧，再见"，最终孩子一听到这句话就会兴奋地朝门走去。这标志着真正的接受性语言的出现，这是功能发展的一个重要里程碑，也引出了更高层次的技巧。

### 更高层次的技巧

技巧（和活动）会根据孩子的功能发展水平而有所不同。总的来说，技巧被划分为功能发展水平 1～4 阶段和 4～6 阶段。这是有道理的，对吗？孩子的功能发展水平越高，游戏就越复杂，技巧也就越复杂。

警告！孤独症儿童必须打好基础——共同注意和自我调节、参与、简单的双向沟通（前三个功能发展水平），才能进入更高的水平。较高层次从较低层次发展而来，就像叶子从茎中生长出来，花从花蕾中绽放出来。只有当孩子准备好时，新的能力才能逐渐发展出来。神奇的是，一旦孩子准备好了，这些能力就会自然而然地出现，因此不要揠苗助长。当孩子沿着发展的阶梯前进时（功能发展水平第四、第五、第六阶段），PLAY 模式的技巧就会变得更加复杂。

> **高功能发展水平的游戏技巧**
> - 节奏和音乐。
> - 镜像反馈。
> - 一步指令。
> - 假扮游戏。
>   - 简单/模仿性的假扮
>     - 把电话放耳朵上，假装打电话。
>     - 把奶瓶对着宝宝的嘴，假装喂奶。
>   - 单一主题的假扮游戏
>     - 假装吃东西。
>     - 假装使用医生的工具箱。
>   - 双主题的假扮游戏
>     - "好人和坏人"游戏。
>     - "过家家"游戏。

**节奏和音乐** 当你重复唱像《玫瑰花环》（*Ring around the Rosie*）这样的节奏性强的儿歌或《小蜘蛛》（*The Eensy Weensy Spider*）这样的叙事性歌曲时，孩子会更好地理解有意义的序列并获得乐趣。同样，当你有**节奏**地反复说"我要……抓住……你！"时，特别是如果紧接着的是打闹或挠痒痒，功能发展水平第三、四阶段的孩子就会很快理解你的意思。孩子的大脑中有一部分似乎特别容易接受节奏和音乐。我经常建议家长用歌曲《伦敦桥》（*London Bridge*）的旋律唱出他们想对孩子说的话："现在该洗澡了，洗澡了，洗澡了。现在是时候洗澡了，我亲爱的雅各。"

**镜像反馈** 这可能是我个人使用最多的技巧。随着孩子的理解能力越来越强（即接受性语言能力的提高），父母用语言来镜像**反馈**孩子的经历是很重要的。你可以对孩子的**行为、感受或语言**进行反馈。

- 对**行为**的镜像反馈。"雅各正在往上爬，往上爬。"
- 对**感受**的镜像反馈。当孩子因手沾上泥土而露出厌恶的表情时，他可能的感受是："讨厌，你不要手上有泥土！"
- 对**语言**的镜像反馈。在孩子说"果汁"之后，你可以说："好，再来点果汁。"

使用这种技巧时，你必须使用**陈述**的方式，而不是提问。要知道孩子正在以实在的方式体验这个世界。他会想"我在爬山吗？我讨厌我手上的这些泥土吗？我想喝果汁吗？"这些问题吗？不会的，孩子的脑海中没有这些问题。因此，你要使用陈述句！

**一步指令** 在功能发展水平第四阶段的后期（复杂的双向沟通/解决问题的技能），孩子将从理解简单的因果关系和重复的常规活动，发展到可以理解**一步指令**。起初，这些指令比较简单，比如"请坐下"或"过来"。最后，孩子能够听从"**给和拿**"指令："雅各，把球给爸爸。"当你开始使用这种一步指令时，你要靠近孩子一些，并使用肢体语言（即张开双手），这样孩子就能明白。顺便说一下，在这个阶段，大多数孩子会开始使用单个词语，并具有 20 ～ 50 个词汇储备。**大多数孤独症儿童在功能发展水平第四阶段稳固时开始说话！**

**假扮游戏**　我在这里要介绍的最后一个技巧是**假扮游戏**。假装和想象力是儿童发展的核心，但很少有针对孤独症儿童的干预措施强调假扮游戏。在 PLAY 模式中（感谢塞蕾娜·维尔德博士和斯坦利·格林斯潘博士），我们确定了三种形式的假扮游戏，根据孩子所处的功能发展水平，分为简单/模仿性的假扮游戏、单一主题的假扮游戏和双主题的假扮游戏。

**简单的模仿性假扮**在功能发展水平第四阶段开始出现，孩子会模仿爸爸或妈妈把电话放在耳边的动作，或者简单地模仿父母喂玩具娃娃或大嘴手偶。

**单一主题的假扮游戏**在功能发展水平第四阶段后期和第五阶段早期出现（分享意义和象征游戏）。举个例子，当孩子分别使用玩具医生工具箱中的每一件工具——听诊器、耳镜、注射器——模仿医生的动作时，其实他并不是真的在假扮医生的角色，他只是有一个想法，并用不同的工具一遍又一遍地重复这个想法。我们在和他一起玩的时候（你将在我们下次会面时看到），可以在他的一个主题游戏上进行扩展，使这个游戏更丰富、更多样、更复杂，这将引导他进入更复杂的双主题的假扮游戏。

**双主题的假扮游戏**出现在功能发展水平第六阶段（情感思维/逻辑思维）。处于这个阶段的孩子一般至少会说短句子了，他们真的是在扮演医生的角色，他们可能会说："你生病了吗？我可以帮助你。"然后，因为你生病了，所以他们会让你吃药。这就是真正的情感思维。这时，他们不是只有一个想法或主题，而是把两个想法通过逻辑连接起来。双主题游戏的其他例子包括"好人和坏人"游戏、"过家家"游戏或"上学"游戏。

假扮游戏是非常多样化的。它能够促进孩子各方面的发展，任何其他形式的干预措施都不会这么有效。当儿童从单一主题过渡到双主题的假扮游戏时，他们获得了语言、社交技能和强大的问题解决能力。假扮游戏是一条建立真正社交关系的途径。在 PLAY 模式中，我们喜欢玩假扮游戏！

**组合和创造技巧**

有了基础以后，你就可以把各种技巧组合在一起。这里总共有近 50 种不同的技巧，你有很多选择，你还可以创造新的技巧！

警告：在结束技巧这一部分内容的时候，我有必要再次指出，不应机械地孤立使用技巧，而是应该与游戏的流程融为一体。你不能在并不了解孩子在做什么时说"好吧，我现在要使用**好玩的障碍**技巧了"。技巧应该在**游戏中**流畅和自然地使用。

## 活动

PLAY 模式的第三个环节包含**活动**。在这里，我必须再次提醒你，活动应基于孩子的兴趣和功能水平。活动对于**方法**来说是次要的。为什么？因为活动通常来源于**成年人**的想法。

**这是谁的想法？**　还记得上次跟雅各见面时，我们玩过一个雅各喜欢的荡秋千活动吗？其实这并不是雅各的主意，而是我的主意。因此，父母/成年人可以有自己的游戏想法，可以引入和发起活动。**只是，你要注意这是你的想法，而不是孩子的想法。通过等待和放慢节奏，给孩子足够机会来主导。**记住：我们的最终目标之一是尽可能帮助孩子变得独立并掌握生存技能，这意味着孩子必须能够提出自己的想法。这就是为何我们如此重视和强调"跟随孩子的引导"。随着时间的推移，孩子会提出很多自己的想法（你将在我们下次会面时看到）。

然而，在刚开始时，许多像雅各一样的孩子并没有给我们太多可以跟从的引导，他们的"引导"往往把我们带入他们的**舒适区**，这在发展上可能是一个死胡同。有时特别是在早期参与阶段，**我们必须提供想法和活动**。

**留意孩子的想法**　虽然第三个环节的**活动**都是由我们成年人引入的，**但我们仍然要注意孩子的引导**。一旦孩子有了自己的想法，我们就必须能够识别它，并跟随它。即使是**我们**发起的活动，我们仍然可以通过等待和观察雅各的想法/念头跟随他的引导。例如，在我们摇晃他之后，我们就**等**着。那他做了什么呢？他通过伸出双手（**他关闭了交流环！**）示意继续玩（**他的想法！**），这样一来，我们的想法就变成了**他的**想法！然后，我们就可以跟随他的引导了。是不是很有趣呢？

**活动的层次**

- 纯粹的感觉活动（功能发展水平第一和第二阶段）
- 因果关系（两步）（功能发展水平第二和第三阶段）
- 序列（两步以上）（功能发展水平第三阶段）
- 有一定规则的活动（功能发展水平第三和第四阶段）
- 简单的模仿性假扮游戏（功能发展水平第四阶段）
- 单一主题的假扮游戏（功能发展水平第五阶段）
- 双主题的假扮游戏（功能发展水平第六阶段）

**活动的层次**　那么，我们应该引入什么样的活动呢？我们知道，这些活动必须达到"刚刚好"的水平（否则维果茨基会对我们不满的！）。我们如何知道哪些活动是"刚刚好"的呢？

**你可以什么都不做，看孩子怎么做**！

你会发现，根据孩子的独有情况和功能发展水平，孩子喜欢做的事情会有一个明确的**层次**。

换句话说，如果你让孩子一个人待着，低功能的孩子会倾向于带来感觉刺激的活动（例如，把东西排成一排带来的视觉刺激，带来纯粹的感觉愉悦）。功能稍高的孩子会喜欢带有因果关系的活动（例如，开灯和关灯）。

令我兴奋的是，当我们在适当的功能发展水平上跟孩子玩时，随着孩子取得真正的进步，他们的**兴趣也会不断地发展**。他们自然地、自发地并经过辅助后**想**在更高的水平上玩，而且他们想和**你**一起玩！因此，我们来列一个与每个层次相关的活动清单。

**功能发展水平第一和第二阶段的活动**　对于功能发展水平第一、第二阶段，你会注意到，这些活动涉及**感觉、深压、轻触和运动**。

我倾向于避免玩会带来视觉刺激的活动，比如玩火车/汽车或电子玩具、书籍和拼图等。虽然吹泡泡游戏也属于视觉刺激类的，但它的互动性和趣味性强。因此，妈妈们，跟孩子追逐和打闹吧！

**功能发展水平第三和第四阶段的活动**　请注意，从这一阶段开始，孩子开始理解**简单的因果关系**，并且能够完成3~5个有意义的动作的排序。此阶段的活动不只是关于感觉或运动，本身还是一个"小故事"，孩子可以预期接下来发生的事情，他必须知道好玩的点在哪儿。

**功能发展水平第五和第六阶段的活动**　在功能发展水平第五和第六阶段，活动开始变得真正具有**象征**意义。语言具有更多的含义。活动不只是涉及感觉运动或因果关系，还开始具有发挥想象力的空间。此阶段的话语开始具有抽象的意义："假装你是坏人，我是好人。"你能看出活动的**发展阶梯**是从感觉运动到简单的因果关系游戏，再到象征游戏吗？

---

**功能发展水平第一和第二阶段的 PLAY 活动**

- 轻轻摇晃或挤压孩子的胳膊或腿。
- 用地毯或毛毯将孩子卷起，然后展开。
- 用毯子荡秋千。
- "挤压"，让孩子有被压的感觉。
- 挠痒痒（不能太多！）。
- 温柔地摔跤。
- 各种方式玩水（浴缸、水槽、水管等）。
- 玩吹泡泡游戏。
- 打开或关闭一扇门，两人各处一边玩躲猫猫的游戏。
- 让孩子在转椅上旋转，停下来时说"停"，旋转时说"开始"。

---

**功能发展水平第三和第四阶段的 PLAY 活动**

- 躲猫猫，藏在毯子下面。
- 使用"1，2，3！"或"预备——开始！"的话语。
- 追逐/怪兽游戏："我要来抓你/挠你痒痒啦！"
- 玩球或气球（你来我往的游戏）。
- 玩非常简单的假扮游戏（把电话放在耳边，喂娃娃，小汽车撞击并发出声音）。
- 拼拼图。
- 模拟动物、汽车、火车发出的声音。
- 说出书中图片里的动物、物品的名称。
- 使用反义词（上/下、开/关、走/停）。
- 玩歌曲/音乐游戏，如《前进，前进，前进》。

---

**功能发展水平第五和第六阶段的 PLAY 活动**

- 玩单一主题的假扮游戏（第五阶段）：看病游戏，给手偶喂食物，毛绒动物的茶话会，击剑游戏。
- 玩双主题的假扮游戏（第六阶段）：好人和坏人游戏，"上学"游戏，"过家家"游戏。
- "看"书——主要是看图片和讲一个简单的故事（不是阅读文字，而是跟孩子解释里面发生的事情）（第五、第六阶段）。
- 玩真正的捉迷藏，而不仅仅是躲猫猫（第五、第六阶段）。
- 玩更复杂的歌曲/音乐游戏（第五、第六阶段）。
- 进行桌面游戏/运动（第六阶段）。
- 与同龄人一起玩耍（第六阶段）。

---

**雅各的活动**　那么我会为雅各推荐哪些活动呢？由于他很多时候仍待在"舒适区"，很难让他参与互动，我会推荐第一、第二阶段的活动清单，以感觉、触觉和运动为主。

尽管雅各的父母准备了一系列活动，对雅各来说应该是既有趣又有吸引力的，可是有时候他们选择的活动还是不能吸引雅各参与其中。参与就像是一只难以捕捉的蝴蝶，雅各的情绪、一天中的时间、受挫程度、一起玩的人、玩的地点和玩的类型都会影响他的参与度。因此，他的父母可能得放弃他们的想法和活动，又回到"跟随雅各的引导"的**方法**中。

正如你所看到的，**玩也是一项工作**，也可能很复杂，尤其是孩子的情况更复杂的话，要跟他玩起来更加不容易。在接下来的几次会面中，你会看到雅各的情况不断发展，变得越来越有挑战性。这就是为什么家长需要家庭顾问提供指导，这就把我们引向了 PLAY 模式的第四个环节。

## PLAY 模式的第四个环节：提供家庭指导——指导、示范和反馈

家长通常会带着期望和某种程度的焦虑来迎接家访（一般是每月 1 次）。让一个陌生人进入你的家中确实不是一件小事。对家长来说，心中会有各种各样的问题和疑虑：它会有用吗？它是如何起作用的？我们会喜欢这个顾问吗？我们能做好吗？

我们非常理解这些担忧。我们的 PLAY 模式家庭顾问都是训练有素、具有硕士学位的儿童发展专家，他们非常擅于帮助家长成为孩子最佳的 PLAY 模式伙伴。遍布美国各地的 PLAY 模式已经为成千上万的家庭提供了服务。这些家庭在孩子的数量、婚姻状况、教育、收入和居住地上都有很大的差别。我们的基本信念是：所有的父母，无论他们的情况如何，他们都希望与孩子有密切且牢固的关系。家庭顾问会回答父母提出的问题，在父母跟孩子玩耍时对他们进行指导，示范技巧和活动，并提供书面或口头反馈。父母和家庭顾问跟孩子玩的过程都会被录像，用作视频回顾分析。我们希望家庭顾问能够成为团队中值得信赖的一员，帮助孩子充分发挥他们的潜能。以下是家庭支持的主要内容。

### 指导

指导家长是家庭顾问的主要工作。这些家庭顾问了解家庭系统、人类心理学和儿童发展阶段。他们经过了 PLAY 模式的认证，知道如何通过温和的方式指导家长，让他们有效地使用 PLAY 模式的原则、方法、技巧和活动帮助孩子攀登发展阶梯。

指导是一个双向的过程，因为我们知道父母是孩子生活中的主要引导者。有些家长，像吉姆和朱莉一样，他们非常坚定地要做 PLAY 模式，并做好了准备；有些家长则半信半疑，抱着"证明给我看它真的有用"的态度。还有一些家长，他们对于要在其他人面前展示自己感到焦虑。家庭顾问了解成年人的学习方式，知道如何"跟随父母的引导"，以及能够找到传递 PLAY 模式复杂信息的最佳方式。

家庭顾问的一项重要工作是拍摄视频，并对视频中所有实施 PLAY 模式的关键时间点给予反馈。镜头会记录一切！一般情况下，家庭顾问会拍摄 10 分钟左右的父母与孩子玩耍的视频，而父母则帮忙拍摄 3～5 分钟的家庭顾问示范如何跟孩子玩耍的视频。家庭顾问观察父母与孩子玩耍的过程并做详细分析，在"PLAY 模式的第六个环节"中我将对此展开介绍。

### 示范

家访期间，家庭顾问会跟孩子一起玩，向家长示范方法、技巧和活动。如前所述，家庭顾问一般会让家长帮忙拍摄 3～5 分钟家庭顾问自己与孩子玩耍的视频片段，之后家庭顾问会在视频分析环节对自己进行点评，镜头下一切都无处遁形（见第六个环节）。

示范是展示 PLAY 模式的一个强有力的方式，但它充满了潜在的风险。如果家庭顾问玩得太好，父母会感到失落和/或受挫，因为一个"陌生人"跟孩子玩，都玩得比他们好。如果家庭顾问玩得不够好，家长可能就会质疑家庭顾问的能力。这些也属于家长和家庭顾问之间会公开讨论的问题。在 PLAY 模式中，我们欢迎家长分享他们的观察结果、感受和忧虑。

### 支持和反馈

希望随着时间的推移，家长和家庭顾问之间的信任关系会越来越好。在专业合作的基础上，他们

会更好地了解对方。

**社会支持**

孤独症谱系障碍儿童的父母面临着艰巨的挑战：治疗问题、学前教育问题、兄弟姐妹问题、日程安排问题……家长们的感受各不相同，从担心做得不够好，到因为事务繁多而觉得压力大。这时，如果有一个关心和理解你的人支持着你，这是多么美好的事情啊！

**资源和推荐**

家庭顾问的一个重要作用是帮助家庭寻找**资源**。对于有心理健康需求、处理婚姻冲突需求、维持财务状况需求等的家庭，家庭顾问可以提供情感支持，并将他们转介到适当的机构。

我们希望在恰当的支持和指导下，父母有动力和时间实施 PLAY 模式。这就引出了 PLAY 模式的第五个环节：实施。

## PLAY 模式的第五个环节：实施——父母和孩子的 PLAY 模式时间

一般来说，PLAY 模式家庭顾问每月家访 1 次，有时甚至每周 1 次。在医疗模式下提供的服务是每周孩子要去接受言语语言治疗和作业治疗，但 PLAY 模式则不同，它是一个先培训家长，再由家长实施的模式。我们会教家长怎么跟孩子玩耍互动。而在两次家访的间隔期间，家长需要投入时间并按照计划跟孩子一起玩耍互动。

虽然与大多数疗法相比，PLAY 模式在金钱上是便宜的，但在时间花费上似乎更多。大多数家长在开始时都有这种感觉。朱莉一想到每天要花 2 个小时和雅各实施 PLAY 模式，就感到有压力和不知所措，她还是一个全职妈妈啊！那些双职工家庭该怎么办？家里有其他年幼孩子的单亲家庭又该如何呢？

然而在我们的研究中发现，实施 PLAY 模式的家庭非但没有增加压力或产生不堪重负的抑郁感，反而随着时间的推移，父母的压力越来越小，抑郁症状也明显减少（见**附录 A**）。这是如何做到的呢？

> **三个秘诀**
>
> - 第一，慢慢开始，逐渐增加做 PLAY 模式的时间。你有好**几周**的时间制订计划，不要太着急。尽力而为，只要开始了就好。家庭顾问一定会帮助你的。
> - 第二，时间是足够的。按每周 7 天，每天 12 个小时的清醒时间算，一个 2～5 岁的孩子每周大约有 140 个小时是清醒的（加上或减去午睡！）。我们要求的只是其中的 10%——每天 2 个小时而已。你猜怎么着？在我们的研究中，父母来自各行各业的家庭报告说，他们平均每天投入 1.5～2 个小时。那他们是如何做到的？
> - 第三，不要打没有准备的仗，要制订好计划。

**把每一次的互动时间都计算在内** 你的孩子**与任何一个人互动**的时间都可以被计算在内。我强烈建议家长关闭电视、手机、平板电脑、游戏机和电脑。不要让孩子自己一个人玩，让他/她参加家庭活动。不要把所有的时间都花在开车去往一个又一个治疗机构上。最后，鼓励所有家庭成员的参与——母亲、父亲、兄弟姐妹和/或爷爷奶奶等。大家行动起来，充分利用每一次互动的机会！

**不要让日常活动成为例行公事！** 从孩子醒来的那一刻起，直到睡着，你有很多机会通过日常的活动与孩子互动。

**不要让日常活动成为例行公事！记住：让每一次互动都成为良好的互动，在每一个日常的活动中，一直都要想着交流环。**

当你走进孩子的房间，准备叫他们起床时，你可以使用像"拉太妃糖"这样的技巧："我要把跟孩子的互动延长到他下床，我要**等待**他的目光接触，看看他做什么，然后我将跟随他的引导。现在我会慢慢地、一步一步地进入他的房间，同时叫他的名字，制造一些**悬念和惊喜**。我要从这个家伙那里得到**一些交流环**。"这不是你有没有时间的问题，而是你是否用心去让每一刻都有意义。

其实在每一个常规活动中，你都有机会跟孩子互动。比如，喊孩子起床，穿上每件衣服，刷牙和洗漱，拿鞋子和餐具……

最后，你要做一个时间**规划**。你可以找一个日历，制订一个实施 PLAY 模式的时间表。例如，你想要求孩子爸爸每周至少有两天，在下班回家后花半个小时参与 PLAY 模式，那么你们可以一起讨论这个问题，并把它列入时间表。你的目标是找几个 15～20 分钟的时间段，在这些时间段里面你什么都不做，只是**和孩子在一起**。你也可以邀请其他孩子一起。你可以把它设计成一个 15 分钟的家庭游戏环节。你一定要合理利用周末时间。

家庭顾问在每次 2～3 个小时的家访中，所做的事情之一就是告诉你：你**可以腾出时间**。现在，很多父母忙于工作，根本就忘记了跟孩子一起玩。因此在**最开始的时候，如果让你什么也不做，只是等着，看孩子想做什么**，这可能会让你感到有些无所适从。可是随着你第一次成功地让孩子参与互动，你就会意识到：**只是和孩子待在一起，做他们想做的任何事情并感受快乐**，这是多么美好、有趣的事情啊！而且我们会一直帮助你。因此，你只要试着每天计划几个简短的 15 分钟的游戏时间就行了！不经意间，你甚至可以毫不费力就达到了干预所需的时间。大多数家长告诉我们，在一开始时，他们会数着时间，但在他们习惯于 PLAY 模式后，他们每时每刻都可以进行 PLAY，就不需要计时了。

### PLAY 模式的第六个环节：家访回顾——视频和书面反馈

你的 PLAY 模式家庭顾问离开了；你对使用 PLAY 模式的方法感到兴奋不已；你计划腾出时间来进行 PLAY 模式，你希望"在家庭顾问下次家访之前就能得到一些指导"。

**家访建议报告**

家访完成后，家庭顾问在离开之前会给你三个书面建议，帮你了解在短期内该如何跟孩子互动玩耍。

**视频分析和 PLAY 模式计划**

家访结束后 1～2 周内，你会收到一封邮件。家庭顾问会把她上一次家访时拍摄的 15 分钟**视频**发给你，同时还有一份**与孩子玩耍时应该具体做些什么的 PLAY 模式计划**。欢迎来到 PLAY 模式的第六个环节。

家庭顾问还会根据所拍摄的视频，为你提供一份详细的书面反馈，**分析你们跟孩子玩的情况**。

- 家庭顾问在报告中会进行**实时的回顾**，也就是会按视频的时间进度书写评论。评论主要是强调积极的方面，指出你什么时候准确地**读懂了孩子的线索**，**遵循了孩子的意图**，**并获得了交流环**。通过这样的方式，你可以自我学习，注意到自己的节奏、使用的方法和技巧。
- 家庭顾问会观察孩子的功能发展水平，会在报告中对你接下来可以采用的**方法**和**技巧**提出**建议**。
- 报告最后的部分是 PLAY 模式**分析**和**计划**，其中包括：
  - 整理孩子的**档案**（舒适区、感觉运动特点和功能发展水平）。
  - 评价孩子的进步。
  - 提供互动**技巧**方面的建议。
  - 推荐孩子可能会喜欢的新**活动**。

在接下来的章节中，因为雅各在六个功能发展水平上都取得了进步，我将为他的父母做以下的分析，也就是 PLAY 模式的第七个环节的内容。

### PLAY 模式的第七个环节：变化和成长——随着孩子的成长修改计划

随着孩子的变化，整个 PLAY 模式计划也会改变，我们会重新评估和调整活动、方法和技巧。这就是 PLAY 模式的第七个环节。因为大多数孩子的进步是几个月中取得的，而不是几天或几周，所以每月 1 次（通常是 3 小时）的家访较为合理。我们在 PLAY 模式中一般会对儿童进行 1~3 年的跟踪，为家庭提供持续支持，希望孩子在功能发展水平上取得进步。我们会逐年减少家访的次数，因为父母不再需要那么多的帮助了。我们指导父母成为孩子最好的玩伴。这样一来，每一次互动都会成为促进孩子发展的良好互动。

### 小结

- PLAY 模式的七个环节组成了 PLAY 模式方法的基础（见本章末尾对七个环节的描述）。
- 家庭顾问根据 PLAY 模式计划提供服务，包括描述孩子的特点、指导家长、示范、给予反馈。
- 父母采取关键方法，如读懂孩子的细微线索、跟随孩子的节奏和获得交流环，学会全天候以有吸引力且有趣的方式跟孩子玩。
- 通过设计的技巧和活动方案，父母了解下一步该做什么。
- 根据 PLAY 模式计划，父母可以帮助他们的孩子向更高的发展阶梯前进。

### 预告

- 我们帮助雅各的父母学习：如何帮助雅各在发展的阶梯上往上攀登，从功能发展水平第三阶段发展到第四阶段。

## PLAY 模式的七个环节

PLAY 模式是一个基于游戏的早期干预模式，可以改善孤独症儿童的社交互动、沟通和功能发展水平。

1. **准备好，开始 PLAY 模式！介绍原则和方法**　首先，家庭顾问向家长介绍原则和方法，帮助家长理解项目的目标，并获得增强互动和改善儿童功能的技能。

2. **了解你的孩子的情况，创建一个独有的个人档案**　接下来，家庭顾问向家长了解孩子的情况。这种家长与专业人员的合作关系有助于为每个孩子创建个性化方案。家庭顾问通过评估确认孩子的舒适区、感觉运动特点和功能发展水平。评估的目标是建立一个孩子独有的档案，帮助孩子度过社交和情感发展的每个阶段。

3. **设计 PLAY 模式计划：个性化的技巧和活动**　以评估中发现的孩子的独特优势和需要为指导，家庭顾问与家长合作为孩子设计一个个性化的 PLAY 模式的技巧和活动方案。PLAY 模式的第三个环节可以给家长赋能，培养他们作为玩伴的技能，同时帮助孩子完成各阶段的发展（随着孩子的进步改变/更新 PLAY 模式计划）。

4. **提供家庭指导：指导、示范和反馈**　在每次家访或就诊期间，家庭顾问帮助家长成为孩子的玩伴。家庭顾问会回答家长的问题，在家长跟孩子互动时进行指导，为家长示范活动和技巧，并提供书面反馈。另外，家长和家庭顾问跟孩子玩的情况还需要分别拍摄成视频。这些视频是家访回顾的其中一部分内容。

5. **实施：父母和孩子的 PLAY 模式时间**　在两次家访之间，家长遵循 PLAY 模式计划的活动和技巧，在每天的常规活动和短时间的游戏中与孩子互动。我们鼓励家长每周与孩子以好玩的方式互动 15～20 小时。目标是使每一次互动都成为良好互动。这样互动可以达到所需的干预强度，以帮助孩子在社交情感方面更好地发展。

6. **家访回顾：视频和书面反馈**　视频能捕捉到孩子跟家长和家庭顾问的互动过程。家访结束后，家庭顾问重温视频，评估孩子的进步及家长参与 PLAY 活动的情况。家庭顾问为家长提供视频及更新的孩子档案和 PLAY 模式计划，以及家访期间所观察到的情况和对家长的建议。

7. **变化和成长：随着孩子的成长修改计划**　孩子是动态发展的，PLAY 模式计划也要随之变化。家庭顾问将定期重新评估孩子的进步，调整 PLAY 模式计划中建议家长使用的技巧和活动，以更好地满足孩子和家庭不断变化的需求。

# 第 10 章

# 第五次来访
# 我们要继续前进吗？

上次跟雅各一家会面后，我既满怀希望，又忧心忡忡。雅各大部分时间仍会沉浸在自己的世界里，很难参与互动。很多时候，他主动发起互动只是为了得到某些东西，比如，他会拉着父母的手拿冰箱里的果汁或酸奶（这表明他有着很好的解决问题能力），但他似乎不喜欢和父母或 2 岁的弟弟一起玩，甚至经常忽视弟弟的存在。在这个关键时期，他是会**进入**下一个功能发展阶段还是会停滞不前呢？

## PLAY 模式家访

这一次，雅各一家预约复诊的时间是在上午 11 点。我们上次见面是 4 个多月之前，现在他们已经参与到 PLAY 模式里（见**第 8 章**）。他们的家庭顾问安波每个月都会去家访 1 次，她会拍摄互动的视频并指导雅各的父母如何跟雅各进行互动。家访后安波会分析视频记录，并在下次家访前为雅各的父母提供书面反馈。

我经常查看视频并督导 PLAY 模式家庭顾问，我会用音频记录我对他们提出的建议。安波确定雅各的父母已经下定决心要投入时间尝试我们建议的方法。当我观看他们的家访视频时，我能感受到他们的焦虑，他们实在是用力过猛了！他们提出了太多自己的想法并且节奏飞快。他们完全掌控了游戏的主动权，没有给雅各足够的时间回应。我希望他们"慢下来，玩得开心"，不要给自己太多的压力。不过这是新加入 PLAY 模式的家庭的普遍情况。他们急于起跑，渴望进步，他们心急如焚地希望听到雅各开口**说话**！

正当我回忆雅各的经历并为他是否取得进步担忧时，候诊室里传来脚步声，他们来了。

我走出去和他们打招呼。我和雅各的爸爸妈妈握手，又举起手和查理击掌。查理现在 2 岁了，他给了我一个有力的击掌。接着，我向雅各伸出手。他并没有和我击掌，而是拉了一下我的手，然后就躲到了他妈妈的后面。我看着雅各的父母说："这是个好的信号，至少他关闭了一个交流环。"他们微笑着，不过难掩担心的神情。我在刚才打招呼的环节就了解了很多信息。

进入诊室之后，孩子们很快便找到了各自喜欢的玩具。他们安静地各玩各的玩具，这样我和雅各的爸爸妈妈可以放松地聊一会儿。

**尼克医生**："咱们上次见面是在 4 个月前，之后我看了几个你们的互动视频。你们收到我的语音反馈了吗？"

爸爸："您可真是嘴下不留情啊，对吧？"

尼克医生："我是不是对你们太过严厉了？"

妈妈："并没有。**那时候**我们玩的速度确实太快了，而且完全掌控着全场。听到您说可以慢一点，多等待，不必每一秒钟都与雅各互动，我着实松了一口气。之前的节奏太快，我感觉压力太大了。"

爸爸："不过随后我们就怀疑自己做得不够。"

尼克医生："这是一种微妙的平衡。只要你们致力于互动的**过程**，那就可以了。一开始，你们必须"花力气/流汗"，但随着雅各的进步，你们**就要**'等待'，不要那么主动。我感觉你们投入了挺多的时间。"

妈妈："我每天跟雅各玩够2个小时之后，才可以放松下来……之后，我才能玩得更开心一些。"

当她意识到她在说什么时，我们都笑了。

尼克医生："朱莉，不要这样！（我假装大声对她说）你应该一直都玩得很开心。"

妈妈："可是我感觉像是在完成任务。"

尼克医生："获取交流环就像砌一堵砖墙，需要耗费时间。"

爸爸："希望在获得交流环的过程中我们都能有所收获。"

家长如果有这么多的焦虑和期望，又如何能放松和开心呢？大多数家长要等到孩子取得了真正的进步后，才能稍微放松一点。那些经验丰富的PLAY模式家庭顾问告诉我，参与PLAY模式一段时间后，他们才能放下心来，不再担心跟孩子玩的时间是否足够。因为他们学会了利用生活中的每一个机会与孩子互动，而不只在PLAY模式干预的时间段跟孩子互动。不过在适应之前，家长确实会"感觉像是在完成任务"。

此时，查理发现雅各正在玩电影《汽车总动员》(Cars)中的大型半挂车"麦克"。雅各把小汽车放入"麦克"的车厢（不是假装开进去，而是以一种"放进去和拿出来"的方式），看起来很有趣。当查理过去伸手想拿玩具时，雅各生气地把查理推开。查理觉得很难过，他哭着跑向妈妈。朱莉巧妙地将查理的注意力转移到巴斯光年电动玩具身上。当按下玩具按钮，"超越无限"的声音响起时，查理又开心了。

妈妈："以前雅各只会走开，现在出现了不同的情况。"

爸爸："他在保护自己的地盘，这不是好事吗？"

尼克医生："当然。我是反派的忠实粉丝（他们大笑）。孩子表现出占有欲很正常，这表明他意识到了查理的存在。查理的情况怎么样？"

妈妈："他很好，很容易相处。他非常崇拜雅各，在家里就是雅各的跟屁虫。他们是好兄弟。我觉得查理以他自己的方式从雅各那里获得的交流环比我们的还要多。"

爸爸："在我看来，查理似乎已经超越了哥哥。虽然他比雅各小18个月，但他已经学会很多单词了。他可以听懂我们的指令并照做。"

妈妈："我知道我们不应该去比较。但是，尽管我们在治疗方面下了很大功夫，跟查理比起来，雅各像是退步了。"

尼克医生："你们是说查理在发展上超过了哥哥？"

妈妈："这让我很难过。"

爸爸："我们只是不确定雅各的进步速度够不够快。"

在这段对话中，我听到了三个情感主题。第一，他们对雅各进步的质疑，他真的有进步吗？第二，对于查理的发展超过了哥哥，他们在为查理感到欣慰的同时也为雅各感到伤心、难过。他们认为年长孩子的发展不应该比年幼的孩子慢。第三，他们怀疑目前的干预是否正确，他们是否应该为孩子做更多的事情。

妈妈："我在网上看到注射维生素 $B_{12}$ 确实对这些孩子有帮助。"

尼克医生："我知道这是一个让人举棋不定的阶段。你们很难接受查理比雅各发展得更快。无论你们如何做，担心都是在所难免的。我坚信当孩子每个月都有良好或非常好的进展时，你们就应该坚持下去。生物医学治疗可能有助于雅各的健康，但正如我们之前讨论过的那样（见**第4章**），它们并不能治愈孤独症。花时间和精力做干预是正确的选择，而你们正在付出努力。你们现在不要摇摆不定，三心二意。我要先了解一下雅各各方面的进展，然后我们再讨论是否要改变方向，好吗？"

## 孩子进步了吗？

一般来说，因为孤独症孩子的家长每天都与自己的孩子在一起，所以他们不太确定孩子是否有进步。这也是他们来找我的主要原因之一。他们想通过我的视角了解孩子是否达到了发展的里程碑。我在给出观点之前，必须先了解详细的情况并进行仔细的观察。

咨询开始时，我都会要求家长评估孩子的进步情况。

尼克医生："鉴于雅各的所有表现，我希望你们分别诚实地评价雅各在过去四个月中的进步情况——差、一般、好、非常好或优秀。"

这种时候一般都会比较戏剧化。父母两人对视后，几乎同时给出了答案。吉姆的回答是"一般"，朱莉的回答是"好"。

尼克医生："吉姆，为什么是'一般'？"

爸爸："我只是觉得他应该可以做得更好。他根本就不说话。"

妈妈："他还是会说一些词语的。比如，当我说'1，2，3'时，他好像会发'开始'这个音。他发出声音后，我就挠他痒痒。他很喜欢这个游戏。他还会像这样发出其他的声音。"

爸爸："他基本不会跟查理一起玩。你看看，他还是喜欢自己一个人玩。"

妈妈："可是当你回家时，他会去找你。"

爸爸："是的，这的确是新出现的情况，可能是因为查理也跑来找我了。另外，我经常跟他打打闹闹，玩他喜欢的肢体游戏。我不确定他喜欢的是我，还是我和他一起做的事情。"

尼克医生："吉姆，如果你继续做雅各喜欢的事情，他会喜欢和你在一起的。我觉得他已经喜欢你了。"

吉姆满脸质疑。我从吉姆的反应中感受到他的担忧和自我保护，从朱莉的反应中感受到她充满希望。父母想到自己的孩子可能永远不会说话，无法表达对他们的那份特殊的感情，肯定会心如刀割。确实事关重大！爱、幸福和远期的成功都被包裹在对"进步"的期望中。

### 大里程碑

父母一般是根据**大**的发展里程碑判断孩子的进步。
- 他什么时候能用完整的句子说话？
- 他为什么不和弟弟一起玩？
- 他什么时候会有朋友？
- 他什么时候才能告诉我他爱我？

从长远来看，只有到达这些里程碑，孩子才能在家庭和社会中更好地生活。

### 小里程碑

然而，从短期来看，我觉得更重要的是那些不那么引人注目的、较小的发展里程碑，它们将为大的里程碑搭建桥梁。这些里程碑与格林斯潘提出的最初的四个功能发展水平有关，这并非巧合。如果没有达到以下几个**小**里程碑，孩子就不能从"孤独症"的世界走出去，进行正常社交。
- 具备平静地**专注于**任务或**留意到**他人的能力。
- 易于参与互动（例如，有叫名反应，能引起他的注意）。
- 有较长的互动（例如，一次社交活动中有多次来回互动）。
- 较频繁地**开始**或**发起**互动。
- 表现出**解决问题**的能力。

我听出了吉姆的渴望和朱莉充满希望的乐观态度。在同情或安慰他们之前，我需要了解雅各在这些小的功能发展方面的进步。家长往往看不见这些小的里程碑。就像房子的地基，虽然人们看不见，但它对房子的稳定性至关重要。

我向吉姆和朱莉解释这一切，想让他们明白大里程碑和小里程碑之间的区别。

我在观察雅各玩耍的时候，注意到他正在转动**小丑八音盒**（一种盒盖打开便弹出小丑玩偶的盒子）的手柄。他很执着，一直转，直到小丑弹出来。然后，他用手捂住耳朵，既害怕又兴奋。我对他说："小心！小丑要出来了！"他迅速地看了我一眼，然后移开了视线。他不好意思地低下头，跑向妈妈寻求庇护。

对我来说，这些都是能够说明问题的好消息。它表明雅各具有一定**持续注意**的能力。他不停地转动手柄，而不是失去兴趣停下来，这表明雅各有**自己的想法**，通过了解原因（转动手柄）和结果（让小丑弹出来）实现目标。这也是一种解决问题的方式。问题就是如何让"盒子里的小丑"弹出来。另外，他同时出现了两种**情绪反应**：一方面是他有点害怕**盒子里的小丑**，另一方面是当我对他说话时，他感到不好意思。他对我做出了反应，并且跑到妈妈那里寻求保护。这些都是雅各进步的重要标志。他参与互动，主动发起互动，并且至少有了一点解决问题的能力，他有了自己的想法！

### 孩子最初的想法

经过日积月累的互动练习，孤独症孩子开始真正有了自己的想法，这是最神奇的时刻。可是这些最初的想法是如此的微妙或简单，以致经常会被家长忽略。正如我在第 8 章中提到的，活动是有层次的：开始时孩子缺乏自己的想法，只寻求纯粹的感觉体验（如视觉刺激），接着孩子会对简单的因果关系活动感兴趣（比如，转动手柄，让**盒子里的小丑**弹出来），接下来是参与更长的序列活动，然后孩子会以可预测的步调沿着发展的阶梯往上攀登，最后他们会喜欢玩各种肢体游戏、假扮游戏，还会喜欢跟同伴玩。

从上次见面至今雅各所取得的进步让我感到很兴奋。他已经能够理解简单的**因果关系**（玩小丑八音盒时），不仅如此，他也知道会有惊喜出现。这就是我将要说的由一系列事件组成的"小故事"：有开头、中间和带有小惊喜的结尾三部分。正因为如此，我才会如此喜欢小丑八音盒。首先，转动把手，然后音乐响起，之后盒盖打开，小丑就弹出来了。这是个**小故事**，让人既兴奋又有点害怕。儿歌游戏，比如《玫瑰花环》，也是个"小故事"。孩子在游戏中明白了，首先要牵起手，然后唱歌、转圈，最后每个人都会"倒下"。**怪物游戏也是这样的游戏**，孩子需要明白在什么情况下"怪物"会挠他痒痒。

朱莉提到当她说"走"时，雅各会跟着说"走"，也就是说他可以**模仿**。他能够明白一些**常规活动**，比如爸爸回家了，就代表玩的时间到了。吉姆和朱莉还说雅各喜欢儿歌游戏。他会牵着父母的手（肢体语言）拿冰箱里的食物，这就是**简单的解决问题能力**。而且，他还**开口说话**了。我按捺住雅各的进步带给我的兴奋，继续了解他的更多情况。

尼克医生："我现在看到雅各确实有了很大的进步，不过我得确认一下，我现在所看到的情况在家里也时常发生吗？你们容易吸引他参与游戏活动吗？"

妈妈："我觉得好多了，亲爱的，你说呢？"

爸爸："变化巨大。当我跟他摔跤和打闹时，他会一直缠着我要继续玩。他喜欢我把他举高，然后把他扔到沙发上。我们可以玩很长时间。"

妈妈："他喜欢我们一边唱歌一边用毯子跟他玩荡秋千，他甚至会和查理轮流玩这个游戏。"

尼克医生："意思就是说他能够越来越长时间地跟你们玩属于你们想法的活动。那如果是玩属于**他的想法**的活动呢？"

妈妈："您是说按照一定的颜色顺序搭积木？"

爸爸："或者开关灯？"

尼克医生："是的。"

妈妈："当我们玩彩色积木游戏时，我会跟随他的引导，说出积木的颜色，并说'向上，向上，向上'。他很喜欢这样的玩法，我们可以一起玩很长时间。"

爸爸："我会和他玩开关灯游戏。当他开灯时，我拦住他说'不行，你不可以去'。他能够完全理解，他会笑着看我一眼，好像在说'哦，我可以的'。然后他又跑去开关那里，我把他推开，直到他终于按下开关。他看着我，好像在说'我们再来一次吧！'"

尼克医生："不错！你们已经变成游戏高手了，可以用自己的想法吸引他，也可以跟从他的想法。他的叫名反应呢？"

妈妈："当他在排列小汽车和小火车时，他仍然会很沉迷。"

爸爸："我觉得是一半一半吧。"

尼克医生："好的，吉姆，你现在叫一下他的名字。"

这时，雅各又回去玩玩具了。他拿出了托马斯小火车，并通过小火车的磁铁接口把小火车们连接起来（一个很好的简单想法）。然而，他没有把小火车放到轨道上。吉姆叫了他一次，雅各没有理睬。吉姆再次大声地叫他的名字。雅各抬头看了爸爸一眼。这种情况还不错！

**继续进步！**

尼克医生："他更容易参与互动了，他能主动发起互动，而且跟你们互动的时间更长了。从他刚才玩小丑八音盒的过程中，我看到了他解决问题的能力。"

妈妈："我们的PLAY模式家庭顾问安波要我学会装傻。当雅各非常想要某个东西时，他解决问题的能力简直让人难以置信。例如，我假装不知道接下来要干什么时，他就会一直拉着我，推着我去拿冰箱里的牛奶。尼克医生，你会为他骄傲的！他打开了很多交流环。我会假装不知道要往哪儿走，甚至走错路，他会一直把我推向正确的方向。他一定觉得我是一个真正的傻瓜。"

尼克医生："大智若愚啊！虽然他没有开口说话，但他在用肢体语言'说话'（见**第6章**）。下次，你们可以让他自己拿牛奶、拿碗。你们也要抓住机会获取小的交流环。当他拉你们的时候，你们可以稍微往后退一下，跟他开个小玩笑或者玩拉锯游戏。现在看来，雅各已经知道了'爸爸回家了，我们一起玩'的常规。其他的常规活动呢？比如，'要洗澡了''要出门了''穿上你的鞋子'等。"

爸爸："现在他的动作更快了。当我说'想出门吗？'时，如果他知道我们要开车出去，他会很快找到自己的鞋子。他喜欢去兜风。"

妈妈："当我告诉他把纸尿裤扔进垃圾桶时，他会照做。"

尼克医生："这是一个明显的进步。那他对于日常生活中'**给和拿**'指令的反应呢？比如，'把火车给爸爸'。"

妈妈："我觉得还不行。"

尼克医生："让我们来试试。吉姆，你能不能坐在地板上，多给雅各几辆小火车，让他的车队规模壮大起来？然后，你不要做任何手势，只用语言要求他还给你一辆小火车，让我们看看他是否会听从单纯的口头指令。"

吉姆明白了我的意思。他拿给雅各更多的小火车。雅各把小火车按顺序排好。然后吉姆说（没有任何肢体动作）："嘿，雅各，把队尾那辆车给我。"雅各没有回应，他重复道："嘿，雅各，你能把队尾那辆车给我吗？"雅各还是不理他。

尼克医生："好吧，吉姆，我们加一个肢体动作。"

我指导吉姆把队尾那辆车放在雅各的手里；然后，我让吉姆伸出手，再次要那辆车。雅各把车给了爸爸。

尼克医生："嗯，他需要一些辅助，但这是下一个重要的发展阶段——**一步指令**，如'给''拿''去拿'。我现在不期望他能做到这些。他首先是明白常规，然后是听懂一些词汇，接下来才会明白并执行一步指令。"

妈妈："我觉得他会说一些词。"

尼克医生："你说你'觉得'他会说一些词是什么意思？"

妈妈："当我跟他说'1，2，3，开始！'时，他一定会说'开始'。当我玩"向上向下"游戏时，他发出'shang'声代表'上'，发出'xia'声代表'下'。他会用手势示意'还要'。"

尼克医生："这也算语言。语言是一种使用符号的有意识的沟通，手势也是一种符号。"

妈妈："有一次他在外面摔倒，擦伤了膝盖，我听见他喊'妈妈'，不过只有一次而已。"

爸爸："查理打翻牛奶时，我们说'啊哦'，他也会说'啊哦'。我认为他只是在仿说。"

尼克医生："这也是一个好迹象，他会进行一些**模仿**了。当你们说出某样东西的名称时，他会看相应的图片吗？"

妈妈："他会的，不过他不会用手指向图片。"

尼克医生："我打赌，他喜欢**你**一边指图片一边说出名字。"

妈妈："他确实喜欢，尤其是有轮子的物品和动物的图片。我和他有很好的目光接触。我们要训练'目光接触'吗？"

尼克医生："当他与人互动时，目光接触是自然发生的。语言也是一样，当他准备好的时候，语言就会出现。"

爸爸："他什么时候才能准备好说话呢？"

尼克医生："他已经**在**说话了。"

爸爸："我的意思是进行交谈。"

尼克医生："我也希望他能进行长的对话。你们还记得我们不久前关于**语言大山**的谈话吗？首先，要有互动（**关注、参与和双向沟通**），雅各在这个方面已经有所改善。然后，使用**肢体语言沟通**。接下来是运用**接受性语言**，即理解的能力，就像我们讨论过的，包括**解决问题**在内的理解常规的能力。妈妈在厨房看到了雅各为了吃东西而表现出来的解决问题能力。雅各现在已经达到这些小里程碑了，接下来应该会出现2～3个词的句子。"

爸爸："需要多久呢？"

尼克医生："我无法预测未来，因此无法告诉你们准确的时间。我希望他可以在未来的4～6个月达到这个目标。如果无凭无据，我是不会信口开河的。我对雅各的进步感到非常高兴。他有自己的想法了！因此我不同意你们两位的观点，我觉得雅各在过去的 4 个月里取得了**好甚至是非常好**的进步。"

我欣慰地看着他们，为这个好消息感到高兴。我没有继续说话，让他们有时间消化我刚刚说的话。他们看起来也很开心，激动地对视并握住对方的手。

我们又接着回顾了一下前段时间的干预历程，发现雅各不仅在语言和社交方面表现得更好，而且行为也没有那么刻板和重复了。尽管他仍然会"做自己的事"，但他的刻板和重复行为越来越少。就他的感觉或运动特点而言，雅各仍然是"非常视觉化"的，他在餐馆和商场等嘈杂、混乱的环境中显得有些易怒。他喜欢音乐，当然也喜欢紧紧的挤压、弹跳和摇摆。

雅各既往的病史显示他一直很健康。他睡眠不错，偶尔会有夜醒；他挑食；他还没有进行过如厕训练。查理已经开始练习上厕所。在这个方面，查理的发展又一次比雅各领先了，这让爸爸妈妈很失望。为了跟上查理的步伐，吉姆和朱莉开始训练雅各上厕所，可是没有用。他很抗拒坐在马桶上，他不在乎自己的裤子是湿了还是脏了。我建议他们不要过于着急，可以迟点再进行如厕训练。当雅各在功能发展水平第四阶段的发展更加稳定（见**第 23 章**）并开始用两个单词的句子说话时，事情会容易很多。他现在还没发展到那个阶段。

### 美味大逃杀

对于食物，我提醒他们不要让雅各缩小食物选择的范围，当他拒绝吃以前喜欢的食物时，不要给他吃更美味的食物。

妈妈："如果他不吃以前的食物呢？"

尼克医生："等到他很饿的时候，应该就会吃了。"

爸爸（指着妈妈）："她不会让雅各饿着的。"

尼克医生："他以前吃的食物种类很多，对吗？"

妈妈："对。"

尼克医生："为什么他选择食物的范围越来越窄？因为他心里想：'嗯，这种食物比那种食物好吃。我如果不吃这种食物，就能吃到更美味的东西。'他不吃鸡蛋，就可以吃到煎饼。他不吃烤奶酪，就可以吃到花生酱三明治。他不吃鸡肉，就可以吃到草莓酸奶。"

爸爸："您是怎么知道的？这正是他早餐、午餐和晚餐吃的东西。"

尼克医生："你们现在经历的正是被我称为"**美味大逃杀**"的情况。不要让这种事情发生。你们如果想让他吃更多种类的食物，就在他不吃你们放在他面前的食物时，把那些食物留着，过段时间再给他吃。不要给他味道更好的食物。记住，习惯成自然！一旦他养成了挑食的习惯，就很难改变了。据专家说，需要给孩子多达 20 次的机会，他们才会尝试一种新的食物！"

雅各妈妈并没有被我完全说服。这次的咨询快到结束时间了，我们会在以后的会面中花更多的时间讨论就餐问题（见**第 21 章**）。不过，这一次我至少给了他们明智的建议。

## 雅各目前的功能发展水平档案

我跟吉姆和朱莉解释说，正是他们不断努力地与雅各展开互动，才帮助雅各巩固了功能发展水平的前三个阶段。我打开录音设备，开始录音。

尼克医生："让我详细评估一下雅各的功能发展水平情况，然后我们再讨论未来几个月的计划。我会对我们的谈话内容进行录音，然后发给你们。"

**功能发展水平第一阶段——共同注意和自我调节：牢固度75%**。大多数时候，雅各可以和我们"在一起"，他待在自己的世界里的时间比之前明显减少了，因此我给他的第一阶段75%的评分。这里的百分比是粗略估计的：25%意味着部分时间，50%指一半的时间，75%表示大部分时间，100%表示所有时间。75%是重大进步！但是依然存在很大的漏洞，也就是说他有四分之一的时间不会与我们互动。我们要关注他的注意力在哪儿，并**等待**他的注意，不过这种情况正在慢慢好转。可是我得提醒你们，功能发展水平第一阶段变得更加牢固的同时，也可能会付出一些代价。因为功能发展水平第一阶段还涉及**自我调节**，随着雅各的共同注意能力的好转，他的自我调节能力可能会下降。随着他的意识越来越强，即"摘下眼罩"，他对周围的一切有了更多的了解，他会变得更加焦虑。这会让他的情绪更加波动，自我控制更加困难，同时也会出现更多的行为问题（见**第17章**）。我发现他今天有好几次都表现出焦虑。你们也提到当他不能如愿以偿时，会有些闷闷不乐和哭哭啼啼。他有时会在夜里醒来，饮食变得更加挑剔。这些都是新出现的问题。

**功能发展水平第二阶段——参与：牢固度75%**。我给雅各的功能发展水平的第二阶段打75%的评分。你们如果跟随他的引导，就可以随时和他进行互动。他特别喜欢玩打闹游戏，以及各种感觉运动游戏，比如，挠痒痒、"抓住你啦！"和举高等。爸爸会带他"飞"起来，会把他"扔"到沙发上，还会把他放在毯子里边唱歌边摇晃。雅各越来越能够意识到查理的存在，并与他互动。他与查理一起和爸爸玩打闹游戏。以前查理去玩他的小火车，他就会走开。现在的话，他会生气、发牢骚、大喊大叫。我们稍后会再讨论这些行为问题。现在让我很高兴的是他情感方面的发展，他变得更容易参与互动。

**功能发展水平第三阶段——简单的双向沟通：牢固度50%**。这一阶段雅各还存在相当大的问题，因此是50%的评分。虽然雅各能够在设定好的情景下打开和关闭更多的交流环，但你们仍然要承担很多互动的工作，而且他的互动还是偏向于"碎片化"，也就是说他会突然中断互动，尤其是当活动过于刺激或者不够有趣的时候。他现在有时候会回来继续玩游戏。你们肯定越来越**了解**雅各的想法了。例如，他喜欢把大块的积木堆起来，然后按照颜色以"正确的"顺序排列。在功能发展水平第三阶段，我们必须"想着交流环"。你们之前提到，当你们按照他的想法选出颜色时，他会看着你们（打开一个交流环），微笑（打开第二个交流环），并等待你们（打开第三个交流环）摆放"正确"颜色的积木。他喜欢简单的因果关系游戏，比如，开关灯或者让你们一边用手指出书中动物或火车的图片，一边用唱歌的方式说出它的名字。

这时，爸爸掏出了手机，自豪地展示手机上的一张照片。在这张照片上妈妈陪着查理和雅各一起坐在沙发上看书，像其他普通家庭一样。

妈妈："我们正在学习如何更好地等待。家庭顾问安波一直在指导我们如何**等待**。雅各确实会来找我们玩！"

尼克医生："等待可能会是一种折磨。"

爸爸："我们以为他会一直沉浸在自己的舒适区里，但是现在他越来越主动地跟我们互动。"

尼克医生："这叫主动发起互动！让我们拭目以待吧。"

**功能发展水平第四阶段——复杂的双向沟通：牢固度25%。** 我给雅各的功能发展水平第四阶段评分为25%，因为我看到了他在解决问题能力方面的曙光，他有进行更长时间互动的潜力，以及一些情感组织能力。不过他仍然不理解最重要的一步和两步指令，这也是他未来发展的方向。你们要继续等待，不断建立交流环，让他自主探索，尝试解决问题。我会制订让雅各进入第四阶段的计划。下面是他的档案。

---

**雅各的功能发展水平档案**

- 功能发展水平第一阶段：共同注意和自我调节，75%
  - 仍然有舒适区活动，但较少会待在自己的世界里。
  - 大部分时间和我们"在一起"。
  - 依旧有"碎片化"或者中断互动的情况。
  - 有点自我调节不良。
- 功能发展水平第二阶段：参与，75%
  - 现在容易参与感觉运动游戏。
  - 父母仍然需要"流汗"，即主动发起互动和努力维系互动。
- 功能发展水平第三阶段：简单的双向沟通，50%
  - 互动时间依然较短，平均3～5个交流环。
  - 不会持续主动地发起互动，但喜欢找父母玩感觉运动游戏。
- 功能发展水平第四阶段：复杂的双向沟通，25%

---

## 家庭动态

尼克医生："这是个好消息，这样的成果来之不易，是你们付出了巨大的努力得来的。你们感觉如何？"

妈妈："说实话，我有一些筋疲力尽。查理特别黏人，他想要得到关注。我要做所有的家务，还要陪雅各一起玩……"

爸爸："陪着雅各玩耍（PLAY），就像工作一样。"

爸爸无意中的双关语让我们都笑了。

尼克医生："你们有找人帮忙吗？比如找保洁每周帮你们打扫一次房子？（他们摇头。）有没有出去约会放松一下呢？（他们继续摇头。）你们家里人可以帮忙吗？"

妈妈："他家里人住得挺近的。但他不开口的话，我肯定也不会找他们帮忙。"

爸爸："孩子们太难带了。"

妈妈："你姐姐主动提过要帮忙。她是一名特殊教育教师。"

尼克医生："难怪你会觉得精疲力竭。现在雅各的情况有所好转，查理也越来越大了。或许你们可以请吉姆的姐姐帮你们临时照看一下孩子，哪怕只是晚上出去放松一下。你们不仅仅是孩子的父母，你们还是夫妻，维持亲密关系是非常重要的。"

妈妈："我们已经很久没有过二人世界了。"

爸爸："那就安排。"

尼克医生："明智的决定！"

我相信他们已经明白我的意思了。

## 计划

尼克医生："雅各已经取得了很大进步。我们得跟上他的脚步，但也不能速度太快。尽管他表现出了功能发展水平第四阶段的能力，但我强烈建议仍然'坚持做他所喜欢的'——感觉运动活动、因果关系游戏和小故事。我知道提高假扮游戏的能力或提升语言能力是非常诱人的（这是吉姆心心念念的事情！），不过我还是认为提升过快或玩得太难是不对的。他还没有准备好回答'这是什么'的问题，甚至无法给物品命名。虽然在我们的持续训练下，他可能会做到，但我不会建议这么做。我不希望雅各在较低的发展水平阶段留有漏洞。吉姆，你不用担心！我们会让雅各开口说话的，但我想以重视和尊重他当前发展阶段的方式做到这一点。"

### 关键方法

尼克医生："所以我建议你们这么做……"

- 一如既往地关注雅各的**注意力**和**意图**，也就是他的想法是什么，然后**跟随**他。
- 引入你们的想法时，你们要意识到这些想法是你们的（见下文中的**活动思路**）。
- 过犹不及。不要那么积极主动地发起互动，让雅各多引导你们。**等**他的反应！你们要承担与他中断互动的风险。他会回来的。
- 当不知道该做什么时，你们就什么都不做，然后，跟随他的引导和想法。
- 你们可以以他的想法为基础，温和地加入变化，从而让他提升到更高的功能发展水平，或者通过挑战他的想法"诱导"他提升。
- 不要完全由你们主导。
- 你们一旦和他建立了互动，就要寻求更多的交流环。你们可以使用**主题和变化**的技巧。由他发起的交流环就是最好的交流环。
- 要开心！问问你们自己："什么活动会让雅各开心？"
- 暂时不要担心开口说话的问题，雅各正在用肢体语言沟通。

然后，我开始了对肢体语言的相关分析。

**肢体语言**

尼克医生："我觉得怎么强调**肢体语言**的重要性都不为过。80%的人类交流都是借助肢体语言完成的。如果我们不重视雅各肢体语言的发展，随着他的进步，他给人的感觉会不自然。**雅各现在主要用肢体语言沟通**。当他拉着你的手时，他在说：'跟我来！'当他走开时，他在说：'太难了！'当他皱眉时，他在说：'不行！'我们必须尊重和重视这些肢体语言的交流，否则我们会错过很多将这些**肢体语言转化为真正语言**的机会。这是我们的主要目标之一。

"父母的最大错误就是忽视、错过或很少用肢体语言沟通，他们一心只想要让孩子开口说话。假设孩子伸手拿果汁，父母希望他说'果汁'。因此父母会问他（一遍又一遍）：'你想要什么？你想要什么？'很明显，其实父母知道他想要的是什么。由于大人不理会或忽视孩子的肢体语言，孩子会觉得自己最佳的沟通方式并不重要。这样就把焦点从互动转变成了语言训练，也破坏了互动的流畅性。我真的希望你们能像正常沟通一样回应雅各的肢体语言。我会在下面的'技巧思路'部分对所有重要的肢体语言进行解读。"

**活动思路**

尼克医生："以下是雅各可能喜欢的一些活动，但如果他不喜欢这些活动，记得跟随他的引导。"

- 追逐，怪兽游戏，"抓住你啦"游戏。
- 摔跤，打闹。
- 与身体部位有关的歌曲，如《玫瑰花环》《小蜘蛛》《头、肩膀、膝盖和脚趾》《这只小猪》等。
- 打击乐器。
- 骑到大人的背上，玩骑马（允许他用任何形式的肢体语言示意你"走"，不要非让他说出"走"才走，除非他自发地说了）。
- 将他放在毯子里像荡秋千一样摇晃，尽可能延长活动时间。
- 看绘本时，用夸张的方式说："看！这是托马斯！"
- 用欢快的方式唱出物品的名称，如"托马斯，亨利，珀西，赛尔缇！""一块积木，两块积木，三块积木，四块积木""马，牛，猪，狗"。
- 适当加入些感觉运动游戏，减少带来视觉刺激的活动——拼拼图、看电影、排列小火车。
- 使用反义词（上和下，圆和方，开和关）。
- 躲猫猫游戏（藏在毯子下面等他来掀起毯子；躲在门后，跳出来挠他痒痒，然后快速地跑回门后）。

**技巧思路**

尼克医生："尝试以下技巧，帮助雅各从功能发展水平第一至第三阶段平稳过渡到功能发展水平第四阶段。"

- **主题和变化**。在地板上玩耍时，你们可能用到最多的技巧是主题和变化。以同样的方式重复做几次活动后，你们就需要改变一下方式。问问自己："分别用以下物品，我们能做哪些不同的事情（5~10种）：火车、书、积木、用毯子荡秋千等。"让我们以用毯子荡秋千举例。

1. 由快变慢、由高到低地摇晃。
2. 停止摇晃，等待雅各用肢体语言示意继续游戏。
3. 唱不同的歌，以不同的节奏摇晃。
4. 拿一个洋娃娃，让洋娃娃和雅各一起荡秋千。
5. 让查理跟雅各轮流玩。
6. 荡起来后让雅各落在沙发上。
7. 你们说："我累了，不玩了。"让雅各说服你们继续游戏。

你们明白了吗？

- **基于雅各的想法**。主题和变化的方式就是基于雅各的想法加入变化，建构不同的活动内容。这时你们不需要引入你们的想法，而是要加入雅各的想法中。比如，他在轨道上推小火车（他的想法），你们可以加入这种玩法中，说："火车来啦！呜呜呜！"或者你们可以把另一列小火车放在轨道上，看看他会做什么。他可能会把你们的小火车推开。然后你们可以把他的动作描述出来，说："火车，再见！请你离开我的轨道。"

- **描述雅各的肢体语言**。这是一项非常重要的技巧。当雅各有肢体语言时，如嘀咕、手势、眼神、哭泣、烦躁等，你们可以替他说出他想表达的意思。你们用**陈述**的方式**替他说话**。当他伸手拿果汁时，你们可以说："哦，你想要果汁。"当你们给他一种新食物时，他摇摇头，你们可以说："妈妈，不要胡萝卜！"不要添油加醋，但要描述他最重要的肢体语言。

- **突出关键词**。"突出"意味着显眼。你们可以列出一个含有20个重要词汇的列表。这些单词会引起雅各的注意，并且他会明白其意义。坚持使用它们。这些应该是雅各感兴趣的词，例如："走""1，2，3""上""下""开""关""出去""车""吃""饼干""果汁""冰激凌""抓你""追逐""摔跤""挠痒痒""妈妈""爸爸""查理""再见"。这里共有20个词语。

- **装傻**。你们不要太"勤快"，要让雅各动手做一些事情。当他有足够强烈的动机的时候，这种方法特别有效。朱莉，你越来越擅长运用这个技巧了！如果他想出门，你就让他拿鞋，递给你，再让他伸脚等。这也叫"好玩的障碍"。记住，这种障碍要让孩子觉得好玩，要把握好尺度，不能真的让他生气了。

## 结尾

对着录音设备，我缓缓地说道："你们要考虑的事情有很多，但我已经都录下来了。而且，这个小家伙正在快速进步，我们得跟上他的步伐！当然，我和安波会在这个过程中不断地支持你们。让我以功能发展水平第四阶段的关键内容结束这段录音，这样你们就可以了解我们之后的发展方向。

"你们可以看到雅各已经开始展现出这些能力了。因此，我认为他的功能发展水平第四阶段的牢固度为25%。我们希望雅各参与更长时间的互动，肢体语言更复杂，口头沟通更有条理，想要他达到假扮游戏的初始阶段。当他能回应一步和两步指令时，你们就可以知道他已经平稳进入第四阶段了。这是你们努力的方向。虽然他目前还没有处于第四阶段,不过已经在路上了。当雅各完全进入这个阶段时,他就不再属于典型孤独症的范畴,而是朝着高功能孤独症进发。让我们期待 4 个月后的见面。我会通过视频了解你们的进展。继续努力吧!"

我们互相道别,这一次当他们一家人(所有人一起)走出去时,雅各回应了我的击掌!

> **功能发展水平第四阶段**
>
> 复杂的双向沟通
> - 问题解决者!有着自己的想法。
> - 沟通方式以肢体语言为主,会说几十个单词。
> - 在一次互动过程中可以打开和关闭 10～30 个交流环。
> - 简单的假扮游戏:把电话放在耳边,模仿奶牛叫"哞"。
> - 更多地与我们"在一起",即持续的互动流。
> - 模仿。
> - 执行一步指令,如"给""拿""去拿"等。
> - "小故事":"理解"有意义的序列。
> - 与同龄人/兄弟姐妹一起进行平行游戏。
> - 感受越来越清晰。

## 小结

- 雅各肯定在"进步",但他的发展仍有"漏洞",包括互动的"碎片化",也就是他会经常断开社交互动。
- 为了弥补这些漏洞,父母必须关注交流环和肢体语言沟通的**小里程碑**,而不是为了让雅各开口说话而揠苗助长。
- 虽然我们都希望雅各用句子表达,但是这样的要求目前是强人所难了。因为从感觉运动游戏到短句之间隔着好几个发展的里程碑,雅各需要达到这些里程碑才能有更好的语言表达。
- 如果吉姆和朱莉遵循里程碑的顺序帮助雅各,我很有信心雅各的语言能力会越来越好。
- 朱莉和吉姆感到精疲力竭,我建议他们找人帮忙看一下孩子,然后出去放松一下。
- 在帮助雅各吃更丰富的食物方面,我也提出了建议,但不确定雅各妈妈是否赞同。
- 我列出了帮助雅各进步的**活动和技巧**方面的一些想法。
- 如果运气好的话,雅各将会到达一个转折点,并稳步进入功能发展水平第四阶段,对此我持谨慎、乐观的态度。

## 预告

- 雅各的功能发展水平第四阶段会更牢固吗?
- 雅各的爸爸妈妈做家庭干预,能坚持多久?他们需要付出什么代价?
- 从行为上看,雅各给家人带来了一些惊喜。

# 第 11 章

# 第六次来访
# 转折点！

## 转折点

上次雅各一家复诊前我很担心，但会面之后，我感觉好多了，因为我发现雅各有很大的进步。现在，时间又过去了 4 个月，我非常兴奋地期待着再次看到雅各和他的家人复诊。如果我一直以来所看到的雅各的视频是真实无误的话，那么雅各已经取得了孤独症儿童发展中最关键的进步——他稳步进入功能发展水平的第四阶段。**这是一个转折点！**

当他们四个人从候诊室走进诊室时，我在脑海中回想着雅各过去 4 个月的经历。我和他们的家庭顾问安波一起观看了每月 1 次的 15 分钟家访视频记录。我在观看的同时，记录下了我的观察和建议。

**家访视频回顾** 我记得我在看最后一段视频时，忍不住发出欢呼："耶！"视频里，雅各和吉姆在玩滚动游戏。雅各躺在一个巨大的豆袋椅上，爸爸躺在他旁边的地板上。雅各对爸爸说："在你身上滚？"（雅各的意思其实是"在我身上滚"。代词有点难学，他还不太会正确地使用代词。）吉姆就像一个大压路机，在雅各身上滚来滚去，给了雅各深压。这绝对是雅各喜欢的玩法。他让爸爸一次又一次地来回在他身上翻滚。（可怜的吉姆就像在健身，累得汗流浃背！）这不仅表明雅各现在会说话了（这本身就很棒！），还表明他明白了游戏的玩法。他和爸爸玩**游戏**的时候很开心！这是很美妙的场景。雅各的孤独症面纱正在慢慢褪去。

"不要叫醒妈妈"这个游戏也十分有趣。雅各喜欢把妈妈从假装睡觉的状态中唤醒，他喜欢看妈妈抓狂的样子。捉迷藏的场景也同样精彩。我对着我的录音机欢呼："好小子，太棒了！"过去只会咕哝和哭泣的雅各明白了（在吉姆的帮助下），当妈妈不停地说"雅各在哪里？他在这里吗？没有"的时候，他必须安静地躲在窗帘后面，悄悄地等着。可是雅各还是会在朱莉找到他之前就跑出来。朱莉说："雅各，你应该躲起来的。"但雅各实在受不了这种紧张的氛围感。朱莉也没有坚持让雅各"以正确的方式玩游戏"。相反，她跟随雅各的肢体语言和引导，当他从躲藏的地方跑出来时，母子俩有了一个最美好的团聚，他们互相拥抱和亲吻。

当我看他们的家访视频时，我会为他们加油。我对着录音机说："吉姆和朱莉，非常棒！我看到你们在'想着交流环'，并在恰当的功能水平上跟雅各玩。恭喜你们，你们已经到了'转折点'！"

## 这一次复诊

现在，当雅各的爸爸妈妈在诊室里坐下来时，4岁6个月的雅各（我们竟然已经做了一年多的以游戏为基础的密集干预！）便立即走向装着托马斯小火车的篮子，同时嘴里发出"呜呜"的声音，而3岁的查理也抓起几辆火柴盒汽车，模仿他的哥哥说："呜呜！"我也学他们说："呜呜！"我想看看他们会有什么反应。结果，他们都看着我笑了。

**和尼克医生玩**　我认为这是一个邀请，于是我迅速坐在地板上，开始搭建火车轨道。当我开始连接轨道时，雅各和我交换了笑容和眼神，我能看出他明白我的想法，他喜欢我在做的事情。我对他的父母说："我在他的想法的基础上跟他玩火车，而且我一直在留意他是否喜欢这种玩法。"

他确实很喜欢这种玩法。我把一列小火车放在越来越长的轨道上，然后让雅各把另一列小火车放在我的小火车后面。他照做了。接着，我们继续延长轨道并加上更多的小火车。我向他展示如何用磁铁把小火车连接起来。我说："呜呜！我们出发吧！"我把火车向前推了一点，跟雅各说："继续往前，雅各！推！"他在接近完工的轨道上推动着越来越长的小火车队。

我快速地在轨道上搭建桥梁。这样，小火车就可以沿着轨道"上上下下"地开动，也可以"转来转去"。他喜欢这个想法（我已经吸引到他了！）。他看着我，好像在说："火车在轨道上行驶，好酷啊！火车可以上上下下，转来转去！"

看着我们玩，查理有点吃醋了。于是，我邀请他一起玩。两个男孩在铁轨上边推着小火车，边发出"呜呜"的声音。我们玩得很开心。整个过程中，我们有许多来回的对视。

我在轨道上放上一个小男孩人偶。我说："小家伙，小心！火车来了！"我用小火车把那个小男孩人偶撞出了轨道，然后我说："噢！"（我的一点滑稽幽默。）查理笑得很开心，他想把小男孩人偶放回轨道上再来一次。但雅各无视这个玩笑，他只是喜欢看着小火车上上下下地在轨道上绕来绕去，一圈又一圈。吉姆和朱莉看起来很高兴。

**妈妈**："他以前从来没有这样玩过火车。"

**爸爸**："他们看起来就像普通孩子一样。"

### 雅各的功能发展水平第四阶段的特点

这场游戏互动很能说明问题。它具有功能发展水平第四阶段的所有要素（见**附录C**）：

- 雅各在**解决问题**，因为他明白了该如何玩小火车。他本可以无视我，只专注于他自己的玩耍。
- 他会说**一些话**（发出火车的"呜呜"声），但他还是主要用**肢体语言**沟通，如看、微笑、把他的小火车放到轨道上等。
- 他把火车和声音（"呜呜"）联系起来，这表明他有**简单的假扮游戏**的能力。
- 他将一系列的互动串联在一起，在**持续的互动流**中打开（启动）和关闭（回应）**很多交流环**。
- 他有自己的想法，也回应或**模仿**我的想法。
- 他也听我的指令，在轨道上把火车排成一排。他明白了关于火车"上上下下，转来转去"

的"**小故事**"。

当我通过加入小男孩人偶待在轨道上是很危险的故事情节，试图把游戏上升到功能发展水平第五阶段（分享意义和象征游戏）时，他并不"**理解**"。因为这样的玩法目前对他来说，还是太难了。我们可以看看查理，他一下子就会明白我的意思，马上就笑了，但雅各却无动于衷。雅各喜欢和查理在一起玩。当然，主要是**平行游戏**，也就是兄弟姐妹们知道彼此的存在，但各玩各的，相互之间没有什么互动。显然，雅各很喜欢和**我们**在一起，也就是说，他在互动中表现出持续的快乐。他的感受越来越清晰了。

过了一会儿，当我们还沉浸在雅各进步的喜悦中时，雅各趴到了地板上，把小火车排成一排并让它们在眼前开动，他在寻找视觉刺激（即"自我刺激"）。朱莉看着我，她的表情像是在说："看吧，他依旧有'孤独症'！"我对她笑了笑，也是对自己笑了笑。家长拥有坦然而幽默地谈论雅各的孤独症行为的能力是一个非常好的迹象。这表明雅各的父母已经可以接受雅各是一名孤独症孩子的现实，同时他们也在努力帮助他摆脱孤独症。

### 两次就诊之间的情况

**尼克医生**："我刚刚在想上一次家访后我给你们的视频反馈，你们一定觉得我像个胡言乱语的疯子。"

**爸爸**："您对自己的工作充满热情。"

**尼克医生**："希望对你们有所帮助。"

**妈妈**："我们很喜欢从您和安波那里得到反馈。视频反馈会告诉我们当有些事情发生时我们该怎么做。安波有很多好点子。有这样的支持真的太棒了！在这条艰辛的路上我们不会感到孤独。"

**爸爸**："我知道您肯定会问的，因此我要跟您说，雅各取得了惊人的进步，我的意思是他已经达到了'优秀'。（他会意地看着我，因为我总是在开始咨询之前让家长们给孩子的进步打分。）我的父母上周过来看我们，他们已经几个月没有见到雅各了。他们感到很震惊，因为雅各能和他们一起玩了，还会说话了。"

**尼克医生**："上次跟你们见面后我便充满信心，现在我真的太激动了！我认为雅各的孤独症已经'出现了拐点'。他的孤独症的面纱正在慢慢褪去，但我们仍然需要把基础打牢。"

之后，我询问了吉姆和朱莉，并在雅各的病历表上记录了目前的干预计划，该计划仍然包括每周有四天去特殊教育幼儿园。在幼儿园里，雅各每周接受各大约半小时的言语语言治疗和作业治疗。他上了快一年的幼儿园了，他喜欢那里。除此之外，他只参加了 PLAY 模式。

**尼克医生**："你们是否跟学校了解过雅各下一年的个别化教育计划？"

**妈妈**："还没有。自从上次沟通完个别化教育计划，我们换了教室之后，我都不敢给学校打电话了。"

**尼克医生**："你最好给他们打个电话，如果能给校长写封电子邮件就更好了。你要问一下什么时候给雅各安排新一年的个别化教育计划。现在差不多是时候了。"

**爸爸**："我们回去就办。"

尼克医生："其他项目呢？你们考虑过ABA干预吗？现在雅各有进步了，也许是时候考虑了。"

爸爸："有一段时间，我们确实考虑过ABA干预。但雅各现在有了这么明显的进步，我们不想做任何改变。"

尼克医生："你们可以去参观一下ABA干预项目的教学，看看感觉如何。"

爸爸："我们会考虑的。"

妈妈："尼克医生，我们现在做的干预项目的效果已经很不错了。雅各喜欢去幼儿园，我们喜欢做PLAY模式。"

他们每天会安排几个15～20分钟的PLAY时间段和孩子玩，一天有1～2个小时。一般吉姆回家吃过晚饭后就会花大约1个小时和孩子们在一起，包括完成睡前的常规节目——读孩子们喜欢的书。

当我问及雅各的健康状况时，他们说雅各一直"健壮如牛"。但是当我问到睡眠、饮食、如厕及与查理的相处情况时，却发现存在诸多问题（见**第三部分**）。我决定现在先不关注这些问题，因为我们必须跟上雅各的发展进度。

### 语言里程碑：从肢体语言到词汇

雅各的父母说，雅各现在会说几十个单词了。他全天都会使用这些词语，但不频繁。他还不能把单词组合在一起，只能说一些像"1，2，3，开始！"这样的短语。但在接受性语言上，他能理解很多的常规，有稳定的叫名反应，最重要的是，他能执行（非常规的）一步指令，比如"去拿……"和"给我……"。

我喊了雅各的名字，他抬起头来看我。我让吉姆用夸张的手势向他要托马斯小火车。经过几次反复的请求，雅各不情愿地把它给了爸爸。验证成功。

**肢体语言** 虽然雅各学单词学得很快，但是大多数情况下他还是用肢体语言沟通。他抓住父母的手，拉他们去他想去的地方。他指着饼干说"饼干"。他生气时会皱眉、跺脚、大喊大叫（情绪语言）。他摇头表示"不"。有时他会瞥一眼，表明他听到了（但故意忽视了！）。他在玩赛车时发出"呜呜，呜呜"的声音（声音语言）。他知道牛、狗和猫的叫声。简而言之，他能通过肢体语言交谈。可是这对吉姆来说还不够好。

爸爸："他什么时候能开口说话？"

尼克医生（假装受打击）："**吉姆！他在说话！**你想要他说完整的句子，我也一样。但首先是肢体语言和单词，然后才是句子。记住这是一座语言大山。如果你不尊重他用**肢体语言**沟通的这种方式，那么当他真的'说话'时，他可能会显得很不自然（比如，太大声、太平淡或声线没有起伏），或者他的句子结构会不完整。"

爸爸："言语语言治疗师告诉我们，让他说话的动力来源于他对想得到的东西的渴望。"

尼克医生："现在最重要的是保持互动的流畅性。在互动的过程中进行语言训练会影响流畅性，这将使第四阶段出现漏洞。把言语语言治疗安排在一天中的特定时间。不要整天都做治疗。**把治疗泛化到生活中是很好的，但如果生活成为一种治疗形式，那就很可怕了。**

"所以要**尊重雅各的肢体语言意图**。当他指着饼干时，不要问：'你想要什么？'你知道他想要什么。更好的办法是用你的话来**描述他的肢体语言意图**，并使用**自问自答**这一类的技巧。'哦，雅各，你想要饼干吗？'（提问）'好的，给你饼干。'（回答）上次复诊时我们已经讨论过这个问题了。如果你不在意他的肢体语言，过一段时间，他就会觉得他的肢体语言不重要。肢体语言是人类沟通最重要的形式，占了人类沟通的 80%。**解释并描述他的肢体语言是促进口语发展最重要且唯一的方式。**

> **语言技巧**
>
> - 重视肢体语言作为沟通方式的作用。
> - 替孩子"说出"肢体语言的意思。
> - 用正常的语调和节奏说话；不要说宝宝语！
> - 拟声词（"嗡嗡，嘎吱，嘣！"）。
> - 自问自答。
> - 突出关键词。
> - 列出 20 个最重要的词汇。

"还有另一件重要的事情，那就是你们要使用正常的语调和节奏，不要像婴儿一样说话或过于简化语言。当然，也不能太抽象，语速不能太快。你们必须在雅各的理解水平上说话。对雅各来说，能听到真正完整的句子也是很好的。你们要**重复你们说的话**以确保他能理解。简化是最后的手段。我们之后会更多地谈论语言的问题，现在我想知道雅各在社交方面的情况。"

## 社交互动和社交活动

在社交方面，雅各开始与成年人玩**简单的社交游戏**并发起**活动**。比如，他和爸爸玩骑马游戏（他会爬到爸爸的背上），他和爸爸妈妈玩在毯子里荡秋千的游戏（他会主动把毯子拿过来）。事实上，他逐渐变成一个让人头疼的家伙，因为他总想要跟人玩！他喜欢玩怪兽游戏：爸爸做怪兽，藏在毯子下面，当雅各和弟弟掀开毯子时，"怪兽"会在房子里追着他们跑，抓住他们后挠他们痒痒。雅各开始模仿汽车和动物的声音。他会把一个玩具电话放在耳边，对着话筒讲话。奶奶打电话过来时，他会听奶奶说话，但不说话。

在社交方面，尽管他们开始越来越多地争抢玩具（我认为这是一个好现象），但他和查理会一起玩平行游戏。以前，雅各可以随时拿走查理的玩具，查理一般不会有意见。现在查理长大了，他开始反击了。当父母把玩具（雅各拿走的）还给查理时，雅各又会开始发小脾气。

起初，这些冲突并不会持续太长时间。可是最近不仅持续时间变长，而且强度变大了，雅各哭得越来越大声，甚至还会攻击弟弟和父

> **功能发展水平第三阶段和第四阶段的 PLAY 活动**
>
> - 躲猫猫，藏在毯子下面。
> - 使用"1，2，3！"或"预备——开始！"的话语。
> - 追逐/怪兽游戏："我要来抓你啦！（挠你痒痒）"。
> - 玩球或气球（你来我往的游戏）。
> - 玩非常简单的假扮游戏（把电话放在耳边，喂娃娃，小汽车撞击并发出声音）。
> - 拼拼图。
> - 模仿动物、汽车、火车发出的**声音**。
> - **说出**书中图片里的动物、物品的名称。
> - 使用反义词（上/下、开/关、走/停）。
> - 玩歌曲/音乐游戏（《玫瑰花环》《伦敦桥》）。

母。这真的让吉姆和朱莉很担心（更不用说查理了）。不过我认为这是他真正进步的标志。这不得不提到我们以后会讨论的"**分享的六条规则**"（见**第 24 章**）。

总的来说，我对雅各在社会交往方面的进步非常满意。即使他表现出攻击性，那也是情商提高的表现！（我有没有提过我是"反派"的粉丝？）

**重复的兴趣和舒适区活动减少**　虽然雅各在游戏中变得越来越具有社交性，但他的社交互动仍然表现出"碎片化"的特点。例如，他经常没有任何征兆地中断社交活动，然后走开去做自己的事情。

有些时候，尤其是从幼儿园回到家后，他看起来"很不在状态"，很难参与互动。他还是会排列玩具车、小火车和小卡车。他仍然玩拼图和积木，或者翻阅他最喜欢的关于火车或卡车的书。如果父母允许的话，他会一遍又一遍地看动画片《爱探险的朵拉》（*Dora the Explorer*）或他最喜欢的《汽车总动员》，甚至可以一连看好几个小时（但父母并不允许）。

简而言之，雅各仍然有**舒适区**活动，但他的父母说，他的重复和刻板行为少了很多。

尼克医生："当一个孩子的兴趣从舒适区简单的感觉运动游戏转向想和他人一起打闹，这就是实实在在的进步。我觉得他在体验情感和感受上已经有了进步。"

就在这时，玩了很长时间小火车的雅各突然站了起来，开始在诊室里转悠。他注意到书架上有一本《大卡车图鉴》——他的舒适区活动之一。我决定进入他的舒适区……

尼克医生（夸张地大声说）："哇，《大卡车图鉴》！"

我拿下来给雅各看，他立刻被封面上闪亮的大卡车吸引住了。我静静地等待着。他翻开书，开始仔细地看书上的每辆卡车图片。我使用**叙述**技巧，有节奏地边指着书里图片上的卡车边说出它们的名字。

尼克医生："反铲挖土机！翻斗车！拖拉机！小卡车。"
雅各："卡车。"

我们的玩法看起来非常有趣，查理也加入了我们。

尼克医生（对吉姆和朱莉说）："车的名字是什么并不重要。我不指望他能理解这些词的意思（那是功能发展水平第五阶段和第六阶段的范畴）。他喜欢**命名**的**过程**、节奏、声音和指向的动作。"
妈妈："其实我一直有陪他**看书**，但他很难保持长时间的注意力。现在我明白是为什么了。"
尼克医生："我很少给处于第四阶段的孩子'读书'，除非这本书简单且读起来有节奏。我会观察他们的眼神，看他们对什么感兴趣。"

我看得出雅各想翻页，看图，翻页，看图，翻页，看图……但我想稍微考验一下吉姆和朱莉。

尼克医生："他对故事或文字不感兴趣。他的意图是什么？"
爸爸："他想继续看下去。"

尼克医生:"对。那我们怎么进入他的世界呢?"

妈妈:"说'翻页'?"

尼克医生:"对!"

尼克医生(我进入了雅各的世界):"翻过这一页……看这个卡车……翻过这一页……哦,看那辆卡车。"

**如何处理"碎片化"状态?** 过了一会儿,雅各突然放下了书,趴在地板上,开始盯着眼前的玩具巴士并来回推着玩。

爸爸:"像他现在这样子,您会怎么办?"

尼克医生:"问得好,吉姆。当他这样做时,我们该怎么办?"

妈妈:"跟随他的引导?"

尼克医生:"这是一种选择。但现在他处于更高的功能水平,我们有了更多的选择。雅各突然不理我们,又开始进行舒适区活动,我把这种状态称为互动的**碎片化**。他刚刚还和我们在一起,却突然离开。**重要的是,我们要注意到碎片化状态的出现。**"

现在,有三个选择:

1. **等待**,看他是否会从"碎片化"状态中返回。
2. **跟随**他的引导,重新参与,扩展互动,我称之为"跟随和扩展"。
3. **辅助**和要求,喊他回来。

**等待**。如果雅各回来,把卡车书拿给我,那是最好的情况。因为**他**在发起互动。这是**他的**想法,他的想法是最好的。**我们要做的就是等着,只是坐在那里什么也不做,看他是否回来。**

**跟随和扩展**。如果他还是不理我们,也就是说,他中断互动之后没有回来继续跟我们互动,那我们可以跟在他后面,跟随他的引导,重新参与,获取交流环或扩展互动。很重要的一点是,他引导我们去哪里,我们就去哪里。**当他的玩法上升到高的功能水平时,我们就跟着上升,当他的玩法下降到低的功能水平时,我们也随之下降。**

尼克医生:"他正沉迷于玩具巴士带来的'自我刺激'当中。这时,我们该怎么办?他现在正处在自己的舒适区。"

爸爸:"我会用兔子洞**技巧**。"

尼克医生:"吉姆,你是个天才。没错,他在低的功能发展水平上玩耍时,你也要随之下降。"

> **六个兔子洞技巧**
>
> - 陪伴。
> - 叙述:将观察到的孩子的行为或意图描述出来。
> - 帮助他做得更好。
> - 一起玩平行游戏(即模仿孩子的行为)。
> - 主题和变化:引入我们的想法。
> - 改变**感觉模式**。

对于许多父母来说,与孩子在低功能水平上玩耍并不是一件容易的事情——他们不想看到孩子的孤独症表现。但是有 PLAY 经验的家长知道,当他们在孩子所表现的功能发展水平上跟孩子玩时,会产生出乎意料的效果,他们可以把孩子带到更高的功能发展水平。可能雅各开始会待在他的舒适区

（功能发展水平第一阶段），但家长通过使用兔子洞技巧，帮助他参与活动（功能发展水平第二阶段），主动发起活动（功能发展水平第三阶段），最后，他会自然而然地以他的最高功能发展水平进行玩耍，也就是雅各目前所达到的功能发展水平第四阶段。

**尼克医生：**"吉姆，来吧，让我们看看如果你加入雅各的舒适区活动（他还在边推玩具巴士边盯着看）会发生什么。"

**爸爸**（进入雅各的舒适区，坐在地板上轻轻地说）："巴士，雅各，巴士。"

雅各抬起头，坐了起来。他把玩具巴士推给爸爸。吉姆把车推回给雅各，他们开始玩来回推车的接力游戏！

**尼克医生：**"太棒了！你们花了不到一分钟就从舒适区升级到第四阶段。你是真的进步了，雅各也是。"（我们都笑了。）

### 辅助和要求

**尼克医生：**"但有些时候，**等待**他自己回来或跟随他的引导和扩展互动的强制性不够。现在雅各已经进入功能发展水平第四阶段，你可以**辅助并要求他**，让他（从**碎片化**中）回来。这就是'能的哲学'。问问你自己：'他能做到吗？'如果答案是肯定的，那么我们应该期待他能有始有终。

"例如，雅各应该自己收拾玩具。我们不应该等待或跟随他的引导，而是应该坚持让他收拾干净。我们可以唱《邦尼清洁歌》：

> 收拾，收拾
> 大家都来收拾
> 到处都要收拾
> 大家一起做好分内的工作

"我们可以向他提出要求，但同时仍然要玩得开心。我们对他提出的要求应该包括：打招呼时'击掌'，告别时挥手'拜拜'，说'谢谢'，和查理轮流玩玩具。如果他能听从指令，能模仿，那么这些要求对他来说不难，他是有可能完成的。

"我来演示一下。雅各会击掌了吗？我记得上次见面时，他伸出手来，却没有和我击掌。"

**妈妈：**"我们还没有试过。"

**爸爸：**"我觉得他不会。我试过，但他没和我击掌。"

**尼克医生：**"嗨，雅各，雅各！"

雅各看着我。

**尼克医生：**"雅各，过来。我们来练习'击掌'，过来吧。"

我招手让雅各过来，他就过来了。我对他的父母说："我来提要求，我们围成一个圈。查理，过来。"查理来了。"朱莉，击掌！"朱莉跟我击掌。"吉姆，击掌！"吉姆跟我击掌。"查理，击掌！"查理照做了。"雅各，和我击掌！"雅各给了我一个击掌，就好像他本来就会一样。

爸爸："太酷了。"

尼克医生："我就说他能做到。我使用了**三方示范技巧**，你们就是在示范。你们可以向他**提要求**，但让他去做的事情还得好玩才行。"

### 感觉运动特点

最后，我想看看雅各在感觉和运动方面的情况如何。结果发现，噪声仍然困扰着他，尤其是当一家人去嘈杂的餐馆和商场时，他的情况越来越糟，以致他们一家人一起出门的次数越来越少了。雅各开始留意到他衬衫上的标签，讨厌洗头、刷牙。我可以预见雅各未来会因为感觉问题而引发行为问题。

他在转换活动方面的表现也不好，很难适应新的活动顺序。让他停止做喜欢的活动会让他很生气。他的父母注意到他一般需要一段时间处理和理解别人对他说的话。他的听觉处理大约有5秒钟的延迟。我在他的病历表里记录了这些重要的观察结果，并牢记在心，我们会在下一次复诊时讨论这些问题（见**第17章**）。

### 病史与系统回顾

除了有过一次耳部感染，雅各一直很健康。他没有受过伤，也没有住过院或做过手术，但他有几个蛀牙，因为他拒绝刷牙。总的来说，他的健康状况相当好。

然而，当我例行进行有关"生理方面的系统回顾"时，如饮食、睡眠、小便、大便、听力、视力等，结果发现问题一大堆。

以下是雅各存在的一连串问题：雅各的饮食范围缩小了，现在他只吃少数几种食物，他们难道没有重视我关于"美味大逃杀"的警告吗？（见**第10章**）。他甚至拒绝坐在马桶上，尽管他知道要这样做。他抗拒洗澡，因为他突然开始讨厌水进入他的眼睛。除了不配合刷牙，早上让他穿衣服也是个难题（见**第20章**）。当他"心情不好"的时候，他会脱光衣服表示抗议。在他进出房间"多达20次"之前，他是不会睡觉的（见**第19章**）。他在半夜醒来的次数越来越多，并且会跑去父母的床上睡觉。

尼克医生："除非你们想让他一直和你们一起睡，不然你们可能就得用'费伯式睡眠'，或者至少把他带回他自己的房间，帮助他在他自己的床上重新入睡。你们可以坐在他床边的椅子上陪着他入睡。用这样的办法，大概三个晚上，他就会习惯睡在自己的床上。"

妈妈："我迫不及待地想试试了。"

爸爸："什么是'费伯式睡眠'？"

尼克医生："这是儿科医生费伯博士开发的一种帮助儿童入睡的方法。但根据我对朱莉的了解……（我跟他们相视一笑。）你们还是先试试坐在他身边陪他睡觉吧。'费伯式睡眠'实施起来要困难得多。如果有必要，我们再考虑这个方法（见**第19章**）。"

爸爸："好的，听您的。但以前那个听话的雅各到底怎么了呢？"

**尼克医生：**"嗯，我有一个好消息和一个坏消息。好消息是：这种不良行为是真正进步的标志。坏消息是：在情况好转之前，这些行为可能会变得更糟。"

**爸爸：**"无语了。"

**妈妈：**"查理最近也开始给我们找麻烦了。他在模仿哥哥。"

**尼克医生：**"我想我们应该尽快一起讨论这些问题。把问题扼杀在萌芽状态会比较好，而且我们能把这两个男孩的行为一起处理了。"

**爸爸：**"那太好了。"

**妈妈：**"情况真的越来越糟糕了。吉姆也开始和我争论到底该怎么管孩子。"

我能感觉到朱莉声音里的紧绷感。孩子们的行为问题开始影响家庭氛围了。

## 家庭动态

**尼克医生：**"你们还好吗？有没有出去享受一下二人世界？"

**爸爸：**"我请我姐帮我们照看孩子，然后我俩一起出去吃了饭，看了电影。"

**妈妈：**"终于可以再次享受二人世界，感觉真的太好了。"

**尼克医生：**"孩子们在家里表现得怎么样？"

**爸爸：**"我姐说他们是乖宝宝，她很顺利地把他们哄睡了。我们也拥有了属于自己的夜晚。"

**尼克医生：**"太好了！"

**妈妈：**"上次我感觉有点筋疲力尽，但随着雅各的进步，我感觉好多了。吉姆对我很好。"

**爸爸：**"我和朱莉之间没有问题，但我不喜欢孩子们不尊重妈妈。小时候，父母只需要一个眼神，我们就老实听话了。感觉孩子还是不打不成器啊！"

**妈妈：**"我觉得吉姆不太能理解雅各其实很难明白自己应该怎么做。"

**尼克医生：**"吉姆，你认为孩子们不够听话，对吗？"

**爸爸：**"我不喜欢他们的无视和无礼的表情。"

**尼克医生：**"朱莉，你觉得这要求太高了吗？"

妈妈点头。

**尼克医生：**"这是一个很大的分歧。也许我们应该找时间谈谈这个问题，让你们在教育孩子的方式上达成共识。父母两人教育孩子的方式得到对方的认同和支持是非常重要的，特别是当你们有一个孤独症孩子的时候。在教育孩子时，你们都不想太严格，也不想太溺爱，但这些孩子的思维方式不同，我们可能有必要谈谈这个问题。你们愿意在下次复诊时讨论这个问题吗？"（见**第14章**。）

## 雅各目前的功能发展水平档案

**尼克医生：**"虽说存在一些行为问题，但事实上雅各表现得**非常好**！我会把这些记录下来。让我总结一下雅各的发展情况，并给你们着重介绍一些新技巧。当然，安波也会在下次 **PLAY** 模式家访时教你们这些技巧。"

**功能发展水平第一阶段——共同注意和自我调节**：牢固度75%。雅各大部分时间可以跟我们'在一起'。他有互动**碎片化**的情况发生，也有舒适区活动，但舒适区活动越来越少了。他想与人互动，可以**分享注意**，轻松参与互动。他的孤独症的面纱正在慢慢褪去。很重要的一点是：他开始有行为问题了，因为他的冲动控制能力很差。他还不能很好地**调节**自己的情绪。这是很常见的情况。我们会在下一次复诊时继续讨论这个问题。

**功能发展水平第二阶段——参与**：牢固度100%。雅各很容易参与互动，有叫名反应，他跟你们俩和查理之间有牢固的情感联系。

**功能发展水平第三阶段——简单的双向沟通**：牢固度75%～100%。他在这个阶段有了很大的进步。他现在不会让你们闲下来！他一直在**发起互动**，打开和关闭许多**交流环**，喜欢因果关系游戏和简单的有一定规则的游戏。这很重要，为进入第四阶段铺平了道路。你们非常努力，而这就是回报。

**功能发展水平第四阶段——复杂的双向沟通**：牢固度50%～75%。现在，他可以维持几十个连续的交流环了。他具备了功能发展水平第四阶段的所有特征，但还不是100%，所以不要急于进入下一阶段。**当他进入舒适区时，你也要陪他一起下降到这个水平。你们也不要为了让他说话，整天给他做言语语言治疗。重视并描述他的肢体语言。**多做简单的假扮游戏，例如给大嘴巴手偶喂食物。识别他的感受非常重要。

**功能发展水平第五阶段——分享意义和象征游戏**：牢固度25%。雅各正在进入功能发展水平第五阶段。他越来越明白你们所说的话的"含义"，但是不要玩得太难。继续进行功能发展水平第四阶段的活动。

尼克医生："我知道这很难，但不管我们有多么迫不及待地想进入第五阶段，希望他有更多的口头语言，我们还是需要在第四阶段停留一段时间。我认为他**刚刚**步入功能发展水平第五阶段。"

## 技巧思路

尼克医生："让我给你们一些功能发展水平第四阶段的技巧思路来结束这次咨询：

- **大的、小的、微小的交流环**。不要仅仅满足于**大的交流环**，比如，转头看向你们，或者从你们那里拿东西，或者做你们要求的事情。你们还要寻求一些**小的交流环**，如叫他拿东西时你们之间的目光接触。当你让他去拿一个玩具时，他看着你，你看着他，你笑了，他也笑了。然后，你继续跟他互动，好玩地或出乎意料地把物品举到你的头上，看他是否抬头向上看玩具，你可以用调侃的语气说：'玩具在这呢！雅各，你想要吗？'并用好玩的障碍技巧捉弄一下他：'不行，不给你！你想要吗？不，就不给你！'看他是否理解这个玩笑。保持互动的**持续性和流畅性**，获得另一个小的交流环。比如，你可以慢慢地把东西递给他，并用带着悬念的语气说：'它来了，它——来——了！'然后，你把玩具藏在你的口袋里，让他自己去找。记住：要让他觉得好玩，不能让他抓狂。作为一种肢体语言玩笑，这应该是很好玩的。
- **说出他的肢体语言**。关于这个问题，我们已经谈了很多。这个问题上次你们复诊的时候我已经提到过，但还是值得再谈一遍。每当他用**肢体语言**向你们表达他的感受或他想要什么时，你们要用**口头语言**描述他的意图。你们要用陈述句而不是疑问句。'爸爸，我们出去吧。'或者'嘿，查理，把我的火车还给我！'这是帮他使用单词和短语的好方法。

- **描述他的感觉、言语和行为**。这是一种拉近关系的技巧，你们描述（不要询问）他的感受和行为，就好像你们是一面会说话的镜子。我使用这项技巧的次数比使用其他所有技巧的加起来还要多。比如，他在推火车，你们就说：'你在推火车！'当他穿裤子时，你说：'你在穿裤子。'他生气了，你可以说：'雅各，你生气了。你还想看电视呢。'

- **一切东西都有生命**。恭喜你们！雅各现在开始玩简单的假扮游戏了。你们可以假装一切都有自己的生命。比如，叉子可以跳到盘子上，说：'我来了。我要去吃我的热狗。啊呜！啊呜！啊呜！'你们可以用这种方式给任何物品赋予生命。

- **简单的假扮游戏**。如果我的分析正确，雅各会喜欢简单的假扮游戏。当小丑八音盒里的小丑弹出时，你们可以一边说：'小丑，再见！'一边把它按回去。当他玩火车时，你们注意我为火车的配音：'呜呜，我来了！'你们要在玩汽车时发出汽车的声音；拿着玩具动物时发出动物的声音；要用肢体语言完整地演绎像《小蜘蛛》这样的歌曲，甚至可以找一只假蜘蛛一起玩。雅各已经准备好了，他会喜欢这样的玩法。你们可以玩假扮游戏，用一个假的电话，一个洋娃娃，一些手偶，一些假的塑料食物……还可以把一些长塑料管假装成剑；也可以敲打锅碗瓢盆，假装演奏音乐。

"这将是一段快乐的时光。我对雅各的进步感到非常兴奋，简直喜不自禁。他的诊断正从典型的孤独症转变为高功能孤独症。他已经到了一个关键的转折点，你们应该感到非常高兴。我对于他能去上普教学前班持非常乐观的态度。"

听完我的话，朱莉哭了起来。我把纸巾递给她。吉姆也泪流满面。当然，作为一个多愁善感的人，我陪着他们一起流下了幸福的眼泪。我们互相击掌庆祝。孩子们一定认为我们疯了。而我就是为了这些时刻而努力的。

我告诉孩子们要收拾玩具了，并开始唱清洁歌："收拾，收拾，大家都来收拾……"但是雅各只是站在那里一动不动。他把小手举起来捂住了眼睛，手里还拿着两辆托马斯小火车，满脸不高兴。

爸爸（语气严厉）："雅各，该走了。你要把玩具放好。"

尼克医生："你们看到了吗？他很难过，因为他不想走。让我们用**替他说话**和**描述感受**两种技巧。我替他说话：'妈妈，我不想走！爸爸，我不想走！'"

他站在那里，一动不动，举着小火车挡住眼睛，看上去怪可怜的。

尼克医生（对吉姆和朱莉说）："让我们陪着他吧，不要急于略过这些情感。"

我同情地对雅各说："雅各，我知道你想留下来玩。"我停顿了一下。他透过小手看着我。我说："我知道这里很好玩，但我们必须开始收拾玩具。来吧，孩子，该走了。"

他的手放下来了。我想，他真的感到被理解了。他放松了一点，任由妈妈把他抱了起来，只是有点呜咽。

## 结尾

**尼克医生**（对着录音机说）："我知道你们渴望进入语言阶段，所以我会给你们一份功能发展水平第五阶段的讲义（见**附录**C），这样你们就能看清我们努力的方向。"

**妈妈**（看着讲义）："他还没达到。"

**爸爸**："但下一个阶段就到这儿了，对吗？"

**尼克医生**："我认为他开始向功能发展水平第五阶段迈进了，会越来越能理解你们说的话，他的口头表达指日可待了！你们要继续投入时间进行互动。继续说，继续玩，继续使用技巧，他会达到功能发展水平第五阶段的。我知道一定会的。他现在势如破竹，因为你们做得太棒了！我们4个月后再见。继续努力吧！"

## 小结

- 雅各和我们"在一起"的时间更多了。他现在可以连续打开和关闭多个交流环。他的孤独症的面纱正在褪去！他突然中断互动的情况变少了，进入舒适区的次数也越来越少。他想跟人一起玩！他已经到了"转折点"！
- 他主要通过肢体语言沟通，会说一些单词，偶尔也会说一些短语。他会执行一步指令，例如："雅各，把球给我。"这是巨大的进步。
- 我和雅各的爸爸妈妈讨论怎样和雅各一起看书，他才会觉得有趣。
- 简单的假扮游戏行为也出现了，这说明他在情感方面也在发展，他不再只是喜欢重复的行为。
- 他在社交方面表现得更聪明，更有意识，感受也变得清晰。他开始抱怨和发牢骚。他推开查理，不肯分享玩具。我们需要尽快讨论这个问题，因为吉姆和朱莉在管教孩子上意见不一。
- 我列出了一些**技巧**帮助雅各巩固第一阶段到第四阶段的功能发展水平。
- 我现在很乐观，雅各已经到了一个转折点，他将理解**分享意义**，并开始用短句说话（功能发展水平第五阶段）。

## 预告

- 雅各会顺利进入功能发展水平第五阶段吗？
- 雅各的行为问题变得更糟，包括睡眠问题、如厕问题和攻击行为。
- 学校打来了电话。

# 第 12 章

# 电话访谈
# 学前班：我们准备好了吗？

## 个别化教育计划规划时间

现在是春天，但孤独症儿童的家长满脑子都是孩子秋季的新学年计划。全国各地正在安排成千上万的个别化教育计划会议，这将决定孩子未来的学校安排和教育目标（见**第 5 章**）。每到这个时候，我办公室的电话就开始响个不停。我的助手艾米说："每个人心里都没有底。"对于五六岁的孤独症儿童来说，从幼儿园到学前班的过渡已经开始了！

因此，当我看到雅各的病历出现在办公桌上，并附有一张紧急电话留言时，我并不是很惊讶。电话留言的内容是："4 月 15 日，朱莉曾致电。她必须决定雅各的秋季入学安排。请回电。"

在 4 月初的最后一次复诊时，我曾建议朱莉与学校联系（见**第 11 章**）。她那时还没有收到任何关于雅各个别化教育计划会议的消息，所以她不知道学区在秋季开学时会对雅各有什么安排。雅各到十月份便满 6 岁了，但他在九月份开学时还是 5 岁多。尽管雅各在过去的一年半里取得了巨大的进步，但是我觉得他需要留在特殊教育幼儿园，还不能去上学前班。我给朱莉回了电话。

## 年龄到了不等于准备好了

**尼克医生**："你好，是朱莉吗？我是尼克医生。"

**妈妈**："哦，尼克医生，我很抱歉刚刚找您复诊完就又要打扰您了。我按照您说的联系了学校，雅各的幼儿园老师说他们建议雅各在秋天去上全日制学前班！"

**尼克医生**："很高兴你打电话来。这是一次重要的讨论。"

**妈妈**："如果雅各能在秋天去上普教学前班，那我真的是梦想成真了！我记得我们第一次见面时，您说过雅各可以和普通的孩子一样进入普教学前班学习。"

**尼克医生**："太好了！但我们必须确保他准备好了。"

**妈妈**："我真的很纠结。在某种程度上，我很开心他们觉得雅各已经可以上学前班了，可是我也很害怕他并没有真正准备好。"

当我和朱莉交谈时，我考虑了以下情况。我知道的确有许多高功能孤独症孩子是真的准备好上学前班了，可是还有一些较严重的孤独症孩子显然**不能**顺利适应学前班的教育，需要参加学校的特殊教育项目。

雅各处于这两个极端之间。尽管他已经取得了很大的进步，但他还没有完全做好准备上学前班。对于像他这样的孩子，我一般会建议家长尽可能在法律允许的范围内再等等。因为在大多数地方，孩子要在九月份之前年满6岁才能上学前班。但我不想让朱莉难过，因为她对雅各上学前班充满期待。如果最坏的情况发生，也就是像雅各这样的孩子上了学前班，表现却不好，我会建议让他重读一年学前班，我将在下面解释具体原因。

尼克医生（看着雅各的病历）："嗯，我看到雅各到九月份还未满6岁，谢天谢地！如果我们还想让他继续上幼儿园的话，我们还有这个选项。"

妈妈："如果学校决定要让他上学前班的话，他不是**必须**得去吗？"

尼克医生："如果这样做不合理的话，就不是非去不可。还记得我们一开始关于《残疾人教育法》的讨论吗（见**第5章**）？"

妈妈："您说过家长有很大话语权。"

尼克医生："朱莉，没错。有时候，学校只是因为孩子的年龄到了而让他们上学。雅各5岁多了，他是可以去上学前班了，因为他够年龄了。但**到了年龄不等于具有能力。重要的是他是否准备好，而不是他多大了！**换句话说，他有法定权利在幼儿园多待一年。如果他没有准备好就去上学前班，尤其是全日制的学前班，对他来说可能会有压力，甚至会影响他的进步。"

**压力！** 如果一大早匆忙的日常、乘坐的公共汽车、所在的新的（和嘈杂的）教室、面对的新老师和同学给孩子带来的压力还不足够大，那么学前班对社交和学业表现方面提出的几乎全新的要求（见**第16章**）将会带来新的压力。因为孤独症孩子希望"保持世界不变"，所以这些要求都变得更具压力。

妈妈："我很高兴我们能讨论这个问题。我对雅各去上学前班这件事感到非常焦虑不安。我必须让学校知道我们的想法。"

尼克医生："我相信你的直觉。朱莉，你的直觉很准。我见过太多的孩子过早上学前班后，出现了严重的情绪变化、失眠、焦虑，甚至攻击性行为。"

妈妈："我们该怎么办？"

尼克医生："朱莉，让我们系统地研究一下这个问题，然后再做决定。

- 雅各是否**做好了功能准备**？雅各达到**上学前班的要求**了吗？我有一个简单实用的功能准备清单，雅各首先要达到这些要求（见下文）。
- 雅各是否能达到上学前班的关键里程碑？我称这个里程碑为高效学前班儿童的七个习惯。
- 我有一份雅各（或者说所有具有相同情况的孩子）想要更好地适应严格的学校环境所需要的**基本支持**清单。

"无论雅各是留在幼儿园还是去上学前班，这些清单都可以作为雅各个别化教育计划的关键目标。"

### 没有准备好的孩子

尼克医生："我知道你对雅各能够上普教学前班感到很兴奋，朱莉，但是**在孩子的一生中，他很少有机会比同龄人多发展一年**。"

妈妈："那样的话，他就会比其他孩子年龄大了。"

尼克医生："只是大一点点而已。他是5岁还是6岁对他的朋友来说，又有什么区别呢？我再说一遍：重要的是他准备好了，而不是他多大了！"

妈妈："确实如此。"

尼克医生："我们来讨论一下，再做出决定。不过你是最终决策者。你想做什么我都支持。"

妈妈："我想做对雅各来说正确的事。"

那么我们就要想清楚"准备好"到底是什么意思？正如我向朱莉解释的那样，准备有三种形式：行为、学习和功能准备。

尼克医生："如果你不介意的话，我想给你举两个极端的例子：一个孩子在行为上准备好了，一个孩子在学习上准备好了，但是他们都没有在**功能**上准备好。"

妈妈："好的。"

尼克医生："**行为准备**对孩子来说是最低要求（虽然不一定容易）。简单地说，就是孩子要能够在学前班环境里乖乖地待着。半天的学前班是2～3个小时，全天的是5～6个小时。在上学期间，孩子不会反复干扰课堂秩序。

"我有一个个案名叫约翰，他6岁的时候，他的父母带他来找我。他有相当严重的孤独症——不会说话，几乎没有互动能力。他的家人希望他能**完全融入**学前班，这意味着以他的情况，如果要一直待在普教教室里，全程都需要有影子老师陪伴。

"我认为这不是一个好主意，不过这是他父母想要的。约翰可以在座位上坐着，但在学前班上午2～3个小时的在校期间，他会摇晃身子，偶尔哼哼几句。他的影子老师带他去哪里，他就去哪里。他不会参加任何活动，也不理睬其他的孩子。他会离开教室接受作业治疗和言语语言治疗，会独自在操场上闲逛。如果他变得焦虑，哼哼声变得太大，老师就会让他一页一页地翻办公设备目录，这是他喜欢的舒适区活动之一。除了要被提醒不要大声哼唱，保持安静，并在开始游荡时，被提醒要坐下来，他在一年中都表现良好，差不多一整年吧。"

妈妈："差不多是什么意思？"

尼克医生："接近年底时，他开始出现不良行为，父母最终同意将他转到一个限制更多、功能更加完备的教室。"

妈妈："你认为雅各在**行为**上准备好了吗？他看起来功能比较强。"

尼克医生："嗯，雅各的功能要高很多。如果课堂要求太高，他不知道要做什么，他可能会感到无聊，很难老老实实地坐在那里。对他来说，如果上课的内容并不是那么有趣或有意义，那么他可能会出现行为问题。他在行为上未做好准备。"

妈妈："我明白您的意思了，雅各不是一个能够安静坐着的孩子。"

尼克医生："对，所以从行为上来说，他可能存在问题。现在，让我告诉你另一种类型的孩子，他的名字叫乔伊。

"乔伊似乎已经在**学习**上做好了准备。他5岁时，已经有两年的阅读积累了！他会数数，知道自己叫什么名字，还能根据指令说出自己家的地址和电话号码。他认识颜色、数字和形状。

"尽管乔伊表面上在学习方面做好了准备，但他常常沉浸在自己的世界里。他不太关注周围的环境。他会背诵、复述最喜欢的动画片里的歌曲和对话，但他必须在影子老师的辅助下才能跟上集体行动。"

妈妈："他也需要影子老师吗？"

尼克医生："是的。他对课堂活动不感兴趣，因此他会离开座位走来走去，会走到教室后面玩小火车或汽车。他有不良行为。他的影子老师得把他带回座位。他受不了同学们的吵闹，很容易就会感觉不堪重负，有时甚至会冲出教室。你可以说乔伊在学习上已经准备好了，但他在行为或功能上还没有准备好。"

妈妈："我想雅各介于两者之间。这两个孩子听起来都不像雅各那样能跟其他人建立起联结。"

尼克医生："我同意。因此我们还要讲的就是'功能'上的准备。顺便说一下，随着学前班的要求越来越高（现在的学前班就像是学校设立的新的一年级），为了在学前班取得真正的成功，孩子必须在行为、学习和功能上**都**做出更好的准备。"

## 功能准备

尼克医生："**功能**意味着孩子能够以发展的、社交的、恰当的方式与其他人（**即教师、学校工作人员和同龄人**）交往。孩子能安静地坐着，属于行为表现良好。孩子能够表现出学业技能，说明具有学习能力。但是如果孩子不能与老师和其他孩子产生联结，不懂得如何沟通，那么他/她在学校课堂上就无法很好地学习。这就是为什么我们一直在努力提升雅各的功能发展水平。

"从学校的角度来看，仅仅依据年龄作为孩子能够上学前班的标准可能是一个很大的错误。**为了让孩子真正学到东西，学前班的活动对孩子来说必须是有趣和有意义的。**普通孩子会觉得上学很有趣，也不太难。老师的主要工作之一就是在适当的水平上挑战孩子。对孩子来说，课堂活动不应该要求太高，也不应该太容易或太无聊。当给予孩子的挑战恰到好处时，孩子就进入了最近发展区。"

妈妈："我记得您以前跟我提过这个，老实说我不记得是什么内容了。对不起。"

## 发展区

尼克医生："你还记得**舒适区**吗？"

妈妈："我记得。安波在家访中多次谈到雅各的舒适区，意思是雅各进入自己的世界，对吧？"

尼克医生："对。在20世纪有一位才华横溢的发展心理学家，名叫维果茨基，他提出了一种学习理论，至今仍有影响力。他提出了三个发展区，这可以让我们更好地理解入学准备能力。

"**第一个发展区**是舒适区，在这里，孩子可以自在地做他已经知道的事情。对于孤独症儿童来说，就是**他们可以做他们想做的事情**。例如，雅各喜欢排列小汽车，或者看同样的视频，或者翻同一本书。"

妈妈："他以前喜欢看开门和关门。那时候真让我们抓狂啊！不过现在他比较少做那些事情了。"

尼克医生："是的，这是**舒适区**行为。当处于舒适区时，孤独症儿童学不到很多东西。孤独症儿童具备功能准备能力的两个**上学前班**要求是：

- 他有稳定的叫名反应。
- 他大部分时间都处于和外界**联结**的状态，而不是待在自己的世界里。

"如果孩子'被困'在他的**舒适区**内，不关注周围环境，或者不容易参与互动，或者不能以来回的方式与人互动，那么孩子在功能上就没有准备好去上学前班。

"维果茨基提出的**第二个发展区**是促进学习发生最好的区域——**最近发展区**。孩子处于这一区域的表现是：

- 他专注、投入、兴奋、快乐，**并与他人共享**。

"当我对孤独症儿童进行课堂观察时，我会看学前班的环境是否在大多数时候对孩子来说是**有趣的和有吸引力**的。如果学前班一整天的活动（例如，参与按照时间表安排的活动、大家围成一圈专心听讲、进行剪纸等手工活动、听从老师的指令）看起来跟孩子都没有关系，孩子并没有参与，那么这些课程就都处于孩子的**潜在发展区**上。

"这就是维果茨基提出的第三个发展区——**潜在发展区**。在某种意义上，这个概念表明孩子有潜力学习，但也表明这个区域的学习对孩子来说有些困难，超出了孩子现有的能力范围。恐怕大多数孩子在学校都无法进入状态，因为他们还处在自己的舒适区，而学校里面的各种活动又远远超出了他们的能力范围，也就是说，处于他们的**潜在发展区**。"

妈妈："您认为学前班学习对于雅各来说有点难，在他的……"

尼克医生："**潜在发展区**。没错！他在学前班需要额外的帮助。他需要在影子老师的辅助下参与活动。我还担心他只是随波逐流，不会真正学到东西。简而言之，我不认为他在学前班会处于**最近发展区**。"

妈妈："这些概念很有帮助。我开始明白推迟一年上学前班可能给他带来的好处。"

尼克医生："我也是这么想的。"

妈妈："那么我们需要做些什么帮助雅各真正准备好上学前班呢？"

尼克医生："我们正在做啊。雅各正通过 PLAY 模式逐步提高他的功能发展水平。他在不断地前进，看看雅各在过去的一年里取得了多大的进步。"

妈妈："现在回想起来，真的是不可思议啊！我姐姐自从去年圣诞节后就没见过雅各了，她也发现了雅各的显著变化。"

尼克医生："他过去一直活在自己的世界里，现在他几乎一直和我们在一起。他以前很难参与互动（功能发展水平第二阶段），叫他的名字他也从不会转头。"

妈妈："现在他简直是和我们形影不离了！"

尼克医生："这是极好的双向沟通（功能发展水平第三阶段）。他过去甚至连最简单的要求都很难理解。"

妈妈："最近他开始更多地执行您跟我说过的那些一步指令，积累的词语的数量也在不断地增加。"

尼克医生："真的吗？你怎么没有告诉我呢！那就是牢固的功能发展第四阶段了！"

妈妈："前几天我告诉吉姆，我得去买些鸡蛋和牛奶。雅各无意中听到我说的话，他就自己穿好了鞋子在门口等我！"

尼克医生："他也想去商店。这体现了真正解决问题的能力（功能发展水平第四阶段）和理解你所说的话的能力（这是早期的功能发展水平第五阶段）！他很棒啊！"

妈妈："我为雅各感到骄傲。"

尼克医生："我也为你和吉姆感到骄傲。"

妈妈："那么雅各需要达到什么样的水平才能**真正准备好**在没有辅助的情况下去上普教的学前班呢？"

尼克医生："他至少应该处于牢固的功能发展水平第五阶段到第六阶段早期。我会给你发一份学前班准备能力清单。我们一起来看一下吧。"

妈妈："除了稳定的叫名反应，清单中的大部分内容，雅各现在还做不到。"

尼克医生："我同意。这些大多是在他的潜在发展区。我相信他以后能够做到这些事情，但不是现在。因此我认为，如果没有实质性的支持，他在学前班的表现不会太好。"

妈妈："您的意思是他需要影子老师吧。"

尼克医生："是的，甚至是和特教老师在资源教室里待着。我最担心的是学校会让他待在特教班*里。"

妈妈："把雅各放到有孤独症孩子的特教班？"

尼克医生："是的。"

妈妈："我可不希望那样。"

尼克医生："别担心。记住，法律赋予了你权利让雅各在限制最少的环境中学习。"

妈妈："我想我们会让他再上一年幼儿园。"

尼克医生："朱莉，我觉得这么做很明智。"

妈妈："我们一会儿还约了别人，感谢您花时间解释这一切。"

尼克医生："这是一次重要的讨论。如果吉姆有任何问题需要解答，请告诉我。"

> **孤独症儿童的学前班准备能力清单**
>
> - 稳定的叫名反应。
> - 可以回答"你在做什么？"或者"你午餐想吃什么？"这种问题。
> - 会说3～5个单词或更多词汇的句子。
> - 执行2～3步指令。
> - 假扮游戏：看病游戏，茶话会等。
> - 指出小的身体部位。
> - 玩简单的游戏：捉迷藏，糖果乐园。
> - 开始提问和回答"为什么"的问题。
> - 能够回忆一天中经历的2～3件事。

*注：重要的是要理解美国的不同州对融合教育有不同的实施路径，即我们如何将需要特殊教育的儿童纳入课堂环境中？在一些州，所有的孩子都在普通教育环境中，这就是所谓的完全融合教育。然而在许多州，这种模式很难实现，而且代价非常大。因此，学区特殊教育管理处可能会选择部分融合（例如，学生有时候接受普通教育，有时候在资源教室等限制性较强的环境中接受特殊教育；见**第5章**）。还有一些州，有特殊教育需要的儿童被安置在单独的教室里（限制最多的环境），里面的孩子全部都是残疾儿童。孩子可能只在午餐、课间休息和体育锻炼等环节融入主流教育。

## 小结

- 现在是个别化教育计划规划时间。雅各的家庭面临选择：是让雅各上学前班，还是让他在幼儿园再待一年。
- 如果孤独症儿童没有准备好，上学前班对他们来说可能压力太大。
- 我认为**年龄到了不等于准备好了去上学**，并对我所说的功能准备能力进行了说明。
- 维果茨基的三个发展区和格林斯潘的功能发展水平帮我们确认了雅各的发展处于哪个阶段。
- 我提供了一份孤独症儿童的学前班准备能力清单。
- 猜猜我们决定怎么做。

## 预告

- 雅各正全力激发自己的内在潜能，向目标奋进。我总结了他到目前为止的发展经历。
- 干预的重点从强调互动转移到强调雅各的语言、想象力和情感思维方面的发展。
- 我们正朝着学前班迈进！

# 第13章

# 第七次来访①
# 想象与意义：方法路径

## 方法路径

接下来的五个月里，通过观看 PLAY 模式家庭顾问家访期间拍摄的视频，我一直在跟进雅各的情况。终于，我们见证了雅各身上发生的我们满怀期望、等待已久的巨大转变。雅各现在能理解父母对他说的大多数的话，能够进行简单的假扮游戏，他积累了不少词汇，能说 2～3 个词组成的句子！总的来说，5 岁的雅各已经达到了功能发展水平第五阶段——分享意义和象征游戏。

这是怎么做到的呢？当我和雅各家的 PLAY 模式家庭顾问安波一起观看雅各的视频时，我深深地意识到：一个孩子从待在自己的世界、几乎不与人交流、没有语言、对人不感兴趣、几乎完全沉迷于物品的人，变成一个会说话、能和他人建立联结、有功能的人，真的是人类潜能开发的奇迹（父母付出了巨大的努力！）。我和安波互相击掌庆祝，这是个突破。

在过去的两年时间里，雅各的父母精心照料，用心呵护，用爱浇灌着他们像花朵一样娇嫩的孩子，为他提供阳光和雨露。现在，花儿已经慢慢地从种子中发芽，慢慢地破土而出，艰难而缓慢地长出叶子，根扎得更深，枝伸得更长。很多时候他们（尤其是吉姆）会心急如焚，恨不得揠苗助长！终于在专业人士和家人的支持下，他们相信只要坚持下去，雅各一定能够自然而然地长大，终有一天，他也能开出属于自己的花。而为了这宝贵的盛开时刻，我们花费了无数个日日夜夜！

方法路径很清晰，孤独症儿童要想成为一个功能真正健全的人，就**必须**逐步达到格林斯潘提出的六个功能发展水平。有的孩子很快就能做到，有的孩子慢一些，有的孩子非常慢，还有一些不幸的孩子，他们永远也达不到那样的水平。无论孤独症儿童接受哪种类型的干预，他都**必须**达到功能发展水平的前四个阶段：保持平静和共同注意的能力（功能发展水平第一阶段）；保持注意和与人互动的能力（功能发展水平第二阶段）；发展简单的双向沟通的能力（功能发展水平第三阶段）；通过使用丰富的肢体语言、简单的词汇、解决问题的能力及理解常规和简单指令的能力维持互动（功能发展水平第四阶段）。

接下来的是功能发展水平的第五阶段和第六阶段——分享意义和象征游戏（第五阶段）和情感思维/逻辑思维（第六阶段）。孩子达到了这六个里程碑，就走完了幼儿早期的发展路径。这一路径的最高成就是想象力的发展！也就是孩子不仅仅具备假装的能力，还具备**想象**别人在想什么和有什么感受的能力，以及展望未来和回忆过去的能力。一般来说，孤独症儿童如果在 6 岁之前具备这些能力，就能上学前班了。因为这时候孤独症儿童与外界的隔膜已经逐渐减弱，他完全能够和我们保持互动联系，也能够理解象征意义。他不再是典型的"孤独症儿童"，而是向着谱系的"高功能孤独症"一端迈进（某些情况下结果甚至更好）。我们开发了孩子的**内在潜能**。

**不要揠苗助长**　早些时候，吉姆问我："您怎么知道我们这样做就够了呢？如果我们多做一些，雅各不就能变得更好了吗？"我认为，我们不能操之过急。家长的工作是要帮助孩子保持最佳的发展速度，就像在江中划船去往目的地一样，既不要流连于岸边的花红柳绿，也不要因为用力过猛而筋疲力尽。干预做得过多或过少都不行，只有找到一个平衡点才可以带来最佳的发展。

家庭复诊时，我总会请家长做出这样的判断："请给你的孩子过去六个月的进步打分——差、一般、好、非常好或优秀。"我要求家长认真思考，尽可能诚实、准确地给出评价。家长如果可以真心实意地说孩子已经取得了**非常好或优秀的进步**，那么继续坚持正在做的事情即可，没有必要做调整。我告诉他们："**请继续在这条路上前行，不要急于求成，不要功亏一篑！**"

如果家长说"好"，我就会进行评估，看看还能不能添加一些别的内容。干预的时长是不是最合适的？是否需要加上其他疗法？是不是疗法太多但目标不一致？这个家庭是否需要更多的支持？是否存在干扰家庭功能和/或阻碍孩子成长的压力（搬家、怀孕、离婚、家庭成员去世）？或者"好"就是他们能够达到的最好状态呢？是不是其实已经做得很不错了呢？

令人悲哀的是，不管如何努力，有些孩子就是比其他孩子进步得慢。程度比较严重的孤独症儿童需要更长的时间才能达到下一个功能发展水平。家长一定要把握好节奏，不能揠苗助长。

**小康的故事**　小康是一个4岁的孩子。他3岁时被诊断出患有脆性X染色体综合征，这是一种影响男性的遗传疾病，会导致认知障碍和孤独症。小康家实施了一项既全面又密集的发展干预计划，其中包括PLAY模式和每周5个半天的特殊学前教育（包含ABA干预，见**术语表**），另外小康还接受言语语言治疗和每周1～2次的作业治疗。这个家庭非常努力，家长每天要和孩子进行1～3个小时的有趣互动。

经过两年高强度的干预后，小康取得了进步，他从功能发展水平第一阶段提升至第三阶段，可能还发展出了一些第四阶段的能力。当我请父母评价小康的进步时，他们的回答是"一般到好"。当然我也同意这种观点，但达到这种程度就是他们努力的极限了。小康已经发挥了自己的潜力，他已经尽最大努力了。

可是小康的祖父母觉得进步还不够大。第二年，小康的父母花费了3万美元，用于密集的ABA项目干预，该项目采用结构化的教学和练习帮助小康提升语言技能。不幸的是，小康退步了。因为对他来说，负担太重，他甚至丧失了之前获得的许多功能性技能。这个家庭只能重新回到之前的干预计划上。

接下来的两年里，小康取得了缓慢却稳定的进步，并达到了功能发展水平第四阶段：他能和我们"在一起"，能有较长时间的参与；他能执行一步指令；他可以解决问题，并开始用单个单词说话。他甚至在朝着第五阶段发展。他的功能逐渐提升。小康花了整整4年的时间，到他7岁的时候，才取得了雅各2年就能达到的水平。这个家庭急于求成，可惜更多的训练和练习并不能解决问题。只有时间、毅力和耐心才能促进小康的发展。

有些孩子的进步甚至更慢，年复一年，也就只有一点点进步，甚至毫无进展。虽然这种情况并不常见，可是如果真的遇上了，往往会令人十分气馁。这种情况如果一直持续下去，大多数家庭都会被压垮，陷入深深的悲伤。因为他们只能从心底里接受一个事实：哀悼他们失去的理想中的孩子，爱着现在所拥有的这个孩子。他们如果做不到，就会发生我经常碰到的情况：整个家庭都筋疲力尽，从悲伤到极度悲伤再到抑郁。这往往会导致夫妻不和，甚至离婚，其他孩子被忽视。揠苗助长的干预会付出巨大的成本，收益却微乎其微。

**成本效益曲线**　说到密集干预，我想分享一条非常符合实际的成本效益曲线。成本包括时间、精力、金钱和压力，效益指的是孩子的发展。在时间和精力上，我坚决赞成美国国家研究委员会的建议（见**第3章**），家长**每天必须投入1～3小时**进行参与式的干预。干预可以是正式的特定疗法，也可以是非正式的疗法，家长要充分利用一天当中的每一次互动，比如起床、吃饭、准备睡觉。

我坚持认为家长不应该卷入既耗时又让人焦虑的生物医学疗法，比如饮食方法、维生素或矿物质补充剂和/或替代实验疗法，这些疗法都缺乏循证依据（见**第4章**），成本很高但收效小甚至没有。

说到付出的**努力和承受的压力**，我见过太多家庭用力过猛。他们安排孩子每周接受40个小时不同类型的治疗，到处赶场，把自己和孩子都弄得身心俱疲。我也见过不堪重负的孩子最后拒绝治疗，封闭自己，甚至退化。家庭和孩子的承受力是有限度的。

虽然这种高强度投入在短期内会让孩子有很大的进步，但从长远来看，家庭需要付出巨大的代价，比如说身心倦怠、抑郁和/或离婚。有孤独症孩子的家庭，离婚率会更高。在这样的情况下，孩子短期进步的效益也会最终丧失。家庭的发展和孩子的成长是同步的。

好消息是，有一种巧妙的折中方式可以平衡每个人的需求，以最和谐的方式为整个家庭服务，并促进孩子的发展。家庭需要找到这种方式应对孤独症的挑战。

### 家庭之路

父母的心路历程通常始于悲伤，但这种悲伤情绪又会被孩子有望康复的期待所抑制。由此他们会产生极为焦虑的情绪，这种情绪驱使着他们寻求并实施密集的干预。

好的运气、加倍的努力，加上充足的情感投入和经济支持，会给干预带来一定的效果，给孩子带来进步的曙光，给家庭带来更多的希望。对于那些同心协力且能够获得各方支持（来自配偶、家庭其他成员和朋友）的家庭来说，因为工作量可以分担，每个人各司其职，疲惫感相应地就会少一些。孤独症孩子的家庭要一直面对抑郁症的威胁。父母之间相互支持，才可以各自照顾好孤独症儿童及其他孩子。

孤独症孩子开始了漫长的成长之路。随着孩子缓慢而稳定的进步，家长日复一日的怀疑与不断增加的希望交织在一起。慢慢地，孩子持续参与的时间更长，互动时间更长，与**他人**建立起真正的联系。

这个过程就像走在九曲十八弯的山路上，而拥有经验丰富的专业人士的指导和支持，就好比有一个当地的向导指引着我们去走那些可以缩短旅程的山路和秘密通道。

接下来就是孩子带给你的一个个惊喜：说出的第一个字/词；对他人的第一次问候；理解"穿上鞋子"的指令；说出的第一句话；带来的无声和有声的祝贺；"今年他**知道**要给自己举办生日聚会了。"

家庭以外的其他人也会注意到这些变化。这种感觉让人欣喜若狂，越来越多的希望逐渐取代了层层叠叠的悲伤。难过的泪水一去不复返，幸福快乐接踵而至。

对于雅各的父母来说，这条家庭之路漫长而艰难。幸运的是，吉姆是个好丈夫，也是个称职的父亲。他爱妻子并支持她。他是个信息技术顾问，尽管这项工作要求很高，压力也很大，但大多数晚上他都会和孩子们一起玩。他对雅各充满信心，不遗余力地寻求机会让雅各开口说话。有时候吉姆确实对别人（也就是我）就像对他自己一样，挑剔、苛刻、吹毛求疵。他会不时地打电话或发邮件询问关于这个治疗方法或那一种营养补充剂是否有效，又或者是我们做得够不够的这类问题，虽然有时我也会被烦得想翻白眼，但我还是非常喜欢他的认真和努力。

朱莉和吉姆是百分之百的互补。她对雅各接受度更高的同时，又不会降低对他的期望。她情绪稳定，很好地平衡了丈夫的 A 型人格。她有时会感到焦虑，尤其是在雅各出现挑衅和不当行为时，不过她很通情达理，而且对雅各充满信心。某种程度上，她知道作为一个家庭，他们做的事情已经无可挑剔了。她还得到了父母和朋友的大力支持。

简而言之，这是一个有弹性的、充满爱的家庭。雅各的父母知道他们的马拉松还没有跑完。不过，他们开始想要调整自己的节奏，既花时间保持婚姻的甜蜜（他们计划每月"约会"1 次），也花时间陪他们的小儿子查理，这样就避免了倦怠、抑郁和离婚。他们不再强迫自己"每天必须投入 2 个小时对雅各实施干预"，而是运用了 PLAY 的策略，有机会就跟孩子一起玩，利用所有日常活动让雅各参与互动。

现在雅各已经不再独自一个人玩耍了，他对他人感兴趣（因为与人在一起时既安全又有趣）。他的功能发展水平提升到了能够告诉父母自己想要什么的阶段。生活本身已经成为雅各的 PLAY 游乐场。正如朱莉在这次复诊中对我说的那样："我坐在那里看着他们玩，感觉太神奇了！雅各**想**和查理一起玩。他真的**喜欢**和人在一起。"

### 情感之路

如果有一条功能发展之路，那就是儿童沿着格林斯潘的六个功能发展水平前进的路；如果有一条家庭之路，那就是在希望和悲伤的不断交织中最终走向接纳的路；还有一条最为重要的路，即情感之路，我认为这是格林斯潘对人性最重要的见解，他称之为**情感素质假说**（affect diathesis hypothesis）。

请注意，"情感"一词也指看护人和孩子在互动中所带来的能量和感觉。如果妈妈或爸爸精力充沛、充满乐趣或表现出积极向上的态度，那么她或他就有**很强的积极情感**。如果孩子对任何事都提不起兴趣，总是重复用同一种方式玩耍且没有享受其中的乐趣，那么他就是表现出了**低情感**。低情感的孩子不常笑，很被动，也很温顺。这是一种"当下"的情境性情感表现。

格林斯潘的**情感素质假说**不是关于情境性情感的，而是关于孩子**情感生活和意愿的发展的**。简单来讲，这里的情感指的是孩子们的整个情感生活：孩子们喜欢做什么，什么能逗得他们哈哈大笑，什么能让他们兴奋不已。**素质**指的是"趋向性"，是像花儿向着太阳的趋势。**假说**指的是一种尚未被证明的理论。因此，情感素质假说是格林斯潘关于儿童情感生活的理论，即儿童的情感生活会促使他们发展成一个越来越复杂的人。

**换句话说，我们基于游戏的密集干预改变的是孩子的情感生活**。我们正在帮助孩子走上一条转变之路。在起点的时候，孩子只是**沉迷于**物品，但到达终点时，孩子会成为**充满爱的人**。最近的研究表明，仅仅 6 个月大的孤独症儿童，就已经会表现出只关注物品而不关注人脸了。这种简化的、保持世界不变的倾向形成了一个恶性循环，它减少了儿童对外界的体验，限制了儿童的发展，而这种不良发展又进一步影响了儿童对外界的体验。孤独症最大的敌人就是它自己。

为了改变这种倾向和趋势，我们引入了游戏。游戏中，我们用夸张的声音、动作和表情激发孩子的兴趣，向他们展示与人玩耍的乐趣。当然，一开始父母要跟随孩子的引导，吸引孩子的注意，让孩子参与互动。一段时间后，孩子发现参与互动很有趣，于是想要主动发起互动，甚至真的**寻找**他人进行互动。这就是现在讲到的功能发展水平第三阶段——简单的双向沟通。孩子的**情感**处于上升趋势。他的意愿正在改变。我们正在（通过更好和更复杂的大脑联结）改变孩子的情感生活。

当我们坚持"诱导和等待"时，当我们提供"恰到好处的挑战"时，孩子的情感会进一步发展，他开始**喜欢并想要**更长时间、更具有游戏属性的互动。之后，他开始喜欢简单的假扮游戏，因为这比简单的因果关系游戏更有趣。最后，孩子开始**喜欢**角色扮演游戏，并且当进入角色扮演游戏阶段时，孩子已经可以用更长的句子说话了。这时候，神奇的事情发生了，我们不再需要做任何事情吸引他和我们在一起，他自己就想加入。

### 雅各之路

雅各**想**在我的诊室里做什么呢？他想和"麦克"一起玩**假扮游戏**。麦克是电影《汽车总动员》中的一辆樱桃红色的卡车。你可以想象一下：这辆卡车有着红色集装箱，侧面敞开，车厢内部很豪华，里面有一个气泵、一个烧烤刷、一个冰箱等，就像电影里的配置一样。更重要的是，车厢中间有一个坡道，上面有一张为英雄赛车"闪电麦昆"准备的床。坡道上还有一个"魔法"按钮，能控制床上下左右移动（雅各还没有发现这个秘密呢！）。（你很快就会明白我为什么要告诉你这些了。）

雅各喜欢这个玩具。他开着"闪电麦昆"爬上坡道，来到床上。这是单一主题的假扮游戏的玩法。然后，他关闭了卡车的侧面，把后门升高，再把"闪电麦昆"关在里面。他看向爸爸分享自己的战果。吉姆说："宝贝，真棒！闪电在里面。"他开着"麦克"在地板上转来转去，发出换挡的"嗡嗡"声。他在玩假扮游戏！他的**情感**（他想要什么和喜欢什么）已经上升到功能发展水平的第五阶段——分享意义和象征游戏！功能发展水平第五阶段的一个重要里程碑就是单一主题的假扮游戏。

**加入雅各的游戏**　我坐在离雅各有点远的地方，静静地看他玩耍。我知道他一开始有点害羞，所以给他点时间适应。此时此刻我就像在打坐（心中什么也不想），除了观察什么也不做。我用话语跟随着他的引导，我所说的话仅仅只是描述他在做的事情。

尼克医生："哇，麦克打开了，麦克又关上了！"

雅各看了我一眼（即关闭了一个交流环），然后再次打开"麦克"，热切地看着"闪电"那光滑的红色赛车线条。

尼克医生："闪电太酷了！它在麦克里面。"

这时，我加入了一点点假想的玩法，我跟闪电说："嗨，闪电。"

雅各关上门，把"闪电"藏起来。我跟闪电说："再见，闪电。"

尼克医生（表现出很困惑的样子）："闪电去哪儿了？"

雅各打开车厢。

尼克医生："嗨，闪电。"

雅各领会了我的幽默，随着我表现得越来越夸张，他开始喜欢这种打招呼和说再见的游戏。他大声笑着，一遍又一遍地打开和关闭"麦克"的后门，而我则一遍又一遍地说"嗨"和"再见"。随着他反复打开和关闭"麦克"，我反复说"嗨"和"再见"，他笑出声来了。

接下来，我决定向雅各介绍我的一个新想法——那个秘密的"魔法"按钮。我用手指慢慢地指向"魔法"按钮，当我真的按下按钮时，我说："我按下魔法按钮了，让闪电跳跃起来了。"

"闪电"从"床上"高高跃起。雅各惊讶地看着我。我们对视了几秒钟，他笑了，我也笑了。这样，我们打开和关闭了微小的交流环。他好像也想学我刚才的做法，所以我尝试描述他的意图。

尼克医生："去吧，雅各。把闪电放在床上，**按下魔法按钮，让它跳起来**。"

他做到了！他笑了，觉得这很酷。我交了一个朋友！我加入了他的想法，用一种我觉得好玩的方式扩展他的想法，很快我们就真正玩在一起了。

**只要你了解孩子的功能发展水平情况，想要在游戏中成为一个真正的玩伴并不难。但是你永远都不要控制游戏的玩法。孩子的想法比成年人的重要得多**。所以我给自己也找了一辆小汽车，等待着看看雅各下一步想做什么。我和他用眼神交流，并给他看我的小汽车。他看着我的小汽车。我扬起眉毛，稍微低了低头，就好像问他是否想玩小汽车。他看着我，好像在说："嗯嗯，我想玩小汽车。"然后，我把刚才的过程用语言表达了出来。

尼克医生："你想和我一起玩车吗？"
雅各（笑着点头）："是的。"

然后他像之前那样，关上了"麦克"的车厢。

尼克医生："再见，闪电。"

雅各开始在地板驾驶"麦克"（他的想法）。

尼克医生（用黑色的玩具小汽车跟着"麦克"一起发出"轰轰"的加速声）："嘿，卡车。嘿，卡车。停下来，快停下！"

雅各停下"麦克",有点困惑地看着我。

以前从来没有人通过假扮游戏给他下达过命令,他有点吃惊自己竟然真的听了我(其实是我的车)说的话停下来了。不过他确实停下了。我一边扭动着小汽车,一边假装它在"说话"。

尼克医生:"麦克,我们现在该做点什么呢?"

我发现虽然雅各没说多少话,**但他理解我对他说的一切。他明白我的意思。他处于功能发展水平第五阶段——分享意义和象征游戏。**我知道是我在打开交流环,他在回应我,他也有自己的想法。我们在互动中保持了良好的平衡,有时是我发起交流,有时是他发起交流。**对这类游戏互动进行分析会很复杂,但它对于帮助孩子沿着正确的道路前进是至关重要的。**

查理一直在关注我们,现在他也加入了游戏。

尼克医生:"哇,查理,那辆赛车真漂亮啊!它叫什么名字?"

这里,我犯了一个发展水平上的错误。查理看起来一脸茫然。对一个 3 岁的普通孩子来说,这个问题太难了。这是一个开放式问题,查理不仅要知道为什么要给自己的赛车取名字,还必须给它取个名字。这个问题**超出了**他的能力范围。几秒钟后,他还是很茫然,于是我帮了他一把。

尼克医生:"它的名字是**赛车**吗?"

查理(因为我替他回答了问题而松了口气)开心地点头。
我带着我的黑色小汽车加入了谈话。

尼克医生(摇晃着汽车):"嗨,我是**黑色小汽车**,你是谁?"
查理(摇晃着他的车):"我是**赛车**。"
尼克医生(转向"麦克"):"嗨,你叫什么名字?"

雅各(化名麦克)没有回答。

尼克医生(在一旁,指着麦克,悄声地对雅各说):"他叫什么名字?"
雅各(悄声地回答):"麦克。"
尼克医生:"**赛车**,这是麦克。"
查理(在"麦克"面前摇晃着他的车):"我是赛车。"
尼克医生(对雅各说):"雅各,告诉他,你是谁。"
雅各:"麦克。"

好了,现在我们三个终于玩上汽车游戏了。我很高兴,在我的大力帮助下雅各跟上了这个相当复杂的进行自我介绍的社交游戏!他能执行一步指令("告诉他,你是谁。")并理解游戏情境的含义。

然后,查理开始开着他的车"隆隆"地来回跑。我一边跑一边说:"嗖嗖!"雅各看着我们,但没有加入。他没有像查理那样发出"隆隆"或像我一样发出"嗖嗖"的声音,而是做了一个按喇叭的动作，发出"滴滴"的喇叭声音。

爸爸："这是《汽车总动员》中的一个场景。"

尼克医生（对吉姆说）："他加入了自己的想法！"

尼克医生（向他们摇晃我的车）："好了，小伙伴们，我得走了。再见！"

查理（摇晃着赛车）："再见！"

尼克医生（对"麦克"说）："再见麦克！"

雅各（摇晃"麦克"）："再见！"

尼克医生（坐回桌旁的椅子上，转向吉姆和朱莉）："他模仿着我摇晃汽车了，真好玩！"

爸爸："看着也觉得好玩。"

妈妈："你对雅各提出了一些有难度的要求。"

尼克医生："是时候提高对他的期望了。"

## 分享意义和象征游戏之路

能够参与这种类型的游戏和互动对雅各来说是一个巨大的成就。他在接受性语言方面有了跨越性的进步。他不需要手势就能知道词语的意思。在此之前，别人说的话只会随风飘散，不会在雅各的脑海里留下任何痕迹，因为它们对雅各来说毫无意义。在此之前，别人说的话必须与手势（比如张开手，意思是"把它给我"）、特定的常规（"雅各，该吃饭了。"）以及他已经知道其名称的物品（"你的尿布呢？"）或熟悉的人（'爸爸的！'）联系起来。

> **功能发展水平第五阶段：分享意义和象征游戏**
>
> - 接受性语言的增加，理解能力的显著提高。
> - 和成年人一起玩单一主题的假扮游戏。
> - 主要使用1～2个词的短语。
> - 能回答"是什么？在哪里？谁？是/否？"这一类的问题。
>   - 不包含对"为什么""什么时候"或有关代词的理解。
> - 继续与同龄人一起玩平行游戏。
> - 执行1～3步的指令。
> - 开始有礼貌。
> - 开始有幽默感。
> - 顺从：开始做其他人希望他们做的事情。
>   - 用不跟随他们引导的方式跟随他们的引导。

现在，词语本身就有意义。过去它们只是一种声音，现在已经成为一种象征。我们可以对雅各说"爸爸""想吃""香蕉"，他对每个词代表着什么都能够有内在的理解，他理解"主谓宾"句式。左侧是功能发展水平第五阶段的关键里程碑，从接受性语言的增加开始。

在这一水平上，他的词汇量有了明显增加，回答简单问题的能力也有了很大的提高，比如雅各可以回答"**是什么？**""**在哪里？**"和"**谁？**"之类的问题。在功能发展水平第四阶段中肢体语言仍然很重要。父母最常犯的一种错误是只关注表达性语言（口头语言），而忽略了肢体语言。但在黑色小汽车（我）与"麦克"、赛车的互动中，我特别注意肢体语言的沟通——眼神、面部表情、等待、动作等，并且有意识地保持长时间的手势互动。这是很复杂的!

一种新的能力正在出现:雅各开始理解开玩笑的意思(不过他至少需要再过一年才能理解真正的笑话,以及学会如何讲笑话)。他知道什么是闹着玩,知道你什么时候在装傻,有时候也知道你的言外之意("别吵醒我!"的意思是"你把我吵醒了!")。

**问候**和**讲礼貌**等社交技能逐步显现。他知道在特定的时候说"嗨!""再见!""请!""谢谢!"(尽管他还没有真正理解礼貌的含义)。在获得帮助的情况下他可以和其他人一起玩简单的假扮游戏。他已经处于功能发展水平第五阶段了。

雅各已经沿着发展之路冲破了孤独症这个障碍的限制。他不再沉浸在自己的世界中,语言和沟通能力得到了改善,开始与自己的家人建立联系。他现在生活在一个共享的世界里,生活也开始有意义。**简而言之,雅各的诊断类别已经从低功能孤独症转变为高功能孤独症**。但他仍有孤独症谱系障碍,因为他仍然只关注自己感兴趣的话题,社交思维仍然受限。

吉姆和朱莉非常惊讶于雅各的进步,并希望在这条道路上再接再厉。他们想知道下一步该做点什么才能帮助雅各充分发挥潜力。他们对雅各的未来发展充满信心。我也是如此。这是一条漫长而艰难的道路,他们仍有很长的路要走:雅各必须在上学前班之前巩固好功能发展水平第五阶段中的技能,同时开始进入第六阶段,这是下一个重要的里程碑。

**爸爸**(不好意思地笑着):"虽然我不想承认,但您是对的。我们必须从低到高一步步地往上攀登。过去的两年真的极大地考验了我的耐心。我没有想到我们能走到这一步。等待雅各成长的日子艰难又煎熬。"

**尼克医生**:"确实不容易,这是一项复杂又艰巨的任务,你们很努力又互相支持!"

**妈妈**:"我还以为雅各永远只能发出无意义的声音,只会用手指,但是后来他会说一些词语了,现在他还可以不停地说话。回头看看,他进步得非常快。"

**尼克医生**:"上次见到你们还是六个月前,当时他已经会说一些词汇了。当他的知识技能准备好时,他就能够大跨步前进。我已经见过很多次这种情况了。你们做得**非常好**!"

**爸爸**:"现在他正在学习颜色、数字,甚至字母的发音。我来演示一下。嘿,雅各!"

雅各马上看向爸爸(他注意到了!)。

**爸爸**(指着自己的鼻子):"这是什么?"

**雅各**:"鼻子。"

**爸爸**:"好的,真棒!谁的鼻子?"

**雅各**:"爸爸的鼻子。"

**爸爸**(自豪地):"好孩子,没错!这是爸爸的鼻子。我们学习这个已经有一段时间了。我们有一些字母冰箱贴,按它们时,它们会发出声音。他和查理都喜欢这些字母。他在学习这些字母。"

**妈妈**:"我念书的时候他可爱听了。他好像在默默背单词一样。"

**爸爸**:"跟普通孩子一样,他甚至能听懂我们说的长句子。"

**妈妈**:"是的。尤其是提到去麦当劳吃麦乐鸡的时候。"

雅各抬起头，好像在说"麦当劳？是有人提麦当劳了吗？"

我们都笑了。

尼克医生："你们说话最好小心点！孩子们到了这个阶段之后，总是让我惊喜连连。现在，他会跑过来帮你们的忙。现在，他想要学习了。他喜欢和人待在一起。恭喜你们！"

这是一个快乐的时刻。雅各的情感上升到了一个新的水平！

## 小结

- 雅各正沿着正确的轨迹不断发展，我总结了他迄今为止的发展历程。
- 他已经达到了功能发展水平第五阶段：分享意义，理解意义和符号，在接受性语言方面有巨大的进步。
- 他的情感生活（情感之路）也发生了变化。他想和人在一起。他想玩假扮游戏，他已经进入了真正的想象世界。
- 我跟雅各和查理一起玩了假扮游戏！

## 预告

- 在随后的复诊中，我们详细查看了雅各目前的个人资料。
- 我给雅各的父母提供了帮助雅各朝着功能发展水平第六阶段不断进步的技巧。
- 我帮助雅各（和他的父母）应对"崩溃"。
- 孩子们和我比拼剑术！

# 第 14 章

# 第七次来访②
# 想象与意义：雅各的情况

## 雅各的基本情况

从近五到六个月的记录来看，雅各提升最明显的是语言能力和社交能力，尽管他父母主要关心的是行为和如厕问题。

**语言**。雅各现在能用短句说话，平均词汇数量在 1～3 个词（大部分仍然是 1～2 个词），但有时他能串起比较长的句子，比如"出去，爸爸""妈妈，出去，荡秋千"。简单来说，他能够**理解**（接受性语言）大部分话的意思。

在我的建议下，除了每周的作业治疗，雅各的父母还为雅各增加了额外的**言语语言治疗**，每月 1～2 次，每次 1 小时，在当地的私人治疗中心进行。言语语言治疗师卡伦采用以游戏为基础的训练方法，训练很有趣，但要求很高。她强调通过在家中的日常互动、交谈及每天阅读绘本等方式帮助雅各达到关键的语言发展里程碑。

于是，现在雅各的父母会要求雅各回答一些简单的问题，比如"你叫什么名字？""查理在哪里？""这是谁？对，是奶奶"。他甚至能指认书上的"睡觉的小狗"和"吃东西的小狗"图片，这说明他能够理解描述动作的词语。听到"跳一跳"的指令，他能站起来跳一跳。他能准确地指出自己的身体部位，比如下巴和胳膊肘。他也会玩儿歌游戏，指出"头、肩膀、膝盖和脚趾"这些部位。于是我提了几个问题测试他。

尼克医生："嗨，雅各，你叫什么名字？"

雅各（害羞地低下头，喃喃地）："雅各。"

尼克医生："你的下巴呢？"

雅各忽视和抗拒。

爸爸："有时候让他回答得费好大劲。"

尼克医生（语气坚定但面带微笑）："雅各！你的下巴在哪里？指给我看看！"

雅各不情愿地摸了摸自己的下巴。

尼克医生："太棒了，宝贝！"

尼克医生（面对吉姆和朱莉）："既然雅各已经达到了功能发展水平第五阶段，**那么我们可以用不跟随他引导的方式跟随他的引导**（他们疑惑地看着我）。如果我们所做的只是跟随雅各想要的，而不对他提要求，那样我们就只是把他当成小宝宝，对他毫无帮助。所以，**真正地**跟随他的引导，是期望他去做我们知道他**能**做得到的事情。但我们不能要求他做能力之外的事情，那样会适得其反。"

爸爸："我明白您的意思。自从实施 PLAY 模式以来，我们一直在'跟随他的引导'，现在该对他提出更高的要求了。我明白了。"

尼克医生："你们要注意的是要求不能过高。比如，他仍然无法回答或问'为什么'这样的问题，也不能想起之前发生的事（比如，'你早餐吃了什么？'）。这些都是功能发展水平第六阶段的语言技能。他还没有到这个阶段。不过我得再试一下，说不定我错了呢。"

尼克医生（转向雅各）："嗨，雅各。你午餐吃了什么？嗨，你午餐吃了什么？"

雅各沉默。

妈妈："他还不能回想之前发生的事情。"

尼克医生："他还没有到那个阶段，但他最后肯定能达到。我希望你们平时多说说之前发生的事情。你们甚至可以把他吃饭的照片或图片贴在小黑板上，然后说：'雅各，你还记得吗？你早餐吃了麦片，午餐吃了意面。'我希望让他有时间感。你们在家使用日历和日程表吗？"

妈妈："用得不多。"

尼克医生："嗯，该用起来了，这可以帮助他了解时间概念。"

**社交互动**　在社交方面，雅各几乎一直都与我们"在一起"。在玩他最喜欢的托马斯火车时，他偶尔还是会出现"碎片化"的互动或回归他的**舒适区**。最近，他开始画画和写字，他很沉迷于这些活动，这让他有时很难参与互动。他是个不错的小艺术家。当然，他仍然喜欢 The Wiggles 乐队[①]。当他在室内玩蹦床（这是他的作业治疗师建议的）或在室外荡秋千时，他会"沉浸在自我的世界里"。但是不管他在做什么，当家长叫他的名字时，他几乎每次都会回应（或者他听到了，却不搭理你！）。

雅各经常和查理一起玩，幸运的是，查理非常随和。目前，他们之间同胞竞争的问题还不多（见**第 24 章**）。不过最近查理不再让雅各不打招呼就拿走他的东西了，这种情况越来越常见。我虽然还没有跟他们的父母聊这方面的内容，但我能预见同胞竞争迟早是会发生的。

吉姆和朱莉经常和雅各（包括查理）一起玩，他们说他们随时都可以加入雅各的游戏中了。雅各喜欢和他们玩。当然，他们已经成为敏锐的、能及时反应的玩伴，他们会真正加入其中而不做主导者。他们知道如何跟随雅各的引导，并在恰当的水平上进行游戏（实施 PLAY 模式这么长时间后，他们已经能读懂雅各的意图，跟随他的引导）。他们知道如何区分雅各的想法和他们自己的想法。雅各跟其他人的互动时间越来越长了，而且他一直在主动发起互动。事实上，雅各如果得不到想要的东西，就会一直缠着大人要，简直就是个小磨人精。

---

[①] 译注：The Wiggles 乐队是世界上非常受欢迎的澳大利亚儿童音乐组合。

**假扮游戏和幽默感**　雅各的幽默感也在发展。他喜欢跟爸爸和查理用柔软的"剑"（实际上是一段塑料管）进行"击剑"。当爸爸被击中或刺伤后摔倒时，雅各就会笑起来，这表示他懂了！朱莉不喜欢这种"暴力游戏"。我告诉她，表现出攻击性是学习如何处理攻击性行为的最好方式之一。假扮游戏还能教会孩子区分真实与假装。孩子们尤其喜欢爸爸扮演僵尸跟他们玩怪物游戏。爸爸伸出手臂，僵硬地摇摇晃晃向前走，用低沉、咆哮的声音说："我要抓住你！"然后孩子们说出"不准动！"控制住爸爸。

幽默感增加的另一个现象是，雅各变得顽皮了。他会故意试探父母，比如，在不该打开电视的时候打开电视，被抓包的时候还笑。他还能通过别人的语气判断他们是否在开玩笑。当爸爸说"你别亲我，不要亲亲！"的时候，雅各会故意不听，一定要亲到爸爸。然后爸爸会假装斥责："嘿，你这个家伙！不许亲我！"这时候，雅各就会故意再亲一下。

**行为**　随着雅各变得越来越难对付，他的父母开始需要一些幽默感了。雅各的父母努力地帮助雅各提升功能（许愿的时候要小心点！），但是功能的提升意味着他将拥有自己的欲望、想法和期望。雅各可太有想法了。不想做的事情他肯定不会做！但要是他想做的事，他不仅要做到，而且通常想立刻得到满足！

这使得早上让他穿好衣服变得很困难（见**第20章**）；在公共场所（见**第21章**），比如在杂货店（他想要3袋万圣节糖果）和商场（他想去游乐场玩而不是去购物）他会发脾气；让他远离电视和电脑等问题处理起来也很麻烦。雪上加霜的是，他还没有接受过如厕训练（见**第23章**），还有夜醒问题（见**第19章**）。

妈妈："我每天都要应对他发脾气、睡觉和起床这些麻烦事，真的快崩溃了！"

爸爸："这些问题没完没了，还越来越糟糕。"

尼克医生："我们创造出了一个爱发牢骚的奥斯卡[1]，但这是第五阶段和第六阶段的必经之路。他变得越来越复杂了。这是一件好事。"

爸爸："说起来容易啊！"

妈妈："我们需要一个计划。"

尼克医生："对，我们要制订一个计划（见**第三部分**）。"

妈妈（半开玩笑地）："太好了！我们什么时候可以开始？"

尼克医生："我们今天会讨论一部分，但是要想知道如何逐个应对所遇到的麻烦需要一些时间。"

爸爸："这是进步的标志，对吧？"

尼克医生："他比你们还聪明了，对吗？我认为这是一个好现象。"

我们都笑了。

尼克医生："不过我也听到朱莉说的话了，换成我，我也会受不了的。雅各的各种表现都让你们头

---

[1] 译注：奥斯卡是电视节目《芝麻街》（*Sesame Street*）里面的一个角色，爱发牢骚，脾气古怪。

疼不已。我只想让你们相信这些会过去的。我们必须在家里建立一个体系，这样雅各才能学会更好地控制自己的冲动。这需要一到两次的复诊来完成，我们将教他如何以更恰当的方式（至少在某些时候）获得想要的东西。"

妈妈："有道理，知道我们会有行动计划后，我感觉好多了。"

**同龄人** 雅各去上特殊教育幼儿园时，还是没有跟其他孩子一起玩。据幼儿园老师说，其实雅各也想和其他孩子一起玩，但他不知道该怎么做，所以他只是站在旁边看别的孩子玩。对朱莉和吉姆而言，这是一个让人伤心的消息。

爸爸："那么，我们怎样才能帮助雅各提高社交能力呢？"

尼克医生："他会在家里习得最重要的社交技能，包括如何长时间地进行来回的互动，以及如何玩假扮游戏。你们已经看到，通过正确的方式跟他互动，他有什么样的表现。"

雅各与同龄人交往的方法和技巧正在发展，但他现在还处于功能发展水平第五阶段，所以不要操之过急。他从查理那里学到了很多社交的方法和技巧。雅各每周有四个半天的时间在学校，有足够的机会接触其他孩子。他在那里学到了很棒的技能，比如倾听，和其他孩子坐在一起，做有趣的任务，遵守规则，在群体中与人相处等。

总之，雅各在5岁生日前达到了功能发展水平的第五阶段。事实上，他知道什么是生日会，因为他的弟弟查理两个月前过了3岁生日，而雅各的生日也快到了。雅各不停地谈论礼物。他知道自己想要什么礼物，他想要卡车麦克和闪电麦昆，跟我诊室里一样的玩具车。他看了很多遍《汽车总动员》这部电影，他已经理解了其中的故事情节。雅各现在能够"分享意义"。

## 雅各在诊室里大发脾气！

正当雅各的父母快要讲完他最近的进展时，雅各开始哀号起来。他一直在玩卡车麦克，突然发现（之前一直是完好无损的）卡车的后轮不见了！

雅各（叫嚷）："轮子，轮子！"

尼克医生："他在抱怨，因为后轮不见了。"

妈妈："他最近经常发牢骚，情况越来越糟了。"

爸爸："事情一旦不如他的心意，我们就得小心了。"

妈妈："他有时会发一个小时的脾气。"

爸爸："并且一直尖叫。"

尼克医生（对雅各的父母说）："期望破灭会引发不安。"

尼克医生（对雅各说）："麦克的轮子丢了，雅各，没有轮子了！"

雅各（声音越来越大）："轮子！没有轮子！"

尼克医生（对他的父母说）："这是功能发展水平第五阶段的常见行为。在他的脑海里事情本应该是这样的，如果不是，他会感到不安。"

妈妈:"最近经常发生这种情况,我们不知道该怎么办。"

尼克医生:"我会采用五步法帮助孩子应对挫折,但雅各现在闹得越来越厉害,我先用这些方法帮他平静下来,然后再逐一介绍各个步骤。第一步是承认他的感受,这非常重要。"

爸爸(拿出手机,开始做笔记):"我要把这些都写下来。"

雅各越来越生气。他的喊叫声越来越大(手机都录下来了)。

雅各:"没有轮子!"

尼克医生:"是的,雅各,麦克的后轮不见了!"

雅各:"轮子,都不见了!"

尼克医生(对他的父母说):"我要向雅各**描述**他的感受。**第一步**,把他此时此刻的感受告诉他,然后我要替他说话。重要的是一定要先**说出**他的感受。"

尼克医生(对雅各说):"你想要麦克的轮子。(陈述)轮子不见了!(陈述)轮子在哪里呢?(我替雅各说)"

雅各(点点头,稍稍平静下来,他的表情看起来非常失望和难过):"轮子在哪里?"(他把双手翻过来,手心朝上,然后耸了耸肩,做了一个非常可爱的手势,意思是"它们去哪里了?")

尼克医生(对他的父母说):"**第二步**是讲道理。"

尼克医生(对雅各说):"雅各,太糟糕了!麦克的轮子坏了。"

雅各:"坏了。"

尼克医生:"轮子坏了。麦克受了点轻伤。"

我试着再讲讲道理:"但是你看,麦克还能跑。它有其他的轮子。"我蹲下来,开着红色大卡车麦克绕了一个大圈。"看,它没事!"

雅各(烦躁,难过地大叫):"没有轮子,麦克没有轮子!"

尼克医生:"轮子在哪里呢?雅各,我们要去找它吗?轮子,你在哪里?"

**第三步**是分散注意力。显然讲道理是行不通了(至少现在不行),因此我们开始寻找轮子。我们找了抽屉、架子和玩具篮等地方。(我对他的父母耳语说轮子不见了,但我们可以通过寻找轮子分散雅各的注意力,也许这样就能帮助雅各在这个过程中平静下来。)我指出在分散注意力的过程中,我和雅各有了很多交流:我们一个又一个地方去寻找,雅各来回地看着我。吉姆和朱莉,甚至查理也加入了寻找轮子的队伍。但是很不幸,我们没有找到轮子。

妈妈:"现在我们该怎么办?这种行为在家里也经常发生。"

爸爸:"而且最近越来越糟了,他会像这样哭闹很长时间。"

的确如此。他的哭喊声越来越大,越来越尖锐。事后我的员工说,那天整个办公室里都能听到雅各的声音。他的哭闹已经持续五分钟了,还没有停止的迹象。如果别人听到的话,可能会以为我们在虐待他。他显得非常烦躁。认可他的感受（第一步），和他讲道理（第二步），分散他的注意力（第三步）都没有效果。

妈妈（焦虑地）："宝贝，没事的，没事的！"

雅各跑向妈妈，趴在她的膝盖上哭泣和尖叫。

尼克医生（好家伙，他这又哭又闹得就像"如果找不到我的车轮，那就是世界末日了似的！"）："行了，朱莉，我们别理他就好，别跟他说话了。你如果关注这种行为，就是在推波助澜。"

爸爸："我就是这么跟她说的，但是她这人心太软了！她总是不想让他难受，可是这种做法好像只会让事情变得更糟。"

尼克医生："确实很难坐视不理。他是你们的孩子，这一路走得那么不容易。看着他受苦让人很难受。"

妈妈："这真的让我很难过。"

爸爸："嗯，这让我很生气。你看看他，因为一个小破玩具尖叫不止。雅各，快停下来！"

雅各仍在不停地尖叫。值得称赞的是，查理显然已经习惯了，还在那乐乐呵呵地继续玩，好像什么事情都没发生。

尼克医生："是的，我知道这很难。你们都没错。他因一点小事就大发脾气确实让人难受，他应该学会放下。我们别理他。这是第四步：**忽视**。"

**传递"你能做到"的信息**　你们要把注意力从雅各身上移开，现在雅各达到了功能发展水平第五阶段，他变得越来越聪明，有了新的时间感和期待感，现在可以让他体验挫折和失望了。这是控制自己情绪的开始，在接下来的几个月里，他会被自己的情绪掌控。他需要一段时间，至少是几个月，才能学会控制住自己的情绪。**父母相信他能解决这个问题非常重要。他会感受到你们对他的信任，并从你们那里获得支持**。在这个过程中，我们要向雅各传递**"你能做到"的信息**，即"我知道你很难过和失望，但这并不是世界的末日。你可以控制好自己的情绪"。

忽视会向他传递一个信息，即你们并不担心。当你们关注由小问题引发的烦恼时（如丢失的车轮），你们实际上是在传递你们觉得他很无能的信息："哦，你这个可怜的小家伙，我为你感到难过。那么小的问题你都处理不了。你很沮丧和失望。我很担心你！"

此外，你们也没有必要生气或拒绝。你们如果生气，传递给他的信息就是："我生你的气，因为你不守规矩。"我们需要明白这是情感发展的必经阶段。如果他想哭，他可以哭，但你们不会太在意，因为事情并没有那么严重。

所以我们就不理他了。你猜怎么着？他越来越生气！他开始扔东西。他把一辆厢式小卡车扔到了墙上，墙上的油漆都掉了！

尼克医生（用响亮清晰的低音）："雅各，不可以扔东西！"

我站起来（征得了父母的同意），拉着他的手制止了他的行为，把他带到吉姆面前。他现在气到跳脚，显然已经失控了。

妈妈："您可算见识到雅各的厉害了。"

尼克医生："现在让你们看看**第五步，控制他**。当其他步骤都失败时，你们必须阻止他摔打东西，伤害自己或他人。"

妈妈："他这么闹腾，真的太不好意思了！"

尼克医生："不用不好意思，这种事情我见多了。当雅各处于现阶段的能力水平时，这是很常见的问题。尽管雅各5岁了，可他现在的行为还在可怕的两三岁这个阶段。我们现在控制住他，看看他能坚持多久。之前的最高纪录是整整一个小时！"

爸爸（紧抱着边挣扎边尖叫的雅各。雅各双手被控制在胸前，身体被卡在爸爸的双腿之间）："雅各，别闹了！不准扔东西！"

尼克医生："就是这样，吉姆。你告诉了他'不准扔东西'的规则。现在你跟他说，当他平静下来并控制住自己的时候，你就会放他走。"

爸爸："雅各，等你冷静下来之后，你就可以去玩了。"

尼克医生："非常好！现在我们忽视他，直到他平静下来为止。"

爸爸："我的同事也有一个像雅各一样的孤独症孩子。那个孩子也像雅各一样不听话，整天发脾气。他们去看了儿童精神科医生，医生给孩子开了药。孩子现在好多了。您认为雅各需要用药物控制所有这些行为吗？"

尼克医生："药物可能会有所帮助，我也会给这些孩子开药（见**第22章**）的。但我想看看，不用药物的话，我们能不能帮助到雅各。"

妈妈："药物没有副作用吗？"

尼克医生："当然有啊！如果我们能在不用药物的情况下帮到他，那就更好了。"

妈妈："那就赶紧帮他吧。我真的受不了这种尖叫。"

尼克医生："你对他要有一颗温柔的心，但也要记住，你要向他传递他能做到的信息，相信他可以控制自己。"

雅各在接下来的几分钟里继续竭尽全力地尖叫，完全失去了控制。我们假装听不见他的哭叫，专注于谈论他的健康状况。

尼克医生（提高音量才能盖过雅各的哭叫声）："雅各的睡眠情况如何？"

妈妈（看到这种情况，忍不住笑了）："我们坚持让他睡在自己的床上之后，情况有所改善，但我仍然要坐在他的房间里，等他睡着才能走开。不过，至少他不跟我们一起睡了。"

爸爸："这就是进步。"

尼克医生："确实是进步。"（但我在心里记下了：妈妈每周有好几天晚上都要起床一到两次，坐在雅各的房间里陪他入睡。）

雅各的尖叫减缓了一些，转为了呜咽。随后他又因为被紧紧抱住而气愤不已，再度失控。

尼克医生："吉姆，再跟他说一次，当他停止尖叫并控制住自己的时候，你才会放开他。"

爸爸（对雅各说）："雅各，只要你不再尖叫，我就会放你走。"

尼克医生："很好。现在别理他了。（大声说）那么我们来谈谈如厕吧。一旦达到功能发展水平第五阶段，孩子就准备好学习如厕了。"

爸爸："他绝对已经准备好了。"

妈妈："他知道该怎么做，但他坚决不干。"

尼克医生："哎呀，确实不好办。你们到目前为止尝试了什么方法呢？"

妈妈："都试过了。称赞、贿赂、给他买'大男孩'内裤。"

爸爸："他不介意坐在马桶上，但是他能坐上10分钟却不拉出来。等我们帮他穿上纸尿裤，他马上就拉在里面。"

尼克医生："这很常见。他已经习惯了拉在纸尿裤里面。"

妈妈："我们甚至给他买了电影《汽车总动员》周边产品的内裤，可他还是会把大小便排在裤子里，看起来毫不在乎。"

这时，雅各终于安静下来了。就因为找不到卡车麦克的后轮，他哭叫了整整十五分钟！

尼克医生："好了，吉姆，放开他吧。"

雅各跑到妈妈那里求抱抱，然后一切就结束了。他看看丢失了后轮的"麦克"，又看看我。

尼克医生（我冒着从头开始的风险，用悲伤的声音说）："再见，车轮！"

雅各："再见，车轮！"

他又开始哭了，这次与其说是愤怒地哭泣，不如说是悲伤地流泪。

尼克医生："我正在帮助他走完这个心路历程。我想让他在有了更强的控制力的前提下，重新体验挫败感。他现在就在体验这种感受。这是一种进步。"

这一次，雅各的哭声只持续了一分钟。然后，他就不再哭泣，开始玩拼图了。

妈妈："太好了，好开心啊！终于结束了。"

尼克医生："下一次时间会缩短的。希望他接下来的十次发脾气，持续时间会越来越短。最终，他将能够以成熟的方式处理自己的大部分冲动。"

妈妈："希望如此。我快被他折磨死了。"

尼克医生："通过五步法，我们应该可以在一两周内看到雅各的改善。当你们按照这个行为计划行事，发现自己能做到心平气和的时候，说明你们已经成功了。"

妈妈："我还没达到那个境界。我感到很有压力，而不是平和。"

爸爸:"但是,亲爱的,现在我们知道该做什么了。我写下来了:
- 把他的感受告诉他。
- 和他讲道理。
- 如果他不明白,就试着分散他的注意力。
- 如果没法分散他的注意力,就不要理他。
- 如果他的行为过分了,就控制住他。"

尼克医生:"天啊!你学会了!关键是不要让他激怒你们,而是把这样的事件看作帮助他成为更好的**情感思考者**的机会。朱莉,你可以做到的。吉姆,不用药物治疗的好处是效果相对持久。当他习得这种能力后,这种能力就会刻在他的大脑里。药物在短期内会有帮助,不过根据我的经验,停用药物后问题可能会重新出现。"

妈妈:"我们可以接着说如厕的事吗?"

尼克医生:"这样吧,雅各和查理已经开始不耐烦了。我先给你们一些参考信息。你们回去先看一下,然后给我打电话,我们再讨论具体的细节(见**第23章**),可以吗?"

妈妈:"好的。"

孩子们开始争吵,他们不耐烦了。我问他们想不想要棒棒糖(无糖)。他们当然想要。我让他们去找前台的接待员艾米要棒棒糖,之后他们带着棒棒糖回来了。他们(暂时)变得快乐而安静。我把录音机打开,继续我们的谈话。

## 训练功能发展水平第五阶段的孩子

尼克医生:"你们已经与雅各一起通过了重重关卡!他已经沿着功能发展的道路不断地前进了。我坚信雅各6岁时就能完全准备好上学前班。"

妈妈:"学校强烈建议我们上学前班,但是在前几周我们讨论过后(见**第12章**),我告诉他们我想让雅各再上一年特殊教育幼儿园。"

爸爸:"你猜怎么着?他们妥协了。我的太太可真棒!"

尼克医生:"好样的,朱莉!人生中,比同龄人多一年的学习机会是很难得的。这是雅各的机会。他还没准备好上全日制的学前班(见**第16章**)。"

爸爸:"但是我们怎么让他准备好呢?"

尼克医生:"简单来说,就是帮助他从第五阶段过渡到第六阶段。雅各应该成为一个情感思考者(功能发展水平第六阶段),具备理解他人的能力和**愿望**。现在他仍然以自我为中心,这是处于第五阶段的孩子的表现。我们必须继续训练他,这样他才能理解'为什么?'和'什么时候?'这一类型的问题。这需要时间和技巧。这是一个复杂的领域。让我们继续把重心放在第五阶段。他还没有准备好上学前班,不过我相信一年后他会准备好的。

"我们来为接下来的几个月制订一个计划。我想重点讲一些新的策略和技巧。当然,安波在下次家访时也会给你们提供这方面的帮助,我会通过视频记录密切关注你们的情况。"

关于我对雅各功能发展水平概况的评论记录，请参见本章最后的增补。

## 技巧

尼克医生："最后，我给你们一些具体的技巧思路。这是一项复杂的工作，但你们已经学会了！我很高兴看到你们使用我们上一次谈到的技巧，比如，**镜像描述情感，说出他的意图，寻求大、小、微交流环**，等等。它们仍然适用。事实上，继续使用这些技巧仍然非常重要。

- 跟随他的引导和想法。这是 PLAY 模式的基本方法。既然雅各已经能明白你们的意思、听从指令和模仿，你们也可以尝试**教**雅各一些技能，比如字母、颜色和数字，帮助他做好上学的准备。注意，除非雅各觉得你们的教学过程是有趣和好玩的，否则教雅各学东西不是真正的 PLAY 模式的内容（或者说孩子学东西并不是真正的和孩子一起玩）。你们要时刻问自己：**这是谁的想法**？重视、尊重和跟随雅各的想法仍然至关重要，也许现在比以往任何时候都更重要。他有很多想法！你可以整整一分钟什么也不做，就等着看他想干什么。然后，跟随并参与实施他的想法（和他在一起并描述出来）。一旦你们知道他的意图是什么，就可以在此基础上使用一些技巧，比如**设置一些好玩的障碍、让他自己动手、加入主题和变化**。"

妈妈："现在他可以学习了，我真的好想多教他点东西。"

尼克医生："别误会了，朱莉。只要他觉得有趣，教他学东西是没问题的。"

爸爸："他喜欢学习新事物。"

尼克医生："要了解雅各的感受。如果他看起来不想做某件事情，你们可以说'嘿，宝宝，你玩够了吗？'允许他停下来。接受、认可他的感受，然后跟随他。需要注意以下几点。

- 当雅各表现出高的功能发展水平时，你们可以跟他在对应的功能发展水平上玩耍互动，但当他表现出低的功能发展水平时，你们也要降低玩耍的难度。你们要跟随他的引导，不要只是在他最高的能力水平上玩。就算他退回到第一阶段，也不要害怕跟随他的引导。他可能需要回他的舒适区调整一下才能平静下来。我们在压力大或想放松的时候都会这样做。当跟随雅各下降到低一点的功能发展水平时，你们不仅可以帮助雅各调节情绪，还可以帮助他补上前三个低的功能发展水平的小漏洞。例如，当他全神贯注地盯着火车的时候，他只是想'看看'和享受眼前的视觉刺激。你们可以进入他的世界，说：'看看那些火车，雅各！'你们可以使用'兔子洞技巧'。有趣的是，既然雅各的接受性语言已经很好了（即他能理解的已经很多了），你们也可以跟他谈论他的自我刺激：'嘿，雅各，别再沉迷于"托马斯"了，来吃饭吧。'我称这种技巧为**元认知思维**——反思正在做的事情。这是在用他的高等级功能提升他的低等级功能。

- 单一主题的假扮游戏。以雅各目前达到的最高水平来说，他会对**带有主题的假扮游戏**感兴趣。第四阶段的游戏非常简单且更多用的是**手势**表达，例如，雅各把瓶子放在娃娃的嘴边，或者把电话放在耳边。而第五阶段的假扮游戏则**真正具有象征意义**。这些想法不再是简单的动作，而**是沿着一条主题线重复某些特定的活动**，象征着现实生活。

"这里有一个主题性游戏的思路列表。我知道你们已经在家庭顾问的家访中做了一些这样的活动了，但回顾一下也无妨。

- 喂食游戏：喂手偶、娃娃、动物玩具吃东西。
- 开车游戏：开着玩具汽车、火车、卡车去不同的地方。
- 家庭主题游戏：让娃娃吃东西、睡觉、拉便便、尿尿、睡觉。
- 看病游戏：打针最好玩啦！
- 怪物游戏：我要吃掉你！
- 扮演'坏人'游戏：'不要关灯！'或者'别吵醒妈妈！'
- 击剑游戏（我是'反派'的粉丝）。

"喂食是一种经典的主题游戏。你们可以让雅各给手偶喂一块椒盐卷饼塑料模型，手偶说：'好吃，好吃！我想要果汁。'然后，让雅各给手偶喂果汁。手偶又说：'我能吃一块饼干吗？'**围绕同一主题变化具体内容**。如果你们玩的是'看病游戏'，那么，首先他可能会使用听诊器，接着使用耳镜，然后会量血压，最后会给你打针。"

**爸爸**："当他喜欢某样东西时，他就会不停地做那一件事。"

**尼克医生**："这时候你们需要使用**主题和变化技巧**。想一想，关于喂食或看病这些游戏主题，你们可以做哪五件事让雅各觉得好玩呢？"

**妈妈**："雅各非常喜欢我做您上一次做过的事情，就是把食物吐出来，然后说：'呸，**我不喜欢椒盐卷饼**！'"

**尼克医生**："你把食物吐出来了？朱莉，你也走反派路线了？"

**妈妈**（没理会我的问题）："他喜欢我害怕打针的样子。他追着我要给我打针的时候，一脸坏笑。"

**尼克医生**："不管你们有没有意识到，你们都在增强游戏中的因果关系。你们正在联结想法——打针会疼。还有另一个我喜欢的游戏叫'不要叫醒爸爸（或妈妈）'。你假装睡觉，然后他叫醒你，你就假装生气地说：'雅各！别吵醒爸爸！'"

**爸爸**："我们玩过那个游戏，他喜欢扮坏人。"

**尼克医生**："但第五阶段的主题游戏不应设有故事线，即含有开头、中间和结尾，比如，玩餐馆游戏、看病游戏。这些有故事情节的假扮游戏对雅各来说太难了，我打赌他不会觉得很好玩。虽然他现在可能还不明白，但他最终会理解的。从第五阶段到第六阶段的转变非常复杂（见**第15章**）。在第五阶段的主题游戏中，主题几乎不会变化。你们会知道自己做得对不对，因为如果你们做对了的话，会很有趣，雅各会想要一遍又一遍地玩。如果在今天结束之前有机会的话，我就给你们表演一个专家级别的第五阶段的击剑游戏。

"我喜欢的主题游戏玩具包括：
- 娃娃、手偶和动物玩具。
- 茶话会的杯子、盘子、炉头玩具。
- 娃娃屋和/或农场屋。
- 食物玩具。
- 医生玩具套装。
- 简单的积木、乐高玩具。

"这些玩具你们家里可能大部分都有。你们还是应该将电视、手机和其他电子产品的使用时间限制在每天1小时,最多不超过2小时。雅各应该会喜欢玩这类玩具。**你们可以装得傻乎乎的,让活动变得有趣**,然后等着看雅各能想出什么玩法。

- **一直跟随他的引导不代表事事跟随他的引导**。我知道这感觉像是什么话都被我说了,但不是这样的。我之前提到过,第一条规则仍然是'跟随他的引导'。第二条规则是'挑战他',让他能够听话、配合、完成任务、遵守规则、轮流、有礼貌、恰当地问候他人、上厕所等。我称之为'能的哲学'。你们问问自己:'他能做到吗?'如果答案是:'是的,这在他的能力范围内。'那么你们就应该期待他做到并支持他。他应该清理自己弄乱的东西。他应该在门口迎接爷爷奶奶。当你们要求他做一些重要的日常活动(穿衣、刷牙等)时,他应该听话照做。这个阶段的孩子仍然非常自我、反复无常。他们仍然会我行我素。你们必须重复并解释你们说的话。他可能会拒绝你们的要求。没有关系,你们可以把抗拒变成讨论或友好的争论。使用被我称为'拉锯战'的技巧。

- **拉锯战**,这是一个极好的技巧。考虑到雅各最近的固执表现,恐怕你们需要经常用到这个技巧。每当雅各不想做他必须做的事情时,如刷牙、停止看电视或收拾玩具,你们就用这个技巧。你们知道吗?当你们试图拿走狗狗嘴里叼着的袜子时,它会咆哮、拖拽。这其实就像你们要停止孩子喜欢的活动,孩子会跟你们争论的情况一样。你们会进行像'是吗?''是的''是吗?''是的'这样的来回拉扯。这就是我所说的**拉锯战**。你们要参与拉扯本身,享受来回争论的过程,但方法必须对。这个过程必须有趣。

"你们一定要从描述感受开始('你不想关掉电视。'),然后**给出理由**('雅各,该吃饭了,必须关掉电视。')。如果这些都不起作用,那么你们就会进入拉锯战。比如,想象一下这样的场景。

妈妈:'雅各,该吃晚饭了,关掉电视吧。'

雅各:'开着电视。小猪佩奇!'

妈妈(用陈述句,而不是问句):'你想看小猪佩奇。'

雅各(坚定地):'是的,看小猪佩奇。'

妈妈:'雅各,晚餐时间到了,我们不看小猪佩奇了。'

雅各:'没到晚餐时间。'

妈妈:'到晚餐时间了。'

雅各:'小猪佩奇。'

妈妈(开玩笑地抓住他的手,用力拉了拉,但没有来硬的):'来吧,小猪佩奇结束了。(用搞笑的声音说)结束了,小猪佩奇。再见,小猪佩奇!'(拉他的手,并捏捏他的手。)

雅各笑。

妈妈:'来吧。我们吃饭吧。趴在我背上,我们骑大马回去吃饭。'

雅各终于妥协了,爬到妈妈的背上离开了,他们一起走向餐桌。"

"**拉锯战**有很多好处。首先,它能让你们保持幽默感。你们不必(立即)获胜,你们只需要继续争论下去。其次，你们形成了有着大量交流环的长时间互动。最后，你们让雅各明白了，你们不会让他无视你们，他不能违反规则，也不能在没有完成一项活动的情况下就想要离开（你们让他习惯了你们想要他做出的**改变**。例子见**第 18 章**）。

- 社交礼仪：**协商关系**。与'拉锯战'密切相关的是'协商关系'。如果我现在突然站起来，一言不发地走出诊室，你们就会想是不是出了什么问题了，或者觉得我很粗鲁，没有礼貌。你们会希望我和你们**协商我们之间关系的边界**，比如，我在出去之前跟你们说'我马上就回来'或者'对不起！'这样的话。我们期望通过发表意见确认彼此的社交关系，我们总是会说'你好！'和'再见！'。然而，我们却一直放任雅各不去协商与他人的关系。确实，即使是两三岁的普通孩子（第五阶段）也不太懂得社交礼仪。而孤独症儿童要比普通儿童在人际关系方面付出更多的努力。我想让你们做的就是发表意见，并坚持要雅各回应。当他走进房间时，你们要说：'雅各来了。嗨，雅各！'然后坚持让他说"嗨！"，或者至少跟你们击一下掌。当他离开时，要说'再见，雅各！'或'你要去哪里？'不要忘记为他做示范，你们也要说'我马上回来'或者'等一下，我得去拿点东西'。
- **示范**。我们现在期望雅各能够模仿我们，那么我们就来运用一下他要学的这项新技能。比如，可以用**玩具娃娃**示范如厕。我们也可以**轮流**边转着圈，边唱边模拟，加上音乐和滑稽的动作。我们还可以示范社交礼仪技能和日常生活技能（穿衣、刷牙、用餐）。我只是想让你们意识到模仿和示范的力量有多强大。你们甚至可以把雅各或查理做得好的地方录下来，这样他们就可以看着自己，甚至模仿自己。这个方法真的非常有用。
- **语言**。我们需要一些额外的言语语言治疗帮助雅各大幅度提高语言技能。我不是这方面的专家，但我有一些建议。
  ○ 雅各喜欢命名，那你们就对重要的事物和行为进行命名。'雅各，看！**月亮！**'
  ○ 多问一些关于'什么？谁？在哪里？'的问题，这样他就有机会给事物命名了。
  ○ 既然他能阅读了，就可以把重点放在动词上。比如，'指给我看哪只奶牛在吃东西。''睡觉的奶牛在哪里？''跟奶牛说'晚安！''注意我是如何插入一步指令的。
  ○ 阅读时，把重点放在每一页的内容上（而不是通读整本书的故事），'哦，不好了！托马斯正在进入隧道，里面很黑！'
  ○ 可以谈谈**概念**。'这里很黑，他能看见吗？不行！太黑了。'
  ○ 加入一些'是'和'否'的问题。
  ○ 用例子来解释意思。关灯时说：'黑了。'打开灯时说：'又亮了！'语气要夸张点。使用反义词。
  ○ 好的言语语言治疗师会帮助你们教雅各学习介词、复数、代词和更高级别的疑问句。"

## 击剑游戏！

尼克医生："好吧，今天的时间到了。（我开始唱著名的清洁歌。）收拾，收拾，大家都来收拾。谁想再吃一根棒棒糖？"

查理:"我!"

雅各:"我!"

尼克医生:"好的。把玩具收拾好,你们就可以拿到棒棒糖了。雅各,你把火车放在篮子里(我示范了一下)。查理,你把医生玩具放在医生玩具箱里。"

孩子们收拾得很干净,然后他们就去前台拿他们的棒棒糖了。我趁这个机会询问了吉姆和朱莉的近况。

尼克医生:"你们两位最近感觉如何?"

妈妈:"还是像以前一样觉得压力很大。就好像打游戏好不容易升了一级,但后面还有一级,一级又一级!水平越来越高,情况就变得越来越复杂,好像永远没有尽头一样。"

尼克医生:"这确实是一项复杂的工作,会让人感觉似乎永远没有尽头。"

爸爸(插嘴):"但这是有回报的。雅各表现得很好!我喜欢详细的指导,只要有计划,我们就会去做。"

孩子们回来了。我拿出我的"剑"——黑色的、差不多一米长的塑料软管,每根的价格不到1美元。

尼克医生(对雅各的父母说):"在你们走之前我可以和他们玩一会儿击剑游戏吗?"

爸爸:"没问题。"

妈妈:"太好了。让他们在坐车之前消耗一下精力。"

尼克医生:"准备战斗吧!"

我给查理和雅各各自分派了一把"剑",他们把"剑"拿在手上。他们有点放不开。我就站在那里,举起我的"剑",摆出一个拔剑的姿势。然后,我开始唱电影《夺宝奇兵》(Raiders of the Lost Ark)的主题曲。孩子们像看疯子一样看着我。我用"剑"轻轻敲打他们的"剑"。

尼克医生:"哧哧哧哧!"

查理反击了。雅各也紧跟其后。我们剑拔弩张。然后我加大了力度,每次击剑都说"嘭!"

尼克医生(我击中查理的肩膀):"打中了!"

查理:"打我!"

雅各:"打我!"

尼克医生:"哎哟,哎哟!是吗?"

就是要这样玩!他们觉得这是最好的游戏。这么有意思的击剑活动,印第安纳·琼斯[①]看到都要

---

[①] 编注:印第安纳·琼斯(Indiana Jones),是一个虚构的人物,是电影《夺宝奇兵》系列的主角。

嫉妒的。他们不断向我出剑，直到"击倒我"为止。我瘫坐在椅子上。

尼克医生："我们去打爸爸。"

我们都转向吉姆，用不会造成伤害的"剑"啪啪啪地打他。"我们击倒他了！好吧，你们赢了！去拿你们的棒棒糖吧。"

孩子们跑走后，我再次为雅各的进步恭喜了吉姆和朱莉，并鼓励他们"坚持下去"。

尼克医生："我们会让雅各的行为问题得到控制的。我们计划一下下次什么时候来复诊。"

多么激烈的会面啊！我感觉自己好像在击剑时被打了个半死！但是，走出诊室的时候，我知道雅各正在步入正轨。光是想象接下来的四至六个月里他会取得多大的进步，我都有点激动了。这个孩子要准备去上学前班啦！

## 小结

- 雅各与我们"在一起"的时间更多了，他现在可以连续打开和关闭许多交流环，有的时候还会有持续的互动。他的孤独症的面纱正在不断褪去。雅各突然出现"碎片化"互动的情况减少了，他回到自己舒适区的时间也更少了。他想和别人一起玩！
- 他主要通过肢体语言沟通，但他也会说很多单词，而且他能够执行一步指令了，比如："雅各，把球给我。"这是巨大的进步。
- 简单的假扮游戏行为也在逐渐出现，这是个很好的迹象，表明他的情感生活也变得丰富了。他不再只满足做重复的行为。
- 社交方面，他变得更聪明，更有意识，并且开始拥有更清晰的感受。他开始抱怨和发牢骚。他会欺负查理，不跟他分享。因为父母在孩子的行为管理上意见不合，所以我们需要尽快讨论这件事。
- 我教雅各的父母用五步法帮助雅各应对挫折。
- 我列出了一些技巧帮助雅各巩固他从第一阶段到第四阶段的功能。
- 我现在很乐观，雅各已经迈过了第五阶段——分享意义和象征意义，正步入第六阶段！（见下文增补内容。）

## 预告

- 雅各能在巩固功能发展水平第五阶段的能力的基础上稳稳地向第六阶段迈进吗？丰富的假扮游戏就是秘诀。我给朱莉从头到尾详细地讲述了更高水平的假扮游戏技巧。
- 行为问题变得更糟，包括不听话、攻击行为、睡眠问题、如厕问题和同胞竞争。
- 雅各的父母正在考虑明年的学校安排。

# 增补：雅各的功能发展水平特点

嗨！吉姆和朱莉。我是尼克医生，我想给你们提供一些关于雅各功能发展水平的反馈。安波把你们的视频分享给了我，以下是我的看法。

**功能发展水平第一阶段——共同注意和自我调节：牢固度 75% ~ 100%，但自我调节能力下降。**上次，雅各还只是大部分时间能够留意到我们的存在，现在他几乎一直和我们"在一起"。他的**共同注意**已经转变为了长时间的参与和互动。他有时也会走神，但你们会等他重新联结之后再继续，你们真的很棒！他仍然有他的舒适区活动（除了火车，现在还有书籍和字母，以及蹦蹦跳跳），会偶尔出现"碎片化"互动（突然中断互动），但那个漏洞正在逐渐被填补上。他没那么刻板了，正在慢慢掀起孤独症的面纱，现在他就是**故意**不搭理我们——这个小坏蛋！

雅各通过不搭理我们或拒绝我们，试着控制和**调节**他的世界。但这种方式不仅让他气急败坏，效果也不是很好。我们希望他能**告诉**我们他有什么感觉，他想要什么，而不是大喊大叫、发脾气、打人等。我们引导他用象征方式表达感受。我称之为**适宜的负面**行为。虽然有的方法消极，但这说明雅各正在向好的方向发展。我们希望他能多思考，不要反应过度。使用语言表达想法是自我调节和自我控制的捷径（见**第 17 章**）。成熟的人就是这么做的。我们会有情绪化的反应，但我们能识别自己的感受，思考它们，解决问题，做出决策。那样，我们不用动手打人也会感觉好起来。打人可是要坐牢的！

识别感受是管理感受的第一步。我喜欢你们给雅各的感受**命名**，以及识别他意图的方式。这比任何其他技巧都更能改善雅各的行为和自我调节能力。被理解的感觉很好，不是吗？

你们也会跟雅各解释事件和互动，你们有和他讲道理，但要说得简单点，不能超过他的理解能力，请坚持做下去。雅各需要明白他要通过交谈和讨价还价，而不是通过哭泣和发脾气得到他想要的。这是帮助雅各控制自己的第二个重要的方法——解释和讲道理。

即使你们做了这些事情，从短期来看，他还是会像在我的诊室里那样出现不良行为（还记得卡车"麦克"丢失的轮子吗？）。有一段时间，他的情绪自我调节能力会很差，这是可以预见的。我的意思是说他在 5 岁的时候表现出可怕的 2 岁行为。虽然这个过程会很痛苦，但这是真正进步的迹象。他明白的东西更多了；他的欲望变得更加强烈了；他能看见这个世界了，包括他的冲动世界，这对他来说难以承受。这导致了他冲动、控制能力差和有调节问题。他现在有真正的行为问题，比如打人、不听话、发脾气。我已经见识过了。我们会让这个男孩重新调整好状态，但是要采取一种稳定、一致的"外柔内刚"的方法。也就是说，我们必须体贴、敏感、反应灵敏……不过也要态度坚定。跟他说清楚规则，执行一致，而且要坚定。我们要传递给他"你能做到"的信息。随着时间的推移，他的冲动和不良行为会减少，他对事物的理解会加深，良好行为会越来越多。在接下来的复诊中，我们将更多地讨论行为问题（见**第三部分**）。

**功能发展水平第二阶段——参与：牢固度 100%。**只要我们想，就可以随时**参与**到雅各的活动中。他可能不喜欢，会中断参与，但这也是参与！事实上，这是一个新的挑战——当雅各处在强烈的情绪中或面对挑战时，他还能保持参与吗？当他想要退出参与时，他能用**自己的语言**表达吗？他能**协商**关系而不是中断关系或突然停止互动吗？我希望我们谈论的那些技巧能有所帮助——我不希望他在你们和他谈论重要的事情时无视你们并走开。现在，他不单是能够参与互动就可以了，还要保持与其他人长时间的互动。

**功能发展水平第三阶段——简单的双向沟通：牢固度75%~100%**。雅各的双向沟通能力真的已经跃升到这个水平了。他几乎一直都在留意身边的人和事，而且他一直在倾听（当内容对他很重要的时候）。正如你们所说，当他想要什么东西的时候，他马上就想拿到！这就是说他会**发起**很多次互动。我觉得雅各在第三阶段表现好的地方是他能够**开启**很多交流环（即发起互动），也关闭了大部分交流环（如果他想的话），但就像你们从我们与卡车"麦克"的玩耍中看到的一样，我也从他的视频中看出，雅各在更高水平的玩耍中**发起互动**仍然有一些困难，这就是为什么我没有给他100%。**所以，在较高水平（第四和第五阶段）时要慢一点**，给他点时间处理信息，这样他才会开启更多的交流环。

**功能发展水平第四阶段——复杂的双向沟通：牢固度75%**。重大利好消息！自上次复诊后，雅各第四阶段的能力得到了巩固，也就是说，他能为自己做主了。他真的很会**解决问题**。例如，他知道如何求得你们的帮助得到他想要的东西。查理拿走他的玩具时，他会打查理，还追着他不放。不是说我喜欢那种行为，只是你们必须承认他有了**解决问题**的能力。我们只要教给他更好的方法就可以了。他已经牢牢记住了自己的常规安排，非常好地**执行一步或两步指令**。很多时候，他可以在一个**连续的互动流**中有多个交流环（手势也算在内的话），但是他第四阶段的能力掌握得还不够牢固。我们仍然需要等待一段时间，这将填补那些小的（互动）漏洞。

雅各第一次运用了他的**想象力**。这是功能发展水平第四阶段的标志——简单的假扮游戏。耶！更重要的是他还可以**想象**事情应该是什么样子，当事情不是这样的时候，他就会伤心失望。"卡车麦克和它失去的轮子"这个悲惨故事证明了这一点。当时可怜的小家伙真是非常失望啊！雅各的情感词汇量（如"失望和伤心"）正在增加。这是好上加好！

**功能发展水平第五阶段——分享意义和象征游戏：牢固度50%~75%**。这是雅各目前达到的最高水平。不仅他的情感词汇在增加，他的语言词汇也在增加。**我们必须确保雅各明白我们在说什么**。这方面，言语语言治疗师可以帮助你们。这也是ABA疗法更有意义的地方。

也就是说，在第五阶段的重点很大程度上是关于接受性语言和表达性语言的。雅各在回答开放式问题方面仍然存在困难。所以我希望你们能时不时问问他："雅各，你在做什么？"如果他不回答，你们可以示范说："哦，你在玩玩具。"我希望你们能够不断引导他，帮他攀登语言"大山"。你们可以为他做示范，重复你们说的话。争取让他**关闭所有象征的交流环**，不要让他对你们的引导充耳不闻。

多说话，尤其是要多**读故事**。我觉得你们现在可以真正地给他读故事了，而不只是描述图片。雅各能理解**每一页上的内容**，如果你们常常总结的话，他也会开始理解**整本书所讲的故事**。

你们还需要玩很多有趣的主题游戏。击剑、追逐、怪物、喂食、撞车等主题游戏都很好；儿歌游戏，比如《巴士上的轮子》（The Wheels on the Bus）（我不应该提到轮子），也很有意义。你们可以经常以唱歌的方式跟他玩！还有别忘了要让他觉得有趣，记得多开玩笑。

**功能发展水平第六阶段——情感思维/逻辑思维：牢固度25%**。恭喜你们！可以说，雅各摸到了发展阶梯上第六阶段的门槛。他开始成为一个情感思考者，能够理解因果关系。虽然他还没有完成这个阶段，但我总喜欢展望未来（功能发展水平第六阶段总结，参见**附录 C**）。

处于功能发展水平第六阶段意味着雅各不仅仅是能够回答"为什么？"或"什么时候？"这一类的问题。正如格林斯潘所说，这个阶段是要**"建立起想法之间的桥梁"**，将想法联系起来。例如，当你们建立**逻辑联系**时，说"雅各，我们不能出去。因为下雨了，你会淋湿的"或者"我饿了，我们吃饭吧"，你们其实就把想法联系在一起了。当雅各能回答**"雅各，如果你饿了的话，你会怎么做？"这样的问题时，你们就知道他到达了第六阶段**，但他现在还做不到。

我们通过**描述行为的后果**帮助他将想法联系起来，比如："当你没征求同意就拿走你弟弟的玩具时，你会让他感觉很受伤，他会难过的。"

你们可以通过让他了解**社交想法**帮助他。我们在玩卡车"麦克"、赛车和黑色小汽车时，我带出了"当你遇到某人时，你要打招呼"和"当你离开时，你要说再见"的想法。过了一会儿，雅各就建立起了联系，并能够问好和道别，因为他懂礼貌。这就是处于功能发展水平第六阶段所应具备的能力。他还没到那一步，如果我们不断教他如何建立联系，他是可以学会的。明白了吗？

学会玩**双主题的假扮游戏**是通往功能发展水平第六阶段的光明大道，这一类游戏包含了故事情节。玩这类游戏时，就不只是简单地跑来跑去，还要进行比赛，也可以去"麦克"家和他的朋友"闪电"一起吃点东西。雅各还达不到这个程度，不过这是他努力的方向。

此外，**将时间与事件联系**起来也会帮助他进步。你们可以跟他谈论"他早餐吃的鸡蛋"和"我们要去商店，这样我们就可以买东西了"。我希望你们能带他看日出、日落和月亮升起，给他看起床、吃饭和睡觉的图片。当他能够回答"你今天在幼儿园做了什么？"这个问题时，就表明他在第六阶段发展得不错了。他现在还没到那个阶段。

不要揠苗助长！你们大部分时间还是要停留在第五阶段，因为开放式问题对他来说是最难的。单一主题的游戏应该让他感到好玩和有趣。你们可以阅读有趣的书，聊天，争论，享受解决冲突的乐趣。重复练习、使用图片以及用不同的方式说话可以帮助他尽可能多地理解事情。

就这样啦！雅各做得很好，你们也很棒！你们是了不起的父母。继续加油吧！现在已经看到回报了。

# 第 15 章

# 第八次来访
# 丰富的假扮游戏

## 假扮游戏

假扮游戏是童年的一个标志。然而，很少有针对孤独症儿童的干预措施能真正推进这方面能力的发展。对于雅各这样的孩子来说，假扮游戏是帮助他们从简单的兴趣过渡到复杂的功能、社交技巧和真正的同伴游戏的桥梁。

如果一个孤独症儿童可以假想……

- 洋娃娃饿了，她的妈妈或爸爸给她喂奶。
- 一辆车想赢得比赛并击败其他车。
- 泰迪熊想和他的朋友狮子一起玩，这样他就不孤独了。

那就表明他可以想象别人在想什么和有什么感受。这就是同理心——能够考虑他人的想法，它是非常重要的社交能力。假扮游戏让他能够编故事和开玩笑，知道某人是认真的还是"假装的"。运用想象力使我们成为真正的人。当孤独症儿童变得真正有创造力并开始玩丰富的假扮游戏时，这是一件令人高兴的时刻。

## 本次复诊的背景

在上一次复诊时，我兴奋地发现，5岁的雅各已经可以理解简单的"这是什么？""谁？"和"在哪里？"这一类简单的问题；他可以回答"是"和"不是"；他能在一本儿童书里，按照指令（"雅各，睡觉的小狗在哪里？"）指出画着相应情景的图片；他能执行一步指令；他有了幽默感；他"明白"了简单的单一主题的假扮游戏（见**第 13 章**和**第 14 章**）。

但是雅各的发展仍然受到明显的限制。在情感上，他仍然被简单的需求和欲望所驱使。他还是会利用他人获得自己想要的东西。尽管雅各开始表露出对他最亲近的人的喜爱、同理心和理解，但他仍然以自我为中心，容易冲动且缺乏深思熟虑；他非常挑剔，还很霸道——一切都必须按照他的方式进行，这导致了很多的行为问题（见**第三部分"导言"**）。

可以理解，吉姆和朱莉希望雅各进入下一个阶段——功能发展水平第六阶段，那样他就能：

- 不仅了解自己的感受，还了解他人的感受（成为一个真正的情感思考者）。
- 理解因果关系（即"为什么？"问题，并将两个概念有逻辑地联系在一起）。

- 有时间概念（即"何时"问题；回忆过去，预测未来）。
- 在学校里和同学相处融洽。
- 在家表现得更好。

雅各一家有些紧张，因为他很快就要去上学前班了（见**第16章**）！

自四个月前的复诊后，吉姆和朱莉一直没能让雅各"更上一层楼"。他们的家庭顾问安波报告说，他们玩假扮游戏的水平太高了，很难继续下去。我心想："让雅各更上一层楼的方法是在'恰到好处的水平'上跟他玩，这样他就能自然而然地获得提升。"但是对许多父母来说，跟能力水平更高的孩子进行互动玩耍时，他们很难做到在适当的水平上跟孩子互动。因此，在这次会面中，我们会仔细分析雅各的个人特点，帮助朱莉在恰当的水平上进行 PLAY 模式干预，并努力帮雅各提升到功能发展水平第五阶段的更高领域。

### 假扮游戏环节

我边在脑海里想着这些情况，边走出去把雅各和朱莉从候诊室迎进来。雅各和我击掌打了招呼，并不时与我有目光接触，当我问他过得怎么样时（一个开放式问题，与回忆过去和理解随意的社交对话有关），他没有理会。我注意到他在这种社交能力上的缺失，但还是继续在相对较高的水平上与他自然地交谈。

尼克医生："雅各，你准备好要玩了吗？"

雅各（点头）："是的。玩卡车麦克。"

尼克医生："哦，是的，我这里有卡车麦克，也有闪电麦昆。"

妈妈（跟着我们走向游戏室）："他上次回家后就一直在念叨那辆卡车。他的记忆力惊人。"

尼克医生："他刚说了一个五个字的句子！"

妈妈："他现在可会说了。什么事都要点评一番，对每个人都要指点一下。"

尼克医生："朱莉，请进！那真的太好了。吉姆和查理在哪里？"

妈妈（坐下）："吉姆在外地出差，查理有点不舒服，今天奶奶帮忙照看他。"

尼克医生："如果你不介意的话，我会录下我们的谈话发给吉姆。查理不在，我们就有机会只关注雅各了。"

雅各拉着我的手，把我从椅子上拉起来，让我坐到地板上。然后，他马上走向卡车麦克，玩具盒里的那辆红色大卡车。麦克的两侧敞开，露出一套闪电麦昆专用的豪华汽车套房（有电视、豪华床、冰箱等）。但是雅各找不到闪电麦昆。我等着他找我帮忙。没过几秒钟，他就看着我（开启一个交流环），开始发问（开启第二个交流环）。

雅各："闪电麦昆在哪里？（然后用一个更为迫切、发号施令的声音说）闪电麦昆在哪里？"

尼克医生："嗯，闪电麦昆在哪里呢？嗯——（我稍微延长了这个互动，环视了一下房间，然后说）你看看那边桌子的抽屉里有没有？雅各，那个黄色的抽屉。我记得它在那儿。（对妈妈说）这个小家伙有时候真是强势！"

妈妈："可不是嘛。"

雅各毫不犹豫地执行了这个两步指令，走到桌子旁边，从黄色抽屉里找到了电影《汽车总动员》的主角闪电麦昆。他的脸上露出大大的骄傲笑容。

尼克医生（对他的妈妈说）："你看到他是怎么解决这个问题的吗？我没有提醒他向我要闪电麦昆。他现在执行两步指令也没有问题了。他能分清颜色，对自己也很满意。这个孩子确实能把各种想法联系在一起了。"

**PLAY 模式实施中遇到的困难**　我们开始进行雅各的例行季度回顾。我的安排跟往常一样：了解雅各在过去几个月的表现，谈谈他的语言、社交互动、作业治疗和言语语言治疗及行为问题等。但之后我发现，朱莉对玩丰富的假扮游戏有点缺乏信心。因此我改变了计划，并"跟随她的引导"。

妈妈（带着尴尬的表情）："我想我不够有创意，没法像安波那样跟雅各玩。她玩起来轻而易举，我不是想不出玩法，就是玩的游戏等级太高。"

尼克医生："听起来你好像给了自己很大压力。"

妈妈："我觉得我要么是对他要求太高，要么是束手无策。"

尼克医生："你跟他玩过简单的打闹游戏吗？这是很好的入手点。"

妈妈："嗯，我也加入了'反派'行列了，尼克医生。他每天都要玩击剑。我尖叫着像女妖一样追逐着孩子们。我用手偶把他们'吃掉'。我还会让他们骑大马，把我累得腰酸背痛。可能是我太贪心了吧。"

尼克医生："你想知道如何将游戏向着更高水平扩展。"

妈妈："对。我想进入**真正**的假扮游戏。我觉得他已经准备好了。"

尼克医生："他和查理相处得怎么样呢？查理多大了，快 3 岁半了吧？我敢打赌，他和雅各是好兄弟。"

妈妈（有点难过）："查理的假想能力很棒，比雅各好。"

尼克医生："你很难接受，对吧？我明白你的感受。"

妈妈："没关系。雅各度过了美好的一年，我应该感到高兴。"

尼克医生："悲喜交加很正常。我很欣赏你这一点，朱莉，你总是能全盘接受一切。"

我们的话题短暂中断了一下，转为先确认一件事：虽然雅各已经取得了很大的进步，但在某些发展区，弟弟查理已经超过他了。

妈妈："查理开始交朋友了，看着雅各在社交上还是举步维艰，真让人难受。"

尼克医生："但这正是弟弟妹妹可以出力的地方。他可以向你们展示如何玩得开心，示范假扮游戏，他还可以成为雅各的玩伴。"

妈妈："这些日子，他们吵架的时候比开心和相亲相爱的时候多。"

尼克医生："那也很好啊（朱莉给了我一个'你站着说话不腰疼'的眼神）。也许我们以后会讨论兄弟姐妹之间的竞争与约着一起玩的事情（见**第16章**和**第24章**）。现在，我们先说说玩的事情吧。"

### PLAY 策略回顾

妈妈（犹豫）："玩耍的时候，我常常会觉得特别迷茫，所以我就会问很多问题，而可爱又善良的安波暗示我不应该问这么多问题。"

尼克医生（开玩笑）："做 PLAY 模式干预不该如此艰辛啊！随着孩子年龄的增长，他变得越来越复杂，你很容易就会忘记从前那些 PLAY 策略。我们一步一步来吧。

"主要方法有以下五种。

- 与雅各在一起：（1）读懂他的线索；（2）真正跟随他的想法、意图和引导。
- 获得交流环：（3）增加来回的互动。
- 在适当的发展水平上玩耍：（4）既有趣又有挑战性（也就是在雅各的最近发展区）。
- （5）通过扩展他的想法促进雅各发展。

"最后一步父母最难掌握，但我会教你一些很酷的技巧让你更容易做到。"

### 第一步：和孩子在一起/进入他的世界

我提醒朱莉，PLAY 模式的第一原则是"跟人玩得开心"，她要时刻提醒自己，脑海里要绷着**开心和好玩**这根弦。我的经验是，我会认真地问自己：

- **对雅各来说，什么是有趣的**？我得到的答案通常是肢体活动和搞笑的事情。一般来说，从感觉运动游戏开始总不会错。
- **要心安理得地什么都不做**。
- 戴上"隔离帽"，心无杂念地（只和雅各**在一起**）观察他。
- 留意他的**注意力**所在。
- 关注他的**意图**，以便当下能够与他建立联系。
- 换句话说，**要跟雅各同频共振，保持同步**。

妈妈："我很擅长什么也不做（笑了）和加入孩子的游戏，但是我**如何才能让雅各在玩耍的基础上有所发展呢**？我总担心他不会自然而然地有所发展。也许这就是我忍不住想接手的原因。"

尼克医生："没错。你必须相信雅各的想象力，并愿意冒着事情不会如你所愿的风险。"

妈妈（开玩笑）："您也知道我的掌控欲有多强。"

尼克医生（也开玩笑地回答）："谁没有掌控欲呢？我们要用比较温和的方式来掌控。**记住：如果你感到迷茫，就什么也不要做，只是等待，然后理解雅各的意图**。接着你可以通过扩展他的意图和想法促进他发展。父母所犯的最大错误就是引入自己的想法，从而把玩的难度提高得太多。这与你的创造力无关。你其实很容易确认玩的难度是否太高了，因为这时候孩子常常会不理你，游戏也会被迫中断。"

妈妈："是的。这种事常常发生。雅各会有点不知所措或者不回答问题。他的头总是低着。"

尼克医生："你能注意到这些情况就好。你要常常问自己：'这是谁的想法呢？'雅各现在有很多想法。他的大部分想法都在功能发展水平第五阶段，但我敢打赌，他能达到第六阶段。让我们进入他的世界，如果你需要的话，我会指导你。"

妈妈："我会尽力领悟您的指导，有一点我很擅长，那就是加入和开始互动。"

雅各从黄色抽屉里拿出了更多的汽车，并把它们分组。

妈妈："我想他是在重现《汽车总动员》中所有的车都在停车场的那个场景。他经常这么做。我不确定他是在排列还是在玩假扮游戏。"

尼克医生："他把电影内容当成游戏的剧本？"

妈妈："对。他有点沉迷的玩法是重现电影的桥段，不过他会替汽车说话。那时我就不知道该怎么做了。"

尼克医生："也许那就是他的舒适区，一遍又一遍地重现同样的场景，做同样的游戏，但也可能是真正的假扮游戏。我能提供最好的建议是，**如果他退回到他的舒适区，你也要一起后退。**（你一定要看过这部电影！）如果他进入假扮游戏当中，你也要跟着他进入。"

妈妈："我怎么知道他是哪种情况呢？"

尼克医生："当他低着头沉迷于视觉刺激，不看你，基本上不理你的时候，你就可以认定他现在正在自己的舒适区。"

妈妈："那我该怎么办呢？"

尼克医生："首先，**要注意到他退回到舒适区了**。然后，我建议你使用很久以前学过的'**兔子洞技巧**'（见下面的列表）。它们不仅仅适用于功能较差的孩子，因为所有的孤独症孩子都有'消失在兔子洞里'的时候。"

妈妈："我以前经常用这些技巧。我只需要记得使用它们就好。有几个来着？"

尼克医生："一共六个技巧。第一个是**陪伴**，第二个是**描述**——用简洁的语言描述他在做什么。我们现在就坐到地板上，你来**告诉**雅各他在做什么。我会在这个过程中指导你。我会尽量不打断你们。"

> **六个兔子洞技巧**
>
> - 陪伴，准确判断他的状态。
> - 描述你所观察到的他的行为和/或意图。
> - 帮他做得更好。
> - 与他玩平行游戏，模仿他。
> - 使用主题和变化。
> - 改变感觉模式。

雅各开着他的小汽车，让它们排成一排。

妈妈："这些车都在做什么，雅各？"

尼克医生（小声地指导）："你这是在提问。你要**陈述**，要变成一面**镜子**，反映你看到的东西。**提问会打断孩子的游戏。这就是让你不要提问的原因。**"

妈妈："哎呀，对不起。我总是这样。"

尼克医生："这样的问题很常见。**描述**一下你所看到的和正在发生的事情——就按你所观察到的！"

妈妈："**看看**，有这么多车呀！（妈妈开着她的车。）又来了一辆。"

尼克医生："这是一个陈述。棒！（我们击掌。）现在，加入一点戏剧化的表演，就像播音员一样播报'它进入了停车场！'别忘了加一些拟声词。"

妈妈："啥？"

尼克医生："拟声词。你在英语课上学过的，就是那些他听见发音就能直接理解意思的词语。就像'咻咻'这个词听起来像一辆开得很快的车发出的声音，"吱嘎，吱嘎，吱嘎，吱嘎"听起来就像一辆开得很慢的车。把它想象成你在描述**声音的效果**就好。"

妈妈（把她的车开到"停车场"上的其他车旁边，发出低沉的发动机声）："轰轰轰，我来了。我要进入停车场啦。我想进来。"

尼克医生："太好了，朱莉！现在等一下。你给雅各制造了麻烦。他会让你的车进来吗？"

雅各（给了她一个会意的眼神，用非常友善的语气和节奏说）："进来吧，小汽车。"

尼克医生："这是他对你的想法的回应。你已经获准进入了！"

### 第二步：获得交流环

尼克医生："好了，现在让我们来**想想交流环的事情**。"

妈妈："我参与PLAY模式快两年了，这是我擅长的。"

尼克医生："我想把它系统化，我知道这对你是个考验。在这种游戏中，细节很重要。虽然它看起来很复杂，但只要做对了，就会很有趣，也很自然。"

朱莉开着她的玩具小汽车像只无头苍蝇一样，一边"轰轰轰"地喊着，一边横冲直撞，然后她停下来等待（开启交流环的秘诀）。雅各笑了，觉得她很有趣。她和雅各有了一些目光接触，还彼此会心一笑（开启了一些小交流环）。

妈妈："我该停在哪里呢，雅各？（等待，把车开到雅各面前，雅各露出了好笑的表情。）轰轰！我该停**哪里**？（等待并获得更多的目光接触。然后，她更加明显地表达自己的情感，表现得非常沮丧，提高了音量。）嘿，停车场管理员先生，我该停在**哪里**？"

雅各（嘲笑她的挫败并给她指了指）："这里。到这里来。"

妈妈："我很期待一场比赛，你呢？"

尼克医生（用耳语指导）："你刚才演得不错，但你最后一句话说**很期待**，这需要比较高的水平才能理解。你有注意到他不理你了吗？你跟他进行假扮游戏的对话还是要更多地保持在第五阶段。"

妈妈（用低沉的汽车声音）："哦，谢谢您，停车场管理员先生。我来了。（她发出快速的推杆声。）轰轰轰！"

尼克医生："好多了。这是很棒的来回互动。如果把手势和语言都算上的话……"

妈妈："……我们肯定已经开启了10个交流环。"

尼克医生："炫耀上啦。"

妈妈："安波让我数交流环的次数，我现在都养成习惯了。"

### 第三步：在适当的发展水平上玩耍

尼克医生："我能看到你放慢了速度，让雅各有时间看着你，理解你所说的话。很棒，朱莉！你刚刚在哪个水平上玩呢？"

妈妈："第五阶段？"

尼克医生："对。你完全跟随了**他的**想法、**他的**引导和**他的**意图。功能发展水平第五阶段是关于单一主题的——'汽车进入停车场'。不同的汽车都可以进停车场，但主题还是那一个。"

妈妈："汽车进入停车场。而关于期待比赛的话题属于第六阶段。"

尼克医生："那是关于'时间'的话题，提到了还没有发生的事情。你引入了自己的想法，但没有建立在他的想法基础上。你发现了吗？"

妈妈："**这就**是我一直在犯的错误。我太快就升到第六阶段了。"

尼克医生："分析得好，朱莉！有许多方法可以用于在不改变水平的情况下更改游戏的**内容**。"

妈妈："改变内容？哦，像是我可以开公共汽车或卡车，不用非得开小汽车，对吗？"

尼克医生："没错。那就是类似的游戏，不同的内容了，也被称为同一主题上的变化。你也可以开一个自己的停车场，这就是一个**平行游戏**了。顺便说一下，这两种都是兔子洞技巧。使用这些技巧就能够保持在同一个水平上。"

妈妈："我总是想提升到更高水平，我想这就是我做错的地方。"

### 第四步：慢慢地将与雅各玩的游戏扩展到第五阶段的更高水平上

尼克医生："你确实提升了游戏的水平。你把自己假想成另一辆会说话的车，你使用了一种叫作'一切都活过来了'的技巧，你已经扩展了雅各的玩法。非常好！"

妈妈："我都没意识到。"

尼克医生："他非常喜欢你的玩法。当他和你在一起玩得很开心的时候，你就可以知道你是在适当的发展水平上玩啦。现在，我们再稍微**扩展**一下，看看雅各的反应。让我们为雅各**设计另一个需要解决的小问题**。"

妈妈："嗯。怎么做？"

尼克医生："我们可以这样设计。"

- 有趣的。
- 不破坏游戏的流畅性。
- 基于雅各的想法。

"我称之为在一个稍微高一点的水平上玩，就像第五阶段的 5.1 或 5.2 版本一样，而不是直接把它变成第六阶段的想法（现在还不行！）。"

妈妈："我明白了，稍微高一点，但是现在我很困惑，什么时候该只是跟随，什么时候该扩展呢？"

尼克医生："这有点难办。一般你都要跟随，但记住扩展要慢。我们就稍微推动他一下，看看他能提高到什么水平就好。如果你玩的水平太高，那就不好玩了。我想向你展示一下如何做到这一点，如何在水平不会太高的情况下带来恰当的挑战，好吗？这个主题大概有 10 种行之有效的变化。"

> **主题和变化（从简单到复杂）：停车场里的汽车**
>
> - 清点停车场里的车辆（功能发展水平第五阶段–5.0）。
> - 说出汽车的颜色（功能发展水平第五阶段–5.0）。
> - 汽车缓慢或快速地开进去（功能发展水平第五阶段–5.1）。
> - 汽车停不进停车位（功能发展水平第五阶段–5.3）。
> - 警告汽车要减速（功能发展水平第五阶段–5.6）。
> - 汽车与另一辆车相撞，受伤，需要看汽车医生（功能发展水平第五阶段–5.9，接近功能发展水平第六阶段）。
> - 汽车医生来修理汽车（功能发展水平第六阶段，有一个因果关系的故事情节）。

妈妈："我假装我的车要挤进两辆车中间，这两辆车是它的朋友，可以吗？"

尼克医生："好呀。让你的朋友腾点位置出来。要弄得有趣点，让我们看看雅各喜不喜欢。"

妈妈（完全投入其中，假装自己是汽车，发出"轰轰轰"的声音，开过来想挤进停车场的两辆车之间。她咕哝着，好像在努力往里挤，但挤不进去）："嘿，你们这些家伙。我进不去！我想和我的朋友们一起停在这儿！请让开。"

雅各："不！停到这里来（指着队尾）。"

妈妈（把车举到雅各面前说）："嘿，停车场管理员先生，我进不去。呜呜！我想和我的朋友们一起停在这儿。"

尼克医生："这哭声加得好。这就需要雅各运用一些情感思考。现在等着，等雅各的反应。"

妈妈举起她的车，等待着。数到三，然后……雅各在两辆汽车之间腾出了一个停车位。

妈妈（用低沉的声音）："哦，谢谢你！我现在可以进来了。嗨，朋友们！我喜欢和我的朋友在一起！"

尼克医生："太棒了！（对雅各说）好吧，雅各，你继续玩。妈妈和我得谈谈。"

妈妈（坐在她的座位上）："真有意思。"

尼克医生："我喜欢那种'轰轰'和'呜呜'的声音。你很棒！你帮助雅各从'舒适区'转到了'参与'和'双向沟通'上，在解决了一些问题后，你还提升水平玩了几分钟假扮游戏。"

妈妈："您是说我从功能发展水平的一二阶段升到了第五阶段。"

尼克医生："又炫耀起来啦！"

妈妈："嘿，我知道我的水平的。"

尼克医生："我想你可能已经升到了5.8。这辆车停进不去，所以它很伤心。这是两个简单的想法。而雅各看到小汽车难过后，腾出了位置，这又是两个想法！他还不太理解小汽车要跟朋友们待在一起这个想法，但我们已经接近功能发展水平第六阶段了。

"雅各的想法是'把车停在停车场'，你在他的想法之上加入了你的玩法，这叫作"向上诱导"。如果雅各没有理会你的玩法，你就得**等待**，看看他的下一个想法会是什么。不过，他喜欢你的玩法，我觉得你玩得很棒！"

妈妈："谢谢！这真的很有帮助。在适当的水平上玩就像将飞镖精准地射中靶心，真的非常厉害。"

尼克医生："这是能够让我们玩得开心的一种方法。"

## 快速小结

妈妈和雅各完成的这个互动虽然很短暂，但是非常有意义的。

- 首先，她通过坐在那里并陪伴他，加入雅各的舒适区活动（排列汽车并重现《汽车总动员》中停车场的场景）。
- 她通过**陈述**，让他看向了她，允许她加入。朱莉成功地让雅各参与了互动（功能发展水平第二阶段）。
- 然后，当他们交换眼神，他和她的车说话时，她开启了交流环/双向沟通（功能发展水平第三阶段）。
- 当看到她的车像无头苍蝇一样跑来跑去，他笑了时，他们进入了功能发展水平第四阶段（简单的滑稽剧假想属于第四阶段）。这中间还穿插了许多肢体语言上的连续交流（连续交流属于第四阶段）。
- 当他让她把车开进他的停车场，一辆接一辆地停好时，他到达了功能发展水平第五阶段（单一主题——停车，属于功能发展水平第五阶段）。
- 最后，朱莉扮演汽车的角色，而雅各扮演停车场管理员的角色，他们真的是在玩假扮游戏了。他们还把**两个或更多的想法**结合在一起："我是一辆车，我想停车；如果找不到地方停，我会很伤心的；你们这些家伙挪开点，我没有位置停车了！呜呜呜！管理员先生，你能帮帮我吗？"通过这样的玩法，朱莉帮助雅各提升到功能发展水平第五阶段（到5.1、5.2、5.3，有一些小的变化）。
- 她把这出戏变得既好玩又现实，但我认为雅各还不能理解整个故事情节：他明白小汽车找不到位置停，它很难过，但他还不明白小汽车想与朋友们停在一起的想法。因此他正处于功能发展水平第六阶段的边缘。
- 不过，最重要的是，他们母子都觉得这很有趣！

## 更上一层楼：功能发展水平第六阶段

雅各现在采纳了妈妈的想法，像妈妈一样疯狂地开着他的车，在其他车辆之间穿梭。

尼克医生："看！他非常喜欢你的想法，他在模仿，这是对你最高的赞美。你诱导他往上走了！（我们击掌）要知道对雅各在更高水平上玩耍的能力的真正考验就是玩别人的游戏，尤其是跟小伙伴们玩的时候，对吗？我过一会儿测试一下他。"

妈妈："孩子总是会跟随其他孩子的想法来玩耍。"

尼克医生："对。因此你可以在他想法的基础上构建和扩展，这跟掌控是截然不同的。"

妈妈："我明白了。话虽这么说，但只给手偶喂食或只玩一种医生玩具的玩法，我感觉还是比较容易一些。游戏越复杂,操作起来就越难。"

**尼克医生:**"但你做到了!现在,我们试试提升到更高的水平。"

**妈妈:**"但不能提高到他跟不上的程度。"

雅各从他玩车的地方站起来,站在妈妈和我之间。

**尼克医生:**"怎么啦?"

**雅各:**"尼克。玩吧!"

**妈妈:**"那是尼克医生,宝贝。"

**尼克医生:**"他叫我'尼克'也可以的,而且,他还会发起互动并解决问题。此外,想要他有礼貌地用我的正式头衔称呼我是第六阶段的要求,他还没到那个程度呢。(转向雅各)雅各,你能等一下吗?我们一会儿再玩。(对妈妈)我想明确一下第五阶段和第六阶段之间的区别。"

---

### 第五阶段和第六阶段的区别

- 功能发展水平第五阶段:单一主题的游戏。
  - 可能有不同的活动,但基本上是同一个游戏。
  - 例如,医生工具包:检查耳朵,听心跳,量血压,但不是在"扮演医生"。
- 功能发展水平第六阶段:双主题的游戏。
  - 具有故事的性质。
  - 例如,扮演医生。
    - 病人:(敲门。)"医生,你好!我生病了。我需要帮助。"
    - 医生:"请进。你怎么啦?"
    - 病人:"我肚子疼!"
    - 医生:(用听诊器听腹部。)"你需要吃药!"

---

### 功能发展水平第六阶段:情感思维/逻辑思维

- 可以成句地说话。
- 询问并回答"为什么?"这一类问题。
- 能够回忆起不久前发生的事情。
- 双主题的游戏;在不同想法之间架起桥梁。
  - 游戏更合乎逻辑、更真实
  - 识别自己和他人的感受
  - 认识到感觉、行为和后果之间的关系
- 开始与同伴玩游戏。
- 有简单的对话。
- 不良行为是发展的成果。

---

我跟朱莉解释说,丰富的假扮游戏(功能发展水平第六阶段)包含一定的**情感思考**,游戏的主题类似于第五阶段(喂食、当医生等)。但这些主题更为复杂,因为它们有**两个或两个以上的想法,这些想法以角色扮演或故事的形式在逻辑上和现实上相互关联**。在第五阶段的游戏中,孩子通过使用一个接一个的工具(听诊器、耳镜、注射器等)扮演医生。在第六阶段的游戏中,"病人"则会敲门并说:"医生,我生病了。我需要帮助。"然后,"医生"给"病人"打针,说:"你的病治好了。"**这是包含故事情节的游戏。**

朱莉看起来有点困惑（我不怪她，这是一项复杂的工作），因此我找了一个洋娃娃，并把它放在我的书桌边上。

尼克医生："让我来表演一下。现在这是第五阶段。"

洋娃娃（我装成洋娃娃）："小心！我要跳下去啦。啊啊啊！"

我让娃娃跳了起来。顺便说一下，雅各觉得这很有趣。

尼克医生："同一个场景，但在第六阶段是这样的。"

我重现了洋娃娃走到我桌子边的场景，只是这一次，我让娃娃从桌子边上往外看了看，然后转向朱莉和雅各。

洋娃娃："我好害怕！从这里往下跳的话也太高了。"

尼克医生（对着洋娃娃）："洋娃娃，跳吧！多好玩啊！"

洋娃娃："不，不，太高了！"

雅各："跳吧，洋娃娃！"

洋娃娃（用一种非常不情愿和害怕的声音）："好吧，我会跳的，但是我不想受伤。啊啊啊！"

雅各又笑了。

尼克医生："朱莉，你看出第五阶段和第六阶段的区别了吗？"

妈妈："看出来了。"

尼克医生："第六阶段的想法有更复杂的情感内容，更具体，更符合逻辑，并且有完整的故事线。"

妈妈："您的意思是说，当孩子的功能发展水平达到了，他们自然就会这样玩了吗？"

尼克医生："可能需要我们帮他们一下。这就是我们所说的'诱导'或'扩展'。刚才雅各喜欢看洋娃娃惊慌失措的样子。我们可能要给他示范一下这种游戏，如果他准备好了，他就会模仿我们，就像雅各之前模仿你的玩法一样。"

雅各："汽车，来吧！汽车，进去吧！"

尼克医生（对妈妈说）："他一直很有耐心。他的想法是什么呢？"

妈妈："把车开进停车场。"

尼克医生："那是什么阶段？"

妈妈："第五阶段？"

尼克医生："对，单一主题，以不同的方式重复某个想法——这辆车开进去，那辆车开进去。所以他又回到了第五阶段。你之前用那辆哭哭啼啼的、想要停到两辆车中间的车把他诱导到第六阶段的较低层次中，他挺喜欢的。那么，我们能对他的主题做些什么改变，让他达到更高的层次呢？"

妈妈："太有意思了！我还没试过这样思考'跟孩子一起玩'这个问题呢！"

尼克医生："这就像从 5.0 到 5.5，再到 5.9，到 6.0。如果你知道如何找到恰到好处的挑战，他就会进步，他会喜欢你的玩法。最终，他想要在那个水平上玩，因为更有趣。"

妈妈："我们可以就在他的水平上玩，看看他会怎么做，我们也可以加入更复杂的变化。"

尼克医生："没错！但是让我们试一下转到 5.9 甚至第六阶段（6.0），看看会发生什么事情。我们来编一个有主题的故事吧。"

妈妈："我不知道要编什么，撞车行吗？"

尼克医生："可能会很有趣，也可能能引出**修车和帮忙**的主题。我们来试试吧，看看会发生什么事情。"

与此同时，雅各心满意足地从抽屉里拿出了更多的汽车，他搭建了一个超大的停车场。

妈妈（再次加入雅各的活动中）："轰轰轰！我回来了。"

雅各："进来吧，小车。"

妈妈："嗨，停车场管理员先生！（她等待他注意到她。他看着她，打开一个'眼神'的交流环）我该停哪里呢？"

雅各指向队伍的末端。

妈妈："好的。我来了。轰轰轰！"

她撞上了其中一辆车，发出巨大的撞击声。

尼克医生："干得好！"

妈妈："哦，我撞车了！哦，不要啊！你还好吗，蓝色小车？"

尼克医生（用陈述帮助雅各处理新的场景）："天啊！红色小车撞上了蓝色小车！"

雅各："不要撞车！不要撞车！"

妈妈看着我。

尼克医生："我们可以退一步，尊重他的感受，也可以稍微推他一下。我们接着来吧。你假装受伤了。"

妈妈（拿起蓝色的车）："哎呀！我需要帮助！我受伤了！我需要帮助！！"

尼克医生："完美！他完全能理解受伤是什么意思。现在我们就等着……"

朱莉和我等了似乎很长时间。雅各在思考。雅各是会回到他原本的玩法还是会迎接假扮游戏中戏剧性转变带来的挑战？我们也拿不准。这是一个做出决定的时刻。如果他回到了原本的水平，我们也跟着回去。但是，如果我们的"恰到好处的挑战"吸引了他，一些新的东西就会出现。这就是一个发展的时刻了。

尼克医生："你再跟他说一次，你出了什么问题。"

妈妈："停车场管理员先生，我受伤了！"

雅各："它受伤了。"

尼克医生（为雅各做示范）："妈妈，它受伤了！（然后，低声对妈妈进行指导）再把问题抛给他。"

妈妈："我撞车了。我受伤了（可怜地呜咽着）。我需要帮助。我们该怎么办？"

尼克医生（在一旁对妈妈说）："现在，我们就等着吧。这是一个开放式问题。这种问题很好，因为它能让游戏继续进行。这需要孩子具有一点解决问题的能力。（对雅各说）天啊！我们该怎么办？"

雅各（含糊不清地）："去找医生。"

尼克医生："他说什么？"

妈妈："去找医生？"

我爬起来，迅速打开医生玩具箱，拿出一支针管，那是一个塑料注射器。我发出了救护车的声音，假装救护车来到了现场。

尼克医生："雅各，我当医生还是你当医生？"

妈妈："还能这样玩？！"

尼克医生："你指的是在跟孩子玩的时候讨论下一步的玩法？这有何不可呢？孩子们总是这么干的啊！"

妈妈："这真的为我打开了新世界大门！"

雅各从我手中接过了注射器。

尼克医生（我用语言描述他的肢体语言）："好的。你来当医生。"

雅各（给那辆可怜的蓝色小车**打了一针**）："全好了。"

尼克医生："全好了。（对妈妈）看到了吧！你必须要有信心。汽车医生是**他的**主意！现在你来总结一下这个故事。"

妈妈（马上进入了角色，假装成那辆蓝色的小车，摇摇晃晃地跟雅各医生说话）："谢谢雅各医生！（她让蓝色小车给了雅各一个吻，然后用'汽车的声音'说）我撞车了，我受伤了。你给我打了一针，我现在感觉好多了。这针真有用！现在我已经好了，我可以回停车场了。"

雅各："回停车场吧。"

尼克医生（对妈妈和雅各说）："它可以回去了，因为它已经好了。（对妈妈说）这是因果关系，属于'为什么'这一类的问题。"

妈妈（对雅各说）："好的，先生！我会回去排队的。我现在好多了。"

雅各回去排列汽车了。

妈妈："这就又变回原样了。"

尼克医生："孩子会提升到他们的最高水平，然后又退回到他们最舒适的水平。但随着时间的推移，他们总体上是会有提升的。"

妈妈："为什么？"

尼克医生："因为这样更好玩！"

## 丰富的假扮游戏的力量

妈妈："太神奇了！他完全理解了。"

尼克医生："朱莉，你太棒了！"

妈妈（自豪地）："是雅各很棒。他帮我创作了一个完整的故事，想出了医生的玩法。"

尼克医生："你给了他一个要解决的逻辑问题，然后他解决了。这就是因果关系的思维，属于第六阶段！"

妈妈："但他需要一些帮助。"

尼克医生："嗯，这叫作诱导。你可以用的技巧包括：

- 示范更高层次的表现。
- 提供恰到好处的挑战。
- 解决问题。
- 使用一些**重复**的话语。
- 做出一些适当的**等待**。
- 做出一些**戏剧性**的表现。
- 总结这个故事。

"但也只有等到他准备好了的时候，你才能做到。如果他真的准备好了，他会在没有你帮助的情况下自己玩起来。真正的考验是：什么也不做，看看会发生什么事情。"

我接着向朱莉解释了丰富的假扮游戏有多厉害。刚才发生了很多事情。这种类型的游戏是在最短时间内让孩子获得最大进步的最佳方式。雅各正在努力解决"为什么"的问题——**因为**车受伤了，所以需要给它打针；以及"什么时候"的问题——**首先**，它必须打针，**然后**它就可以重新排队了。这是关于时间序列的问题。他了解了感受——汽车受伤会很疼，并且当医生来的时候，他学到了帮助。

尼克医生："你有没有注意到我拿医生玩具箱的速度有多快。"

妈妈："我那会儿正纳闷呢，不知道您还能这样加入自己的想法。"

尼克医生："我其实只是以一种合乎逻辑和更现实的方式支持他的想法。当孩子有想法时，你必须迅速地给予支持。我们称之为**结构**或'**脚手架**'。"

妈妈："我还注意到您做了很多镜像反馈总结正在发生的事情。"

尼克医生："当我不知道该做什么时，我会用**镜像反馈**或**描述**孩子的语言、感觉或活动。这是我最喜欢的让游戏流畅进行的方法。"

## 结尾：恶心的青蛙

尼克医生："好的，我们跟随了雅各的想法。我们通过要求把车停到两辆车中间，把他的水平慢慢提升到了第五阶段的中段，之后又通过让汽车相撞并找来汽车医生，把他的水平一路提升到了第六阶段。我们再来试一下创造另一个挑战。我之前也提过，那就是跟随他人想法的能力。"

妈妈："嗯，如果他想和其他孩子一起玩，他就必须这么做。"

尼克医生："对。但他得先跟成年人一起练习。孩子们不会像我们这样读取雅各的线索。"

妈妈："就是因为这样，他才只能站在场外，跟不上其他孩子的节奏。"

尼克医生："是的，但我们可以一步一步地朝着这个方向努力。很快我们就要谈论约小朋友一起玩的事情了。"

妈妈："我迫不及待地想让他有小伙伴了。"

尼克医生："已经近在咫尺了，只是现在还没发生而已。你要相信一切都是最好的安排。现在，有查理能跟他一起玩就很好了。"

妈妈："您是指吵架的那种吧。"

尼克医生："我就是这个意思。好了，现在我们用游戏挑战雅各吧。我要做'恶心的青蛙'。（对雅各说）嘿，雅各，你能把那只绿色的青蛙给我吗？（对妈妈说）他知道青蛙是什么吗？"

妈妈："我们有一本关于爬行动物和两栖动物的书，他很喜欢。"

雅各走到一个装满玩具的大盒子前，找到那只长着大嘴巴和大眼睛的绿色青蛙手偶，并把它拿给了我。我把它套在手上，每捏一下，它就发出"呱呱"的声音，立刻引起了雅各的注意。

青蛙（用一种响亮、刺耳的声音和命令的语气对雅各说）："我饿了！嘿！小男孩，我饿了！给我点东西吃！"

尼克医生（对青蛙说）："哦，青蛙。如果你饿了，那边有食物（指着一篮子非常逼真的塑料玩具食物）。"

青蛙："我饿了！喂我！"

雅各（立刻走向装着玩具食物的篮子，从玩具食物当中，抓起一个洋葱圈）："给，青蛙。吃吧！"

尼克医生（对妈妈说）："他的反应还挺快的！"

青蛙闻了三次食物，停顿了一下，迅速地看了雅各一眼，然后张大嘴巴向后仰，说："啊哈哈哈哈！"接着狂啃雅各手中的洋葱圈，还发出"咔嚓咔嚓"的咀嚼声。这让雅各有点吃惊，但他很喜欢。

青蛙（再次仰起头，发出低沉的咕咕声，然后突然吐出洋葱圈，喊道）："恶心！我不喜欢洋葱圈！"

洋葱圈飞过整个房间，撞到百叶窗，发出响亮、清脆的金属声。雅各吓了一跳，停顿了一下，然后就开始哈哈大笑，差点停不下来。当然，我们也被他的样子逗笑了。

在接下来的五分钟里，他拿来了更多的食物，我们用"主题和变化"技巧玩"恶心的青蛙"游戏。

- 有些食物是青蛙喜欢的，有些食物它会冲着百叶窗吐出来。
- 青蛙把嘴巴闭得紧紧的，雅各必须撬开它的嘴巴。
- 青蛙因为雅各给它吃"不好吃"的食物而攻击他。

- 青蛙也会因为雅各给他甜甜圈而亲吻他（青蛙："我爱甜甜圈！"）。

所有这些都形成一个又一个连续不断的交流环，我们在第五阶段和第六阶段上玩，从头到尾都是其乐融融的。

到了要停下来的时候，雅各以一种非常可爱的方式生气了。

雅各："再玩一会儿'恶心的青蛙'，尼克。"

妈妈："你要说求求您。"

雅各："求求您，再多玩一会儿'恶心的青蛙'吧。"

尼克医生："雅各，我知道你还想玩青蛙游戏，因为太好玩了。下次吧，雅各。下次再玩哈（他开始伤心哭泣，因此我分散了他的注意力）。现在，到了吃棒棒糖时间了，你想要棒棒糖吗？"

雅各："棒棒糖？要！"

妈妈："他一看到棒棒糖就迈不开腿。"

尼克医生："你看到刚才发生的事情了吗？我跟他解释说，我们不能再玩恶心的青蛙了，因为到时间离开了，我们可以以后再玩。也就是说，我对他使用了'为什么'和'什么时候'的概念。请记住，在第六阶段是将想法有逻辑地联系起来。他不必直接回答和提问'为什么'以及'什么时候'的问题。他只需要习得因果和时间的概念就可以了。而且，跟上次我们停下来时他哭得很厉害相比，这次他更好地处理了这种转变。"

妈妈："好像您对他就是会产生那样的影响。"

尼克医生："我想让你看到的是，这不仅仅是玩假扮游戏时要做的事情。"

妈妈："您的意思是说我们从始至终都要融入因果关系的概念。"

尼克医生："对。利用日常生活的每一个情境将想法联系在一起。比如，他要和查理分享玩具。"

妈妈："最近这可成了大问题了。"

尼克医生："我们必须聊聊我的六条分享规则（见**第 24 章**）。我的意思是，到了雅各现在的发展阶段，PLAY 模式已经不再局限于跟孩子们在地板上玩了，它涉及生活的方方面面。"

妈妈："我明白。不过离开之前，我必须告诉您，我非常担心明年他上学的事情，也不知道我们要为上学再做些什么。"

尼克医生："好的。那我们把它加入关于'学校和玩伴'的讨论中，我们很快就会谈到这一点。"

妈妈："我们必须要做出决定了。"

尼克医生："我有一份名为'**有效适应学前班的七个习惯**'的清单，到时可以看一下。"

妈妈："这个标题听着就挺好。我很期待。尼克医生，非常感谢，今天您帮大忙了！我对玩更高层次的假扮游戏更有信心了。"

尼克医生："你很棒，雅各很活跃。看到他做得这么好，我心里很高兴。（转向雅各）再见，小家伙！击掌！"

雅各："再见，尼克。"（他和我击了掌，然后离开去拿他的棒棒糖了。）

## 小结

- 雅各能玩单一主题的假扮游戏,这是在功能发展水平第五阶段取得的一项重大成就。
- 对在恰当的假想水平上进行游戏,朱莉有些没自信,因此我们没有像之前见面那样只是咨询聊天,而是我跟随她的引导,完整地进行了一次游戏。
- 我们跟随雅各的引导,从第五阶段开始,进行了有趣的游戏活动。
- 我们逐步**扩展**了他的想法,在更高的想象力水平上进行游戏,引入了两个主题,最后我们达到了第六阶段(至少是短暂达到了)。
- 利用丰富的假扮游戏可以教给孩子很多东西,比如,幽默感、对他人的感受的理解、因果和时间的概念、解决问题的能力。丰富的假扮游戏是幼儿学习的最好方式。

## 预告

- 朱莉对于即将到来的学年忐忑不安,她很担心雅各不能跟其他孩子一起玩。我介绍了名为"**有效适应学前班的七个习惯**"的成功适应学前班的关键技能,并告诉她可以**约小伙伴一起玩**,以此帮助雅各提高社交技能。

# 第 16 章

# 第九次来访
# 有效适应学前班的七个习惯

**简介：生活本身**

雅各和查理已经来过我的办公室很多次了，现在不用我请他们，他们自己就会到诊室里玩玩具。他们刚进来便脱掉冬天的外套（这是二月份的一个下雪天），冲进房间（未经允许，这让他们的父母很头疼），开始玩他们最喜欢的玩具——卡车麦克、小丑八音盒和托马斯小火车。

我们刚坐下来，孩子们就想用我的绝缘软管"剑"跟我玩击剑。我喜欢他们这么积极主动，但我告诉他们，现在我需要和爸爸妈妈先聊一会儿。3 岁 6 个月的查理和 5 岁多的雅各同时失望地叹了口气，不过他们明白现在还不是玩的时候。令我惊讶的是，最初被诊断为轻度到中度孤独症的雅各不仅能理解我说的话，还"读懂"并模仿了他弟弟的反应。我暗暗想："是时候谈谈雅各的社交技能及跟玩伴玩耍的问题了。"但雅各父母今天有其他更紧急的议程。

**尼克医生：**"我一直对他的进步感到非常开心，他的社交能力真的在逐渐提高。"

**爸爸：**"他真的开窍了，虽然他还没有达到应有的水平，但绝对是进步了。"

**尼克医生：**"他们就像是默契十足的二人组。"

**妈妈：**"他们会扮演电影《玩具总动员》（*Toy Story*）里面的角色。我问雅各：'巴斯光年在做什么？'他会说：'抓坏人——索克天王。'当然，他会让查理扮演索克天王。"

**尼克医生：**"我知道他已经能回答那些开放式的特殊疑问句。那么他在回答'为什么？'和'什么时候？'这类型的问题时表现如何呢？"

**妈妈：**"我们还在和言语语言治疗师一起努力解决这些问题，他在学习一些语气助词和连词，并在稳步前进。"

**爸爸：**"他已经能很好地把两件事情联系在一起。我告诉他，我们现在不能去山姆店……"

**妈妈：**"那是他最喜欢的大卖场。"

**爸爸：**"我们要先去奶奶家，然后再去山姆店，他完全能够理解。"

**妈妈：**"如果他那天过得很好，心情不错的话。"

**爸爸：**"这些天他大部分时间都表现不错。您给我们的关于良好行为、不良行为和不适当行为的信息真的很有帮助（见**第 17 章**）。"

**妈妈：**"确实是。虽然慢，但是他开始理解'撒泼打滚根本无济于事'这一点了。"

爸爸："前几天我们抓到他撒谎，他吃了一些巧克力……"

妈妈："他满脸都是。"

爸爸："当我们问他有没有吃巧克力时，他很真诚地看着我们说'没有'，我们都忍不住笑了。他的脸都跟小花猫似的了！"

尼克医生："你们了解我的，我一向是'反派'的粉丝。即使是不良行为，尤其是有心计的和耍滑头的行为，也是解决问题能力的标志。"

爸爸（不服气地）："您说是就是吧！但我觉得说谎不好。"

尼克医生："没错！但这是情感思维的标志。让我先做一些测试，然后我们再进入正题。嘿！雅各（他迅速地看过来），你午餐吃了什么？（他停下游戏抬起头来，我提高音量又坚定地重复了一遍）雅各，你午餐吃了什么？"

雅各（小声念叨）："奶酪通心粉。"

尼克医生："谢谢！小家伙，抱歉打扰了。"

妈妈："确实是奶酪通心粉。"

尼克医生："6个月前他是达不到这种程度的。这表明他有能力回忆不久之前发生的事情——这是抽象思维的一个重要里程碑。因此，他肯定在回答"为什么？"和"什么时候？"这类型的问题上进步了。他正在整合各种想法。他在展现情感思维。太棒了！这对他上学来说是个好兆头。他的假扮游戏玩得怎么样？"

妈妈："好多啦！自从我们上次见面后，我在和雅各玩复杂的假扮游戏时更自在了。不像以前那么有压力了，我们玩得更开心了。"

尼克医生（稍微逗了一下妈妈）："玩本来就应该是开心的。"

妈妈（忽略我的话）："当我问他'你想玩什么？'时，他会回答我，还指挥我怎么玩：'你做这个，妈妈。你做那个，妈妈。'他有点控制狂。"

尼克医生："如果你不喜欢他控制你，你就告诉他：'雅各，不要总是告诉妈妈该怎么做。我不喜欢。你太专横了。'你要分享你的感受和想法。他能处理的事情越复杂，表明他的能力越好。你要表现得像孩子一样，别的孩子可不会容忍他。我们还要让他为自己忽视或不帮忙的行为付出代价。利用他的不当行为教他规则，并解释为什么要有规则，以及遵守或不遵守规则的真正后果（见**第三部分**）。"

妈妈："我越来越担心他与同龄人社交的能力。他太以自我为中心了！他和查理倒是相处得很好。"

尼克医生："你不会失去你的兄弟，但你会失去你的朋友。雅各需要'考虑'其他人，他需要跟同伴一起玩（见**第三部分**），这将帮助他学习他不知道的隐性社会规则（见**资源和网站**）。"

## 学前班：重大决定

当我开始谈论同伴游戏时，我可以感觉到吉姆和朱莉显得有点焦虑和心不在焉。我读懂了他们的线索。

尼克医生："发生什么事了？我能感觉到你们有心事。"

妈妈："尼克医生，帮助雅各跟同伴玩确实很重要，可是现在我们还要为他做一个更重大的决定。他今年秋天就要去上学前班了。"

爸爸："大约一年前，您建议我们再等等。结果真的很好。"

妈妈："雅各去年还没准备好。我觉得今年他准备好了，但是……"

突然之间，朱莉看起来很伤心，脸上愁云密布，仿佛在努力地忍住眼泪。

爸爸："雅各去了学前班参观，他们给他做了测试……"

妈妈（开始流泪）："他表现得很糟糕！他不愿意配合测试。明明那些题目他都会的，数字、颜色、形状和字母。"

爸爸："我们刚刚听说他的IEP会议将在3月份进行。"

尼克医生："他10月份就满6岁了。"

爸爸："是的，所以我们真的别无选择，他得去上学前班。"

尼克医生："严格来说，如果九月份开学时他还不到6岁，你们可以再等一年。"

爸爸："他长得已经比其他孩子高大了。"

妈妈："如果我们再等一年，他就快7岁了。"

尼克医生："我明白你们的意思。其实与真正的准备好相比，身高和年龄并没有那么重要。"

爸爸："我知道，我知道！但是您说过他今年可以上学前班了。"

妈妈："可是那个测试……它并没有真正测试出雅各的水平。他那天的状态很糟糕。那里有太多的噪声和太多的孩子，他崩溃了。"

尼克医生："这就是测试的问题所在。测试结果的好坏在很大程度上受当天环境的影响。我真的认为雅各已经准备好上学前班了。"

妈妈："我很高兴您这么想。"

尼克医生："他可能需要一些支持，比如影子老师的帮助或资源教室里提供的服务……"

爸爸："影子老师？您的意思是要有人整天坐在他身边帮他？我可不愿意那样。"

尼克医生："我也不希望。我们系统地研究一下，为他即将到来的IEP制订一个规划吧。"

## 有效适应学前班的七个习惯

于是，我们关于入学准备能力的讨论又开始了。之前在"学前班：我们准备好了吗？"（见**第12章**）那一章里，我力劝雅各父母给雅各充足的时间等待他成熟。尽管雅各在学业上似乎准备好了，但要想有效地适应学前班，就不仅是认识事物的颜色、形状和字母这么简单了。

现在的学前班就像是新开设的一年级。孩子们玩耍的时间少了很多。对其自理能力、规则遵守的能力、社交技能和学业能力的要求确实有所提高。大多数地区的学前班都是全天的。为了在学前班独立、有效地学习，像雅各这样的孩子需要养成"有效适应学前班的七个习惯"。

尼克医生："我在这里列出了有效适应学前班的七个习惯，总结了孩子成功适应学前班所需的技能。"

妈妈:"您能把这个录下来吗?"

尼克医生(录音):"大多数学前班老师和小学老师都会假定孩子们上学时已经养成了这些习惯。重要的是你们不能想当然。这七个习惯必须是雅各 IEP 的一部分(见**资源和网站**)。

"既然如何帮助雅各成功适应学前班是今天的重点,我们就来把这个清单仔细过一遍,好好讨论一下。尽管雅各现在已经在培养这些习惯了,但学校还是可以通过 IEP 帮助他巩固现有的能力。"

爸爸:"我们怎么知道雅各能否在没有任何帮助的情况下成功适应学校呢?"

尼克医生:"这是我在工作中帮父母做出的最常见的决定之一。我们要争取限制最少的教育环境,尽量让他待在常规教室,不给予额外的帮助,但是如果他需要支持的话,那干预就应该宁多勿少。"

爸爸:"为什么?"

尼克医生:"从雅各的 IEP 中取消某些服务容易,以后想增加服务就困难了。"

爸爸:"我明白了。"

> **有效适应学前班的七个习惯**
>
> - 融入集体。
> - 远距离听觉加工。
> - 抓住中心思想。
> - 按顺序执行一系列动作。
> - 使用短时记忆。
> - 快速加工信息。
> - 知道何时寻求帮助。

## 雅各医生(和查理医生)

就在这个时候,雅各发现了医生玩具箱。他应该是想起了我上次装病的情景,于是打断了我们的谈话。

雅各:"尼克医生,要玩看病游戏吗?"

爸爸:"雅各,你要说'打扰一下'。"

雅各没有理会爸爸。我没有去处理这种没有礼貌的社交行为,而是立即加入了假扮游戏。毕竟,他戴着医生眼镜,脖子上挂着塑料听诊器,看起来实在太可爱了,我怎么能不加入呢?!他朝我走来,脸上带着坏笑,手里挥舞着玩具注射器。

尼克医生:"医生,我病得太——太——严重了,但我不想打针,打针很疼!"

雅各:"不会疼的,你会感觉好多了。"

我畏缩地躲着他,假装因为害怕打针会很疼而把脸皱成一团。他一边笑一边朝我走来。然后,他把我堵在了墙角。

尼克医生(装出痛苦的模样):"哎哟!哎哟哟!"

当然,查理和雅各会轮流给我打针,他们喜欢听我大喊大叫。

雅各:"好啦!"

尼克医生(突然笑了,恢复了健康):"雅各医生和查理医生,你们知道吗?你们真的帮了我的大忙！我生病了。你们给我打了针，我现在觉得好多了！"

雅各："耶！"

查理："好啦！"

尼克医生："非常感谢！"

雅各："你可以拿到一个玩具。我在商店买了一个玩具。"

尼克医生（对朱莉和吉姆）："他在说什么？"

妈妈："他的意思可能是因为你是个很乖的病人，所以他要给你一个奖励。但我觉得他只是换了一个话题，他就是那样子的。"

爸爸："他讲话很跳跃。"

妈妈："他的话题变得非常快。我担心他的注意力维持问题。有时候，他会特别天马行空。如果他不能集中注意力，他在学校怎么可能学得好呢？"

尼克医生："这是七个习惯之一，我们必须留意注意力的问题（见第22章）。（对雅各说）好了，小家伙，我现在好多了。现在去和你弟弟玩吧。（转向雅各父母）虽然他打断了我们的谈话，但这是很有趣的。我们本可以处理一下他的打扰行为，不过他太可爱了。"

爸爸："他也知道自己很可爱。"

尼克医生："此外，你们得知道，通过将打针与疼痛、好转联系起来，我们建立起各个想法之间的桥梁。丰富的假扮游戏是促进抽象思维发展的最好方法之一。这对入学准备能力至关重要。天哪，这可真是质的飞跃！"

爸爸："我们喜欢玩假扮游戏。"

### 雅各准备好全天上学前班了吗？

尼克医生："让我们来看看这七个习惯，研究一下如何将它们纳入雅各的IEP中。我要提醒你们一点，学校会把帮助所有孩子做好学业准备视为首要工作，他们不一定会关心这七个更实用的习惯。"

爸爸："我记得上次的IEP。他们想让雅各上全天的学前班，我们共同决定让他再上一年半天班的幼儿园。那时候真是四面楚歌，压力很大，但我们听了您的建议，坚持了自己的观点，要求把雅各留在幼儿园。最终，他们同意了。这绝对是个正确的决定。"

妈妈："今年对雅各来说是了不起的一年。"

爸爸："如果我们需要把这七个习惯纳入他的IEP，那就这么做吧。"

尼克医生："吉姆，你真是个斗士！不过也不用太担心，大多数学校都会配合你们的（特别是当你们很明确自己的法定权益时）。"

吉姆笑了，朱莉看起来很担心。

尼克医生（对妈妈说）："我知道雅各在学前班的评估中表现不佳，那是因为他的状态不好。我相信他是有能力做好的。我想问你一个问题：你认为雅各准备好**全天**上学了吗？"

妈妈："不能只上半天吗？"

尼克医生："不行，全日制教学在全国范围内是大势所趋。但你要记住，在法律允许的范围内，你是有话语权的。我遇到过一些家庭，他们会抽出部分时间带孩子做各种治疗。"

爸爸："您的意思是我们还是要让雅各接受言语语言治疗及作业治疗……"

妈妈："……帮他改善书写能力。他还在接受音乐治疗。"

尼克医生（在病历上记录）："你们没告诉过我他在进行音乐治疗。我喜欢音乐疗法。我的观点是：你们可以带他离开学校接受各种治疗，至少在学前班阶段是可以的。"

妈妈："我从来没有想过这个问题。你确定学校会允许我们这么做吗？"

尼克医生："我常常跟你们说什么来着？"

爸爸："我们的孩子，我们自己说了算。"

## 习惯1：融入集体

尼克医生："我们来谈谈第一个习惯——融入集体。我观察学前班的课堂时发现，那里很明显有一个隐性课程，一种对于社交顺从的不成文的期望（因为一般未被列为IEP目标！），即期望孩子们在课堂环境中做他们该做的事情。这就好像孩子们有集体思维一样。他们有意或无意地意识到同伴的行动和意图。当大家都开始围坐在一起或排成队往外走的时候，所有人都会参与进去。他们会放弃自己的计划，服从集体。孤独症儿童通常是例外。他们可能不会在意大家正在做什么，甚至更糟的是，他们会离开队伍做自己的事情。"

妈妈："我刚和幼儿园老师谈过这件事，她说雅各在这方面进步了。刚上幼儿园的时候，雅各经常远离大家，四处闲逛，大部分时间都去玩火车，不过现在好多了。"

爸爸："可是我们想要的不只是他进步了，对吗？我希望雅各能真正融入。"

尼克医生："怎么才能让他融入呢？答案就在问题中。幸运的是，他已经具备先决条件。感谢你们在过去两年半的不懈努力，他已经在功能发展阶梯上更进一步了，他可以：

- 理解你们对他说的大部分内容（功能发展水平第五阶段）。
- 他会建立逻辑联系，将各种想法联结起来（功能发展水平第六阶段）。比如，这样的想法：'我必须做朋友们正在做的事情。'
- 他可以进行很长时间的来回互动。
- 他可以延迟满足，即放弃自己现在想做的事情来融入集体，遵守校规。"

妈妈："他现在能等待的时间长了，但还需要努力。"

尼克医生："相信我，学校肯定能帮上忙。"

爸爸："怎么帮？谁来帮？"

---

**习惯1：融入集体**

- IEP目标：雅各会在没有辅助的情况下跟上同伴们。
- 成功的关键：需要达到功能发展水平第五阶段至第六阶段。
  - 理解意思
  - 建立逻辑联系/联结想法
    - "我的朋友做什么，我就做什么。"
- 延迟满足，比如，放弃自己的计划。
- 老师或专业辅助人员应该全天候地告诉雅各要与大家步调一致。

## 融入集体：方法

尼克医生："希望他的老师或影子老师能帮忙。雅各需要有人定期给他传达以下信息：雅各，看看周围，看看你的朋友们。我们希望你能和朋友们做一样的事情。但我们最终的IEP目标是让雅各完全独立地融入同伴，无需辅助。现在我们来聊聊有哪些'成功秘诀'。这是我推荐使用的一些能够帮助雅各融入集体的方法。"

> **融入集体：方法**
> - 使用图片和时间表。拍一张班级同学的照片，让雅各熟悉同学的名字。
> - 让"隐性课程"不再隐形：列出"融入集体"的社交规则。
>   ○ 当我的朋友们排队外出时，我也要排队。
> - 与雅各讨论所有的社交规则。
> - 利用社交故事和寓言。
> - 需要的话，要使用奖励和记录良好行为的图表进行激励。
> - IEP目标：随着时间的推移，雅各将与同伴进行更长时间、更复杂的互动。

### 时间表、图片和规则

为了帮助雅各融入集体，所有教师都要使用活动时间表，按小时列出活动，甚至加上图片，也可以列出或画出一小时以内的活动安排，总之，应列出每一个变化。

尼克医生："你们应该找一张雅各全班同学的照片（如果有的话）放在家里，贴在他房间的小黑板上。问问他谁是他的朋友，让他说出他们的名字。

"此外，在开始时，我们应该列出一份规则清单，例如：
- 雅各会遵守每天的时间表。
- 当全班进行集体活动时，雅各也去参加。
- 当朋友们排队时，雅各也排队。

……

"就像我说的，所有的规则你们都要和雅各讨论。相信我，学校会把遵守规则放在首位的。他们可能不会去考虑雅各想做自己事情的想法（'我知道，雅各，你想去玩电脑……但现在是时候去学习了！'）。好的老师在这方面就会做得很好。"

爸爸："那就只能希望他能遇到一个好的老师了。"

尼克医生："正如我之前所说：你无法挑选雅各的老师！但好的校长会这么做——他会把学生安排到最适合的班级，而老师则是孩子学习的最重要因素。

"我们应该有一个明确的预期，就是雅各会融入集体。我称之为'外柔内刚'法。你可以温和有礼（外柔），但同时也要明确且坚定地提出更高的要求（内刚）。这也是我提过的'能的哲学'问题的一部分。问问你自己：'雅各能做到吗？'如果答案是'是的，他可以'，那么他就应该这样做。"

妈妈："毫无疑问，他能够遵循日常常规。"

爸爸："至少大部分时间是这样。问题是他是否愿意。"

尼克医生："我会谈到动机的问题，但如果他真的不能稳定地融入集体当中，那么他就一定需要一个提供全天或部分时间服务的影子老师。老师和影子老师会帮助他从他能做到的开始，逐步增加他在集体当中的时间。我们不能让雅各压力太大进而烦躁不安，这将适得其反。我个人认为他是可以融入集体的，不需要那么多帮助。"

爸爸："我反对找影子老师。"

尼克医生："吉姆，我理解你的心情。但是，雅各是否需要帮助取决于他能否服从和融入集体，如果他需要帮助，我们就应该给他帮助。"

**社交故事和寓言**

尼克医生："如果需要的话，我们可以创作一个关于小男孩没有融入集体的社交故事①（见**资源和网站**）。这里有一个给雅各的社交故事例子。我们可以把它制作成一本书，配上简单的图片（从互联网上找），不加图片也可以。

- 雅各，有时你喜欢独处（展示一个男孩读书或独自玩小火车的图片）。你喜欢自己看书或玩小火车，这很有趣。
- 但是当你在学校的时候，你就必须和朋友们做一样的事情。当他们围成一圈进行集体活动时，你也要加入（画一幅画）。当他们坐在桌子前学习的时候，你也要坐到桌子前（画一幅画）。当他们排队去操场时，你也要排队去操场（图片）。你只需要按照时间表去做就可以了（时间表图片）！
- 在学校里，每个人都会始终和朋友们保持步调一致！（我对着录音机唱，用一种有趣又搞笑的方式唱……）'每个人都和朋友在一起，和朋友在一起，和朋友在一起。在学校里，每个人都会和朋友们在一起。'

"另一种表达观点的方法是使用**寓言**。我这就有一个'考拉熊威利总是会走开'的有趣寓言（见本章末尾的寓言）。"

**激励 VS. 原因**

尼克医生："如果有必要的话，老师可以用图表建立一个奖励系统，激励雅各融入集体，并记录他的行为。

"不过，我想强调的是，激励和原因是有区别的。激励在短期内有用，但是原因则会使你长期保持动机。（我想要把贿赂留给以后更难养成的习惯！）加入集体的原因不是为了得到贴纸，而是为了玩得开心、交朋友和产生互动。然而，激励措施可以推动这一进程。

"融入集体活动表（如表3）应当列出所有的小组活动。

"每次雅各跟随大家做相同的事情，他都会得到一笑脸贴纸。当他集齐五张笑脸贴纸时，他就会得到一份奖励。我们可以提高要求，让他在没有辅助的情况下，自己独立完成的时候才可以得到一颗星。因为我们的目的是让他不依赖奖励制度。"

妈妈："当他得到五张笑脸贴纸时，我们可以让他玩电脑。"

---

① 编注：卡罗尔·格雷（Carol Gray）所著的《社交故事新编（十五周年增订纪念版）》（*The New Social Story<sup>TM</sup> Book, Revised and Expanded 15th Anniversary Edition*）中文简体版已由华夏出版社于2019年出版。

表 3　雅各的融入集体活动表

| 活动 | 星期一 | 星期二 | 星期三 | 星期四 | 星期五 |
|---|---|---|---|---|---|
| 游戏时间 | ☺ | | | | |
| 上课时间 | ☺ | | | | |
| 课间休息排队集合 | ☹ | | | | |
| 图书馆排队集合 | | | | | |

尼克医生："这会是一个很好的激励。你可以在一段时间内，每天和学校老师联合行动。当老师发给你雅各的奖励表时，他在家里就有更多的玩电脑的时间。但除非雅各真的需要，否则我是不想使用奖励制度的。"

**增加互动**

尼克医生："最后，融入集体最重要的结果是：雅各将与他的同伴进行更多的互动。这应该是 IEP 的一个关键目标，但这个目标需要被明确表述出来：雅各将增加与同伴互动的频率和复杂性。老师和影子老师要经常促进雅各和同伴之间的互动。"

爸爸："我们理所当然地把获取交流环当作 PLAY 模式的一部分了。"

尼克医生："很多时候，学校认为同伴之间的互动并非难事。"

妈妈："对雅各来说，并不容易。当然，他和查理的互动还是挺多的。"

尼克医生："当雅各能够稳定地融入集体时，其他有效适应学前班的习惯就更容易养成了。"

## 习惯 2：远距离听觉加工

尼克医生："事实上，融入集体与第二个习惯，也就是远距离听觉加工，是密切相关的。请注意，我没有把这部分称为'良好的听力'，因为良好的听力是听到声音后再对声音进行处理的最终结果。普通儿童是可以跨空间听到、倾听并理解话语的，但孤独症儿童往往做不到。"

> **习惯 2：远距离听觉加工**
> - IEP 目标：雅各能够在没有辅助的情况下，听到和理解老师说的话，并按照老师说的去做。
> - 不仅仅是"善于倾听"。
>   ○ 有对声音进行加工的能力
>   ○ 注意、听到、倾听、思考、反应，循环往复
> - 感觉统合问题。
>   ○ 语言与噪声同时出现
>   ○ 距离对听力和理解的影响

爸爸："为什么呢？"

尼克医生："还记得很久以前我们讨论过捕捉世界复杂性的神经网络吗？理解听到的内容是一个复杂的过程。大脑区域对捕捉到的声波（声音）进行解码，并将其转化为有意义的信息。与视觉系统相比，孤独症儿童的听觉系统一般较弱。当你在听的时候，你的大脑必须将信息发送到短时记忆区、长时记忆区、视觉区和思考区（额叶）。对大脑来说，理解声音的意义是一项艰难的工作。"

**听到与倾听**

**尼克医生**："理解声音的意义首先有声音本身的问题——我们要先听到，然后再把声音转换为它包含的意义，即倾听。这就是听觉加工的定义。除非你真的集中注意力专心地听，否则是捕捉不到别人的话语的，正如俗话所说的'左耳进右耳出'。因此，雅各首先得集中注意力。"

**妈妈**："先是听到，然后是倾听。这太有趣了。"

**尼克医生**："倾听也与任务的复杂程度有关。长而复杂的句子对雅各来说更难。跟他说话应该用简短且清晰的陈述句。

"其次，如果教室里有其他声音，比如其他人的说话声、脚步声、移动椅子的声音、暖气/空调的噪声等，那么雅各需要排除这些课堂噪声的干扰去倾听。

"最后，一个人离声源（即老师的声音）越远，声音就越有可能被其他声音冲淡。你们有没有注意到，当你们离雅各越近时，他越能听懂你们说的话？"

**妈妈**："确实如此。所以他也许不是故意不理我的。"

**尼克医生**："他有可能故意不理你哦！（我们都笑了。）但他也可能是没有听到你说的话，这就是他为什么没有倾听。他可能并没有对你说的话进行加工。

"请记住，我们的 IEP 目标是：**雅各能够不借助任何辅助，在教室的另一边听到老师所说的话、理解老师的话，并按照老师说的去做。**"

**爸爸**："我们怎样才能让雅各提高倾听和听觉加工能力呢？"

**尼克医生**："答案就在问题里，吉姆！第一，我们要确保雅各所处的位置离声源足够近，也就是说，雅各坐得离老师近一些是提高听觉加工能力的重要保障。

"第二，我们也可以使用视觉支持。我已经提到过日历、时间表，老师也可以使用手势示意，比如老师可以通过指着自己的嘴和雅各的耳朵吸引雅各的注意力，就好像在说：'听好了，雅各！'好的老师常常会这么做。但是你

> **远距离听觉加工：方法**
> 
> ● 确保孩子全神贯注。
> ● 让孩子离老师近一些。
> ● 利用视觉支持：日历、图片，以及很重要的一种方式——（来自老师/影子老师的）手势示意。
> ● 老师复述信息。
> ● 让孩子复述信息。
> ● 运用饱满的情感、夸张的表达、搞笑的方式、唱歌、游戏、悬念和惊喜来激发孩子倾听的动机。
> ● 夸赞孩子的成功！

们多了解如何才能让雅各提高远距离听觉加工能力是有好处的。

"第三，重复指令可以帮助雅各理解。要确保他在**全神贯注**地关注着你们，你们和他是有联结的。你们要把话的含义传输到他的大脑中。这样的说法听起来有点怪，其实我的意思就是：说话的目的就是让雅各能明白其中的意思。所以你们要用饱满的情绪，使用不同的短语，让雅各能明白这些话语的意思。当然，好的老师也会这样做。"

**妈妈**："我们在家也可以使用这些方法。"

**尼克医生**："第四个技巧是让雅各甚至全班同学重复老师刚刚说的话，老师要以充沛的情感、表扬和笑话认可他们的努力（'好了，同学们，谁能重复我刚刚说的话？如果有人做到的话，我就为你

们跳支舞！'）。

"其他表达观点的技巧包括：把要说的话，有节奏和韵律地唱出来！唱歌能让人印象深刻，难以忘怀。如果不会唱歌，那就用情绪饱满、有节奏和韵律的语气来跟雅各说话。

"毫无疑问，认真倾听的人应该时不时地得到表扬（'雅各，真听话！'）。

"大多数方法对于那些优秀的教师来说已经是常规操作了，不过很少会在IEP中被明确地阐述出来；但对于像雅各这样的孤独症谱系障碍孩子来说，这部分内容需要被明确地表达出来。

"你们在家里可以跟孩子们一起玩游戏，练习倾听技能。你们可以采用综艺节目《危险边缘》[①]的游戏模式。你们用浑厚的主持人声音说：'各位选手，你们准备好了吗？现在——你们能重复我说的话吗？答对的选手可以得到100分。然后，你们说一个简单的句子，比如'我爱妈妈和爸爸'。接下来，你们继续游戏：'你们能重复我说的话吗？答对的选手可以得到200分。'你们可以说一个长一点、难一点的句子，比如'我爱妈妈、爸爸、查理、奶奶和爷爷'。你们要提供奖品、奖金或出门游玩的机会作为奖励，比如'今天的参赛选手将赢得一次免费的玩具反斗城之旅'。

"第二个习惯引出了第三个和第四个习惯。最终，雅各能够理解中心意思，并按顺序执行一系列的动作，比如：'首先，找到兔子，给它涂上棕色。然后，找到那只狗，给它涂上黑色。再把它们剪下来，粘贴在画纸上。最后，在底部写上你的名字。'"

妈妈："这对雅各来说是个挑战。"

尼克医生："正因如此，我们才需要把它作为IEP的一个目标。"

### 习惯3：抓住中心思想

与听觉加工能力密切相关的是我们的第三个习惯"抓住中心思想"。雅各听到声音之后，必须把声音转化为声音所包含的意义。换而言之，他不仅要鹦鹉学舌，还要理解并总结。

当然，这不仅仅适用于倾听。抓住重点意味着明白课堂上发生的所有事情的意义，这与以下方面密切相关：

- 排序。
- 使用短时记忆。
- 快速加工信息。

这些也是接下来的三个习惯。

我希望你们能理解"抓住中心思想"的主要意思。那就是能够"只见森林不见树木"，也就是提纲挈领。这种能力与格林斯潘博士的功能发展水平第六阶段（情感思维/逻辑思维）密切相关，代表着一系列非常重要的IEP目标。幸运的是，这也是学校教学的重点内容。功能

---

**习惯3：抓住中心思想**

- "提纲挈领"的能力。
- 孩子能否回答开放式问题，像是"为什么？""什么时候？""如何做？"这一类型的问题，比如："下一步要做什么呢？""老师刚才告诉你什么了？""这个故事讲的是什么？""我们该怎么做呢？""莎莉为什么这么说？"
- 在以下情况中陈述重点：
  ○ 老师在朗读或指导的时候。
  ○ 朋友在讲话的时候。
- 使用不同的策略（视觉支持、故事、戏剧等）帮助孩子"理解"。

---

[①] 编注：《危险边缘》（*Jeopardy*）是美国的智力竞赛电视节目。

发展水平第六阶段的**主要语言发展里程碑**包括：
- 理解"为什么？""什么时候？"和"如何做？"这些问题。
- 阅读理解能力。
- 能够在没有太多辅助的情况下，回忆起学校里发生的事情。

妈妈："现在雅各还需要辅助。"

尼克医生："但是我刚才问他午餐吃了什么，他能够回答。"

爸爸："那是在您把问题重复了三遍之后。"

尼克医生："你们跟雅各练习回忆不久之前所发生的事情，可能会对他有帮助。例如，你们说：'孩子，午餐真好吃！你喜欢吗，雅各？你刚才吃了什么？'你们可以依次询问餐桌上的其他人，'爸爸，你喜欢哪道菜？''查理，你喜欢哪道菜？'"

爸爸："我们会练习的。"

尼克医生："学前班的孩子需要在以下情况中抓住中心思想：
- 老师在集体活动时间朗读故事的时候。
- 老师在给同学们做指导的时候。
- 全班同学开始做新任务的时候。
- 在和同学一起参加一项新活动时。
- 朋友在说话的时候。

"换句话说，雅各至少应该能够简短地回答开放式的'什么？'类型的问题，比如：
- 你在做什么？
- 那本书讲的是什么？
- 你们在玩什么游戏？
- 课间休息时你做了什么？
- 你接着想做什么？
- 你的朋友想要什么？

> **抓住中心思想：IEP 目标**
>
> 全天候：
> - 孩子能回答开放式问题。
> - 孩子会提问并回答"为什么？"的问题。
> - 孩子会有逻辑地把两个想法联系起来。
> - 孩子可以回忆起刚刚经历的事。
> - 孩子可以简要地总结故事情节。
> - 孩子可以恰当地使用代词。
> - 孩子可以与同伴进行主题假扮游戏（例如，扮演医生，开茶话会，烹饪食物）。
> - 孩子可以陈述别人的意图。

"理想情况下，雅各应该能够回答'为什么？'和'什么时候？'这样的问题，比如：
- 雅各，你为什么要这么做？
- 托马斯为什么（指着一本关于托马斯小火车的书中的图片）要翻越这座山？
- 什么时候轮到你？
- 如果你这么做，查理会怎么想？"

妈妈："我觉得除了最后一个问题，其他的他都能做到。"

爸爸："他很难理解查理的感受。"

尼克医生："这就是他在社交方面需要锻炼的地方，而学校能帮到他。回答复杂的问句应该是雅各的 IEP 语言目标之一。但这还不是我的重点，我重点要说的是归纳能力，是在课堂上的真实情况下，实时回答和真正理解开放式问题的能力。

"请别误会我的意思。老师们会说：'我们一直都是这样做的。'我同意。但大家并没有强调它是一个社交过程，也没有在IEP目标中被明确指出来。可它却是隐性课程的一部分，它需要成为IEP目标，不仅仅是在言语语言治疗中，还应贯穿在全天的学习过程中。"

### 阅读

爸爸："我们会把这些纳入雅各的IEP目标，但我们如何帮助他抓住中心思想呢？"

尼克医生："答案就在问题里。有一件事是肯定的，那就是要多阅读。你要保证雅各和查理可以给你讲述每一页的内容。阅读是理解中心思想的捷径。"

妈妈："我一直有在给孩子们读书。可是雅各就只想让我一直读，一口气读完。"

尼克医生："你可以边读边和他讨论。"

妈妈："我试过了，可是他不喜欢。他会说：'妈妈，你读就行了。'"

尼克医生："嗯，你要耍耍小花招，把每页的大意和整本书的主题讲出来。然后问他一些小问题，尽量表现得戏剧化一些。你们要一起讨论。"

妈妈："我试试。"

尼克医生："下面我来总结一下抓住中心思想的方法，然后我们再来详细讨论。

"第一个，我们必须经常陈述中心思想。

- '哦，我明白了，大灰狼想吃掉三只小猪。所以大灰狼才想把三只小猪的房子吹倒。三只小猪要发挥聪明才智打败大灰狼。'
- '这本书讲的是蜜蜂们如何生活在一起，如何酿蜜……'
- '雅各，强尼想让你帮他搭建这座塔。你会怎么做？'
- '雅各，大家现在都在干什么？你看看你的四周。没错！他们准备出去玩了。'（在这里，我会暂停，让雅各来总结一下。如果他想不出来的话，我就稍微提醒他一下'我们接下来该做什么，雅各？'）

"第二个更复杂的方法是你们不要总结重点，哪怕雅各在过程中有点蒙，也让他自己弄清楚。你们提出'什么？''为什么？'和'什么时候？'这一类的问题后，就等待，等待，再等待！如果他找到了答案，我会大力表扬他并总结一下，'雅各，你太棒了！你想到了答案！真棒！'

"第三个关键方法是'展示'，而不是讲述。以戏剧的形式将故事或想法表演出来。例如，让雅各和另外两个孩子站在门的一边，扮演三只小猪。让另一个孩子扮演大灰狼，一边敲门一边说：'小猪，小猪，让我进去！'除了语言之外，也可以采用其他形式：

- 图片。
- 歌曲。
- 漫画。
- 同伴示范。
- 社交故事。
- 寓言（见本章末尾的"一则寓言故事"）。
- 视频。"

爸爸："视频？"

尼克医生："用平板电脑拍。"

爸爸："雅各喜欢用平板电脑拍视频。"

尼克医生："你要为雅各拍摄一段有中心思想的影片。你可以拍摄妈妈朗读故事的过程，给他再看一遍，让他尝试抓住中心思想。老师可以拍摄其他学生玩游戏的情况，让他复习游戏的主要内容。通过拍摄的视频，他可以重复学习，掌握相应的内容。既然有最先进的技术帮助雅各理解中心思想，那何乐而不为呢？"

爸爸："好主意！您认为学校真的会这么做吗？"

尼克医生："创新型学校会使用各种有创意的方法教育学生。"

妈妈："我觉得这样做对所有学生都有好处。"

尼克医生："任何方法想要奏效，关键之一在于饱满的情感。这意味着成年人必须有趣、充满活力、富有戏剧性、感情充沛地表达自己的想法。他们不用担心自己看起来很滑稽，表演痕迹过重，或者是戏太多。你们必须问自己这样一个问题：真正让雅各掌握'中心思想'的最好方法是什么？"

妈妈："我觉得雅各可能会回避那些过于热情的人。"

尼克医生："确实有可能。如果是在正确的发展水平上，体贴又关怀备至地做这件事情，我认为雅各会接受的。真把IEP目标写成'学校工作人员要表现得很滑稽，很有戏剧效果，以此帮助雅各理解中心思想'，可能有点过分了。"（我们都笑了。）

在谈话的过程中，我会时不时地观察一下查理和雅各，他们一起玩得很好。他们当然是先去玩我那些最新的玩具——我新收集的会说西班牙语的巴斯光年（来自电影《玩具总动员》），当按下玩具按钮时，它会弹出巨大的塑料翅膀，它还有一个可以打开和关闭的太空头盔。我还有一条可以从嘴里射金币的大龙。雅各最喜欢的是崭新的、轮子齐全的卡车麦克（还记得他发现卡车麦克缺少了轮子时发的那场脾气吗？）。后来，他们用几十个火柴盒汽车玩假扮游戏，在房间里跑来跑去。

当他们对这些玩具失去兴趣，开始感到有点无聊，要来打扰我们时，我拿出了我的爆旋陀螺，这是一种可以旋转的金属圆盘，通过相互碰撞分出高下。他们非常喜欢爆旋陀螺，缠着爸爸妈妈也要买一套。吉姆答应只要他们让我们好好聊天，就给他们买。这样在我们聊接下来的两个习惯时，他俩就不会打扰我们了。我可真有办法……

### 习惯4：按顺序执行一系列的动作

尼克医生："好的，现在我们来谈谈排序。这对雅各来说是一个棘手的问题。要想在没有辅助的情况下按顺序完成一系列的动作，孤独症孩子不仅需要融入集体，需要远距离的听觉加工，需要理解中心思想，还需要记住并执行一系列相关的动作。

正常的教学指令是这样的：'好了，孩子们，小组活动时间结束了。现在回到你们的座位上坐好，座位前面有一个文件夹。把文件从文件夹里拿出来，等一会儿我会告诉你们下一步该怎么做。'"

妈妈："哇！"

尼克医生："确实。这对许多普通孩子来说都可能会有困难。孤独症孩子很容易陷入感觉刺激中（如托马斯小火车带来的视觉刺激）或困在他们的舒适区中。对他们来说，按照多个步骤的指令执行一系列相关的动作，真的很难。"

妈妈："我这方面的能力就不太行。"

爸爸："亲爱的，对你来说确实挺难的。"

> **习惯4：排序**
>
> - 目标：在没有辅助的情况下记住并完成一系列相关的操作。
> - 需要掌握前三个习惯。
> - 观察孩子的动作计划，作业治疗师可以帮忙。
> - 利用意义和动机。
> - 技巧：
>   - 日历（月/周）
>   - 日程表（日/小时）
>   - 清单（分钟）
>   - 顺序（秒）

尼克医生："吉姆，小心说话！正确的回答是'亲爱的，你已经很棒了！'我们每个人在特定的时间内能连续做多少事情，都有自己的极限。"

### 制定IEP目标

尼克医生："与其他六个习惯一样，我们也要制订一套IEP目标和方法帮助雅各处理排序问题。"

妈妈："听起来挺难的。怎么做到这一点呢？"

爸爸（抢先一步）："答案就在问题里。"

尼克医生："你可真聪明，把我的台词都抢了。如果你们不去提要求，就不会有这个可能。针对每个习惯，我都会给你们一份讲解材料，你们可以把材料给学校。"

爸爸："学校必须要把我们的想法纳入IEP吗？"

尼克医生："是的。你们要告诉学校想要什么，他们才会把你们的要求加到他们的目标中。

- 给他们发一封正式书信（所有重要的沟通都必须以书面形式进行），告诉他们：'我们希望学校把与七个习惯相关的目标纳入雅各的IEP中。见所附清单。'
- 把我提供的七个习惯和养成每个习惯的方法告诉他们，并在IEP会议之前把资料和信件一起寄给学校。他们会帮助你们把内容以正确的形式写出来。他们很擅长做这方面的工作。"

### 作业治疗

尼克医生："说到排序习惯，我们要做的第一件事就是要真正观察雅各排序和动作计划的情况。"

爸爸："虽然我不想承认，但他的协调性不太好，至少在运动方面是不怎么好的。"

妈妈："他的书写也是个问题。"

尼克医生："我们可能需要作业治疗师的帮助，他们在这方面是专家（见**资源和网站**）。"

妈妈："他在幼儿园有一个作业治疗师，您推荐的私立机构的作业治疗师对雅各也很有帮助。"

尼克医生："那么我们应该请新学校的作业治疗师帮忙观察并找出：

- 雅各在排序时卡壳的地方在开头，中间，还是结尾？
- 如果给雅各一组分解动作的图片，他能正确地排序吗？比如，图片内容包括男孩站起来，男孩走向书桌，男孩坐了下来，男孩拿出纸，男孩在等老师。把这些图片混在一起，看他能不能进行正确的排序。

- 雅各的粗大运动情况如何？比如，从坐着的地方站起来，在房间里走动。
- 像写字或从盒里拿蜡笔这样的精细运动呢？雅各的精细运动情况如何？比如，写字，从盒子里拿蜡笔。
- 雅各的排序是从哪里开始混乱的？
- 噪声或视觉刺激会分散雅各的注意力吗？
- 没有帮助的情况下雅各能做到什么程度？

"假设雅各在以上所有方面都有问题，那么学校的作业治疗师就应重点关注排序能力、动作计划和精细运动技能，以及与分散注意力的噪声和/或视觉刺激相关的感觉统合问题。雅各可能需要休息一下来保持状态，集中注意力，这样才能确保他对一系列相关联的事件进行排序。"

### 赋予意义和激发动机

爸爸："虽然说雅各在排序方面有一些问题，但我还是认为如果他真的想做，就算完成不了所有的内容，也能完成大部分……"

妈妈："只不过，您知道的，他有他自己的计划。"

爸爸："如果他不想配合，不想听，也不想按顺序做，我们该怎么办？"

尼克医生："答案就在问题里！这次被我抢先了吧，吉姆！

"这确实是一个关键问题。我们会预设（作为隐性社交课程的一部分）：孩子们想要学习。但孤独症孩子有他们自己的计划，他们可能不会觉得七个习惯很有趣。所以我们要来谈谈动机，因为排序（习惯4）、使用短时记忆（习惯5）以及在有限时间内完成任务（习惯6）都是最需要动机的，这是孤独症儿童最难完成的。"

"大多数普通孩子天生会想要取悦他们的父母和老师。虽然有些时候孩子们也会觉得很无聊或难度太高，但大多数时候他们还是觉得学校的学习是相对容易和有趣的。

"当孩子没有动机的时候，我们经常会责备孩子。我们可能认为缺乏**动机**是上学失败的原因。不过我的看法正好相反，我认为上学失败才是缺乏动机的原因。绝大多数的孩子，包括孤独症孩子，他们都想表现好，想取悦别人。他们没有这样做的原因常常是学校的任务太难了，所以他们放弃了。"

爸爸："非常有道理。"

尼克医生："对雅各来说，上学是很大的挑战。你们已经跟随他的引导很多年了，现在，他得遵守学校的规定，这是一个很大的变化。"

妈妈："他不遵守家里的规矩（见**第三部分**），我觉得他比我们聪明。"

尼克医生："这是一件好事。他的行为越来越有挑战性，他正在不断试探。我们现在就通过学习七个习惯为雅各制订学校计划。"

### 最好的老师类型

尼克医生："要让雅各在学校表现好的前提是：雅各觉得上学是一件有趣的事情，他有一个自己喜欢的老师，再加上我们给予他（和他的老师）的支持。"

爸爸："可是您不是说我们没办法给他选择老师吗？"

尼克医生："那**不是**法律赋予你的权利。当然，你可以**试试**。不过大多数校长都不会允许。如果他们让家长挑选老师，那肯定会变得一团糟。话虽如此，校长一般还是会为孩子挑选最合适的老师。"

妈妈："您之前说过老师是最重要的因素，没有之一。"

尼克医生："确实如此。最好的老师是**恩威并施**型的。老师太过于严厉或者是太过于宽松，都不太好。但是如果雅各需要的支持超过了老师所能提供的范围，那么即使是最好的老师也无法帮助他。"

妈妈（转向丈夫）："吉姆，如果我们没有给予他必要的支持，他在学校可能会有麻烦。"

爸爸："我想看看他自己的表现。"

尼克医生："吉姆，我知道你想让雅各靠自己。如果雅各自己可以的话，我们也不希望他依靠辅助。作为你们的顾问，我想提醒你们：如果雅各没有得到他需要的支持，并在刚开始上学时就表现不佳，可能会导致他在很长一段时间内都有严重的动机问题。我认为除非他觉得有意义并且学校生活也不太困难，否则，想当然地认为雅各能够在学校表现良好是一个非常根本的错误。学校、学习和交朋友这件事对雅各来说必须是有趣和有意义的。吉姆，我们必须给雅各必要的支持，这意味着给予他 M&M's[①]。"

爸爸："他并不喜欢 M&M's 巧克力豆。"

尼克医生："M&M's 是动机和意义。"

妈妈："我以为你说的是巧克力豆呢。"

尼克医生："那是跟你们开玩笑。"

爸爸（微笑着）："不好笑。"

尼克医生："事实上，至少在一开始的时候，我们不光要支持他，有必要的话，也可以利诱他！上学前班必然有挑战性。对此，我们必须有备无患，到时可能需要用一些短期的奖励措施激励雅各。"

爸爸："既然他去上学了，这本来就是他分内的事情，他不做也得做啊！"

尼克医生："我们当然希望他可以如此，但是激励也没什么错。这就好像你上班可以得到报酬一样。如果你的工作本身就非常有意义，当然是最好不过，但毋庸置疑，获得报酬是一种激励。说实话，学校里并不是所有的事情都是有趣的。雅各将不得不延迟满足。当学习过程变得乏味、枯燥或者太难时，激励措施就会给他动机。那么，可以给他哪些有意义的激励措施呢？"

妈妈："让我想一想，贴纸可以吗？"

尼克医生："贴纸很好，但是他能从这些贴纸中得到什么呢？"

爸爸："玩电脑的时间？"

尼克医生："可以啊，这可能会有用。但什么是雅各真正热衷的事情呢？"

妈妈："去山姆店。他喜欢去山姆店和百安居。"

尼克医生："可以啊！"

---

[①] 译注：动机和意义，英文是 Motivation and Meaning，缩写成 M&M's，跟美国的糖果品牌 M&M's 缩写一样。

听到这个词,雅各从他的游戏中抬起头来,露出灿烂的微笑。

雅各:"山姆店?我想去山姆店。"

尼克医生:"如果你在学校表现好的话,你就可以去山姆店。现在不行。"

可怜的雅各已经完全听懂了,他的眼皮耷拉下来,表现出了失望,然后他又回去和查理玩了。

尼克医生:"这可以作为我们的秘密武器。例如,学校可以制作一个**目标表**,如果雅各完成了一组动作的排序(习惯4),就可以得到笑脸贴纸。如果我们有意义的讨论和贿赂,我是说我们的激励,能够激发出他的动机,有助于他成功,那就太好了!随着时间的推移,我们可以逐渐减少激励。这是一个重要的行为原则。"

爸爸:"不能每一件小事都给他奖励。"

尼克医生:"你已经知道接下来我会说什么了吗?(我调侃道)吉姆,不是'每件小事'都给,重要的事情才给,而且只是开始的时候给。我们的最终目标是让雅各完全内化这种动机,这样他就会因为不太难,又很有趣,从而爱上学校、爱上学习。"

妈妈:"如果即使雅各有动机,他还是有困难怎么办?"

爸爸:"朱莉,我们得乐观一点。"

尼克医生:"朱莉,那又得回到影子老师的话题了。"

爸爸:"我反对!"

尼克医生:"吉姆,戒掉影子老师比一开始时找影子老师要容易得多。如果雅各在融入集体方面有困难,如果当人们从远处与他交谈时,他仍然经常走神,如果他在理解主要内容或者在排序方面有困难,他可能需要一名不用提供全天服务的影子老师。我也想乐观一点,但似乎雅各至少需要一名不用提供全天服务的影子老师。

"一个好的影子老师可以:

- 重复老师的指令帮助雅各进行听觉加工。
- 让雅各通过预览接下来发生的事情练习步骤。例如,按顺序向雅各展示每一个步骤的图片。
- 关注雅各的表现,看看他是否分心或心不在焉,并提醒他集中注意力,忽略干扰。
- 通过将任务分解成简单可行的步骤解决雅各的精细运动问题,让他不要太受挫。当他有问题的时候,提供帮助。
- 在雅各坚持做事、能够自己解决问题、成功时给予及时的表扬。
- 提醒雅各还有奖励,'雅各,如果你完成了所有的事情,你就可以去山姆店了'。

"那么,谁可以完成以上所有的这些事情呢?"

妈妈:"吉姆,他可能真的需要一名影子老师。"

爸爸沉默了。

尼克医生:"考虑一下吧。"

爸爸："我会考虑的。"

尼克医生："现在，我要对我们刚才谈论的内容做一个快速的总结。"

爸爸（接过讲义）："我承认这些要求对老师来说，可能太多了。但我就是不喜欢影子老师这件事情。"

尼克医生："吉姆，我知道你怎么想。你希望雅各在课堂上完全独立，也许他真的可以做到。相信我，如果你告诉学校你想让影子老师在学年中就退出，不再需要影子老师帮助雅各，他们会很乐意照做的。他们也想让雅各独立。你看这样行吗？一开始时，找不用提供全天服务的影子老师帮助雅各，如果可以的话，几个月后再逐渐撤出。"

> **排序：方法**
> 
> - 重复指令（可能需要帮手）。
> - 在纸上练习这些步骤，再付诸实践。
>   ○ 用图片展示步骤。
>   ○ 用数字或颜色标注步骤。
>   ○ 用手偶或最喜欢的角色做示范。
> - 指导他不要分心。使用提问和回应：我们应该听外面汽车的声音吗？不行！
> - 将困难的精细运动任务分解成几个步骤。
>   ○ 不要让他太受挫。帮助他！
>   ○ 表扬他的坚持，给予奖励。

爸爸："如果到那时候还不行呢？"

尼克医生："那说明我们做了正确的决定。"

妈妈："吉姆，我认为尼克医生是对的。雅各确实需要一些帮助。"

爸爸："我了解雅各，他会开始依赖影子老师。"

尼克医生："确实会有这样的风险，但我们必须明确，所有七个习惯的 IEP 最终目标都是孩子能够完全独立学习。"

### 习惯 5：使用短时记忆

现在，孩子们开始不耐烦了。他们躲到角落的壁橱里玩那些会发出声音的玩具，比如铃铛和发声玩具。他们一按按钮，玩具就会发出声音："小兔子开门啦！"然后高唱："小兔子乖乖，把门开开。"一遍又一遍地播放。

尼克医生（大声地）："棒棒糖时间到了，谁想要棒棒糖？"

查理："我要！"

雅各："我要！"

我让他们去找艾米拿棒棒糖，这为我们赢得了一些安静的时间。

尼克医生："那么，雅各的短时记忆怎么样？这是七大习惯中的下一个习惯。"

妈妈："他有惊人的记忆力。"

爸爸："他真的会引用他反复看过的书或电影里的原话。"

妈妈："他记得去玩具反斗城的路。"

尼克医生："他还记得一年前在我办公室玩的某个游戏。但**短时记忆**（也被称为**工作记忆**）不同于这种机械的静态记忆。**短时记忆是一种运用过去的知识做新事情的能力**。它需要一种目标感，要有在一定的时间内完成一些事情的自觉。它需要在行动中有一种'自我意识'。

"下一个习惯是快速加工信息，同时也是有效适应学前班的七个习惯中的第6个。你可以把它想象成收音机接收频道时的'微调'，或者更好的比喻是：木匠的'精细加工'。对雅各来说，仅仅跟随大家，听老师讲课，搞清楚任务的意义，并建立一个做事情的计划（顺序）是不够的。现在，**雅各必须用短时记忆把它们组合在一起。**"

> **习惯5：使用短时记忆**
> - 把过去的信息应用到新的任务中。
>   - 不同于死记硬背或长期记忆。
> - 短时记忆。
>   - 记住信息来完成任务。
>   - 多步骤活动，学习数学和执行复杂的指令时需要用到。
> - IEP目标。
>   - 预习并复习任务。
>   - 在任务完成后进行总结。
>   - 提升词汇量，积累更多概念的定义，储备更多常识。

雅各的父母看起来有点迷茫。

**尼克医生：**"好吧，我举个例子。当学前班的孩子们被要求在课堂上做手工时，过程是这样的：'好了，孩子们！'老师说，'外面是秋天了。谁知道秋天是什么？'

- 雅各有在听觉加工吗？他像他的小伙伴们一样举手了吗？他领会主要意思了吗？

'对的。当树叶从树上掉下来，外面开始变冷的时候，就是秋天啦！现在，我们要给你们的爸爸妈妈做一份礼物。'

- 雅各知道什么是'礼物'吗？

'我们要做一棵树，五颜六色的树叶落到地上。'

- 他懂什么叫'落'到地上吗？'五颜六色'呢？短时记忆与词汇和定义有关。

'你们的桌子上有不同颜色的画纸、剪刀和胶水。在黑板上，有一个例子。'

- 雅各还记得如何使用剪刀和胶水吗？同时，他能回忆起树叶飘落的样子，并知道要抬头看黑板上的例子吗？"

**爸爸：**"当您把过程掰开并揉碎了讲出来的时候，我们不得不感叹人体的功能真是太神奇了。"

**尼克医生：**"对大多数孩子来说，这是一个自动运行的过程。"

**妈妈：**"现在所有这些习惯让我感觉压力很大。我无法想象雅各会有什么样的感受。您的话让我觉得很担心。"

**尼克医生：**"有备无患，朱莉。如果他无法应对，他可能会在情感上保护自己，进入他的舒适区，或者他会变得很焦虑，可能会出现不当行为。我个人认为他在学校会极力控制住情绪。我担心的是，在繁忙的教室里，没有人会注意到雅各已经不堪重负了。

"不过，让我们还是暂时假设他能够运用所有的七个习惯。关于短时记忆的问题是：我们如何帮助雅各提取过去所知道的信息，并将其用于新的事物，吉姆？"

**爸爸：**"答案就在问题里。"

尼克医生："天啊，你学会了！

"定义、常识和时间。常见的短时记忆技能指的是使用过去学到的知识，如定义/词汇、常识和时间，完成新任务的能力。短时记忆的另一种定义是把'中心思想'和'排序'整合起来，以完成特定的任务的能力。例如，大多数学前班的孩子都知道'秋天''礼物'，还有'例子'是什么意思，但雅各可能不知道，他可能需要学习新的词汇和定义。大多数孩子都知道完成一项任务需要多长时间，但雅各是会迷失在任务的视觉刺激中，还是能学会'专注于任务'，并有时间概念呢？"

妈妈："我完全都没想过这些。"

尼克医生："我很抱歉让你感到有压力，但我只是不想让雅各感到不堪重负，然后就放飞自我了。学校里的这些小要求累积起来会让人感到非常焦虑和紧张。"

爸爸："除非他根本就不听老师的话，自己玩自己的。"

妈妈："这样的话他就学不到东西了。"

尼克医生："让我给你们举几个IEP目标的例子，这些目标能帮助雅各发展短时记忆技能：
- 要增加雅各的词汇量，增加的词汇是与老师讲课内容相关的。
- 要拓展他关于每天、每周、每月、季节性和年度事件的常识。
- 雅各要在开始前梳理完成一项任务所需要的东西，之后总结完成任务的过程。
- 雅各随时都可以回答关于'什么？''为什么？''何时？'和'如何做？'等的开放式问题。
- 雅各可以在没有帮助或辅助的情况下按时完成手工作品。"

爸爸："这对我们来说还是很抽象。能举个例子吗？"

尼克医生："好的。让我们做一个小小的假想实验，假设的场景是雅各坐在书桌前做手工，针对这个场景应用这些IEP目标。

"假设影子老师没有给雅各辅助只是在等待，而雅各走到自己的椅子旁，坐到桌子前，甚至自己从文件夹里拿出了材料（融入集体、远距离听觉加工和排序）。影子老师，很不错的等待。雅各，正确的排序！"

表演这个场景时，我一会儿从椅子上站起来扮演影子老师，一会儿又坐在我的椅子上扮演雅各。孩子们就静静地坐着，舔着他们的棒棒糖，看我的表演。

尼克医生："现在，我们假设雅各坐在自己的座位上，什么也没做。他好像有点迷茫。助教看到了他的表现，走到他面前。她说'嗨！'然后等待着他的回应。几秒钟过去了，雅各看向她。"

影子老师（一直用低沉而富有戏剧性的声音）："雅各，你在做什么？"（这是一个开放式问题，看他是否明白主要意思。她给了他时间进行听觉加工。）

雅各："制作树叶。"

影子老师："对，你在制作叶子。你想做绿色的夏日树叶，还是红色、黄色或棕色的秋叶呢？"（注意：她给他出了一个简单的选择题，而不是更难的开放式问题："你想做什么样的叶子？"我可以理解她的用意。）

雅各："秋天的树叶。"

雅各和查理喜欢我的声音从**影子老师（低沉的声音）**变成**雅各（高亢的声音）**。当然，我通过提高音量和戏剧性的方式烘托气氛。

**影子老师**："你说得对，雅各。击掌（我和雅各击掌）。但是雅各，'秋天'是什么呢？"

**雅各**（沉默）："嗯……"

**影子老师**（等待着，然后用一种有趣的声音重复）："秋天是什么？"

**雅各**："当树叶飘落的时候。"

**影子老师**："对了，雅各！夏天，天气很热；秋天，树叶纷纷落下；在冬天，天气非常……"

雅各居然可以回答……

**雅各**："……冷。"

**影子老师**（我大力击掌）："而春天，花儿开放。四个不同的季节。"（对吉姆和朱莉说："影子老师在这里回顾了这些概念。"）

**影子老师**："现在你要做什么，雅各？"（一个关于"什么？"的开放式问题。）

**雅各**："给爸爸妈妈做一幅画。"

**影子老师**："好的，你要为你的妈妈和爸爸制作一幅秋天的画。你知道怎么做吗？"

我夸张地点了点头。孩子们很喜欢。

**影子老师**："雅各，你打算怎么给你爸爸妈妈作画呢？"

**雅各**："棕色的地面。树用黑色。树叶是五颜六色的。把它们剪下来贴上去。"

**影子老师**："非常棒！你明白了，雅各。如果你有任何问题，可以问问你的同桌苏茜。祝你玩得开心！"

**爸爸**："这个例子很有用。有趣的是，这个影子老师使用了所有PLAY模式的方法，比如读懂雅各的线索，跟随雅各的引导，建立交流环。"

**尼克医生**："很有意思吧！"

**妈妈**："雅各可以做到的，这对他来说会很有趣。"

**尼克医生**："他需要朋友给他一些帮助。我不希望雅各茫然地坐在那里，或者不明白他所做事情的意义。"

## 习惯6：快速加工信息

**尼克医生**："加油！我们快要完成了。让我们来谈谈习惯6：快速加工信息。这主要是集中注意力的问题，但集中注意力有很多方面。你如果仔细观察任何一个学前班的教室，就会注意到孩子们每天都在流畅而快速地活动。他们通常会（虽然肯定不会一直都那样子！）集中注意力并及时完成任务（在一些帮助下）。这里隐性的课程是排序、使用短时记忆和快速加工信息，这是七个习惯中的三个。

"孤独症儿童在这些方面是有困难的。他们会中断互动，走开去做自己的事情。这使得他们无法将动作有序地联结起来。他们很难将过去学会的知识应用到任务中（短时记忆），最后的结果是他们会失去注意力，无法高效地完成任务。"

爸爸："所有这些都是雅各孤独症的一部分吗？"

尼克医生："还记得很久以前，我第一次给雅各诊断时，我说过孤独症儿童的大脑就像一张松散的神经细胞网，无法捕捉世界的复杂性吗？"

妈妈："我记得。这确实让我明白了孤独症是大脑的问题。"

尼克医生："快速加工信息对雅各的大脑来说是一个巨大的挑战。学前班要求孩子们集中注意力，专注于任务，在没有（太多）帮助的情况下把事情做好。下面是我对'习惯6：快速加工信息'的概述。"

> **习惯6：快速加工信息**
>
> - 目标：任务完成得又快又好。
> - 关键因素：集中注意力，专注于任务。
> - 排除学习障碍、注意力缺陷与多动障碍（Attention Deficit Hyperactivity Disorder，ADHD）、精细运动障碍这些问题。
> - 方法。
>   - 保持环境的可预测性和结构化。
>   - 帮助孩子过渡。
>   - 及早发现孩子遭遇困难的线索并处理情绪。
>   - 让孩子清楚知晓完成任务/工作的规则和原因。
>   - 孩子集中注意力时给予奖励。
>   - 使信息引起孩子的兴趣、与其有密切的情感关联。

### 必须排除学习障碍和ADHD

尼克医生："我们首先考虑的是：雅各是否有某种学习障碍？快速加工信息的困难会表现在书写、语音拼读/阅读和多步骤的手工制作中，也就是学前班小朋友所做的最复杂的工作。我认为雅各没有特定的学习障碍或**ADHD**（见**术语表**），但我会在他上学期间密切关注这方面。*"

*注：当时我没有把这些考虑告诉雅各的父母，因为我不想让他们更忧心，而特定学习障碍（见**术语表**）意味着一个孩子**虽然智商正常**，但还是会在特定的学业方面有困难。我的临床意见是：雅各没有学习障碍或ADHD。但出于谨慎，我内心还是会有这方面的考虑。例如，许多孤独症儿童在精细运动（小肌肉）协调上的问题，导致在书写方面有严重问题。这就是一个特定学习障碍的例子。

孩子可能会在所有学科上都存在学习障碍，包括最常见的阅读和/或数学。在评估IEP的必要性时，作为多学科小组初步评估的一部分，学校通常会对孩子的所有学科能力进行测试，以排除特定的学习障碍。如果一个孩子有学习障碍，我们就不能要求他能**快速加工信息**。

ADHD意味着孩子存在注意力不集中、容易分心、多动和冲动的问题。这是一个临床诊断，需要老师和家长填写评估表格，由训练有素的专业人员（一般是医生或心理学家）结合老师和家长的观察结果进行评估。截至目前，还没有针对ADHD的客观性测试。更复杂的是，医学文献表明，被专业诊断有ADHD的孤独症儿童对药物的反应不像普通儿童那样好。事实上，这类儿童对兴奋剂（如利他林[①]类药物）的反应率低于50%。

---

[①] 编注：利他林（Ritalin）是哌甲酯的商品名之一，为了与本书对话的口语风格保持一致，正文中保留了该商品名。

爸爸："但您怎么确定他没有 ADHD 呢？"

尼克医生："说实话，我也不确定。现在说还为时过早，要等他上更多课程之后才好判断。有一个测试会考查雅各及时完成任务的能力。这对雅各来说将是一个巨大的挑战（和成就）。不过我认为他是能做到的，我有一大堆锦囊妙计可以帮助雅各专心完成任务。"

爸爸："您的意思是我们必须专注于专注力。"

妈妈："天啊！现在吉姆也被您传染，开始说这种冷笑话了。"（我和爸爸击掌。）

**快速加工信息：方法**

尼克医生："帮助雅各集中注意力和快速处理事情的最重要因素，大概率是学校环境的可预测性。我已经提到了有一位恩威并施的老师的重要性。如果环境缺乏秩序和可预测性，雅各就会心烦意乱，失去控制，这可能会毁了他的整个学校生活体验。为了保持环境的可预测性，好的老师会：

- 帮助雅各从一种活动过渡到另一种活动。
- 及早发现雅各的求救信号/线索。
- 让雅各清楚知晓完成某项任务/工作的规则及原因。
- 当雅各的注意力集中时给予奖励。

"让我们依次看看这些老师会使用的方法。"

尼克医生："第一项工作是帮助雅各从他正在做的事情过渡到新的任务。这种过渡对孤独症儿童来说并不容易。"

妈妈："我们一直在用您给我们的 20 个过渡技巧（见**第 18 章**），真的很有帮助。"

尼克医生："学校也需要使用这些技巧。过渡问题看起来像是注意力缺陷障碍所致，但其实不是。孤独症孩子在过渡方面确实有困难，要将他们的注意力从一种行为转移到另一种行为上，会很有难度，更不用说转换活动了。"

爸爸："但是雅各可以全神贯注地玩好几个小时的积木玩具和小汽车。他的注意力保持时长惊人。"

尼克医生："当事情简单有趣时，他可以集中注意力，不需要改变或过渡。当任务变得复杂时，他就开始出现问题行为，对吧？"

妈妈："或者他会全神贯注于自己的事情，但之后，让他把注意力转移到我们希望他做的事情上就变得非常困难。"

爸爸："他会直接忽视。最近他也会争论，或者干脆直接拒绝。他变得非常固执。"

尼克医生："这些都是影响过渡和保持注意力的因素。当他一整天都不能做自己想做的事情时，他会有何感觉呢？学校日程表里的活动跟巴斯光年和胡迪①可没法比。"

妈妈："这可能会变成一场噩梦。"

尼克医生："或者他会在学校保持克制……"

爸爸："回家后就把气撒在我们身上。这种情况在他上幼儿园时已经时不时会发生了。"

---

① 译注：这两个都是电影《玩具总动员》里的人物。

尼克医生：" 说实话，对雅各来说过渡，特别是过渡到不喜欢的活动上，会很困难。如果学校不能帮助他很好地过渡，会影响他的注意力和服从情况。"

爸爸：" 我们也应该把这些作为雅各 IEP 目标的一部分，对吗？"

尼克医生：" 吉姆，你越来越聪明了！让我来举个例子。假设老师刚刚在上课时读完一个故事。她注意到雅各焦躁不安，心不在焉，注意力不集中（尽管他坐在地板上，没有站起来，也没有打扰其他孩子）。

" 现在，孩子们应该从地板上起来回到他们的课桌前制作日历。他们要从纸上剪下周一到周日的标签，按照顺序将其粘贴在空白日历的上方，然后按照从 1 到 31 的顺序标出每个月的日期。这个任务来自我之前看到的一个班级活动。"

妈妈：" 学习日历和星期几是很重要的。"

尼克医生：" 但在老师开始布置任务之前，我觉得她（或影子老师）应该回应一下雅各发出的信号（'雅各，你怎么啦？是不是坐在地板上听故事有点难受？'），并告诉雅各到时间要转换活动了。在了解雅各存在过渡困难的情况下与他进行交流，好的老师就会这样做。

" 接下来，老师陈述了下一个任务的规则，并解释了要做这项任务的原因：'好吧，现在要做你的日历了，雅各。请坐下来，把星期粘贴在日历的上方，然后在日历上写上数字。所有的孩子都必须了解季节、日历和日期。影子老师琼斯太太会帮你的。'"

爸爸：" 雅各擅长数数。我知道他能完成这样的任务。"

尼克医生：" 如果雅各没有开始做，老师可能就需要使用'胡萝卜（奖励）加大棒（惩罚）'的方法。她可能会这样说：'雅各，我跟你做个交易。如果你做得好，并且在五分钟内完成（竖起五个手指），你就可以拿到巴斯光年和胡迪贴纸哦（当然是由你们提供的）。如果你完成得又快又好，你就会得到**两个玩具总动员贴纸**！预备，开始！'"

爸爸：" 我真心觉得可以用这个方法让雅各做家务。他喜欢比赛，他变得很乐于竞争。"

尼克医生：" 你说他是跟谁学的呢，吉姆？"

### 及时读懂痛苦的信号（不然就错过了！）

尼克医生：" 一般情况下，学校在保持环境可预测性方面做得很好。但有时候他们没有意识到，日程表或特殊事件的变化可能会让孤独症儿童感到非常不安，他们没有及时读懂孩子的痛苦信号。

" 下面我讲一个最近我去学校看到的例子。那天室外气温在零度以下，寒冷刺骨。课间休息时学生们不能出去，只能待在室内。教室里变得更加嘈杂、混乱。我观察到一个高功能孤独症孩子，他显然对此感到非常难受。从他的表现中我很容易识别这一点。他开始踱步，皱起眉头，低着头。他表现出痛苦的迹象，他真的很想离开教室。"

妈妈：" 当雅各期待的事情没有发生时，他还是会很难过。"

尼克医生：" 学校工作人员**忽略了一些早期迹象**。当孩子出现明显的迹象——他冲向门口、打人、掐人、尖叫时，工作人员再试图阻止，就为时已晚了。

" 环境嘈杂、混乱，或者出现突然或意想不到的变化，或者存在其他有挑战性的情况（比如，其他孩子出现不恰当的行为），这样的环境都具有不可预测性，这时候指望孩子能完成工作，难度会非常大。

"细心的学校工作人员会注意到孩子早期的痛苦信号，比如面部和身体紧张，封闭和退缩或过度活跃。有时，孩子会开始大声地说话，或者做些傻事，或者就是不做他们应该做的事情，如未经允许就离开座位。

"如果学校工作人员（或家长）没有意识到这些迹象并及时采取行动，孩子就不能保持平静并进行自我调节，这时就会出现行为问题。"

### 处理雅各的感受

妈妈："我是能够发现雅各的类似情况的。那学校工作人员该怎么做呢？"

爸爸："答案就在问题里。"

尼克医生："我就知道你会这么说，那么答案是什么呢？"

爸爸："就像您教我们的那样，他们应该真实描述他的感受：'雅各，你真的很想出去。'"

尼克医生："吉姆，你真是个天才！好的老师和影子老师是会这样做的。但请记住，学校主要关注的是学业，而不是感受。"

妈妈："我不希望雅各为了适应学校整天压抑自己的感受。"

尼克医生："我见过太多孩子一直压抑着，后来就爆发了。如果学校能帮助雅各当场解决烦恼，那就太好了。"

爸爸："您觉得学校不会这么做吗？我们能把这个放进他的 IEP 里吗？"

尼克医生："吉姆，这太激进了，因为 IEP 的目标是针对孩子的，而不是学校工作人员的。不过，我们可以这样写：学校工作人员将通过认可并'描述'雅各的强烈感受，说出（而不是询问）雅各想要做什么或者他的感受是什么，帮助雅各控制自己的行为。

"我把这种方式叫作处理孩子的感受。重点是：所有这些事情，包括帮助他过渡，制定明确的规则，奖励他，读懂他的线索并认可他的感受等，不仅能让雅各做好准备，快速完成任务，也就是学会第六个习惯，而且会让他觉得学校生活变得有趣起来。"

妈妈："太棒了，如果可以……"

尼克医生："快速处理孩子的感受？没错，当像雅各这样的孩子得到支持时，他会集中注意力，把事情做好。因此，所有这些都引出了快速加工的最后一个要素——集中注意力。"

### 集中注意力

尼克医生："那么如何提高注意力呢？现在我们一起说出来……"

所有人："答案就在问题里！"

尼克医生："棒极啦，伙计们！有充分的科学证据表明，我们如果关注注意力，就可以增加注意力的持续时间。显然，影响注意力的最重要的因素是兴趣。我们越能使话题与雅各的兴趣关联起来，就越能使他产生关注。"

妈妈："当我给他读与托马斯小火车或玩具总动员相关的书时，他就会全神贯注。"

**尼克医生：**"我喜欢尽可能围绕孩子的兴趣设置学校课程。这就是所谓的以孩子为中心。"

**爸爸：**"但是在一个有 25 个孩子的繁忙教室里，一个老师又能做多少呢？"

**妈妈：**"雅各今年的老师很棒。她充满活力，把学习变得很有趣。"

**爸爸：**"可是，尼克医生，孩子们在学校里不就得忍受无聊并按老师说的去做吗？我记得我上学的时候，大部分时间都很无聊，但我还是会按要求学习，因为这是必须做的。"

**尼克医生：**"我称这种能力为'延迟满足'，也就是推迟娱乐去完成工作。这是你在学校学到的重要能力之一。这正是需要动机和意义之处。"

### 计时！留意注意力的情况

**尼克医生：**"我们假设雅各只完成了一半的日历任务，即剪下周一到周日的标签，将它们粘贴到日历上方，然后按照从 1 到 30 的顺序标出 11 月的日期，同时他在'背台词'，一字不差地重复着电影《玩具总动员》中的台词。这时，其他的孩子都快做完了。针对这种情况，我会建议老师或影子老师设置一个计时器，专注于注意力本身，玩'打败时间'的游戏。我还想试试反向心理学。事实上，我现在就想稍微尝试一下，通过让雅各和查理收拾诊室里的玩具，展示我的结构化、动机、高情感、快速工作、集中注意力和反向心理学的技巧。"

**爸爸：**"这可真是不容错过啊！"

**妈妈：**"他们讨厌收拾玩具。"

雅各和查理把我的诊室地板弄得乱七八糟，到处都是玩具。

**尼克医生：**"雅各和查理，嘿，孩子们！（他们看过来。）你们想用剑打败邪恶的尼克医生吗？"

**查理和雅各**（开始念叨）："比剑，比剑！"

**尼克医生**（念叨着）："比剑，比剑！好吧，我们先把玩具收拾干净，然后就开始决斗，你们还可以拿一个棒棒糖！嘿，你们千万不要把火车轨道放到篮子里哈。让我来把火车轨道放进篮子里。你们不要把它们放进去啊！我要比你们放更多进去！我动作可快了！（我迅速地放了一个。）这是一个！哈哈，我已经有一个了，你们还没有！"

效果开始显现了，查理和雅各开始像疯了一样把轨道扔进篮子里，而我故意喊道："不行！你们赶紧停下来！我来放。完了，你们要打败我了！快停下来！"他们特别爱打败我！我们接着收拾了医生玩具箱，接着是食物玩具，然后还有大盒子里面的积木和其他玩具。每次被打败，我都假装很生气的样子。房间很快就打扫干净了。

**妈妈：**"难以置信！"

**爸爸：**"叹为观止！"

**尼克医生：**"比剑，比剑，比剑！"

我拿出三根柔软的塑料管——当它们撞击时声音很响亮，但不会把人打得很疼。我们开始了一轮激动人心的剑斗！邪恶的尼克医生攻击超级英雄，但被打败了，他扑倒在门上，滑到地板上求饶。

尼克医生："我认输,我认输!你们赢了。别打了,你们赢了!"

他们跑到艾米那里去拿棒棒糖。

妈妈："你们要跟艾米说'谢谢'。"

尼克医生(喘着粗气):"天时地利人和的时候,注意力就不会有问题。一顺百顺!好了,让我们乘胜追击,快速搞定最后一个习惯吧。"

## 雅各 IEP 的最终协定

妈妈："我们必须确认雅各明年在学前班需要多少支持,以及他是上全天的还是半天的。"

尼克医生:"通过讨论七个习惯,情况现在已经很清楚了。我建议找个不用提供全天服务的影子老师。雅各还需要时间接受治疗,所以一定要让学校知道他可能要去接受各种治疗。"

爸爸:"学校会帮助培养社交技能吗?"

尼克医生:"越来越多的学校将社交技能的训练作为言语语言治疗或社会工作的一部分。我建议在雅各的 IEP 中加入一个社交技能小组。如果学校不提供这项服务,你们就得自己给雅各找玩伴了。我们现在没有时间讨论这个问题,不过我们迟点会谈到的。"(见**第 24 章**。)

爸爸:"恕我直言,尼克医生,我反对找影子老师这个想法。我同意带他出去接受治疗,但我反对给他找影子老师。"

尼克医生:"你有决定权,而且你可能也是对的。我只是要提醒你,削减支持比获取更多支持要容易得多。"

妈妈:"我们回家会再聊聊这件事的,尼克医生。他 IEP 的其他目标呢?"

尼克医生:"我给你们的讲义上列出了基于七个习惯的最重要目标,但我也列出了 IEP 的其他目标。学校会有他们要求的学业目标。我会让人帮你们把这次复诊记录编辑打印好,帮你们起草一份 IEP 目标的最终文件。"

爸爸:"太好了!"

妈妈:"非常感谢。我感觉好多了。这对我帮助很大。"

尼克医生:"有备无患嘛。你们是很棒的父母,雅各也是个很棒的孩子,他做得很好。我不想让他停滞不前。我们再来谈一下最后一个习惯,然后就结束了。"

## 习惯 7:知道何时寻求帮助

尼克医生:"其实,我们讨论的所有内容都是一种**解决问题**的形式。最后一个习惯——知道何时寻求帮助,就是要让雅各知道,当他自己无法解决问题时,他可以寻求帮助。我们**允许**他寻求帮助。"

爸爸:"他已经学会了。他总是说'帮帮我'。"

妈妈:"他花了很长时间才学会求助。"

尼克医生:"缺乏自我意识是孤独症人士的特征之一。孤独症孩子通常不知道别人的感受,这是众所周知的,但更重要的是,他们通常不会意识到自己的挫败感。帮助雅各更好地了解和意识到自己的感受，不仅能帮助他解决问题，还能帮助他理解别人的感受。

> **习惯 7：寻求帮助**
>
> - 缺乏自我意识导致上学时会出现问题。
> - 主要问题有两方面。
>   - 不知道何时寻求帮助。
>   - 会觉得有压力。
> - 方法。
>   - 允许寻求帮助。
>   - 等待孩子解决问题。
>   - 表扬，练习，解决问题，奖励。
>   - 及时发现孩子的信号并描述孩子的感受。

"虽然雅各在家里能够向他人寻求帮助，但是让他在学校里求助可能要困难得多。他如果坐在那里不去寻求帮助，就会被压垮。"

妈妈："我刚感觉好些，现在又觉得有压力了。我之前没有意识到像雅各这样的孩子上学有多难。"

尼克医生："这就是我觉得你很棒的原因之一，朱莉。你能意识到自己的感受，而且能够诚实面对。雅各是可以做到的，只是他需要努力而已。

"记住，有备无患。这就是为什么我们必须让他和学校（还有你们俩）做好准备。学校应该确保'允许雅各寻求帮助'。在上学期间，他的老师和/或影子老师应该对他说：'雅各，如果你有什么事情做不到，感到很挫败，你随时都可以寻求帮助。'"

爸爸："我们可以加上另一个 IEP 目标：雅各通过寻求帮助了解自己何时需要帮助。"

尼克医生："非常好，吉姆！但只说一次是不够的。每当他需要帮助，却没有去寻求帮助的时候，我们都需要跟他重申这一点。这个习惯需要时间和重复培养。'雅各，看起来你很难把胶水涂在小纸片上。'发现雅各的信号并描述他的感受，雅各可能会点头，并为其他人能注意到他的困难而感到宽心。然后，提供帮助者应该说：'当你遇到困难、感到沮丧时，你该怎么办呢？'也就是把问题交给雅各。"

妈妈："我想我总是太急于介入和帮助雅各了。"

爸爸："我不会这样子。"

妈妈："你确实不会。你总是慢吞吞的，你让他感到更沮丧了。"

尼克医生："你们的做法需要中和一下。停下来给雅各一个自己解决问题的机会是非常重要的。你们要等待，给他一个举手的机会，但不能等太久，虽然等待时我们总会觉得时间过得很慢。这些孩子需要时间反应。你可以在数到 10 之后再重复这个问题。"

### 表扬

尼克医生："如果雅各举手或者想出了答案，要多多表扬他。如果他仍然没有回答，就跟他说：'你可以随时寻求帮助。'此时再问他一次：'当你遇到困难、感到沮丧时，你要怎么办？'雅各回答：'找人帮忙。'击掌，耶！"

### 练习

尼克医生："接下来，你们必须立即开始练习这项技能。你们可以这样说：'来吧，雅各，让我们再练习一遍。我们假装你遇到了麻烦。我走到房间的另一边，你举手向我求助。你会这么做吗？'

"在这里，我要再次强调，你们要停一下，给雅各一个自己解决问题的机会，这是非常重要的。如果他回答：'举手？'你们就跟他击掌，'对，雅各，很棒！你举手，我马上过来帮你'。然后，你们就继续练习。"

妈妈："这是个好主意——练习解决问题的过程。"

尼克医生："我称之为元认知思维或关于思考的思维。接下来，你们当然得关注雅各，看看这种新的思维方式是否会使他的行为发生改变，并真正成为一种习惯。"

**奖励**

尼克医生："如果他还是没有养成习惯，那我最后的建议就是加大筹码。当雅各寻求帮助时，他会得到奖励，这个奖励是能真正激励他的东西，比如去山姆店购物。"

妈妈："为了这个奖励，他肯定会举好多次手！"

尼克医生："当然，我们不希望雅各在不需要帮助的时候寻求帮助。要一步一步来。我们先让他开口求助，然后再让他的行为更妥当。雅各需要明白这样的信息：我们希望你先自己尝试，如果你真的需要帮助，我们会一直在你身边。

"不知道何时要寻求帮助还会给像雅各这样的孩子带来压力。当压力增加时，雅各就会出现我们所谈论过的所有相关的表现，比如情绪崩溃、发脾气、出现不当行为、反抗、糟糕的过渡及其他形式的转移性愤怒，这会使雅各在学校的表现变差，甚至可能会扰乱整个班级的教学。"

妈妈："那就太糟糕了！他现在在家里表现很好。我不想看到他因为学校的事又变差了。"

尼克医生："这种情况我见过太多次了。我们之前谈到的**发现信号、描述感受、帮助雅各进行自我调节**等方法，在这里也是适用的。当雅各平静下来时，他就能解决问题，并在需要的时候寻求帮助。"

爸爸："如果学校说他们没有时间处理雅各的压力，我们该怎么办？"

尼克医生："这是雅各教育的核心部分。现在花时间处理孩子的情绪和压力，能够节省我们未来处理他情绪崩溃和不当行为所花的时间。"

孩子们吃完了他们的第二根棒棒糖，又开始把玩具拿出来玩了。

尼克医生："哎，哎！不能再玩了。你们把外套穿上，要回家了，外面很冷。你们今天玩得开心吗？"

查理和雅各点点头，跟我击掌。

尼克医生："希望今天的内容能对你们有所帮助。我知道要消化的东西太多了，不过你们已经有讲义了，等访谈记录弄好了，我会发给你们。"

爸爸（站起来握着我的手）："很有帮助！"

妈妈（握着我的手）："每当我离开您的办公室时，我常常会感到有些不堪重负，要处理的事情太多了。"

尼克医生："确实很多。不过，知道了要面对什么问题并觉得有压力，总比什么都不知道强啊！不然，等雅各出现问题时，你会更加措手不及！"

爸爸："我们可以处理好的。"

### 跟进电话

两天后，朱莉打电话告诉我，回家后她和吉姆就雅各的 IEP 发生了"激烈的争吵"。她想给雅各申请一位影子老师，而吉姆不同意。最后他们达成了一个折中方案——雅各在一开始时会跟其他孩子共用一位影子老师或者只是部分时间需要影子老师的辅助，之后根据他的表现，学校可以增加或减少辅助的时间。她想知道我是否赞成这个方案。

我告诉她我喜欢这个解决方案，不过我提醒她，密歇根州的学校刚刚经历了一次预算紧缩，他们可能不赞成为雅各在学前班找专业影子老师的申请。我赶紧补充道："学校肯定不会告诉你们他们因为预算不足而无法负担某个教育计划，但其实这是大家都心照不宣的事情了。如果需要的话，你们必须态度强硬点，努力地为雅各争取影子老师。"她认为强势对吉姆来说不成问题。我说我觉得她也很强势，因为她让吉姆妥协了。我们一起开怀大笑。

### 小结

- 雅各在功能、发展和学业方面不断取得进步，但是朱莉很沮丧，因为雅各在学前班的入学评估中表现很差。他真的准备好上学了吗？
- 对于孤独症儿童来说，上学前班是一个艰巨的挑战。不过，我们可以通过帮助雅各养成"有效适应学前班的七个习惯"克服这些困难。
- 他必须：
  - 学会"融入集体"（习惯1）。
  - 倾听并加工所听到的内容（习惯2）。
  - 准确抓住书本、对话和情景的重点（习惯3）。
  - 需要通过对多个步骤进行排序组织自己的行为（习惯4）。
  - 牢记重要的事实、概念和策略（习惯5）。
  - 集中注意力，及时把事情做好（习惯6）。
  - 知道遇到困难时要去寻求帮助，不仅是在学习方面，还包括在心情沮丧的时候，都需要寻求帮助（习惯7）。
- 我帮助雅各的父母仔细考虑了雅各的 IEP 目标，特别是雅各在学前班可能需要多少帮助这件事。吉姆反对找影子老师帮助雅各，尽管雅各很明显需要额外的帮助。
- 雅各在家里的行为问题越来越严重，雅各的父母担心这种情况会延续到学校里。

### 预告

在第三部分中，雅各一家经过一系列的复诊，我们一起解决了常见的行为问题，如发脾气和攻击性行为、清晨常规问题、同胞竞争、进食和如厕等。

## 一则寓言故事

讲寓言故事是传递信息的最好方式。在我给出例子前，我先说说我的基本技巧：
- 选择一个要学习的课程或主题。
- 给动物起一个和主题词发音相近的名字。
- 用动物角色描述问题。
- 利用睿智的老年动物教育孩子。
- 比如，有某种动物不想学习。
- 该动物遭受了由此产生的后果，最终，改变了主意。
- 一个社交故事的圆满结局。

让我们假设雅各不知道如何"融入集体"。我之前已经给你们举了一个社交故事的例子。现在我来为雅各创作一个同样主题的寓言（顺便说一下，他喜欢考拉熊）。

从前，有一只名叫六六的考拉熊。他们叫他"溜达的考拉熊六六"。你知道为什么吗？因为他在学校里到处溜达。（当你说这些的时候，你要给雅各展示什么是溜达……）当其他孩子围坐一起上课时，六六溜达到别的地方了。当孩子们排队时，溜达的考拉熊六六在做什么呢？没错！他又走开了。当其他孩子在外面一起玩的时候，六六在做什么？他还是走开了，没有和其他孩子一起玩。

可怜的六六！他没法停止溜达，你知道结果怎么样了？他没有学到老师上课教的东西，也没交到朋友。可怜的六六！他很伤心。

一天，当他放学回家时，他感到悲伤和孤独。一只睿智的老考拉熊从树上跳下来说："六六，怎么啦？你看起来很难过。""我想学习，我想和其他孩子一起玩，但我也喜欢到处溜达。""好吧，我有好消息要告诉你，溜达的考拉熊六六。"六六看着智慧的老考拉熊，想知道他要说什么。"你其实可以两者兼得！有时，你可以溜达一下；有时，你可以坐下或者站一会儿。""我不觉得我能坐着或者站着。"六六担心地说。"我知道这看起来很难，但你能做到的。还有……"智者扬起眉毛说，"当你和朋友们坐在一起或站在一起时，你会得到三个奖励！首先，你学习了知识，而且交到了朋友。其次，你可以得到一辆新的托马斯小火车！"六六喜欢这个主意。"哦，天啊！当我跟同学们围坐一起时，我可以学习知识，交到朋友，还能得到奖品。"溜达的考拉熊六六喜欢奖品。

于是，溜达的考拉熊六六决定要和小朋友们一起坐着上课，一起排队。这样，他就可以在学校里学习知识和交朋友了。一开始，确实很难，因为他老想要走开去溜达。但你知道吗？他做到了！他没有走开！他和小伙伴们围坐成一圈一起上课；他坐在书桌前做手工；他排队去图书馆。一开始，他只能坚持一小段时间。之后，他坚持的时间越来越长。他还获得了托马斯小火车作为奖励！聪明的老考拉熊是对的！他觉得坐着不走开也很好。这就是溜达的考拉熊六六学会的停止溜达的方法。

故事结束！

## 第三部分

# 日常烦恼：
# 通过行为干预促进雅各的情感思维

# 导　言

## 雅各成了熊孩子！

在过去两年半的时间里，雅各一直沿着功能发展之路前进。最初，被诊断为孤独症时，他还不会说话；现在，他可以一直说个不停！过去，他独来独往，生活在自己的世界里；现在，他总是黏着爸爸妈妈！他的内在情感也发生了变化。过去，他喜欢排列小火车，喜欢看门的开合；现在，他想和别人一起玩，喜欢玩假扮游戏。但是，他想要什么就必须立刻得到，不然的话，大家可就得小心了！过去，他常常不理睬他的弟弟查理；现在，他想让查理跟他玩，前提是查理要按照他的方式玩，否则就不行！查理很友好（或者说曾经很友好），不过他现在开始反抗了。随着时间的推移，他们两兄弟之间的竞争问题变得越来越严重。过去，爸爸妈妈带雅各出门并非难事；现在，他经常在公共场所发脾气，他的行为给全家人带来了很大的心理阴影。实际上，几乎所有的活动转换都会引发雅各的焦虑，并经常导致他的情绪失控。

简而言之，雅各在功能发展上取得了巨大的进步，而他在行为上已经变成了吉姆最近所说的"一个真正的熊孩子"。正如朱莉在电话里对我说的："家里每个人都提心吊胆，如履薄冰。我们不敢去任何公共场所。可怜的查理总是小心翼翼的，生怕惹到雅各。"

### 生活本身

雅各一家面临的情况已经超出了 PLAY 模式可以解决的范围。单靠陪着雅各在地板上玩耍已经不能满足雅各成长的需求了。虽然丰富的假扮游戏仍然非常重要，但是生活本身已经成为雅各的游乐场。他已经成为一个真正的情感思考者。他觉得他可以为所欲为，不用考虑别人的感受或者自己的行为带来的后果。他甚至开始撒谎（当他知道自己做错事情时）、作弊（因为他不喜欢输）、偷东西（把查理的玩具藏在壁橱里）！虽然我乐于看到这些不良行为，因为我认为它们是情感成熟的标志（你们现在应该知道了，我是"反派"的忠实粉丝），但是雅各的父母对此并不感到高兴。正如朱莉所说："尼克医生，您不用和他住在一起，而我们可是要跟他朝夕相处的！"

在第三部分里，我往前回顾了一小段时间，那是在大约 6 个月前，雅各开始故意表现出不良行为。比如，他会朝妈妈露出"不屑的表情"，意思是"我听到你说的话了，但是我不会照你说的去做！"这种对立的行为激怒了他的父母。正如你所看到的，由于不同的性格和家庭背景，朱莉和吉姆的反应大相径庭。

与大多数有孤独症孩子的家庭一样，雅各一家的压力很大。吉姆和朱莉得努力维系他们的婚姻。悲伤总会以不同的形式卷土重来，朱莉感到无比伤心，而吉姆的内心则充满了愤怒。查理现在已经到了懂事的年龄了，他对雅各的攻击行为感到害怕和困惑，他会从父母那里寻求关注（通常是以消极的方式）。朱莉和吉姆却因为忙于带雅各去接受不同的治疗，没法给查理足够的时间和关注。在我们的会面期间，我总是和每位家庭成员一起探讨他们的感受，以及他们下一步该如何改善当前的状况。

在此过程中，我一直在劝诫和敦促吉姆和朱莉利用雅各的"熊孩子"行为帮助雅各**发展象征思维和情感思维**。我催促他们**展开跟雅各的谈话**，尤其是当雅各生气、心烦意乱或非常想要得到某些东西（但没有得到）的时候。**展开**意味着他们不仅要问雅各他想要什么，还要问他还想要什么，以及他为什么想要。**展开**是指通过描述雅各的感受"告诉雅各他自己的感受"。我鼓励他们通过寻找欲望、冲动和不良行为背后那些隐藏的动机，帮助雅各把这些想法联结起来。通过专注地、有意识地、富有同情心地对待不良行为，以及对待生活本身，雅各（以及所有孤独症孩子）将获得至关重要的情感和社交技能，比如：

- 控制强烈情绪。
- 服从指令。
- 考虑他人的想法。
- 变得更加灵活。

在这几次会面中，我向吉姆和朱莉介绍了我屡试不爽的育儿方案，包括如何处理良好行为、不良行为和不适当行为，如何实施 20 个过渡技巧，如何利用同胞竞争帮助雅各提高社交技能，以及如何针对日常的麻烦和雅各在公共场所发脾气的行为制订应对计划。欢迎来到第三部分"**日常烦恼：通过行为干预促进雅各的情感思维**"。

# 第 17 章

# 第十次来访
# 良好行为、不良行为和不适当行为

## 主要烦恼：不当行为

3岁之前，雅各一直只专注于做自己的事情，并且做事情随心所欲。他沉浸在自己的世界里，似乎没有任何事情能干扰他，但是，在3岁到3岁6个月时，随着参与性的增强和功能发展水平的提升，雅各也开始出现行为问题。他偶尔会大喊大叫、反抗和发小脾气（见**第10章**）。随着时间的推移，他的行为不断恶化，到了4岁6个月左右，他经常会情绪不稳定、心烦意乱，并出现攻击行为（尤其是对他的弟弟查理）。他会推、掐，甚至咬查理（见**第11章**）。到了5岁，他的行为已经升级为每天频繁地发脾气和出现攻击行为——扔东西、打人、踢人，以及一些自伤行为，比如撞头。他还会无缘无故地欺负查理。无论雅各是因为何事生气，他都会通过欺负查理发泄不满，我称这一现象为"避雷针现象"。朱莉的来电记录从"我很担心"，到"我很难过"，最后变成了"求您快点回电话，我快急疯了！雅各失控了！"

所以，是时候谈谈我是如何处理"**良好行为、不良行为和不适当行为**"的了。

我走进候诊室的时候，雅各（5岁）和他的弟弟查理（3岁6个月）一起坐在地板上玩。他们把玩具卡车碰撞在一起，发出巨大的声音，然后哈哈大笑。他们正在一起玩假扮游戏！我说："嗨，雅各！"我想测试一下，他是否会回应我。我静静地等待着他的回应。他看向我。我继续等待着。他回应："嗨！"我说："击掌！"他和我击掌了！查理也和我击掌。我问他们："你们准备好玩游戏了吗？"当他们一起走向诊室时，我心想："哇，雅各已经进步这么多了！"

雅各现在已经5岁了，接受了两年的综合干预，包括密集的、基于游戏的干预（见**第二部分**）、特殊教育的学前教育（每周四个半天），以及言语语言治疗和作业治疗（每周各一小时）。他这次是来复诊的。雅各有着巨大的内在潜能，而他参加的综合干预项目激发了他的**内在潜能**。现在，当他**和我们在一起**时，他能够很容易地参与互动，自然地进行来回沟通，他的接受性语言也很不错。学校老师会帮助他与同龄人交往，学习学前技能和常规。言语语言治疗和作业治疗分别改善了他的语言能力、协调能力，以及粗大运动和精细运动能力。他的进步让我欢欣鼓舞。

雅各的父母也证实雅各确实取得了惊人的进步。他现在能够用2～5个单词组成的简短句子表达，也能回答简单的问题，比如"你在做什么？""你想吃什么？""你想去什么地方？"等类似的问题。但是他仍然不太理解"为什么？"这一类的问题（不过，他开始能够理解简单的因果关系，比如"伤口要贴创可贴"）。他在功能发展上仍然明显落后于同龄人（可能落后了一年甚至更长的时间），他的父母已经决定再等一年才让他上学前班（**见第12章**），所以他还有一年时间继续提高功能发展水平。

尽管雅各有了进步，但他的父母看起来并不高兴。

妈妈："雅各已经有很严重的行为问题。他昨天因为掐了一个小女孩，差点被幼儿园退学。他和查理的同胞竞争也非常严重，他总是欺负查理。"

尼克医生："查理现在多大了？"

妈妈："3岁半了。他们的关系越来越亲密，可是每当查理想玩雅各最喜欢的玩具时……唉！尼克医生，情况越来越糟糕了。如果不吼他，他就不会听我们的话。而我们吼了他之后，他就会冲我们发火，变本加厉地吼回来。他还会打人，拽我的头发，还想踢我。情况真的很糟糕！"

爸爸点头附和，表示非常同意。

尼克医生："其实这些情况代表雅各的功能水平在不断发展，希望你们会因此感到安慰。"

爸爸："麻烦您把他带回家，好好教育，让他变回以前那个好孩子，再把他还给我们吧！当我们管教查理时，查理会听话并改正错误。"

妈妈："当我们将同样的方法用到雅各身上时，不但没有用，反而更糟糕。"

尼克医生："是的！孤独症儿童通常比普通孩子更难管教，所使用的方法必须更加系统化。我多年来开发了一种方法，希望能帮助你们去引导雅各控制自己。我这一次会给你们介绍这个方法，然后我们在接下来的几次访谈中再讨论如何处理特定的行为。我想先来谈一下当雅各表现出不当行为（misbehavior）时，你们应该如何应对。"

## 当孩子惹你生气时

当孩子的不当行为成为家庭的主要困扰时，我首先会探讨**父母**应该如何处理冲突。因为大多数的孤独症儿童都会制造冲突！当年幼的孩子开始故意表现出不当行为并挑战父母的权威时，父母通常都会有情绪化的反应——**被激怒**！而父母的反应往往源于其既往的感受，这些感受可以追溯到**他们**自己小时候被养育的方式，即原生家庭处理冲突的方式。或者，他们会根据自己的脾气做出情绪反应。脾气暴躁的父母会生气，胆小的父母会退缩。每个人都希望行为问题消失。这些反应很常见，而且完全正常，但不一定对解决问题有帮助。

孤独症儿童的想法和感受与常人不同，所以他们会以新的方式挑战父母并引起父母新的反应。对查理有用的育儿方法，并不适用于雅各。请记住，"让世界保持不变"是孤独症儿童的核心问题。这意味着孤独症儿童希望生活是可预测的。当他想要某样东西并能够得到它时，生活就会变得更加可预测。相反，当他没有得到想要的东西时，周围的人就要小心了！

因此，我通过探索孤独症儿童如何惹父母生气，即让父母做出情绪化反应，帮助父母做好心理准备。接着我们再探讨如何处理不当行为。

作为病史采集的一部分，我绘制了雅各一家三代的遗传家系图谱（见图4），它不仅包含了精神病、发育障碍等信息，还包含了冲动、完美主义、强迫症、害羞或攻击性等人格特征，这些也是能够遗传的。这种家系图谱可以很好地揭示家庭动态，**解释"生气的点"的由来**。我非常感兴趣的一个方面就是**父母的父母是如何解决冲突的**。在雅各的家系图谱中，你可以看到一些非常有启发性的信息。

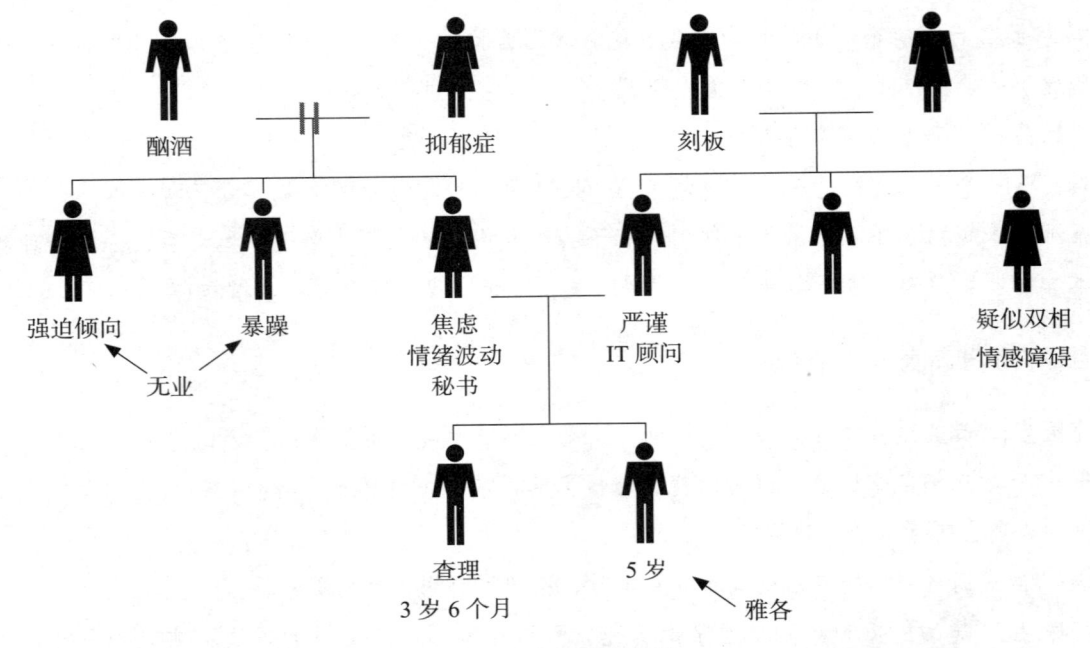

**图 4　雅各的家系图谱**

朱莉告诉我，她的父亲是个酒鬼，喝醉后就会怒气冲冲。她的母亲患有抑郁症。她的父母最终在晚年离婚。当她的父亲在酒后暴跳如雷时，朱莉和她的妹妹经常会缩成一团并躲藏起来。受伤害最严重的是她哥哥，因此他自己也变得很易怒。他们兄弟姐妹之间的关系并不怎么亲密。对她来说，**愤怒是危险的**。朱莉想让雅各的怒火"消失"。她感到焦虑和无助，想要"顺其自然"地解决。她也很心软，为雅各感到难过。最终，她养成了一种善良的、有点被动的性格。她的教养方式影响了雅各。他无意识地学到：自己的愤怒能够让他从妈妈那里得到想要的东西；当他生气时，妈妈会退缩，不知道该怎么办。简而言之，他正在学习如何**触发妈妈的情绪从而达到自己的目的**。

尼克医生："我要对你们说：'如果你们发火或者大喊大叫，你们就错了！'"

爸爸："我们错了？"

尼克医生："当你们能心平气和地管教雅各时，你们就已经能够隐藏或移除你们的情绪'按钮'。当父母被孩子惹得生气时，常常会陷入 4～5 种基本的情绪中：过度愤怒、内疚、悲伤、无助或焦虑。你们应该为雅各感到高兴，因为他已经足够聪明，知道怎样去激怒你们了。你们可以稍微转换一下角度，对这件事保持一种幽默感。"

妈妈："说起来容易，做起来难啊！"

尼克医生："确实如此。朱莉，我想问你一个问题：当雅各故意调皮捣蛋时，你有什么**感受**？"

妈妈："我会警告他，然后开始从一数到三……"

尼克医生："朱莉，不好意思！我得打断一下。我不是问你会<u>做什么</u>，我想问的是：当他让你很难受时，你有何<u>感受</u>？"

妈妈（一头雾水）："我感到……不安和紧张。我不想卷入一场大战之中……"

尼克医生："你想退缩吗？"

妈妈："有时确实会有这种感觉。我一直希望他能听我的话，这样我就不用大喊大叫了。结果我还是得吼他，有时我甚至会尖叫！我实在不知该如何是好。"

尼克医生："你看到你情绪的触发点是怎样通过**情绪表现出来**了吗？就你而言，你会**感到**紧张、困惑，还有点害怕。"

妈妈："就像您之前说的，我还会无助。我有时候不知道该怎么办。"

吉姆说他小时候很少调皮捣蛋。他的父母只要"看他们一眼"，家里的孩子们就会乖乖听话。**他的父亲很严格**。他的姐姐喜怒无常，最近接受了心理评估，被诊断出可能患有双相情感障碍。小吉姆如果有不当行为，就会感到内疚。他是一个"好孩子"。自然而然的，他希望雅各也能"成为一个好孩子"。当雅各主动违抗他时，他会感到不受**尊重**，这让他**很生气**。因此，他会用震耳欲聋的声音大声地呵斥雅各。这样的场景让家里的每个人（包括吉姆自己）都感到很难受。吉姆经常吼孩子，因为他真的不知道该怎么办。有趣的是，雅各生气时也会用震耳欲聋的怒吼回敬爸爸。他找到了让爸爸跳脚的办法。

对朱莉来说，她还有一个经常出现的情绪触发点，那就是"悲伤"。

妈妈："看到雅各哭，我的心都碎了。"

尼克医生："我知道，他已经受了很多苦。这些孩子太不容易了！"

现在轮到朱莉哭了，我递给她一张纸巾。朱莉感受到了那种像乌云一样笼罩在这个家庭上空的悲痛：一种对于孤独症孩子来说生活是如此艰难的深切哀伤。

稍后，我们将讨论如何挑战雅各而不是哄骗或轻视他，也就是我们会给他一个"你能做到的信息"。我们会讨论悲伤和心软对于管教孩子有何妨碍。现在还不是时候，我们需要尊重朱莉悲伤哭泣的这个过程。

雅各的父母都是充满爱心、善良、懂得关心他人并且有奉献精神的人，但是他们也会有自己的情绪。雅各现在已经学会了如何激起他们的情绪。我发现父母一旦觉察到他们的情绪被激起，并且知道解决冲突的老办法对孤独症儿童不太有效时，他们就会尝试新的方法。

**注意**：如果家长的情绪被不断激起，我一般会建议他们接受心理咨询。通过心理咨询，他们可以更深入地了解自己当时的反应，以便获得那种"心平气和"的感觉。

尼克医生："这与爱无关。我知道你们都无条件地爱着雅各和查理。这也与内疚、愤怒或恐惧无关。这一切跟**孤独症儿童的**行为问题及应对方式有关系。"

爸爸："您是说孤独症儿童更难管教，对吗？"

尼克医生："是的。原因有两个：首先，他们通常（但不一定全部都是）天生固执，因为他们想要'让世界保持不变'；其次，他们在感情上不成熟，他们的大脑处理感受的方式与常人的不同，而且处理速度经常会很慢。他们很容易被自己的冲动所压垮。因此，我想教给你们的方法有两个好处：第一，可以帮助雅各表现得更好;第二,也是更重要的,可以帮助雅各成为一个更成熟的思考者和感受者。"

吉姆和朱莉对视了一眼,然后看着我,好像在说:"好啊,我们开始吧!"

尼克医生:"你们需要制订计划,要有一套**育儿方案**。你们不能凭感觉行事,需要提前知道当雅各行为不当时该如何处理,这样你们才不会被他激怒。你们的工作是帮助他控制住自己并从冲突中吸取教训。你们首先要为雅各和你们自己清楚地定义什么是不良行为。换句话说,我们需要了解什么是**良好行为、不良行为和不适当行为**。"

## 良好行为、不良行为和不适当行为

雅各每天至少有一到两次大发脾气——哭泣、打人、踢人、扔东西;每天有五到十次的小发作,比如大喊大叫、威胁、咒骂("你这个笨蛋!"),更不用说哼哼唧唧、嘟嘴和哭泣了。

尼克医生:"他真的很挣扎啊!什么原因会让他发这些脾气呢?"

爸爸:"太多了!他想要什么就非要得到。他如果不能得偿所愿,就会马上翻脸,一瞬间暴跳如雷。"

尼克医生:"因此是期望的破灭触发了他的情绪。"

妈妈:"还有当查理进入雅各的领地时。"

爸爸:"还有当他必须停止做他喜欢的事情时。"

尼克医生:"转换是一个触发的因素。"

妈妈:"尤其是当他必须准备上学或上床睡觉的时候。"

尼克医生:"难怪你们那么心急火燎!我们要帮助雅各控制自己。在今天离开之前,你们可能无法了解所有相关的细节,但我们会制订一个计划。"

爸爸:"谢天谢地!"

帮助雅各改善行为的第一步是对他的行为进行定义和划分,分为良好行为、不良行为和不适当行为(见图5)。

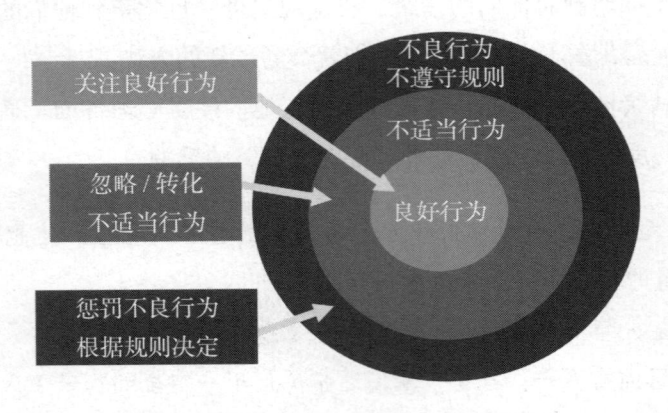

**图5 良好行为、不良行为和不适当行为**

**良好行为**（good behavior）很容易被定义。倾听、合作、帮助等都属于良好行为。**不适当行为**（ugly behavior）被定义为既不好也不坏的表现。发牢骚、做鬼脸、争辩、轻微推搡等属于不适当行为。**不良行为**（bad behavior）被定义为**违反规则**的行为。

- 我们希望通过给予大量的关注增加**良好行为**。
- 我们希望通过忽略或改变（转化）减少**不适当行为**。
- 我们想要管教孩子的**不良行为**。"管教"（discipline）这个词源于拉丁语，含"教导或教育"的意思，主要任务是教导雅各以可接受的方式获得想要的东西。我们不想惩罚他或与他争吵，不想故意伤害他的感情（尽管我们的管教有时不可避免地会让他不高兴！）。

尼克医生："根据定义，**不良行为**违反规则。那么，你们家有哪些规则？"

雅各的父母一脸茫然地看着我。

这次复诊的计划是讨论如何处理**良好行为**、**不良行为**和**不适当行为**。除此之外，我还想讨论父母在处理孤独症儿童行为问题时常犯的三个错误（除了被激怒之外）：

① 对应该被忽视的不适当行为给予了关注。
② 没有明确地定义家里的规则。
③ 对孩子的**感受**没有给予足够的关注。

## 不要关注不适当行为

父母<u>最</u>常犯的错误也许就是关注不适当行为了。行为心理学的一个基本规则是：**你对哪些行为的关注越多，那些行为就会增加得越多**。在仔细倾听了雅各父母的抱怨后，我初步列出了我所认为的雅各的不适当行为。试问会有哪一位家长希望自己的孩子出现更多下面清单里列出的行为呢？

如果父母不想让这些行为增加，就不要给它们太多的关注！

雅各的父母承认他们对这些行为给予了很多关注。他们才在诊室待了一会儿，我就听到了：

- 雅各，别发牢骚了！
- 别逗你弟弟了！
- 雅各，别乱跑！你会受伤的！
- 妈妈不喜欢你说："你是个废物！"
- 你们这样打来打去会伤到对方，快停下！
- 我们还不能走，拜托不要再问了！
- 小家伙，不要威胁我！

| 雅各的不适当行为 |
|---|
| • 发牢骚。 |
| • 哭泣。 |
| • 噘嘴。 |
| • 发脾气。 |
| • 威胁（"打妈妈"）。 |
| • 满口脏话/"咒骂"（"臭屁爸爸"）。 |
| • 轻微戏弄（刻薄属于不适当行为）。 |
| • 和弟弟发生小争吵。 |
| • 和弟弟小打小闹。 |
| • 横冲直撞。 |
| • 做不雅的事（发出放屁声、扭屁股）。 |

尼克医生:"这是我列出的雅各不适当行为的清单(见前页的清单)。**不适当行为没有违反规则,但也不属于良好的行为**,它是大多数家庭(并不了解'忽略技巧'的家庭)不喜欢看到孩子出现的行为。而且,不适当行为是三类行为中最常见的一种。你们想消除它们吗?"

妈妈:"当然想啊!这些行为都快把我逼疯了!"

尼克医生:"我需要提醒你们:当你们不再关注不适当行为时,我担心你们会觉得闲着没事干!"

爸爸:"我们愿意冒这个险!"(我们都笑了。)

尼克医生:"想要减少不适当行为并不容易。这种行为的目的在于引起你们的注意并激起你们的情绪。请你们记住:这与你们无关,与爱无关;也不是因为雅各是一个'坏孩子',所以他会有这些表现;这些只是雅各的<u>行为而已</u>。不适当行为确实**令人不快**,但根据定义,它们没有违反任何规则,因为它们并非是真正有害、具有破坏性或不服从的行为。只要你们忽略它们,它们就会失去能量,**从而消失**。我可以保证这一点。"

妈妈:"我觉得我可以忽略抱怨、哭泣甚至发脾气,但是威胁和无礼的语言呢?"

尼克医生:"你听说过'有选择地战斗'吗?你需要有选择地战斗。"

妈妈:"如果我敢威胁我妈或骂我爸是'废物',他们是**绝对不会**容忍的!我们认为这种行为就是不尊重父母。"

尼克医生:"这对许多父母来说都是难题。这些行为会激怒父母。事实上,这并不是真正的不尊重。孩子其实是尊重你们的。他们只是生你们的气,然后说出他们认为会让你们生气的话。"

爸爸:"嗯,效果确实立竿见影。我觉得这些话很刻薄,让我很生气。"

尼克医生:"好的,那我们把无礼行为列入违反规则的'不良行为'清单中(我将其添加到不良行为的列表中),稍后再讨论如何处理。"

爸爸(微笑):"好!"

尼克医生:"我们主要是要确保雅各不会因为他的**不适当行为**而从你们这里获得大量**关注**或**能量**。下面是我对处理不适当行为的建议。

- 告诉雅各,你知道他想要什么,例如:'你现在想去玩具反斗城。'
- **解释**不能满足他的原因,例如:'可是现在已经太晚了。我们不能去。'
- 告诉他:'**我不喜欢你**(发牢骚、大喊大叫、哭泣、发脾气)**的行为**。你这样做不会得到你想要的东西。'
- **提供更好的方法**帮他获得想要的东西(见下文中的**改变不适当行为**)。
- 你可以说:'如果你继续(发牢骚、喊叫、哭泣、发脾气),我就不理你了。'然后你**离开**,到另一个房间去。
- 要保证他**绝对不会**因为这些不适当行为而**得到想要的东西**。
- 注意:如果你已经做完了所有这些步骤,你无须重复。你只需要说:'这个问题**我已经和你谈过了**。'然后,你就走开。说得太多也是一种关注!"

**越界：纠缠**

妈妈："如果雅各一直缠着我，无论我走到哪里，他都会跟着，对我发牢骚，我该怎么办？"

尼克医生："这是一个很好的问题。在我家里，这种纠缠属于不良行为。这是具有侵入性和攻击性的行为。因此，我们可以把这种咄咄逼人的纠缠行为称为不良行为（我把它加到雅各家的规则列表当中）。你们要定一个'禁止纠缠的规则'。你们跟雅各说：'雅各，你不能一直缠着我。我数到三，你最好停下来。'倘若他再纠缠你一次，**那就不能忍了**。因为他**越界**了。你们需要**事先**告知他后果，后果应当与**所犯的错误相符**，并且应当公正。"

妈妈："您有什么好的办法吗？"

尼克医生："如果他不能乖乖地听话，我会把他送到他的房间，直到他能停止那样的行为为止。你们需要对每一种不良行为都有应对计划。"

爸爸："把他关五分钟，然后每年增加一分钟吗？"①

尼克医生："五分钟是可以的，这在育儿圈子里很流行，不过我只想改变他的行为。"

爸爸："我逐渐明白这是怎么一回事了。对于'不适当行为'，我们可以直接忽视。雅各可能会生气，但不会真的造成什么伤害。而对于'不良行为'，我们则必须立下规矩并**采取措施**。"

尼克医生："完全正确，吉姆！我们这样做并不是为了伤害他的感情或'惩罚'他。我们只想停止这种纠缠行为。"

妈妈："如果他不去他的房间，怎么办？"

尼克医生："你会赢得这场战斗的。我们可以稍后再讨论这个问题吗？"

**将不适当行为转化成适宜的负面行为** 不适当行为的另一个有趣之处在于：它可以转变为不良行为，也可以转变为良好行为。虽然我知道我们还会在接下来的会面中讨论雅各的各种具有挑战性的行为，但现在先来谈论一下**纠缠行为**可能是一个不错的开头。

所有这些不适当行为和不良行为的背后都是难过、挫败或愤怒的情绪。我们希望孩子能够以成熟的方式表达这些感受。**我称之为"适宜的负面行为"**。这意味着以良好的、可接受的方式表达负面情绪，这也是我们作为成熟的成年人的做法（但愿如此）。我们不想压抑雅各的感受，但是我们也不希望他尖叫（不适当）、跺脚（不适当）和摔门（不适当）。**我们的目标是教导孩子"用语言表达"心中的不满和愤怒**："如果你生妈妈的气，你可以说：'妈妈，我生你的气了！我<u>现在</u>想去玩具反斗城，可是你说不行！'对于孩子来说，能够以直接且有礼貌的方式表达负面情绪就是适宜的负面行为。你们要允许雅各以可接受的方式生你们的气。他可以生你们的气，对吗？"

妈妈："是的。"

爸爸："大概是吧。"

尼克医生："吉姆，我猜你从来不会生你父母的气。"

爸爸："猜对了。不过我并不想让我的孩子有我小时候的感受。"

---

① 译注：常用的罚时出局（time out）规则是按孩子的年龄，每长1岁增加1分钟，5岁就是5分钟。

通过这种方式，大多数的不适当行为都可以被转化为更成熟的良好行为。当然，这并不意味着雅各"用语言表达"就一定能得到他想要的，但他得到自己想要东西的机会增加了。可是他**绝对不会、绝对不会、绝对不会**因为不适当行为而得到他想要的东西。

当身为父母的你们相信不适当行为**能够**消失时，就把力量传递给了孩子。孩子会接收到自己**能做到的信息**："我们期待你以成熟的方式行事。"这样，孩子就能感受到其中的幽默感和理念，他知道他的不适当行为不能惹怒你们。当不适当行为变成不良行为时，你们**将**通过执行规则处理它，也就是你们必须有着非常明确的规则。

### 明确的规则

父母犯的第二个常见的错误是没有列出明确的规则。雅各的父母并不是没有规则，而是他们没有办法在脑海里清晰地列出规则。父母如果不把规则列出来，就没法明确地表达！

不论父母是否意识到，大多数家庭都有十至十五条规则。（见下面的**家庭规则：前五条**，我们稍后讨论其他规则。）**我强烈建议每个家庭都写下他们的家庭规则，说明前因和后果**，并贴到冰箱上让所有人都能看到。我称之为"规则、原因和后果表"。这对孤独症儿童尤其有帮助。

在倾听吉姆和朱莉讲话时，我至少从他们的话语中听到了五条规则。

**注意**：在讨论"规则、原因和后果"后，我会接着讨论如何**执行**这些规则。

**规则都有原因**　所有规则的背后都一定有原因。每个人（包括家长）都出于相同的原因遵守相同的规则。**请记住，我们的最终目标是帮助孩子在思想和情感上变得更加成熟**。他们不应该仅仅因为我们的要求就遵守规则。

> **家庭规则：前五条**
>
> - 规则 1：不准打人或出现其他攻击行为。
> - 规则 2：不准故意乱扔东西，不准搞破坏。
> - 规则 3：不准无视别人，要互相倾听。
> - 规则 4：不准不尊重别人。
> - 规则 5：不准纠缠不休。

从长远来看，沟通和讲道理比吼叫、威胁或打骂更能改善孩子的行为，但是光是嘴上说，没有足够行动力的话，孩子也会表现出不适当行为，会"被宠坏"。我们要在太严厉或太宽松之间找到一个中间地带。我把这个方法称为"**外柔内刚**"。我们应该细心、敏感，应该理解和关爱孩子。我们的最终目标是让孩子将规则、原因和后果**内化**，这样我们就不必一直告诉他们该做什么。这可能需要几十次重复的尝试和大量的练习。有些孩子，比如雅各，必须通过反复承受负面（内刚）后果这种艰难的方式习得这些规则。我们现在开始学习吧。

以下是我向孩子解释前三条规则背后的原因的方式。讲解规则时，我倾向于将音调降低一个八度，音量提高10分贝，并确保表情严肃，以便从**姿态**上清楚地传达信息。

- 不准打人是因为**会伤害**他人。我的口头禅是："如果你打人的话，你就**绝对不会**得到你想要的东西！"你可以用比打人更好的发怒方式。
- 不准乱扔东西是因为这样会毁坏东西并伤害他人。你可以用比乱扔东西更好的发怒方式。
- 你没有在听我说话。因为我们只有"互相倾听"才能够交谈。你不必按我说的去做，但你**不能不理我**。我会认真听你讲话，我也想让你认真地听我说。

当然，**孩子处于崩溃的狂怒中时**，讲道理根本没有意义。即使孩子没有发脾气并且愿意倾听，简单地解释原因通常也不足以帮助孩子内化规则。他们需要经历、承受他们的行为所带来的负面**后果**。这种方法是行之有效的，虽然可能需要一段时间（几周到几个月）才能见效，但是父母必须一直坚持下去。规则光是有原因还远远不够，还需要有后果。

**规则还有后果** 后果有两种类型：正面后果和负面后果。

- 正面后果：如果你遵守规则，生活就会变得更好。（这就是重点所在！）你会更快乐，跟其他人的关系会更融洽，能更经常地得到想要的东西，甚至会得到奖赏等。
- 负面后果：如果你不遵守规则，家人就会不高兴。你得不到想要的东西，会失去特权（失去玩电脑的时间、自由等），也不会得到本来应得的奖励和奖品；如果你不能好好对待别人，你就会被隔离一段时间。

根据各个规则的本质，遵守规则还是违反规则，都会有相应的后果：一方面是一系列的积极奖励、奖品和福利，另一方面则包括罚时出局、自然的负面后果和失去特权（见**资源和网站**）。

我们将会在第三部分的剩余内容里讨论如何解决雅各特定的行为问题。

还有一类我们一直未提到的最糟糕的行为，如打人、乱扔东西。这些行为有着最严重的后果，需要**使用强制手段**。

**强制手段的使用**

正当我解释**良好行为、不良行为和不适当行为**的解决方法时，吉姆提出了新的疑问。

爸爸："这些方法听起来都不错。可是如果雅各**不听劝告**，向我们扔东西，也**不去**他的房间，我们该怎么办呢？"

尼克医生："答案就是，要立即帮助他控制住自己。你还能怎么办呢？难道要放任他不理你、打你、拆家吗？他违反了规则，所以你别无选择。让我举几个简单的例子吧。

"**从短时间罚时出局到长时间罚时出局**。让我们以不倾听（**规则3：我们互相倾听**）为例。假设你们要大扫除，你已经跟他说了两次，让他打扫卫生，但他都不理你。这时，你就要走到他的身边，弯下腰跟他面对面，用心平气和但坚定清晰的声音说（不是大喊大叫）：'对不起，雅各！你没有在听我说话。请你站起来，停下手头的事，然后在这里坐下（短时间罚时出局）。谢谢！当你从椅子上站起来时，你要开始打扫卫生，否则就回到你的房间（或在罚时椅子上）待上五分钟。'他如果没有立即打扫，就要再被罚时出局五分钟。（之后他仍然需要打扫卫生。）"

爸爸："如果他还是不打扫呢？"

尼克医生："你就重复这个过程，把罚时出局的时间加倍。你可以反复做上三次（总共半小时）。然后你警告雅各：'如果你非要让我帮你收拾玩具，我就会把玩具都收起来！今天之内你就别想再玩你的玩具了，什么玩具都不能玩。玩具都被没收了！'"

妈妈："相当严厉啊！"

爸爸："不错！他自己弄乱的就该自己收拾。"

尼克医生："这是我的做法。你们也可以尝试使用不同的后果。你们只需要记得：行为的后果应该足以让他下次再这么干的时候三思而行。'我想要被关禁闭半个小时并且一天都没有玩具玩吗？'后果应与所犯的错误相适应并有效。

- 对于**攻击行为和乱扔东西**的行为，你需要立即强行阻止他。有必要的话，你可以抓住他。接下来我们将会讨论如何做到这一点。
- 对于**拒绝回到他的房间**的行为，你可能需要亲自把他带回去。如果他一直抵抗，你可能需要加倍延长他在房间里待的时间。

"重点是你们要有计划，一个**育儿方案**。这样，当孩子出现不良行为时，你们就不需要做过多的思考。孩子应该完全了解该计划。不应该有突然的惊喜或随意的惩罚，不能直接说'够了，之后的一个月你被禁足了！'我们稍后会详细介绍**如何做到这一点**。涉及管教时，**父母的主要工作是执行规则**。你们必须赢得与规则相关的所有战斗。一般来说，孩子需要经过一到两周持续的斗争失败后，才能意识到他的不良行为不会让他得到想要的东西。然而，完全内化为成熟的行为可能需要几个月的时间。"

妈妈："当他变得暴力时，我觉得根本拦不住他。"

尼克医生："我真心希望你们不会走到必须对雅各采取身体控制的地步。强制给予孩子身体控制这一后果是最后的手段。我们将尽最大的努力做到充满爱心、善良、温柔和公正（外柔内刚）。我们要和雅各讲道理。如果你们跟他讲道理后，他还是不遵守规则，你们就必须严格执行规则。你们可能要把他按到椅子上或强制把他带进房间，甚至控制住他。我甚至会对孩子们说：'我并不想这样做，但你做出了错误的选择。所以，现在我必须帮助你控制住自己。'"

爸爸："我觉得在他5岁时做这件事比等到他15岁以后做更好。"

尼克医生："绝对的！朱莉，你的身体比他强壮多了，至少目前还是如此……但我真的想让你明白：**我们这样做并不是为了惩罚雅各**。我们这样做是为了让他学会控制自己的冲动、掌控自己的行为，成为一个更成熟的思考者和感受者。"

妈妈："我觉得我做不到啊！"

尼克医生："因为你担心要和雅各发生肢体上的冲突。"

妈妈："吉姆在这方面比我擅长多了。"

尼克医生："可是当吉姆不在家时，你该怎么办呢？让他打你或打查理？如果他失控打烂东西，怎么办？你真的需要了解如何控制住他。"

朱莉看起来心有疑虑。

尼克医生："朱莉，在你制定好规则后，雅各有可能会在短时间内试探你。可是等你们熬过这段时间，你就不必再采取强制措施了。我会告诉你如何以安全的方式控制他。"

朱莉看起来仍然有些犹豫。

尼克医生："我们现在不要担心这个问题。我们来看看如何确保'规则、原因和后果'这种方法的使用让我们在跟雅各发生最少冲突的情况下发挥作用。以下是我们该做和不该做的事情。"

妈妈（暂时松了一口气）："太好了。"

**规则：该做和不该做的行为**

减少不良行为最有效的方法是创造一个充满爱意、有滋养作用的家庭环境。

**关爱、呵护、悉心照料**。家庭中的每个人都应该**感受到**爱、支持和关怀。这就是将**关爱、呵护、悉心照料**排在第一位的原因。当父母用付出大量时间、全家人一起做事、重视合作、赞扬善意和认可成就的方式**关注良好行为**时，孩子就想要取悦他们的父母。我们常常太过于把良好行为视为理所当然，事实却并非如此。父母要全身心地关注每一个孩子，做他们想要你做的事。关注是一种基本需求。我们都喜欢它，渴望它，需要它（见**第二部分**）。

---

**规则：该做和不该做的行为**

- 关爱、呵护、悉心照料。
- "镜像反馈"技巧*：
  ○ 描述感受
  ○ 描述行为
  ○ 描述语言
- "绝对不会"规则。
- 依照规则行事，不受情绪控制。
- 不要越界。
- 传递"你能做到"的信息。
- 除了动口（提醒和讲道理、下指令），还要动手制止雅各。

*注：像照镜子一样反映真实的情况，不要提问，直接陈述："你很生气，因为弟弟拿了你的玩具！"

---

然而，如今对于父母的要求变得史无前例的高，这使得"**关爱、呵护、悉心照料**"变得很困难。现在的双职工家庭、单亲家庭、那些远离祖父母的家庭，以及缺乏邻居、社区机构等提供的传统社会支持的家庭，恐怕已经成为常态。家庭现在比以往任何时候都更加孤立和脆弱。

爸爸："我最近工作很忙。"

妈妈："亲爱的，你**真的**是个好爸爸。"

尼克医生："你们是很棒的家庭。时间久了，大家确实会很容易被日常的琐事缠身，但一定不要忘了去关爱家人！再忙也要抽时间陪伴家人。朱莉，别只是忙于做家务。吉姆，每个月至少带太太出去吃一顿浪漫晚餐。忘记电子邮件，关掉电视，不要接听电话。最有价值的是人而不是事，最应该珍视的是家人一起玩耍的快乐时光。时光飞逝，转眼间孩子们就长大了。

"对于普通儿童来说，缺乏关爱主要表现为怨恨、渴望关注和经常出现不当行为。而对于孤独症儿童来说，缺乏关爱则表现为孤立、有重复行为、功能发展水平低下、控制力差，以及出现不当行为。"

爸爸："朱莉很棒！但她压力很大，我们经常吵架。"

妈妈："当涉及如何管教孩子时，我们有着很大的分歧。"

尼克医生："我感觉你俩的关系还不错吧？"

爸爸："我们去社区接受了几次心理辅导，确实很有帮助，但我们仍然没有解决孩子的行为问题。"

尼克医生："能帮助你们处理行为问题的最重要的武器之一就是识别雅各的感受，它也有可能是实现'**关爱、呵护、悉心照料**'的最好方法。"

## 镜像反馈技巧

不过，在与雅各父母的讨论中，我可以看出关爱缺少了一个来源。现在，我们看看父母在处理孤独症儿童的行为问题时常犯的第三大错误。

雅各的父母并不总是认可雅各的感受。比如，雅各的父母说，他们在吃晚饭前会让雅各关掉电视，可是雅各几乎每次都会因此生气，他要发十五分钟的脾气才会停下来（见**第18章**）。

尼克医生："你们跟我说一下具体的情况吧。"

妈妈："我说：'雅各，该吃晚饭了。关掉电视吧。'然后雅各尖叫着说：'不要！'我就知道我们有麻烦了。"

尼克医生："你会怎么做？"

妈妈："我开始数数。我告诉他：'雅各，我数到三，如果你不关电视，我就来关。然后，我数到三并关掉了电视（因为**他**从来不会主动关电视）。他看到我把电视关上了，就会攻击我。他真的会打我，而且他打得越来越用力了。"

尼克医生："我明白了。你忽略了他的感受，直接开始管教。"

妈妈："'忽略了他的感受'是什么意思？"

尼克医生："我的意思是你没有跟他谈论他的感受。他很生气，因为他知道不能接着看电视了。他不高兴，而你对此毫无表示。"

妈妈："我从来没想过这个问题。"

尼克医生："你应该'**描述他的感受**'。当雅各说'不要！'时，你可以说：
- '你很生气！你还想接着看电视。'
- '雅各，你现在不想关电视。你喜欢看那个节目。'
- '妈妈，不要关电视！我要看电视！不吃饭！'"

爸爸："我们**可以**照您说的去做，但这会改变什么吗？"

尼克医生："描述感受有三个作用。
- 它能帮助雅各**认识**自己的感受。这是成熟的思考者和感受者首先会做的事情——**明白**自己的感受。
- 它能让雅各知道**你**了解他的感受。被理解的感觉是很好的。
- 最重要的，在行为方面，父母只要将孩子的感受反馈给他，就可以阻止孩子发脾气。"

爸爸："除非亲眼所见，不然我可不相信这招管用。当雅各打我妻子时，我只想好好揍他一顿，而不是'描述他的感受'。"

尼克医生："听起来你很怀疑这个方法。当雅各打妈妈时，你觉得那是不对的，光是跟他说道理是不够的，他就应该受点教训。"

爸爸："就是这么回事。"

尼克医生："我刚才是在描述你的感受。"

爸爸："啊？您可太会忽悠了。"

**尼克医生：**"我不是在忽悠你。对我来说，这是本能的反应。这可能是我跟孩子打交道时使用最多的技巧。我会向孩子反馈或描述他们的**感受、行为和语言**。这是我在接受专科培训时从一位睿智的教育学教授那里学到的。这样可以为孩子提供有关他们所感、所做和所说的重要反馈。我一直在倾听人们的感受，因为这样做可以让他们感到被理解。这种方法确实能帮助雅各在发作**前**冷静下来。实际上，我现在就可以演示给你们看。"

**解决争端** 在我们谈论这个话题时，我留意到雅各和查理开始争抢一个玩具。雅各未经允许就拿走了查理的玩具——**托马斯小火车**。查理大喊大叫，他爬到雅各身上想要把玩具拿回来。

**尼克医生**（迅速把查理从雅各的身上移开）："嘿，嘿，查理！**我们会拿回你的火车**，我们会帮你拿回你的玩具。"

雅各把火车护在胸前，好像在说："想得美啊！他才拿不到这个玩具呢！"

**尼克医生**（描述了雅各的感受）："你很想要托马斯小火车！"
**雅各：**"我的火车。"
**尼克医生：**"你觉得那是**你**的火车。"
**雅各：**"我的火车。"
**尼克医生：**"你真的很想要那辆火车。"

雅各微笑。
查理生气。

**尼克医生：**"查理，你也想要托马斯小火车！你正在玩呢，雅各却把它拿走了！雅各拿了你的火车！"

此时，两个孩子都平静下来了，但查理仍然很生气，雅各则希望得到那辆小火车（我一直在描述他们的感受）。

**尼克医生：**"雅各，我知道你想要那辆火车，等查理玩完了，你就可以玩。我们有一条规则：'不准未经允许就抢走别人的玩具。'这辆火车是查理先玩的。"
**爸爸：**"马上把玩具还给查理。"

雅各把玩具抱得更紧了。

**尼克医生：**"好了，吉姆，你试试描述雅各的感受。直接陈述，不要提问题。"
**爸爸：**"他应该把玩具还给查理。"
**尼克医生：**"我同意，但我想通过**描述感受解决这个问题**，这样雅各才能真正理解怎样才是好的表现。你把他的感受**告诉**他，而不是询问他感觉如何。"
**爸爸：**"他不想把玩具还回去。"

尼克医生："就是这种感觉。用陈述句来说。"

爸爸："雅各，你不想把玩具还给查理。"

尼克医生："完美，吉姆，我们已经向他描述了他的感受。现在，让我们告诉他规则、原因和后果。"

爸爸："你不能拿查理的玩具。你需要先问查理你是否可以拿这个玩具，因为是查理先拿到的。如果你不还给他……"（爸爸看向我。）

尼克医生："……我们会把它收回。如果你打人或者乱扔东西，你就必须坐在罚时椅子上。雅各，请把玩具还给查理！五分钟后你就可以玩了。你们可以轮流玩。雅各，你应该怎么做呢？你要把玩具还给查理，否则我们就拿走它。"

我们等待着，在经过了似乎非常漫长的停顿和沉默之后，雅各终于愤愤不平地把玩具还给了查理。

尼克医生："雅各，谢谢！你很快就有机会玩这个玩具了。"

妈妈："太神奇了！我以为他肯定会大发脾气的。"

尼克医生："我们需要花一些时间谈论他的感受，可是那又何妨呢？看看我们通过描述雅各的感受所获得的成果。

- 雅各明白了自己的感受。
- 他理解了查理的感受。
- 他似乎明白了这个规则——**不准未经允许就抢走玩具**，以及其原因——这让查理不高兴。
- 他能够**自己**做出选择！（尽管他有点不情愿。）
- 他明白了后果。现在他可以稍后再玩这个玩具，而不必被罚坐在椅子上。"

我在雅各面前大声说明了这一切，让他知道他做得有多好！

**注意**：在**第24章**中，我们将复习这次互动中指导我行动的"分享规则"。

我们来总结一下"镜像反馈技巧"：

① **认识孩子的感受**。

② 以真正站在孩子的角度并表明你明白他感受的方式将这些感受（或者行为、语言）反馈或描述给孩子。（不要用"我知道，但是……"的表达方式匆忙跳过感受，例如"我知道你很生气，但是，你必须把玩具还回去。"）

③ **直接陈述**，不要提问。不应以问题的形式询问孩子的感受，即"你生气了吗？"应以陈述的形式描述他们的感受，即"你生气了！"

④ 回到"规则、原因和后果"的方法。

家长们对这种简单的方法在改善不当行为方面的有效性感到惊叹不已（见**资源和网站**）。当然，描述感受并不总是有效的。正如在雅各和查理身上看到的，我们必须结合**规则、原因和后果**的方法。

**"绝对不会"规则** 虽然"关爱、呵护、悉心照料"、描述感受、关注良好行为等很重要，但明确规则及始终如一地执行规则也非常重要。如果规则不明确、不可预测，执行规则时缺乏一致性，孤独症儿童会感到困惑。

现在让我们回到该做和不该做的事情上，关注最重要的**不该做的事情**。

**一定不要因为孩子的不适当行为，而给予孩子他所要求的东西。**我把它叫作"绝对不会"规则。重要的事情说三遍：绝对不会！绝对不会！绝对不会！你必须说三遍"绝对不会"。孩子们会记住它。它会成为你的口头禅。"雅各，你绝对不会因为打人（不良行为）、发脾气、威胁、喊叫、哭啼或纠缠（都属于不适当行为）而得到你想要的东西。"

然而，我们总是在屈服。

我们会给哭闹的孩子一些糖果，让他们在商店里安静下来。在他们纠缠我们并哭啼了半个小时之后，我们会允许他们看视频，"好啦！给你，别再缠着我了！"但显然这样的做法对其他的兄弟姐妹是不公平的："那个玩具就给他玩吧！我受不了他哭哭啼啼的。"我们屈服了，我们打破了规则。我们会做相对容易的事情，只想让他们安静下来！

在行为科学里，这种做法被称为"**间歇强化**"——间歇性地给孩子他们想要的东西，即每隔一段时间就强化他们（间歇性的）。根据行为研究，就算是在动物身上，这也是让不良行为持续发生的最有效方法！如果在孩子哭了一个小时后，我们屈服了，我们就是在强化（奖励）孩子哭的行为。可以肯定的是，当他下一次想要得到什么东西时，他还会哭一个小时（也有可能一分钟我们就屈服了！）。

有些时候，尤其是在公共场所时，哪怕是他们表现出不适当行为，满足他们的想法也许是更好的选择。**如果要屈服的话，请立即屈服！**不要等孩子长时间哭闹、哭喊或发脾气后才屈服。

**注意**：在接下来的几次会面中，我将为雅各一家提供关于处理公共场所的不当行为、乘车时的不当行为及其他令人尴尬的行为问题的育儿方案。

"绝对不会"规则的一个附加规则是"预防胜于治疗"。父母要练习如何预防。在孩子**尚未开始**或者刚开始生气的时候，父母可以通过跟他讲道理预防不适当行为或不良行为，并且**教他（并允许他）用更好的方法得到想要的东西**。

"雅各，你如果想继续看电视，就不要大喊大叫。你绝对不会因为对我大吼大叫而得到你想要的。但是你可以跟我**做一笔交易**，说'妈妈，请再给我五分钟，可以吗？'这样的话，也许我会让你一直看到下一个广告。你如果大喊大叫，特别是动手打人的话，就别想继续看电视了。记住：**当你打人的时候，你绝对不会得到你想要的。**"如果雅各进行了这种"如果……就……"的谈判，我可能会让他看电视以奖励他的良好行为（达成交易）。不过我会确保在五分钟内或在播放下一个广告时关掉电视！（下次复诊时我会介绍更多内容：**20 个过渡技巧**）。

当然，孩子必须达到能够用这种方式跟他讲道理的功能发展水平。我认为雅各已经达到了格林斯潘的功能发展水平第五至第六阶段（见**第 15 章**），所以他有能力可以做到。对于功能发展水平较低的孩子，父母得简化或减少解释，但对那些最主要的规则，如不打人、不扔东西、倾听等，无论孩子的功能发展水平高或低，这种方式都适用。

**要记住的是**：应该教孩子以适当的方法得到他想要的东西，他"绝对不会"因为不当行为而得到想要的东西。

**依照规则行事！**

妈妈："如果五分钟后他还要继续看电视，我该怎么办？"

尼克医生："你来告诉我，如果他不关掉电视的话，你是怎么做的？"

妈妈："我会一遍又一遍地告诉他，可是直到我黑着脸，他都不会听！要等到我开始大声斥责、警告和威胁，他才有**可能**离开电视机，过来吃晚饭。"

尼克医生："那是因为你没有**按规则管教**。雅各无视了你，打破了'互相倾听'的规则。他也没有遵守'一起吃晚饭'的规则。他至少违反了两条规则。你应该按规则执行，让他承受违反规则的后果。在他不理你一两次之后，走到他身边，告诉他违反了哪些规则，然后让他像我们之前谈到的那样坐在椅子上，直到他准备好要去吃饭为止。你应该使用罚时出局的方法。"

妈妈："可他就是不听啊！他也不会坐到餐桌旁。"

尼克医生："你刚才说他后来还是会过去吃饭，不过你得大发雷霆，他才会听话，对吧？"

妈妈："确实是。在我真的很生气之后，他终于肯听了。"

尼克医生："这就是我所说的**情绪管教**。雅各是这样理解这条规则的：'当妈妈非常生气时，我会停下手头的事情并倾听。'这是一个非常糟糕的规则，因为这意味着你必须先生气，孩子们才会听，同时也意味着你得经常吼孩子。"

爸爸："您说得对！我受不了她老是大吼大叫。"

尼克医生："一旦你生气，情绪失控，就很容易失去理智，你可能会说出让自己后悔的话。比如，你可能会因为太过生气，制定一些你没法执行的规则或后果。"

爸爸："您的意思是说，我会因为生气而跟他说这几个星期都禁止他玩平板电脑？"

尼克医生："没错。按规则管教不是让你当场制定规则，而是需要**提前制定好每一条规则，并与孩子们沟通**。你甚至可以让孩子们帮你一起制定规则。他们应该知道违反规则的后果。"

**不要越界** 孤独症儿童尤其需要清楚、准确地知道规则的界限。明确规则的最好方法是执行"越界规则"。雅各一**旦**越界，就需要承担后果。他因此知道你会按照规则管教他。"越界规则"适用于不良行为，如打人、故意扔东西、不听话等。这一规则通常会激起孩子最强烈的反应，因为这是底线，这是最后的"不"。孩子违反了规则，就要承受（预先确定的）后果。

尼克医生："当你数到三时，就等于画下一条界限，雅各必须停止看电视。不需要过多的讨论，没有其他理由，不能讨价还价。你告诉他起来，如果他不起来，你就坚定地抓住他的胳膊，把他拽起来……"

妈妈（打断，明显很焦虑）："好吧，我承认我会大喊大叫。在我被气得脸色铁青之前，我会跟他讨价还价，但最终我还是关掉了电视。他坐在那里尖叫、骂我、威胁我，我就会把他带到他的房间……"

爸爸："……但是，当我不在家时，雅各会反抗。他会撒泼打滚，大发脾气，还打他妈妈！"

妈妈（转向我）："如果他攻击我，怎么办？"

尼克医生："他有吗？"

妈妈："有啊！这种情况越来越频繁了。"

尼克医生："你会怎么做？"

妈妈："我回到**我的**房间锁上门。他会猛踹我的房门，把门都踢出洞来了，铰链都松了。"

尼克医生："朱莉，我开始明白你为什么会觉得这么难熬了……"

妈妈："一想到要和自己的儿子打架，我就很难过。"

尼克医生："你为不得不走到这一步而感到伤感。"

妈妈（含泪点头）："真希望他能守规矩啊！"

此时，我们被悲伤所笼罩。孩子们也注意到了妈妈在哭，查理（不是雅各）来到妈妈身边安慰她。

查理："妈妈，别哭了。"

尼克医生："是的，妈妈在哭，她感到很难过，因为她想到了雅各动手打她。"

与此同时，雅各虽然还在继续玩耍，但他似乎也受到了妈妈情绪的影响，注意到我们这边。

### 传递"他能做到"的信息

尼克医生："你将自己罚时出局，但这一行为却赋予了雅各权力。他感受到你很伤心、难过，害怕与他发生肢体冲突。最重要的是，这并没有给他一个'他能做到'的信息。"

妈妈："'他能做到'的信息？"

尼克医生："当你逃避规则的时候，当你为他难过的时候，当你让他获得主导权、胡作非为的时候，雅各会得到什么信息呢？"

妈妈："他比我更强大？"

爸爸："不守规矩也没事？"

尼克医生："不，比那些情况还糟糕！实际上，你向他传达的潜意识信息是'他是一个不需要守规矩、可怜的孤独症孩子'。你是在告诉他（即使你不是故意的）你不相信他。"

妈妈："我从来没有那样想过。我们不希望雅各行为不当，就像我们期望查理能守规矩一样。"

尼克医生："我可以告诉你，对雅各来说，如果让他有权力不听也不遵守其他人都遵守的规则，其实是很可怕的事情。这种权力太大了，虽然这并不是真正的权力，实际上是不成熟的行为。"

妈妈："这下我明白了。我是一个糟糕的妈妈。"

尼克医生："千万别这么想！你是一个伟大的妈妈。我不会描述你的这种感受！（我们都笑了。）你有一个高功能孤独症孩子，他知道如何激起你的情绪，他很固执，他时常把你逼到墙角，无路可退。但是只要你准备好维护自己作为父母的权力，就能学会控制住他。你准备好了吗？"

妈妈："当雅各对我穷追猛打的时候，我还是不知道该怎么办。"

尼克医生："只有两个选择，带他去他的房间里待着或者控制住他。这又回到了规则的底线。你必须赢得这些战斗。你一直都很善良、有爱心、公平（还有点懦弱），但现在是**遵守规则的时候了，不要让他越界**。你要给他一个'他能做到'的信息：'雅各，我非常相信你能做到！我希望你能遵守规则。'你准备好学习如何控制他了吗？"

妈妈（不情愿地）："我想我别无选择。"

**尼克医生：**"你有选择！你可以让他满屋子乱跑、打人和搞破坏。"

**妈妈：**"我不想这样。"

**尼克医生：**"好的。我现在就告诉你究竟如何才能做到。"

**安全的控制方法**　　违反规则会带来后果。最严重的后果是孩子会被强行阻止做出破坏行为。一直和雅各的家人围绕这个方面探讨，现在是时候教他们"**安全的控制方法**"了。

基本方法有两种。一种方法是父母采取"筐子抱法"，父母将孩子抱在膝上，孩子的背靠在父母的胸前，孩子的双臂在前面交叉，父母从后面握住孩子的手，并用腿夹住孩子的腿。这种抱法的风险是：孩子如果采取用头撞的方法，就能从这种抱法中挣脱出来。

另一种方法是父母平静而坚定地将孩子安全地控制在地板上。这两种方法都得到了政府机构[①]的官方批准，可以帮助失控的儿童和青少年得到控制。

我走到雅各身边，让他仰面躺在地板上。他看起来有点困惑，不过他还是照做了。我告诉他，我只是想让他妈妈看我们玩个游戏。我跨坐在他身上，将我的双腿放在他腿的两侧并握住他的双臂，让手臂伸展开，这样我就能直视他的脸。我的臀部轻轻地坐在他的大腿上。我问雅各："我弄疼你了吗？"他摇摇头，说："没有。"我让他试一下看能否挣脱，但是他挣脱不了。他已经动弹不得，完全被卡住了。他还说："我被困住了。"

**尼克医生**（转向妈妈）："你可以对雅各说：'雅各，我非常爱你！但我不会容忍这种行为，你不能打人（或扔东西、毁坏物品等）！'你要坚定而清楚地陈述规则。然后，你要像这样控制住他三分钟，或者直到他足够平静可以放开为止，无论哪个条件达到了你都可以放开他。这对你来说会是很长的一段时间。在此期间，你完全不要与雅各说话，或者你可以每隔一段时间重复一次规则'不准打人！'我想让你知道，你比他更强大。好的，朱莉，轮到你试试了。"

朱莉尴尬地笑了笑，她从椅子上下来，在体格健壮的雅各的身上摆出同样的姿势。我们让雅各试着挣脱开来，他当然做不到，因为妈妈比他更强大。

**尼克医生：**"我只是想让你看到你**更强大**。然而，在激烈的争斗中，雅各不会这么配合的。你得将他迅速摔倒在地才能坐在他身上。你第一次这样做时，我希望吉姆能在场。"

**妈妈：**"我开始理解良好行为、不良行为和不适当行为背后的整个思路了。我们实际上是在教雅各制定这些规则的原因，但如果他还没法真正地理解，我们就会使用后果帮助他理解，这意味着必要的话我们会使用强制手段。"

**尼克医生**（转向爸爸）："天哪，**她**明白了！"

**爸爸：**"是的，他们会因为良好行为而得到奖励，而他们绝对、绝对、绝对不会因为不良行为和不适当行为得到想要的东西。"（我们都笑了。）

**尼克医生**（转向妈妈）："天哪，**他**也明白了！"

---

[①] 译注：作者所属地的政府。

**动口，也要动手**

爸爸："但是，在该做和不该做的行为中列出的'动口，也要动手'是什么意思？"

尼克医生："就是让你的屁股别黏在凳子上，动起来。"

爸爸："哈哈哈！"

尼克医生："这是我开玩笑的说法，意思就是管教孩子不是一项观赏性的活动。其实不用我跟你们说不能光动口，你们自己也知道：当孩子们打架时，你不能坐在你的**懒人沙发**上，从房间的另一头高声喝止；你必须走到现场，执行规则，和孩子们讲道理，给予他们相应的后果。（看着朱莉。）你必须准备好，愿意且能够把雅各带到他的房间。"

妈妈："好的！我明白了，我必须赢得战斗。"

尼克医生："不是要打败雅各，而是要为他**而战**。"

## 结尾：冲动三明治

事实上，孤独症使雅各的大脑内神经元联结不足（见**第1章**），导致他的行为不成熟。这对雅各来说不是借口，而是解释。虽然我们明白，雅各在很多事情上会比同龄孩子更加困难，我们应该对他抱有同情、耐心的态度，但我们也必须对雅各变得成熟抱有希望。这意味着我们一定要**坚持**使用这次讨论过的所有育儿方案。

从神经学的角度看，当某种冲动，比如击打、扔东西或发脾气等，在雅各的大脑中出现时，他会不假思索地采取行动，直接选择击打、扔东西或发脾气。冲动——行动，冲动——行动，他的冲动永远不会到达额叶。

对于我们这些（相对）成熟的思考者和感受者来说，当大脑出现冲动时，我们会控制这种冲动，因为我们的额叶会**处理**（即通过后果识别和推理）冲动和感受。

简而言之，我们的大脑中有一个由**冲动**和**行动**组成的冲动三明治（见图6）。

最近的脑科学研究把情绪控制定位于**扣带回**。它是大脑的一部分，"决定"冲动是进入行动皮层（不良行为和不适当行为发生的地方），还是进入额叶（产生成熟思维的地方）。

一个有趣的可能性是：扣带回可能通过在感觉出现时"识别"（即标记和意识到）感觉决定将冲动发送到额叶。听起来是不是觉得有点熟悉？没错！这就是"镜像反馈技巧"的原理。当我们将雅各的感受反馈给他时，就是在帮助他将冲动发送到额叶。

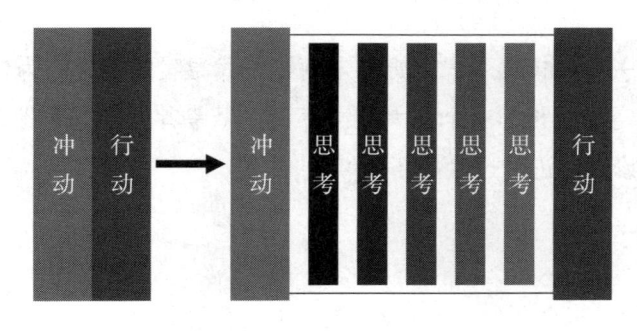

图6　冲动三明治

### 冲动三明治：同胞竞争

- **冲动**：快点打查理！他在抢你的玩具！
- **想法1**：我很生气，因为他拿了我的玩具，我想揍他。
- **想法2**：如果我打了他，爸爸妈妈会生气的。
- **想法3**：他们会拿走玩具，我要被罚时出局。
- **想法4**：如果我找爸爸妈妈帮忙，他们就会过来处理，我就可以继续玩了。
- **行动**：嘿，妈妈！查理拿走了我的玩具，你能不能现在就让他离开这里？

以上是一个成熟的冲动三明治的例子，围绕查理和雅各争抢玩具展开说明。冲动三明治的第一个想法是对感受的**察觉**。下一个想法是帮助我们冷静下来（注意冲动三明治中的阴影从深到浅）。

处理**良好行为、不良行为和不适当行为**的最终目标是帮助雅各在面对各种冲动情况时，能够建立一个成熟的"冲动三明治"体系。这个过程可能需要几个月。随着时间的推移，他会将规则、原因和后果内化。当他再遇到类似情况时，我们不用告诉他怎么做，他也可以表现得很好。他会明白制定规则是为了保护我们的安全、帮助我们照顾好自己并为他人着想。成熟的行为有望带来同理心和更好的社交技巧。这对于孤独症儿童来说是一项了不起的成就！这是功能发展水平第六阶段的成就。当与孩子的不良行为作斗争时，父母有时会感觉难以看到道路尽头的曙光（即成熟），但这只是感觉，因为我已经看过曙光很多次了。

尼克医生："如果你们能坚持执行计划，我非常确信雅各会成长为一个有思想、体贴、乖巧、有能力的男孩。"

爸爸（质疑）："等亲眼看到了，我才能相信。"

尼克医生："我对雅各和你们很有信心。你们是很棒的父母。"

爸爸："好吧，但是雅各有太多不良行为了……"

妈妈："我们需要在具体问题上得到帮助。"

尼克医生："我希望你们下次来复诊之前做两件事：一是列出你们的家庭规则，二是详细列出雅各从早上醒来到晚上入睡的所有行为问题。"

妈妈："我想解决让他停止看电视就会发脾气这个问题。"

尼克医生："当然可以啊！谁想吃棒棒糖？"

孩子们跑到艾米那里去拿棒棒糖了，吉姆和朱莉给了我温暖的拥抱作为告别。我很看好雅各的发展。有这样的父母，他一定会成长为一个强大的情感者和思考者。接下来我们该解决的是一些具体的问题。我们会在下一次复诊时讨论"过渡技巧"。

### 小结

- 雅各逐渐变成了一个"熊孩子"，他打破规矩，不断激怒父母。
- 面对雅各的行为问题，吉姆和朱莉都因为原生家庭有自己情绪的触发点。当面对冲突的时候，吉姆会生气，而朱莉会感到难过。
- 查理因为雅各的攻击行为而苦不堪言。整个家庭都承受着很大的压力。
- 我向他们传授了围绕"良好行为、不良行为和不适当行为"的育儿方法。
- 我们就"规则、原因和后果"以及指导雅各学会控制自己的攻击冲动的育儿方案进行了长时间的讨论。
- 处理雅各不当行为的过程可以帮助雅各成为一个更成熟的情感者和思考者。我们希望如此！

### 预告

- 雅各的父母带来了他们家的规则清单以及雅各的行为问题列表。我们着重讨论如何管理雅各的过渡、睡眠、晨间常规、公共场所的不当行为、如厕训练抵触、同胞竞争等问题，以及如何最有效地利用"罚时出局"和失去特权等后果。

# 第 18 章

# 第十一次来访
# 20 个过渡技巧

雅各和查理冲进诊室，想继续玩之前玩过的击剑比赛。他们找到了几根长长的软管，挑衅地向我挥舞着。

雅各："我这次要打败你！"

尼克医生（抓起一把"剑"站起来）："哦？你能打赢我吗？哈哈！我会把你们两个都打败的。来吧！"

雅各："你不会得逞的！"

查理："我要狠狠地揍你！"

他们向我发起攻击，我进行了反击。我边唱着电影《星球大战》（Stars Wars）的主题曲，边跟孩子们玩击剑游戏。我们开心地玩了整整五分钟。我时不时就会被击倒在地，然后需要孩子们用"救命针"（医生玩具箱里的假注射器）将我起死回生。最后，我"认输"了。

在我们玩的时候，我一直在观察雅各。我观察他对这个游戏的理解程度如何，他的互动行为是如何连贯没有间断的，以及他将单词串在一起的能力如何（比如："我要打败你，伙计！"）。尽管他的行为让他的父母抓狂，但我对他的进步感到非常满意。

尼克医生："好吧！你们赢了！游戏结束了，我要跟你们的爸爸妈妈谈一下。"

雅各（要求）："再玩一次！击剑比赛！"

爸爸（用威严的声音）："尼克医生说'结束了'，那就是结束了！你自己去玩别的玩具！"

雅各立刻羞愧地低下了头，满脸不高兴。

尼克医生："吉姆，你忽略了一件事情。"

爸爸："我忽略了什么？"

尼克医生："雅各的感受。你看看他。"

现在，雅各满脸不高兴，嘴唇颤抖着，风雨欲来……

尼克医生："雅各，你还想玩击剑游戏，你不想停下来，你不喜欢爸爸告诉你'不许玩！'"

暴风雨来得快，去得也快，一下子就雨过天晴了。雅各的神情放松下来，他和查理又重新燃起了希望。

尼克医生："这样吧，我有个主意。我们再玩最后一次，然后就停下来。就只玩一次哦，好吗？"

两人用力点头。于是，我们又玩了一会儿。我"死"了，他们又把我救活了。

尼克医生："好啦，现在你们该去玩别的玩具了。我得跟你们的爸爸妈妈谈谈。"

这一次，他们毫无怨言，马上跑去翻玩具箱，找到了巴斯光年玩具。它的翅膀会弹出，还会说西班牙语和英语。他们玩得很高兴。

尼克医生（对吉姆）："你看到刚刚发生了什么事情吗？"
爸爸："他们不听您的话。"
尼克医生："没错。雅各想多玩一会儿，而你却忽略了他的这种感受。你忽略了他想要什么，直接跳到他**应该**做什么。我知道你只是想让他听我的话，但是我也想在这里说明一点：你如果没有顾及他的感受，就会导致两种后果。首先，他可能更加生气而不是听从；其次，他无法学会如何**处理**自己的感受。这样就错失了一个让他学习的机会。"
爸爸："我还没研究明白'镜像反馈技巧'。我只想让他听话，让他做他应该做的事。"
尼克医生："我明白你的想法。学会描述他的感受并不是一件自然而然的事情。我知道你希望他能乖乖听我的话，可是如果你想让他少点发脾气，你就必须学会描述他的感受。"
妈妈："我一直在努力按我们上次谈到的方法去做，不过他像顽石一样。"
尼克医生："需要时间的。"

压倒雅各的外部环境：焦虑。在上次复诊结束时，朱莉迫不及待地想约时间讨论下一个问题：雅各的过渡问题。随着雅各的功能发展水平和情感敏锐度的提高，他的意识变得更加清晰。就好像失明的人重见光明一样，他突然看到了世界有多大。他正在尽最大的努力掌控所有的一切，但是对他来说，这已经超出了他的能力范围。因此他变得愈加偏执，焦虑的情绪飙升，应对变化和挑战的能力受到影响，即使是很小的变化和挑战他都很难应对。

妈妈："一切都必须'他说了算'。"
爸爸："任何事情都能把他惹毛！你让尼克医生看看这份清单。"（朱莉递给我。）

## 过渡问题清单

我让朱莉和吉姆列了一份他们所遇到的问题清单。

- 早上醒来时哭闹。雅各难以顺利地完成晨间常规活动。他早上一起床就哭哭啼啼的，然后麻烦事接连不断（见**第20章**）。从起床到穿衣（讨厌不舒适的衣服）、刷牙（讨厌刷牙！）、吃早餐（通常很难顺利进食，很挑食），再到出门。

- 乘车。他讨厌我们走"错"路（没有走常走的路线）。不想等红绿灯！在车里发脾气，甚至有暴力行为——扯妈妈的头发！（见**第 21 章**。）
- 校车上的行为。因为校车上很吵，他会不停地摇晃座位（只有当他感到焦虑的时候会这样做）。
- 幼儿园老师说，雅各很抵触从校车走到教学楼，以及从教学楼入口走到教室。他讨厌走廊里的所有噪声。
- 他会推开别的孩子，站到队伍的最前面。（见**第 24 章**。）
- 他在学校会努力压抑情绪，回家后尽情释放。
- 每次让他停下手头的事情都要大闹一场。让他停止看电视或玩电脑时就会发脾气。
- 带他去餐馆和购物中心非常困难。他不能老实地坐着，会大喊大叫。（见**第 21 章**。）
- 他不愿与查理分享！（见**第 24 章**。）
- 就寝时间。他要从房间里跑出来很多次之后，才能乖乖地躺在床上。每一件小事，就像洗澡、刷牙等，他都不会好好地配合。（见**第 19 章**。）

孤独症儿童想要"让世界保持不变"，因此，**从一项活动转换到另一项活动的过渡**就会有困难。看看这份清单，雅各几乎在每一次过渡中都遇到了麻烦。

**尼克医生**（仔细查看）："哇，这个清单可真长！这是尼克医生的 **20 个过渡技巧**要解决的事情！"

**妈妈**："请您一定要把我们的对话录下来。我觉得回去听听很有帮助。"

**尼克医生**（开始录音）："这是尼克医生在 2015 年 2 月 9 日为雅各家录制的音频。"

**爸爸**："我们一直在使用针对良好行为、不良行为和不适当行为的处理方法，虽然偶尔会有些失手，但是已经解决了一些问题，不过还需要解决一些具体的问题。"

**尼克医生**："这份清单不错，朱莉。"

**妈妈**（尴尬）："我自己也有点强迫症。"

**尼克医生**："我没别的意思。我喜欢你的清单。看起来雅各好像一整天都很有压力啊。"

当我阅读这份清单时，我意识到雅各（以及朱莉、吉姆和查理）的生活多么艰难！可怜的家伙！雅各的能力越好，要求就越多；要求越多，焦虑就越多；焦虑越多，发脾气和攻击行为就越多。我认真地考虑过是否需要使用抗焦虑药物（见**第 22 章**），但是可行的发展与行为疗法能够帮助我们避免使用药物治疗。我认为应该先尝试发展与行为疗法。

**妈妈**："从圣诞假期开始，这几个月情况变得更糟了。"

**尼克医生**："仔细看下来，雅各会产生不当行为似乎有五个主要**诱因**。

- 过渡，活动的改变。
- 得不到他想要的东西。
- 停止有趣的活动。
- 期望破灭。
- 环境让他不适。"

妈妈："说到'期望破灭'，我们刚刚参加了学校的会议。"

爸爸："我们正在为3月底的IEP做准备。顺便说一下，我在给雅各申请不用提供全天服务的影子老师这个问题上妥协了（见**第16章**）。我认为您和朱莉是对的，雅各在学前班可能需要一些额外的帮助。"

尼克医生："吉姆，你是个通情达理的人。小心驶得万年船嘛。"

### 当大脑控制思想时

妈妈："雅各的幼儿园老师说雅各在幼儿园大发脾气了。他想用红色蜡笔完成涂色作业时（这些天他一直钟爱红色），他的同桌先把红色蜡笔拿走了。于是，他就钻到桌子底下不出来了。当老师喊他出来时，他大发脾气。老师只好把他从教室里带走。他对老师大吼大叫，然后一路尖叫着被带到园长办公室。他花了20分钟才平静下来。"

爸爸："这是今年唯一一次情况那么糟糕的，并且是刚发生的事情。大多数他有压力的情况下，他在幼儿园里只是待在自己的世界里，拒绝做任何事。幼儿园老师让他一个人待着，最终他会恢复过来。他可能会非常固执。当他回到家时，他就会变得暴躁易怒。"

尼克医生："这种情况很常见。雅各仍然无法很好地处理他的压力和焦虑，因此就会不断累积小烦恼。他也没有足够成熟的心智化解他的感受。他的大脑控制着他的思想。"

妈妈："我从来没有这样考虑雅各的问题。不过您说的确实有道理。他发完脾气后会感到难受，就好像他其实知道**应该**怎么做，但他却做不到，所以他很暴躁。"

尼克医生："对，他无法自我调节。"

爸爸："更像是失控了。"

尼克医生："因此，**我们使用这些过渡技巧，很大一部分原因是帮助雅各获得更好的控制系统**。我们必须帮助他真正理解他的世界和感受，这样他才不会那么不知所措。一方面，我们要找到那个**控制单元**，让他感到安全；另一方面，我们要教他如何处理他的感受，解决问题，并正确看待事情，这样他就不会稍微有点压力就发脾气了。我们要帮助他用思想控制大脑。"

妈妈："他最近一直失控，我真的很担心他。"

### 药物

尼克医生："我也想过药物治疗，不过我认为我们可以避免使用药物。"

爸爸："太好了！他才5岁，我不想让他服用任何药物。"

尼克医生："我同意。但是当孩子真的很痛苦，每件小事都有可能会触发他的情绪，而他靠自己的力量难以走出来时，药物会很有帮助（见**第22章**）。

"让我们看一下这些**过渡技巧**，看看我们是否可以在不使用药物的情况下帮助雅各。你们最想解决什么问题？在你们的问题清单上第一个想解决的问题是什么？"

妈妈："晨间的常规，或者关掉电视让他去吃晚饭，又或者在家里、车上出现的暴力行为，这些都是让我头疼的事情。"

爸爸："我想解决没法带他去公共场所这个问题。我们没办法带他去餐馆。"

妈妈："去商场或杂货店购物也不行。"

尼克医生："我们会逐个解决的。我们先从最常见的情况开始吧，例如，**停止喜欢的活动并过渡到新的不喜欢的活动**。这种情况在幼儿园和家里都会经常发生。你们觉得怎么样？"

妈妈："可以啊！"

## 过渡技巧

尼克医生："技巧一共有三组。
- 五个原则技巧。
- 三个策略技巧。
- 十二个技术技巧。

"**原则技巧**将帮助雅各扩大他的世界观，使他变得更加成熟。这样过渡就变得不会那么具有威胁性，他能更好地应对变化，减少哭泣和发脾气。"

妈妈："那就太好了！"

尼克医生："你们可能已经非常熟悉这些**策略技巧**了，它们是让雅各为改变做好准备的重要方法。而**原则技巧**是具体的操作，可以帮助我们找到**控制单元**，并且在特定情况下可以全天使用。我们会使用一些非常棒的技巧。长远来说，我的目标是给雅各一个'他能做到'的信息，这样他在应对世界变化带来的挑战时，就不会有太多不必要的焦虑。"

爸爸："那会是巨大的进步！他经常被一些小事困扰。"

尼克医生："我先来介绍一下五个原则技巧和三个策略技巧，因为它们构成了孩子应对变化的能力的基础。然后，我们将使用最好的招数帮助雅各放下他想做的事情，去做他不想做的事情。"

| 过渡技巧：原则技巧 |
| --- |
| ● 最重要的是描述/反馈感受（焦虑、愤怒、不安等）！<br>● 赋予意义和激发动机。<br>● 给出观点：这真的是值得生气的事情吗？什么才是重要的？<br>● 能的哲学。他能做到吗？<br>● 保持幽默感，用幽默化解紧张。 |

爸爸："感觉是个可行的方案。"

## 过渡技巧1：描述感受

尼克医生："第一个原则是我们的老朋友了，它非常值得反复被强调。**认识到雅各的感受并将这些感受描述或反馈给他**是一种可以精益求精的艺术。这是最有效的技巧（见**资源和网站**）。我希望雅各以良好的方式表达他糟糕的、消极的情绪。还记得'适宜的负面情绪'吗？"

妈妈："您的意思是要让他用话语告诉我们，他很生气？"

尼克医生："是的！我甚至会用力捶打桌子并大声地说出他的感受，以此作为一种镜像反馈。我会喊道：'不行！爸爸，不吃晚饭！'这种方式能教会雅各反思自己的感受，并将感受转化为话语，以成熟的方式解决问题，而不是发脾气。"

爸爸："他肯定还做不到。"

尼克医生:"我们必须用陈述的方式(而不是提问)不断描述他的感受。只要我们**告诉**了雅各他的感受,他的焦虑就会减少一半。而问题在于,父母常常会忽视孩子的感受。"

爸爸:"就像我之前那样。"

尼克医生:"我本来不想在这件事上打击你的,但既然你自己提到了……没错!正是如此。你忽略了他**不想停止击剑游戏**的感受。这种情况很正常。因为感受转瞬即逝,很容易被忽视。我们希望能够立即理性地解决问题,却没有处理孩子的感受。"

爸爸:"对我来说,有点难度啊!"

尼克医生:"对大多数人来说,这并非本能的反应。但是雅各(以及几乎每个孩子)对这种'镜像反馈技巧'的反应会很不错。你必须运用自己的判断力判断哪些东西要直接忽略,哪些要处理。例如,你可以直接忽略他发牢骚的行为。"

妈妈:"要怎么去判断呢?"

尼克医生:"我见过父母不断地尝试处理孩子的感受或阐述规则,然而效果不佳。如果你说得连自己都快受不了了,却还没有效果时,那就不要再说了。"

妈妈:"我经常有这种感觉。"

### 关掉电视!

尼克医生:"假设你们现在要让雅各停止看电视或玩电脑,而他不愿意,还冲你们大喊大叫。你们会怎么做?"

爸爸:"我知道我平常会怎么做。我会一次又一次地告诉他'关掉电视!'如果他完全不理我,我就会生气地关掉电视,并告诉他赶紧坐到餐桌旁去。"

妈妈:"雅各就会大发脾气,闹得几乎都没法好好地吃晚饭。我们如果不想闹得鸡飞狗跳,就只能让他继续看电视,允许他晚点吃晚饭。可是查理认为这样不公平,他也想看电视。"

尼克医生:"当他威胁要发脾气时会得到好处,对吗?"

妈妈:"这确实不好。"

尼克医生:"吉姆,你违反了我所说的'**不要突然说不的技巧**',我接下来会谈到这个技巧。朱莉,你不能让雅各就这么躲过去了。如果下次遇到这种情况,你们打算跟他怎么说呢?"

爸爸("嘲笑"我):"我要'描述他的感受'。例如:'雅各,我知道你想看电视,但是现在要吃晚餐了。'"

尼克医生:"没有'但是'。你只需要说:'你不想关掉电视。你想继续看你最喜欢的节目。'"

爸爸:"我知道,**可是**已经到时间吃饭了。"

尼克医生:"我知道**你**想要的是什么,**但是**首要原则是要清楚地说出雅各的感受,仅此而已。我们要让他按你的想法去做,你如果不想让他发脾气,就必须首先描述他的感受。"

爸爸:"好吧。"

尼克医生:"此外,你们如果把环境安排得当,可能根本不必经历这些冲突。"

## 过渡技巧2：赋予意义和激发动机

**尼克医生**："下一个技巧是赋予意义和激发动机。我们必须让孩子明白这一切的意义——规则的**原因**、感受的**原因**、行为的**原因**。**凡事必有因**。你希望他和全家人一起吃晚饭，原因何在呢？"

**妈妈**："这是一天中我们全家人唯一相聚的时光。"

**尼克医生**："那么你就要说出理由，向雅各说明原因，并表达出你对他和家人的爱。这是表达你最深切感受的绝好机会。"

**爸爸**："你认为他会理解家庭时光和亲密的概念吗？"

**尼克医生**："即使孩子没有完全理解这些词，他们也可以通过你们的语气，明白你们解释要和家人一起吃晚饭的原因背后所包含的爱。

"我建议你们在雅各看电视**之前**先和他讨论。你们可以这样说（我提高了音量，让雅各能听到我的话）：'雅各，我知道你喜欢看电视。但是，（你可以用'但是'解释）等看完这个节目后，我们要一起吃晚饭。我们喜欢在餐桌上跟你和查理一起聊天。晚餐时间**是家庭时光**。我们非常爱你，我们想要一家人团聚在一起。'"

### 解释

**尼克医生**："当你们**解释**的时候，要留意你们说话的语气。你们在解释时要用特定的语气带出某种感觉。随着时间的推移，你们解释时所带有的耐心或同情心、劝告或警告的感觉会深入孩子的心灵。最终，世界变得有意义，感觉变得有意义。因为你们愿意花时间解释原因，让生活变得有意义，变得真诚且合乎逻辑。"

**爸爸**："如果他明白了，却不想做呢？"

**尼克医生**："那么，他将通过承担后果的方式学习他要为此付出代价。"

**妈妈**："您是说'罚时出局'？"

**尼克医生**："'罚时出局'或其他不愉快的后果——电视会被关掉，他要回到自己的房间，他要晚点才能吃东西。我接下来还会介绍比较强硬的控制技巧。我现在想先介绍比较温和、友善的说服技巧。"

**注意**：即使是对于功能发展水平较低的孤独症儿童，我们也可以运用这种过渡技巧。根据孩子的理解程度，某些技巧会比其他技巧更有效。当我们讨论雅各的过渡问题时，我会标出对那些理解能力不如雅各的孩子最有帮助的方法。

### 奖励与原因

**尼克医生**："激发动机是过渡技巧2的另一个组成部分。有时，意义并不能让孩子有动机。比如，查理可能会因为要取悦你们或享受家庭时光而产生动机，而雅各可能不会。"

**爸爸**："查理好像能明白其中的意义。"

**尼克医生**："如果雅各能被意义激励，说明雅各进步了。在那之前，你们可能必须寻找正确的动机，例如，奖励或后果——**胡萝卜加大棒**的方法。你们可以对雅各说：'你如果合作的话，就会得到奖励。'孤独症儿童，无论其功能发展水平高低，都会受到奖励的高度激励。你们一般都能找到他们喜欢的奖励。这就是**过渡技巧 15：贿赂**。这是一种通常能激发动机的具体技巧。"

爸爸："我真的不喜欢给他们太多的奖励。雅各会认为他应该为了奖励而做事，而不是因为……"

尼克医生："……这就是正确的事情？（吉姆点点头。）我同意你的看法。可是，如果基于正确的原因做正确的事并不令人动心，那该怎么办呢？诚然，**你不应该为得到奖励而去做一件事**，因为从长远来看，**原因更重要**。但从短期来看，**奖励能够激励人心**。你工作是为了得到报酬，而得到报酬是一个很大的奖励。"

爸爸："我也喜欢我的工作。"

尼克医生："对。你有意义**也有**动力。"

爸爸："我明白了。你用奖励让他有了动机……"

尼克医生："……之后再为行动赋予意义。事实上，我也不赞成一开始就给孤独症儿童大量的奖励激励他们，我会先不遗余力地寻找那个**控制单元**。"

妈妈："控制单元？您已经提到过好几次了。"

尼克医生："如果你能找到意义和动机的正确组合，那就意味着这个孩子有能力控制自己的行为。这个组合就是**控制单元**。这也意味着我们要降低标准，直到他能做到为止。这与过渡**技巧 8：脱敏**有关，你要把要求降低到孩子可以做到的最少步骤。无论如何，激励都是我的座右铭。无论雅各想得到什么，我都会帮他得到。（对雅各）嘿，雅各！嘿，雅各！"

雅各（抬头）："什么事？"

尼克医生："你喜欢什么玩具？你最喜欢的玩具是什么？"

雅各："'托马斯'。"

尼克医生："好吧，吃晚饭的时候，你如果能做到不哭不闹地关掉电视，乖乖地去吃饭，就可以拿到一辆托马斯小火车。"

雅各："还要艾米丽小火车（一辆拉着绿色车厢的小火车）。"

尼克医生（对父母）："这个小淘气在讨价还价！（对雅各）如果你能不哭闹，乖乖地吃饭，我们就奖励你一辆'艾米丽'？"

雅各："'艾米丽'。"

尼克医生："好吧，给你奖励'艾米丽'。你如果可以关掉电视去吃晚饭，并且没有哭，就奖励你一辆'艾米丽'。雅各，对吧？"

雅各："对的，'艾米丽'。"

雅各继续玩他的游戏了。

尼克医生（对他的父母）："这家伙想要'艾米丽'。"

妈妈："你知道那些火车要多少钱吗？"

尼克医生："他不发脾气值多少钱？"

爸爸："太值钱了！这几个月来他一直在破坏晚餐时间。"

**尼克医生**："我的建议只是在短时间里奖励他几辆小火车而已。另外，我们要把这个奖励规则，给他做成一个图片结构表，把'艾米丽'也写在里面，这样他才能理解（这是另一个即将出现的策略，**过渡技巧6：结构化环境**）。当他具有动机的时候，他就会养成一系列新的（更好的）习惯，而'良好的习惯会成为自然'。这种新习惯的效果越好，孩子的感觉就会越好，从而他的自尊也就会随之提高了。"

**爸爸**："您真是个'狡猾'的医生啊！"

**尼克医生**："所以我把它们称为尼克医生的'**把戏**'啊。雅各并不是真的喜欢表现出不良行为。好斗、愤怒、失控、冲动和各种不成熟的行为会让他感觉很糟糕。"

**妈妈**："确实如此。他会感到内疚。他发脾气后会走到我身边，问我：'妈妈开心吗？'"

**尼克医生**："我们正在向雅各展示一种处理压力和强烈情绪的新方式，激励他出于正确的原因做出正确的选择。这样，他就不会那么内疚了。"

### 过渡技巧3：给出观点

**尼克医生**："我们接下来要让他以正确的视角看待事情。我的意思是：去坐公共汽车、停止看电视去吃饭、刷牙或者其他任何的过渡性活动，真的那么难以接受吗？"

**妈妈**："他的表现就像是世界末日到了！"

**尼克医生**："再说一次，你们要留意自己在**表达看法**时的语气，要有一种'雅各，你是认真的吗？只不过是看电视而已。就算关了电视，你也不用哭。因为吃完晚饭后，你还可以再看电视呀！'的感觉。就像用这种语气：'振作起来吧！赶紧长大吧！成熟点吧！这不是世界末日！'"

**妈妈**："我应该说'我们**首先**做这个，**然后**再做那个'，是这个意思吗？"

**尼克医生**："这是一种很好的沟通方式。你在教他时间的概念。你也可以教他谈论自己的发脾气行为。假设查理有时想要玩他的某个玩具，你可以这样说：'雅各，你不想让查理玩你的玩具。好的，不要哭！你可以跟妈妈说，你不想让查理玩你的玩具。你说："不行！查理，这是我的玩具。"妈妈会听取你的意见的。'"

**妈妈**："这就行了？"

**尼克医生**："慢慢来，会有效的。"

**爸爸**："那我得拭目以待。"

**尼克医生**："我们要传递给他的一个主要观点是我所说的**延迟满足**。不要发脾气，用自己的语言解决问题并等待帮助，会比发脾气更有效。'当你发脾气时……'"

**爸爸**："……你绝对不会得到自己想要的东西！'"

**尼克医生**（和吉姆击掌）："不过在某种程度上，我是个两面派。一方面，我说要注意并描述雅各的感受，体会他的感受，尊重他的感受。另一方面，我要说的是不要过于在意他的感受，否则你会因担心他的反应而如履薄冰。正确看待感受，这与幽默感有关。"

**爸爸**："我们可能需要有点幽默感。"

（嘘！偷偷告诉你一件事，你不要告诉雅各父母。其实这也是我想让吉姆和朱莉放松心情，不要因为雅各的坏情绪而感到沮丧的一种方式。换句话说，我也在尝试给他们一些观点！正如我在**第17章**中所说的，如果你大喊大叫、生气或沮丧，说明你用错了方法。当你在处理孩子的烦恼时感觉自己能心平气和、近乎专业地处理孩子的情绪时，你就越来越接近正确的**观点**了。）

### 过渡技巧4：能的哲学

**尼克医生**："我相信雅各。我称之为'能的哲学'。雅各能控制自己吗？他能延迟满足吗？他能通过沟通表达情感吗？他能变得更成熟吗？他能表现得更好吗？你们必须真的问一下自己：雅各**能**不哭就关掉电视，乖乖地来到餐桌旁坐下来和我们一起吃饭吗？"

**妈妈**："我想他是可以的。"

**爸爸**："我也这么想。"

**尼克医生**："我也是。所以，如果他能做到，我们就应该对他抱有期待。我们可以通过肢体语言和语气传递'你能够'这个信息，即'我相信你。我希望你遵守规矩，我不会妥协的'。**家庭需要以现实为导向，坚守合乎情理的规则，并期望孩子遵守**。在这里，我又成两面派了。我的意思是：一旦你们处理了这些感受，解释了原因，警告了后果，这就够了！是时候现实一点了。"（见**过渡技巧19：暂时隔离**和**过渡技巧20：放手去做**。）

#### "不要把手肘放在桌子上！"

**尼克医生**："我要跟你们讲一个关于伊恩的故事。他是个聪明、高功能的小家伙，8岁大，上小学三年级。他有很严重的强迫症和控制欲（听起来耳熟吗？）。他的情况是这样的。伊恩不喜欢任何人把餐巾放在餐桌上，如果有人这样做了，他就开始抱怨、大喊大叫。他妈妈想要维持和平（就像朱莉一样），就让伊恩的兄弟姐妹把餐巾从桌子上拿下来。很快，伊恩的强迫症就更加严重了，甚至不允许盐瓶或者胡椒粉瓶出现在桌子上。到最后，他竟然不允许别人把手肘放在桌子上！伊恩的强迫症，正在把他变成餐桌霸王。"

**妈妈**："然后呢？"

**尼克医生**："我感到非常震惊！我不敢相信父母会纵容他这样做。我认为他可以做得更好（能的哲学）。经过他妈妈的同意，我制定了一个规则，并跟伊恩说明原因和后果。我说：'伊恩，我有个坏消息要告诉你。你恐怕不能再当餐桌霸王了！你可以随意支配自己的桌面，但你不能限制别人做什么（这是规则）。不让别人把某些物品摆在桌面上是不公平的（这是原因）。伊恩，事实上，你这样做是很荒谬的（我在给他观点）。从今晚开始，你的家人可以在他们自己的桌面上摆放任何东西。你如果不喜欢，可以回到你的房间，不吃晚饭（'大棒'）。不过，我也有好消息。你如果不再当餐桌霸王，就可以获得奖品（'胡萝卜'）。你想要什么奖品呢？'听了我的话，他很不高兴，但他想了一会儿后说他想买一款新的任天堂游戏软件。他妈妈认为用那个奖品换取家里的和平还是很值得的。"

**爸爸**："有效果吗？"

**尼克医生**："他妈妈在两天后打电话给我说，第一天他没吃晚饭就回了房间（应该说他是被拖回房间的，他又踢又叫想要反抗），第二天吃晚饭就没有问题了。他得到了他想要的电子游戏软件。他妈妈对此感到很惊讶，因为这种情况已经持续几个月，居然这么轻易地改正过来了！我却不感到惊讶，因为我认为他其实是**可以**控制自己的强迫症的（**过渡技巧4：能的哲学**），而且这种行为是不对的、不可理喻的（**过渡技巧2：赋予意义和激发动机**）。全家人都得忍受他的霸道行为，简直匪夷所思。

"谈到'能的哲学'时，我只有一个忠告：**你必须准确了解孩子的能力**。如果孩子确实**不能**做某事，那么随着时间的推移，只会导致更多的挫败感和进一步的不当行为，到时你就后悔莫及了。我们将不得不向前回溯，并找到更准确的**控制单元**。"

爸爸："雅各小的时候不听话，我就打他屁股。"

尼克医生："他不是故意不听话，他只是真的不明白你的话，对吧？"

爸爸："对！就算我打了他的屁股，也没有让他听话。他只是躲着我。我感觉很糟。"

尼克医生："过去是过去，现在是现在。雅各现在**可以**关掉电视过来吃晚饭了。"

妈妈："可他就是不愿意啊！"

### 过渡技巧5：保持幽默感

尼克医生："最后一个原则技巧，**保持幽默感**。这对父母和孩子一样重要。它与过渡技巧3：给出观点密切相关。所谓幽默感，我指的并不是跟孩子讲笑话。我的意思是你们要从长远看，相信这些行为问题会得到解决，并运用幽默感促进事情的完成或缓解紧张情绪。

"我建议你们，当雅各不愿意关电视时，你们也假装大发脾气，大喊'关掉电视，关掉电视！'甚至还可以躺在地板上，撒泼打滚地喊叫。

"或者你们可以说：'第一个到餐桌的人会赢得奖品！'或者运用反向心理，说：'不要关电视！不要坐在餐桌旁！'"

妈妈："我从来没有想过这些方法。我已经完全失去了幽默感。"

尼克医生："你和吉姆可以手牵着手，围成一圈，一边跳舞一边唱：'雅各来吃饭。雅各来吃晚饭。'"

爸爸："事实上，她很担心，压力很大，就像绷紧的弦。而我也感到沮丧和生气，说实话，我受够了雅各不停的抱怨和哭泣。"

妈妈："然后，我们就会感到内疚，因为我们的吼叫并没有让情况好转。"

尼克医生："耐心和坚持是美德。"

爸爸："我带雅各去杂货店，没有给他买他看中的糖果。您要是看到他当时那个样子，您肯定会以为我虐待他了！"

尼克医生（笑）："真的吗？就为了一块糖？！"

爸爸："可不是嘛！"

尼克医生："很抱歉我笑了，但想到雅各在杂货店里为了一块糖果大发脾气的画面，真的让人忍俊不禁。"

爸爸："我气坏了！"

妈妈："这种事经常发生在我身上。店里的所有人肯定都以为我是最糟糕的妈妈。"

尼克医生："当你能够耸耸肩，把雅各像一袋大米一样扛在你的肩膀上，一边唱着'嗨嗨嗨嗨！我要去上班了'，一边把他带上车，你就算修炼成功了。"

爸爸："我还达不到这个境界。"

尼克医生："好吧，我必须让你拥有这种幽默感。说真的，这些行为问题，大多数通常可以在几天到几周内通过正确的策略得到解决。"

妈妈："我们这几个月一直在处理这些问题，感觉筋疲力尽了！"

尼克医生："我明白了，你们还没有准备好一笑置之。你们要知道这种'黑夜总会过去，黎明终将到来'的幽默感会通过肢体语言、态度和语气传递给雅各。一旦雅各意识到他不能轻易地激起你们的情绪，他就会更快放弃自己的荒谬行为。"

妈妈："有一次我们去农场，雅各想开一辆他在田里看到的拖拉机。"

爸爸："我们跟他解释不能开拖拉机，他当场就为了这么一件对他来说不可能的事情大发脾气，我们都觉得好笑。"

妈妈："他看到我们在笑，就不再发脾气了。"

尼克医生："看！这就是我所说的，有时候事情就是会糟糕到你只能一笑了之！"

在我们聊天的这段时间，雅各和查理一直玩得很好。当大人谈论重要的事情时，孩子们表现得这么好总是让我感到惊讶。我感谢他们可以一起愉快地玩耍（我奖励他们的良好行为）。我跟他们说不要用小丑八音盒吓唬我（我有两个小丑八音盒）。他们立即把八音盒拿过来，准备要吓唬我。当小丑们跳出盒子时，我表现出非常害怕的样子，并尖叫着让小丑们走开。他们喜欢这种吓唬大人的游戏。我们玩了好一会儿，直到习惯了这种把戏，我不再装害怕了。我让他们去拿他们的第一根棒棒糖，然后我们继续讨论。

尼克医生："在我们谈论更具体的技术技巧之前，让我先谈谈三个最重要且非常有效的**策略技巧**（技巧 6 ~ 8）。"

## 过渡技巧 6：结构化环境

尼克医生："如果孤独症孩子想'让世界保持不变'，那么为他们创建可预测的活动安排就至关重要。这就是**日历、时间表、清单和排序表**的用武之地。"

妈妈："我们用的是日历，而不是真正的日程表。"

爸爸："雅各是个非常想知道接下来会发生什么事的孩子。"

妈妈："我们有一块白板。他可以看到上面写

> **过渡技巧：策略技巧**
>
> - 结构化环境。
>   - 日历（月和周）
>   - 时间表（天）
>   - 清单（小时）
>   - 排序表（分钟）
> - 社交故事和寓言。
> - 脱敏。通过逐次逼近和重复曝光脱敏：使用倒计时、呼吸或放松等方法。

的本月和本周发生的重大事件。"

尼克医生："对于他关电视的问题你们也需要一个**时间表**、一份**清单**，甚至可能还需要一个**排序表**。这是一个时间表的例子（表4），包含活动安排及相应的奖励和后果。

### 表4 雅各看电视的安排时间表

| 活动 | 时间 | 奖励/后果 |
|---|---|---|
| 看电视 | 4:30—5:30 | 没有奖励 |
| 关电视不哭 | 5:30 | 艾米丽小火车 |
| 乖乖坐下吃饭 | 5:35 | 艾米丽小火车 |
| 不愿意坐下吃饭、叫嚷 | 5分钟罚时出局 | 去自己房间里待着！<br>不能再看电视！ |

- **时间表**对于完成在家里每天或每小时内安排的活动都很有帮助。
- **清单**用于完成几分钟内发生的事件。
- **排序表**是最具体的，它可以指导孩子完成像刷牙这样一个接一个发生的动作序列。例如，拿牙膏、牙刷和纸杯等。

"你可以制作小方框并通过勾掉已经完成的项目使他获得奖励（见**第19章**）。"

妈妈："这倒是挺容易的。"

尼克医生："目前这个时间表和清单应该可行。只要确保在他看电视*之前*给他看即可。"

## 过渡技巧7：社交故事和寓言

尼克医生："我知道你们都熟悉卡罗尔·格雷的**社交故事**，但我还是应该在这里重复一遍（见**资源和网站**）。社交故事从根本上来说，就是一种自我对话的形式，是帮助孤独症儿童成熟思考、处理各种事件、体验感受和应对压力的好方法。雅各非常适合使用社交故事。他不仅可以始终如一地遵循常规，还可以执行一至两步的指令。"

**注意**：不能遵循常规或执行一步指令（"拿"或"给"）的孩子**不适合**使用社交故事。

爸爸："我让他去厨房拿餐具，他会照做的。"

尼克医生："只有孩子的接受性语言达到一定水平，社交故事才能发挥作用。这是一个关电视的社交故事，还应该附有图片（自己绘制或使用现有的）。

- 放学回家时我喜欢看电视（男孩看电视的图片）。
- 即使到了晚餐时间我也不想停下来（妈妈嘴边有一个对话框，'雅各，该吃饭了！'但男孩还在看）。
- 停止看电视让我很生气，但晚餐是家庭时间，我必须关掉。这是一个规则（一家人围坐在餐桌旁共进晚餐其乐融融的图片）。
- 再说了，如果我不关电视，爸爸妈妈就会把电视关了。这样一来，我不但不能看电视，还得回自己的房间,整晚都不能再看电视了(男孩被罚时出局的图片)。
- 但是,如果我和家人一起吃晚饭且表现得很好,我就会拿到艾米丽小火车,并且可以在晚饭后继续看电视(火车图片)。
- 和我的家人一起吃晚饭很有趣(一张家人围坐在餐桌旁的图片)。"

"对于功能发展水平较高的孩子,我经常使用寓言。"

妈妈:"他喜欢你的'不刷牙熊'的寓言。"

尼克医生:"开始掉牙的'不刷牙熊'?"

妈妈:"他一遍又一遍地听那段录音。"

妈妈:"我们画了一只没有牙齿的熊配合故事。他一直问自己会不会也掉牙齿。"

爸爸:"我们告诉他,如果好好刷牙,牙齿就不会掉,而且会又白又结实。现在他每天刷两次牙,还会说'又白又结实!'"

尼克医生:"有需要的话,我们可以编一个不肯关掉电视吃晚饭的'不吃晚饭狗'的寓言。不过,我认为用简单的时间表、社交故事和其他一些技巧就可以做到这一点。"

妈妈:"我可能会打电话让您讲一个寓言。"

## 过渡技巧 8:脱敏

尼克医生:"大多数家长都会了解一些关于如何创设**结构化环境**和使用**社交故事**的知识,但许多家庭并不熟悉**脱敏的概念**,尽管他们在日常生活中会自然而然地运用这个方法。

"我以前曾帮助患有癌症的儿童度过痛苦的治疗过程,比如骨髓穿刺和腰椎穿刺。我让孩子们相信脱敏可以度过这些痛苦的过程。"

妈妈:"听起来这可不是一份轻松的工作。"

尼克医生:"那些孩子很了不起。我使用了循序渐进的方法。首先,我向他们说明他们可以学会自我控制这一**观点**,即**控制单元**。一开始,我只是让他们想一想被针扎的感觉;然后,我们不用针模拟这个过程;接下来,我们会拿出针但不去扎他们;最后,我们会用针头密封套戳他们,让他们尽可能体验真实的场景。"

爸爸:"我开始理解**控制单元**的概念了。您设置一个单元,先让孩子从他们**可以**做的事情着手,然后慢慢提高要求获得成功。"

尼克医生:"你说得很对。在治疗这些患有癌症的孩子的过程中,我一直让他们使用**呼吸、放松和想象**的方法帮助他们控制自己的身体。这个方法很有效!通过反复和越来越真实地接触可怕的事件,孩子们就能够自主实现对痛苦过程的脱敏(见**附录D**)。

"我们通过与雅各交谈、解释原因、制作时间表、让他为改变做好准备(所有这些措施都是让他脱敏的一种方式),让他成功地经历事件,并让他准备好以一种更有效的方式处理焦虑。"

妈妈:"我记得您当初为了让他刷牙就用了这种方法。除了讲寓言故事,我们还用了这个方法,不过一开始只是用牙刷碰一下他的牙齿,我以为这个方法没什么用,纯属无稽之谈。"

爸爸:"然后,我们只给他刷一颗牙。"

尼克医生："他可控制的单元越来越多。"

妈妈："接下来，他每刷一颗牙齿都会拿到奖品。"

尼克医生："直到他把全部的牙都刷了为止！让他'脱敏'用了一周的时间，但最后成功了。"

爸爸："所以日程安排也是一种脱敏的方式吗？"

尼克医生："当然是的。制定时间表，跟雅各一起谈论，倒计时，任何让雅各为过渡做准备的事情都是在脱敏。"

妈妈："我们要教他呼吸的技巧吗？"

尼克医生："我建议你们可以在雅各睡前尝试这个技巧，这样他就会养成习惯。有些孩子接受，有些则不接受。我可以给你一份关于具体做法的讲义。真的很容易做到。"

妈妈："他放学回家，看电视之前……"

尼克医生："……我们要给他脱敏。（我再次大声说，让雅各听到我的声音。）你告诉他：'雅各，我知道你喜欢看电视，而且你讨厌在晚餐时间停下来。'（'描述他的感受'后在此暂停。）然后，你陈述新规则：'今天我们开始实行新规则——所有人都要一起吃晚饭，这样我们可以享受家庭时光（你给规则提供了理由）。因此，你必须在5:30关掉电视，过来跟我们一起吃晚饭，否则你就得回房间了。'这时，就是你向他出示日程安排和社交故事的时候——看电视、关掉电视、不许哭、吃晚饭、得到'艾米丽'。所有这一切都会逐渐让他脱敏，让他在心理上为坐到餐桌前做好准备。如果他不到餐桌前好好坐着，你就可以适当增加一些消极后果。你愿意的话，也可以将这一步添加到他的日程安排中（见表4）。"

爸爸："意思就是说，他如果跟我们吵架、不乖乖坐着、大喊大叫，就要回自己的房间。"

尼克医生："对！使用**过渡技巧19：罚时出局**或**过渡技巧20：使用强制手段——动手吧**！而且他晚上也不能看电视了。"

妈妈："这样会毁了整个晚上吗？"

尼克医生："这样的情况可能要持续好几天。可是如果你继续'割地求和'，那么他就会赢得这场战斗。最重要的是，你这样做，表明你并没有对他可以有成熟的表现抱有期待。你传递给他的是'无能信息'——你这个可怜的孤独症小男孩，你没法停止看电视，也做不到安静地、有礼貌地过来吃晚饭。"

妈妈："天哪！您说得对，不能这样！"

爸爸："我带他去他的房间，让他留在那里，而朱莉和查理吃饭？"

尼克医生："你吃饭，让朱莉带他去也可以啊。你们可以轮流来。他习惯罚时出局了吗？"

爸爸："最近他对罚时出局的容忍度**越来越高**了。我们尝试了您的罚时出局顺序，从短暂的罚时出局开始，然后根据他的合作程度增加时间（见**第17章**）。他开始明白了，他反抗得越激烈，情况就会越糟。"

尼克医生："你们确实在给他一个强烈的信息！但在我们进入**罚时出局**和**使用强制手段**技巧阶段之前，让我们回过头来梳理一下，使用一些更巧妙的技巧，尽量避免发生冲突。"

妈妈："太好了！"

### 过渡技巧9：不要突然说"不行！"

尼克医生："让我们从之前提到的技巧不要突然说'不行！'开始吧。"

爸爸："我知道什么是不要突然说'不行'。我不应该突然关掉电视。那是一个突然的'不行'。"

> **过渡技巧：技术技巧**
> 
> - 不要突然说"不行！"
> - 拉锯战（博弈）：会产生很多交流环！
> - 预览和回顾。
> - 视频示范。
> - 在合适的时间谈论过渡。
> - 通过游戏或比赛激发动机："游戏秀"模式。

尼克医生："正确！当孩子想要得到某个他不能要的东西时，比如说杂货店里的糖果，你可以说：'哦，你想要糖果（过渡技巧1：描述感受）。**我告诉你，我有个主意**。在我们买完东西后，我会给你糖果。'这是避免突然说'不行！'的一种方法。你可以使用'**告诉你，我有个主意**'这样的谈判方法。"

爸爸："如果雅各一直哭哭啼啼还不断哀求，怎么办？"

尼克医生："使用**过渡技巧10：拉锯战（博弈）**。"

### 过渡技巧10：拉锯战（博弈）

尼克医生："以目前的状况为例，雅各不想关掉电视或电脑。假设你实施了一切措施——让他做好准备，给他看时间表，提供奖励，给他警告等。"

妈妈："我已经多给了他五分钟看电视的时间以及在最后一分钟予以警告，但都没有用。"

尼克医生："警告很好。警告会有用的。

- **结构化环境**（过渡技巧6）。
- **脱敏**（过渡技巧8）。
- **不要突然说"不行！"** （过渡技巧9）。
- **在合适的时间谈论过渡**（过渡技巧13）。

"但是，当警告不起作用时，**拉锯战（博弈）** 可能会起作用。**拉锯战**的意思是'加入'这场'拔河比赛'。"

爸爸："就像要从狗的嘴里抢回它叼走的毛巾一样。它咆哮，我们晃动毛巾，它咆哮得更厉害了。"

尼克医生："没错。那就是**拉锯战**。它包括谈判、处理感受、讨论原因、警告后果及要有幽默感，相当于要使出浑身解数。"

妈妈："您能举个例子吗？"

尼克医生："就像这样子（在我记录时，我大声说出雅各的名字以引起他的注意）：

'**雅各**，你不想关掉电视！（开玩笑地）哦，是吗？（等待目光接触和反应）来吧，**雅各**！关了电视过来吃晚饭。'（这就是拉锯战，与雅各角力、谈判并将时间拉长。假设雅各的反应是皱着眉头。）'来吧，雅各！晚餐很有趣。我们一起聊聊天，然后你会得到奖品。（用诱人的声音）你会得到**艾米丽**

小火车哦。'（假设他坚定地说：'不要晚餐。不要艾米丽小火车。'）'不要？我告诉你，我有个主意。你过来吃晚饭，就会得到艾米丽小火车，并且晚饭后我们会玩摔跤游戏。我们会玩得很开心的。'（假设他非常固执，开始哭泣。）'哦，你太伤心了！雅各，如果你不关掉电视过来吃晚饭，你就要被罚时出局了！'（改变语气）'来吧，雅各！来吃晚饭，享受家庭时光，得到奖品，然后再看电视。'你看，你就要像这样与他谈判、争论、讨价还价、讨论……"

爸爸："如果他过来吃晚饭了，但还是在哭，怎么办？"

尼克医生："就算哭，对于你们来说，那也是一场胜利，只要他不是太具有破坏性就行。他可以随时改变主意过来吃饭。"

爸爸："即使他在罚时出局当中吗？"

尼克医生："当然。你可以这样设置罚时出局，你说：'回到你的房间里，直到你想好了，不哭哭啼啼了，你就可以过来吃晚饭。'罚时出局目的不在于惩罚，它本身是一个后果。只要他真的准备好坐下，不打扰他人，他随时都可以坐到餐桌旁。"

爸爸："我不知道自己有没有这个耐心。"

尼克医生："你不必非常有耐心。你也可以关掉电视，不加讨论就把他送回房间，这也会改善他的行为。但是耐心是有回报的，因为他正在学习更成熟地思考和感受。"

妈妈："跟他来回博弈的过程也会提高他的理解力，对吧？"

尼克医生："最终肯定是的。不过，有时需要多次尝试，但我认为这是值得的。"

## 过渡技巧11：预览和回顾

尼克医生："我不知道你们是否注意到了，我在演示**拉锯战**时把另一种技巧添加到博弈的过程了，这种技巧就是**预览和回顾**。使用**预览和回顾**技巧时，我们不仅描绘了即将发生的**事件**，还描绘了即将出现的积极和消极**感受**。

'雅各，你听好了，如果你不关掉电视来吃晚饭，你知道会发生什么吗？（**预览消极后果**）你会哭闹，然后我们就会争吵，最后你就得回房间里待着。你不会有奖品，没有艾米丽小火车，没有晚餐，你只能回到你的房间。而且你今晚也不能看电视了，你会感到非常难过。

'如果你可以关掉电视（**预览积极后果**），你会和爸爸妈妈还有查理一起吃饭。我们一起愉快地享受家庭晚餐。然后，你会得到奖品。晚饭后你还可以看电视。你会很开心。爸爸妈妈也会很开心。来吧，关掉电视，来吃晚饭吧。'

"预览和回顾技巧的另一半是回顾。回顾并总结情况十分重要，不论结果是成功还是失败，你都要做好回顾和总结。'雅各，你做得很好！你关掉了电视，来到餐桌旁乖乖地吃饭了。现在你可以看电视了。你不用被罚时出局，也不用哭闹……'

"**拉锯战**及**预览和回顾**技巧都涉及先前提到的技巧——使用社交故事、赋予意义和激发动机、保持幽默感、给出观点。"

爸爸："但是**拉锯战**及**预览和回顾**技巧背后的想法是让讨论持续下去，开启更多交流环，并且在不生气的情况下进入讨论。"

尼克医生:"对。进入'讨论模式',进行更多的来回互动,保持幽默感。就像妈妈说的,这是让雅各脱敏的一种方式。这是一个很酷的技巧,而下一个技巧也是妙招。"

### 过渡技巧 12:视频示范

尼克医生:"预览和回顾技巧的高科技版本是**过渡技巧 12:视频示范**。(在这里,我用手指摆出一个方形来模拟取景框。)你拿起手机或那些便宜的摄像机,然后对着镜头说:'这是错误的方式!(对着相机哭叫)我想看电视!不要吃晚餐!不要家庭时光!看电视,看电视,看电视!哇!'看到你表演发脾气的样子,雅各会觉得很有趣的。

"接着,把你的脸从镜头中移开。稍等片刻,再将你的脸移回画面中说:'这才是正确的方式!(用一种若有所思的声音)我不想关掉电视,但该吃晚饭了。我如果去吃晚饭,就会与爸爸妈妈还有查理一起享受家庭时光。我会得到奖品,稍后还可以看电视。好的,爸爸!好的,妈妈!我去吃饭了。'"

爸爸:"雅各喜欢看视频。"

尼克医生:"这样他就可以一遍又一遍地观看并了解信息。"

妈妈:"我明白你的意思了。我们正在教雅各思考问题。这个技巧适用于任何过渡吗?"

尼克医生:"当然。很多家长使用它处理过各种不同的过渡,效果都不错。它真的非常实用。我们来看下一个技巧。"

### 过渡技巧 13:在合适的时间谈论过渡

尼克医生:"过渡技巧 13 是在合适的时间谈论过渡。它包含了两方面的意思:不能太早,也不能太晚。这个技巧主要用于谈论将要发生的事情,比如去检查身体或看牙医,甚至去商店。你不能说'明年我们要去看牙医',有些孩子会为此而烦恼一年。请记住在合适的时间讨论事情。一般的标准是,小事件提前一小时,大事件提前一天。"

妈妈:"即使是有趣的活动也得这样吗?"

尼克医生:"有趣的活动也是如此。这里需要注意的另一点是确保你要谈到所有将要发生的**事情**(合乎情理的事情),这样就不会出现意外。"

爸爸:"那就是日历、时间表、讨论、倒计时……"

尼克医生:"它们也都是过渡技巧 13 的内容。这些技巧有重叠的部分。"

### 过渡技巧 14:通过游戏或比赛激发动机

尼克医生:"过渡技巧 14 是通过游戏或比赛激发雅各的动机。"

爸爸:"我们可以说:'第一个上餐桌的人会得到奖品。'"

妈妈:"这招对查理有用,他有好胜心,但对雅各就不太确定了。"

尼克医生:"如果是我的话,我可能会在准备晚餐时和查理玩得很开心,让雅各嫉妒查理。玩的时候声音大点,听起来有趣点,雅各会好奇的。你可以这样说:'耶,查理得奖了!耶!'看看你能不能把雅各吸引到厨房来。"

妈妈："但是用什么奖品好呢？"

尼克医生："我不知道啊。或许你可以奖励贴纸。"

爸爸："查理喜欢**蝙蝠侠**贴纸。"

尼克医生："都可以的！这个技巧还可以把所有的过渡转变为游戏。如果你们要去商店，你们可以玩一个游戏，看看你们在每排货架买了多少东西，然后数一数。'我们在这排货架买了**两样东西**。我们要在下一排货架买多少样东西呢？'"

妈妈："雅各喜欢数数，这个方法非常巧妙。我们可以逛完每一排货架后给他一个奖品吗？"

尼克医生："当然可以，但不要过度奖励。我们的最终目标是让他在店里能表现良好，因为这就是正确的做法。你们可以通过数数、命名、制造神秘感，让过渡变得熟悉和有趣，比如'让我们看看购物清单里下一个要买的东西是什么？'"

"我喜欢使用游戏节目模式。我用节目主持人的口吻说：'参赛选手们，现在让我们看看你们是否能找到餐桌上的叉子。找到叉子可以得 200 分（模仿综艺节目《危险边缘》）。各就各位，预备，开始！你们要找到叉子并将它们放在餐桌上。快点！快点！耶！'你现在明白了吗？"

妈妈："明白了！"

尼克医生："很好！让我们继续讲后面的技巧。"

## 过渡技巧 15：贿赂

尼克医生："我们已经讨论过**贿赂**和**奖品**。在这里我要说的是，开始的时候可以给大的奖励，然后逐渐戒掉。"

爸爸："如何知道什么时候该戒掉呢？"

尼克医生："简单来说，就是尽快！你先要有效地养成新习惯。第一天给他一辆**艾米丽**小火车，第二天也许再给他另一辆火车。到了第三天，我可能会使用'托马斯来吃饭的玩具袋'这一招。"

妈妈："玩具袋？"

尼克医生："拿一个棕色的购物袋，放一些便宜的托马斯玩具，比如一本书、手工套装、一些火车轨道配件等。你们可以买很多便宜的小玩意，把它们放在包里，制造一些神秘感和悬念。奖励雅各的时候，让他把手伸进包里拿一个玩具。你们还要保证查理也能得到奖品。"

爸爸："花的钱越来越多了。"

尼克医生："我称之为'七月的圣诞节'。不值得吗？"

妈妈："如果能用这些换来家里的平静，当然很值。"

尼克医生："你必须公平对待查理。"

爸爸："我们什么时候给他戒掉奖品呢？"

尼克医生："也许在第 5 天或第 6 天，

---

**过渡技巧：技术技巧**

- 提供贿赂和奖品，从大的开始，慢慢变小，最后戒掉。
- 过渡期间拿着最喜欢的物品。
- 感官屏蔽器（耳机和帽子）。
- 威胁和倒数。
- 罚时出局或自然后果。
- 使用强制手段——动手吧！

你们可以自行判断。到某个时候，他可能会说或表现得好像在说：'我如果得不到奖品，就不会坐在桌子旁吃饭。'这时候我会为了之后的一两天内是否要给他更多的奖品，而跟他进行博弈和讨价还价，并达成协议，那就是以后坐到餐桌旁吃饭不会再有任何奖品。因为他本就应该过来一起吃饭，这是家庭时光。"

爸爸："我一开始就是这么说的！"

尼克医生："是的！但是你要看到我们在这个过程中让雅各明白了道理。"

### 过渡技巧16：过渡期间拿着最喜欢的物品

尼克医生："在我们动用'大棒'（过渡技巧18、19、20）之前，我还有一个技巧教给你们。当他安安静静地关掉电视去吃饭时，要把艾米丽小火车给他，让他拿着。"

爸爸（难以置信）："您的意思是**在他上桌吃饭之前**给奖品吗？"

尼克医生："有效果就行。只有当他来到餐桌前没有抱怨或哭泣时，他才能得到'**艾米丽**'，否则他就没有奖励。"

妈妈："那他可能得难过两次了。"

尼克医生："这是一个我们需要承担的风险，不过也可能会有用啊。这种可以拿着最喜欢物品的技巧也适用于从家到校车或从校车到学校的过渡。给他一些可以拿着的东西，比如他的任天堂游戏机、最喜欢的书或最喜欢的玩具。"

妈妈："学校会允许雅各带这些东西上车吗？"

尼克医生："他们如果够明智，就会允许的。"

### 过渡技巧17：感官屏蔽器

尼克医生："另一个好用的过渡技巧是教雅各戴上耳机。你们试过吗？"

妈妈："他喜欢音乐。"

尼克医生："那就让他戴上耳机，将耳机连接到你的手机或其他音乐设备上。给他戴上帽子或兜帽，把他的衣领竖起来。为他创造一个微环境。"

爸爸："这可能有助于带他去商店和餐馆。嘈杂的公共场所真的很容易激发他的情绪。"

妈妈："他已经喜欢上戴帽子了。"

### 过渡技巧18：威胁和倒数

妈妈："关于让他来吃晚饭，我还有一个问题。假设我们已经尝试了所有的技巧，可是他仍然不听话，我们该怎么办呢？"

尼克医生："把'胡萝卜'吃完了（意思是奖励失效），剩下的就是'大棒'了（要使用惩罚了）。技巧18、19和20是大棒：**威胁和倒数、罚时出局，以及当罚时出局不适用时，就使用强制手段——动手吧！**比如把他抱进车里或校车上。"

爸爸："我明白了。除非他合作，否则他赢不了。"

**尼克医生：**"没错！我们通过讲道理和激励给了他很多合作的机会，因为这有助于他的情感成熟，但是，如果他不讲道理，你们就采用下一个方案。威胁会起作用的！朱莉，不要心软！还有别说得太多！"

**妈妈：**"这是我的问题。如果他来到餐桌旁却一直在哭，怎么办？"

**尼克医生：**"我会使用**过渡技巧18：威胁和倒数**。有需要的话，在每个步骤你都可以使用它。还记得我们在上次访谈时谈到过'不要越界'吗（见**良好行为、不良行为和不适当行为**）？这就是'界限'。你要对雅各说：'我数三下，

- 你必须关掉电视来吃晚饭，否则（你的威胁）你要被罚时出局，3，2，1！
- 你必须停止抱怨，否则回你的房间去，3，2，1！
- 你必须坐在椅子上吃饭，否则回你的房间去，3，2，1！'

"对于他应该做的事情，你都要划清界限。当你倒数到'1'时，你必须行动并且知道自己要怎么做。你必须清楚地记得你的育儿方案。"

### 过渡技巧19：罚时出局和过渡技巧20：使用强制手段——动手吧！

**尼克医生：**"你就按照这几个步骤来做。如果你不得不亲自带他去房间，那就用过渡技巧19和20。雅各必须要有底线约束。他必须输掉这场规则之战。为什么呢？"

**妈妈：**"因为他能做到。"

**尼克医生：**"对！因为我们相信他能做到。"

**爸爸：**"我们每次都要把所有这些技巧用上吗？"

**尼克医生：**"恰恰相反。如果他明白了规则，你们已经给出了解释，而他在挑衅你们，觉得他才是老大的时候，你们就不要过多解释了。你们必须清晰地表达自己的态度，那就是技巧18、19和20要登场的时候了。威胁、倒数、罚时出局，或者他逼你们的话，直接强制把他带到房间并让他待在那里。

"如果你们想要更温和地进行罚时出局，那就**使用分级罚时出局**。

- 如果他能收拾心情过来吃晚饭并在餐桌旁乖乖地坐好，那么一个**短时间的罚时出局**就够了。
- 在椅子上、台阶上或他的房间里罚时出局**五分钟**。
- 如果他和你们对抗，罚时出局**十分钟**。"

**妈妈：**"如果他在自己的房间里发疯，撕床上的床单、把所有的衣服都从抽屉里拿出来、踢门、敲打墙壁，一直试图离开他的房间，怎么办？"

**尼克医生：**"保证他在房间里是安全的就可以。等他哭声**停止时才开始罚时出局的计时**。无论你用什么办法，是反复把他拎回房间、握住门把手还是锁上门，雅各都必须待在他的房间里。罚时出局时间结束后，他必须打扫房间，而且他很可能没有晚饭吃。"

**爸爸：**"您好'狠心'！"

**尼克医生：**"我的做法其实是公平。我会告诉雅各：'我不想为难你，但你没有遵守规则。'我对规则要求严格而明确，否则会让孩子困惑。尤其是对于孤独症孩子，规则绝不能模棱两可。这样才会真

正让他们安心。结果对于孩子必须是可预测的。

"随着时间的推移，这些过渡技巧就会变得屡试不爽，因为雅各在违反规则时都无法得逞，他会发现合作才对他有利。这些方法是有道理的、公平的，而且可以促进雅各成长。从长远来看，这对孩子和家庭来说确实更好，可以让每个人都更加快乐。"

妈妈："我明白了，尼克医生。我希望我能做到。"

尼克医生："你可以的，朱莉。我对你有信心，因为你知道这对雅各是最好的，而你总是希望孩子得到最好的。"

爸爸："而且我可以看出这些技巧对很多的过渡都会有帮助。"

妈妈："其他情况呢？比如早上起床、去商店或坐车？"

爸爸："又或者他和查理打架的事？"

妈妈："还有怎样训练他上厕所呢？"

尼克医生："你俩又开始焦躁不安起来了。"

查理和雅各开始为了我新买的龙玩具互相推搡了。这个龙玩具可以从嘴里射出金币。房间里一片狼藉。结束时间到了。

尼克医生："你们可以先试试这些技巧，然后我们再抽时间讨论其他问题。我们可以电话沟通。（对孩子们）好啦，孩子们，我们要再见了！（我开始唱清洁歌。）是时候要'收拾，收拾，大家都来收拾……'"

我答应给他们一根棒棒糖，房间很快就收拾干净了。我信守了诺言。

尼克医生："谁想再要一根棒棒糖？"

查理："我要！"

雅各："我要！"

爸爸："我也要！听完这些内容，我也想吃棒棒糖了。"

尼克医生："信息量确实挺大的，不过我们有录音啊！我会通过电子邮件发送给你们。你们手上已经有关于这二十个技巧的列表了，你们也有我的电话。你们到时给我打电话吧！我真的很想听听雅各是如何关掉电视来到餐桌旁吃晚餐的。打电话给我吧。"（请参阅下面的**电话后续**。）

妈妈："我喜欢那个**预览和回顾**技巧，再加上图表，我认为这些招数会有效果的。"

尼克医生："还有艾米丽小火车。"

雅各的头转了过来。我想，我们可能找到了他喜欢的奖励。

**电话后续：一周后……**

朱莉在一周后打来电话，她说这个计划一开始很管用。

- 他们描述了雅各的感受。
- 他们给雅各做了图表/时间表/清单。

- 他们用图片给雅各讲了社交故事。
- 因为雅各自己走到了餐桌前,所以他们奖励给雅各艾米丽小火车和从棕色购物袋里拿出来的其他托马斯玩具。
- 他们甚至拍摄了一个愚蠢的父亲"错误做事方式"和"正确做事方式"的视频。雅各喜欢这个视频。
- 他们预览并回顾了感受。
- 他们告诉雅各,他们有多么喜欢与他还有查理在餐桌上共度家庭时光。

妈妈:"在昨天之前的四五天里,一切都非常顺利。然后不知道为什么,他还是想看电视,而且根本停不下来。"

尼克医生:"你是怎么做的?"

妈妈:"这几天吉姆不在家,他晚上得工作到很晚。我尝试了所有积极的技巧,雅各根本不在乎。我甚至等到了节目结束,可是他还想看下一个节目。"

尼克医生:"以前都是吉姆把雅各带到桌子旁吗?"

妈妈:"你猜对了!吉姆会接手这部分工作。也许就是因为吉姆不在家,他才不听话的。"

尼克医生:"雅各在试探你,朱莉。当他生气的时候,你就会退缩。"

妈妈(坚定地):"好吧,但这次我没有退缩。因为我们有计划,我知道该怎么做。我迅速地使用了强硬的手段,我用了威胁、倒数和罚时出局这几招。我的速度之快让雅各都懵了。我抓着他的胳膊,让他在椅子上坐了一会。雅各当时很震惊。他哭了一小会,然后就起身坐在餐桌旁了。我让他和查理从袋子里挑选东西(这时候已经降级到一元店的小奖品了,他们还是很喜欢的),之后我们吃了一顿非常愉快的晚餐。"

尼克医生:"厉害啊,朱莉!你感觉如何?"

妈妈:"非常好!我没有感到焦虑,反而感觉很好。制订计划确实帮助我向他传递了明确的信息。"

尼克医生:"他'能做到'的信息!"

妈妈:"我们吃了一顿非常和谐的晚餐,谢谢!"

尼克医生:"恭喜!我很高兴听到这个反馈。"

妈妈:"现在我们必须处理糟糕的睡眠问题了。我们预约下次复诊的时间很快就会到了。"

尼克医生:"我们到时候见吧。你真棒啊,朱莉!隔空击个掌吧!"

## 小结

- 雅各不愿意关掉电视去吃晚饭。事实上,生活中他在应对几乎所有的过渡时都有困难。这让他焦虑不安。
- 我们谈论了 **20 个过渡技巧**,我跟雅各的父母讲解了原则、策略和技术,以帮助雅各了解过渡不是"世界末日"。

- 我们利用过渡和不开心的时机训练雅各的逻辑和情感思维，帮助他延迟满足，并运用语言表达想法。我们相信雅各能做到，我们向他提出适当的要求正是在向他传递'**他能做到**'的信息。简而言之，我们正在帮助雅各变得更加成熟。

### 预告

- 睡眠问题好像已经成了一场噩梦，包括入睡困难和夜醒。我不仅帮助雅各轻松入睡，还让他睡在了自己的床上。

# 第 19 章

# 第十二次来访①
# 鞋子里的一粒沙：睡眠问题

雅各已经逐渐成为家里的混世魔王。他想要什么就必须立刻满足，并且不能有片刻等待！从某方面来说，这其实是一件好事，表明雅各正在进步。我如果能让家长也欣赏的孩子的这一点就好了。当然，我有点站着说话不腰疼，毕竟我不是那个每天 24 小时都和雅各生活在一起的人。

在前两次复诊时，我们通过区分"良好行为、不良行为和不适当行为"，介绍了基本的行为问题和处理原则（见**第 17 章**）。我们还讨论了雅各的"过渡"问题（见**第 18 章**）。我在之后的电话随访中听说，雅各最糟糕的行为，比如打人、咬人、踢人、生气时扔东西、故意忽略家长的指令和过渡期间的坏脾气等，都在缓慢但稳定地好转。这让我松了一口气。

**妈妈**（在电话里说）："有一阵子，雅各要在房间里待上很长时间，并且不能去做某些他喜欢的活动。规则起了很大的作用。我们把这些规则贴在冰箱上。雅各还真的会去看这些规则。太有意思了！他其实还不识字呢！因为我们已经多次跟他讲解过这些规则，所以他已经能够辨认出'不准打人''不准扔东西''不准无视他人'这些字样。我们一直在教他'如何做到自我控制，如何把自己的想法表达出来'。您一定会为他感到骄傲的，他现在已经有很多'适宜的负面行为'。他会愤怒地大喊而不是直接打人。他正在学习谈判，他说'求你了，妈妈'的时候太可爱了！我几乎无法拒绝他。所以，总的来说，他在要紧的事情上做得比之前好多了……"

**尼克医生**："但是……"

**妈妈**："但是现在，只要他醒着，每一件小事都是问题。"

**尼克医生**："有位哲人说：'最让你困扰的不是面前的高山，而是鞋子里的一粒沙。'"

**妈妈**："每当我解决了一个问题，下一个问题马上就会出现。他会在商场和便利店里发脾气。如果我开车时没有走他认定的路线，他就会踢座椅，并想要拽我的头发。他早上不愿意穿衣服……"

**尼克医生**（打断）："朱莉，很抱歉打断你。我有个小建议，你可以把每天遇到的问题列一个清单，随后我们可以谈谈，逐个地解决它们。但是我现在得挂电话了，我这里还有其他的电话需要回复。"

**妈妈**："对不起，尼克医生！"

**尼克医生**："我该说抱歉才对，我们很快就会碰面了，到时我们再详细聊一下。"

雅各在挑战朱莉的权威，几乎什么指令都不听。吉姆确实可以制服他，可惜很多糟糕的情况发生时，他并不在场。过渡技巧能提供一些帮助和方法，可是很多情况下也不太起作用！

妈妈："我变成了只会尖叫和唠叨的人。我甚至开始觉得自己不是一个好妈妈。"

尼克医生："朱莉，你是个很棒的母亲。只是我们需要把问题谈清楚，我对你和雅各有信心。"

我建议她单独来诊室进行咨询（不带孩子）。挂了电话后，我为她感到难过。我们要为她面临的每一个日常困扰制订一些**育儿方案**，而且她需要一些情感上的支持。她开始感到筋疲力尽了。我们需要让雅各表现得更好。

朱莉来我的诊室时已经做好了准备，她递给我一张问题清单。

妈妈："尼克医生，您知道吗？这是我第一次在没有孩子的情况下跟其他人聊天。我已经记不起有多久没有这样做了。今天是我妈妈帮忙带他们。"

尼克医生："最近你都没有太多独处的时间，对吗？我也很开心今天能和你聊天。"

看完清单后，我注视着她。

尼克医生："朱莉，我必须告诉你一些重要的事情。你正在经历的事情在孤独症家庭里面很常见。我希望你明白这一切与你无关。这并不是你的错。你是个好妈妈！"

> **雅各的日常问题**
>
> ☐ 入睡困难或夜间易醒。
> ☐ 晨间常规或上学准备。
> ☐ 自理，如穿衣、刷牙。
> ☐ 车上的不当行为。
> ☐ 在公共场所发脾气，如在便利店里购物时。
> ☐ 晚餐时间和饮食问题。
> ☐ 如厕问题。
> ☐ 同胞竞争和分享。

妈妈（开始流泪）："唉，我觉得自己不是一个好妈妈。真的糟透了！我觉得我一直在和雅各争执。"

尼克医生："确实太难了！"

妈妈："他在毁掉我们的家庭生活。我担心查理，他已经开始模仿雅各了。雅各的无法分享也是可怕的问题。我压力很大。我跟吉姆的相处也不太好。"

尼克医生："你俩没什么问题吧？"

妈妈："还好，但是雅各有孤独症这件事情给我们家庭造成了很大的负担。我和吉姆已不再出去约会了。尼克医生，我感到相当压抑。这种情况已经好久了……"

尼克医生："我能理解。你一个人要维系一切真的很难。我可以告诉你的是，情况会好转的。尽管雅各现在已经5岁了，可是他的情绪状态实际上正处于可怕的2岁阶段。我们一步一步来，设置好每一步，让雅各学会合作。我不想让你尖叫、唠叨，感觉自己像个坏妈妈。"

妈妈："但是问题一个接一个，让我没有喘息的机会。"

尼克医生："你想先聊哪个问题呢？"

## 睡觉和醒着的烦恼

妈妈："清晨时间过得就好像做了一场噩梦。也许，我们可以从头开始。"

"从头开始？"我们相视一笑。

妈妈："我已经尽力了，但吉姆依然说外面一片混乱。"

尼克医生："'外面'是什么意思？"

妈妈："他起床后在洗手间里面洗漱准备上班，6点半到7点这段时间孩子们还没有起床，家里一片安静祥和。但到了7点，吉姆在洗手间里都能听到'外面'兵荒马乱。"

尼克医生："清晨应该是宁静的。"

妈妈："吉姆和查理都开朗活泼。吉姆居然一大早就唱歌（真的很烦人！）。但是雅各不是一个早起的人。说实话，我也不是。"

尼克医生："那么你们日常的作息是怎样的？"

妈妈："雅各得在8点前赶上校车。我一周里有三天要送查理去幼儿园。每次离开家的时候，我都是焦头烂额的状态。"

尼克医生："你想说的是：他们不听话、磨蹭、不肯关掉电视、不吃早餐，而你在大吼大叫，不停地催促。等好不容易忙完早上的事情，你却觉得自己不是一个好妈妈，感到筋疲力尽。"

妈妈："您不会是在我家装了摄像头吧？"

尼克医生："很多家庭都有类似的问题。孤独症儿童不喜欢快速行动。他们不喜欢过渡。但是早上的一切活动都跟过渡有关——起床、吃饭、穿衣服、出门、上车，这对他们来说太难了！对你来说也很难，我感觉你给了自己很大的压力。"

妈妈："不这样做的话，我会感到很内疚。"

尼克医生："嗯，希望我们聊完之后，即使你不会像吉姆一样轻松地唱歌，至少你早上的心情也会好一些。关键是做计划、做计划、做计划，那样会减轻你的内疚感。"

妈妈："我需要一个计划。"

尼克医生："在开始规划晨间常规之前，你先告诉我，雅各睡得怎么样？"

妈妈："糟透了。"

尼克医生："入睡困难还是夜间易醒？"

妈妈："都会。不过这也是最近才开始的，大约从上个月开始。"

尼克医生："也许我们应该把睡眠问题扼杀在萌芽状态。雅各如果因为睡眠不足而感到疲劳，早上就会变得烦躁，这会让你也不好过的。不介意的话，咱们可以先谈谈睡眠问题。"

妈妈："没问题。"

## 良好的睡眠卫生习惯

雅各妈妈讲述了雅各的睡眠情况：雅各精力充沛，不容易入睡。他和查理睡在一个房间。他们晚上7点半到8点同时上床睡觉。对于一个5岁的孩子来说，这是很好的入睡时间。吉姆通常在晚饭前到家，他带着孩子们养成了良好的日常习惯。晚饭后，孩子们先看一会儿电视，再和吉姆玩一会儿。到时间了吉姆就带他们洗漱，换上睡衣，讲一个睡前故事，然后就准备睡觉。在这期间，朱莉得到了必要的休息。两个男孩都有一个镶着丝绸边的柔软"小毯子"，这是"过渡物品"。房间里有一个小夜灯可以赶走黑暗（以及任何潜伏的怪物！）。雅各有一个填充玩具，是电影《汽车总动员》中的闪电麦昆。查理抱着一只柔软的兔子玩偶上床睡觉（又一件"过渡物品"）。吉姆在每个孩子身边都会躺一会儿，轻拍他们的背，然后在他们睡着之前起身，给他们一个晚安吻。幸运的是，查理入睡很快，几乎一沾枕头就睡着了。吉姆会把他们的卧室门留一条缝，这样孩子们会觉得随时可以找到爸爸妈妈。

到目前为止，雅各的父母所做的正是我所说的"良好的睡眠卫生习惯"。

---

### 良好的睡眠卫生习惯

- 符合孩子年龄的就寝时间，孩子上床睡觉时应该感到疲惫，床应该与疲惫联系在一起。
- 平和舒缓的生活日常。
- 心平气和且充满爱的父母。
- "过渡物品"，比如毯子或填充玩具，当父母不在时可以陪伴孩子。
- 小夜灯和开着的门。
- 强调要在自己的床上自己入睡，入睡是孩子的事。

---

妈妈："雅各在入睡前喜欢自言自语。"

尼克医生："没关系。**只要他躺在床上，我们就不在乎他是不是醒着。入睡是他自己的事情**。你要做的是不要干涉，让他一个人待着。如果你必须和他互动，就简短点，让他感到无聊，不要说话，不要给他任何形式的刺激。"

妈妈："即使他自言自语了很长时间？"

尼克医生："是的。别理他！除非他打扰了查理，否则不要跟他说'雅各，睡觉！'"

## 难以入睡，夜间易醒

妈妈："我明白您的意思。但是雅各会故意不停地爬起来说要尿尿，这已经变成了一种习惯。他还要求喝水，因为他发现口渴也会引起注意。"

尼克医生："我跟你说过他很聪明！"

妈妈："还有，他做了噩梦之后，就说在黑暗中发现了'怪物'。我们打开小夜灯，在房间里走一圈，让他知道没有怪物。有一段时间，这种方法奏效了。但因为尿尿、喝水和有'怪物'，他每晚起床的次数我都数不清了，反正他上床后折腾很久才能睡着。"

尼克医生："你们是怎么做的呢？"

妈妈："我和吉姆试着和他讲道理、威胁他，甚至大声呵斥他。可是雅各制造了太多的噪声，把查理都吵醒了。"

看来雅各已经让他们陷入进退两难的困境（鞋子里的一粒沙？）。

妈妈："因此我屈服了，陪着他一起睡。"

尼克医生："别告诉我，他得到想要的东西之后，很快就睡着了。"

妈妈："是的，算是成功了吧。雅各现在入睡好一些了，但是他开始在半夜醒来叫我。一开始，我只要再和他躺在一起，他就会睡着。可是从上周开始，他跑来我们的床上睡觉。"

**尼克医生**："我希望你没有让他跟你们一起睡。"

**妈妈**："唉……我们一直努力让他回到自己的床上。不过有一天晚上，他闹得实在太厉害，我们太累了，于是……"

**尼克医生**："他如愿以偿了！他知道了该如何得逞，他得到了想要的一切！"

良好的睡眠卫生习惯化为乌有！朱莉现在晚上睡得很糟糕。雅各睡觉会动个不停，朱莉躺在他旁边经常会被弄醒。而筋疲力尽的她累得倒在雅各的床上就会睡着。雅各每晚要醒好几次。现在，他经常偷偷溜到父母的床上，爸爸也睡不好了！如果爸爸妈妈尝试去管教雅各，他会大喊大叫，吵醒熟睡的查理，真是一团糟！

**入睡联结**　入睡联结是一个专业术语，是理解大多数儿童睡眠问题的关键。顾名思义，如果在一开始睡觉时把妈妈哄睡和入睡联系起来，那么孩子就需要妈妈陪着才能入睡。明白了吗？"妈妈躺在我身边"是新的**入睡联结**。在自己的床上独自入睡是良好的睡眠卫生习惯，因为这样的入睡联结只有床（也可以是枕头和毯子之类的物品，但不是妈妈）。

无论孩子的入睡联结是什么，他只要晚上醒来，就需要它才能重新入睡。

在过去的一个月里，雅各的新**入睡联结**是"妈妈躺在我身边"。原因很明确，随着雅各思维和情感的发展，他现在将睡觉视为与父母分离，这让他害怕，他表现出了**分离焦虑**。这就是噩梦的来源，也是通过喝水或尿尿拖延入睡的原因。当妈妈与他一起睡觉时，他的分离焦虑就下降了，于是他就能睡着了。半夜醒来时，他会感到焦虑，他想起了他的入睡联结，就开始找妈妈或去父母的床上。他很聪明，知道当他提出要求、拖延入睡和制造噪声时，就能得到想要的——他的妈妈。他正在学习控场，这是聪明的体现。

简而言之，雅各的睡眠问题属于发展和**行为**的问题。他没有任何生理问题。我知道要怎样解决这个问题，我们需要在它成为一种习惯之前尽快解决它。

**尼克医生**："我们必须再次养成良好的睡眠卫生习惯。下面是我的建议。

- 首先，跟雅各谈谈。使用简单的社交故事：'我整晚睡在自己的床上，爸爸整晚睡在自己的床上，查理整晚睡在自己的床上。我们晚上要睡得好，早上才会精神好。''**雅各，你需要一整晚睡在自己的床上，这样你早上才会精神很好。**'
- 向他传递'你能行'的信息。要坚定地相信雅各能做到。
- 同时要给予理解和保证公平。告诉他，他需要睡觉，可以起床三次，去尿尿或者喝水，否则妈妈会生气。跟他说：'妈妈爱你，会陪你躺一小会儿，明天早上再来看你。'
- 不要睡在爸爸妈妈的床上。
- 告诉他，如果他可以整晚睡在自己的床上，你会给他一个奖励。
- 如果起床三次以上，就没有奖励。如果去你们床上睡觉，就没有奖励。如果尖叫，就没有奖励。
- 制作一个小图表，明确奖励规则。"

**妈妈**："他非常喜欢电影《汽车总动员》中的一个角色。"

尼克医生："奖励只是在开始时用来激励他，让他重新养成良好的睡眠卫生习惯的。真正的原因在于**他需要睡眠**，其他人也需要睡眠。如果你想让他一直睡在自己的床上，那么当他去你们床上睡觉的时候，一定要把他送回去。我们必须重新建立正确的入睡联结。"

## 就寝时间下床的处理方案

妈妈："要是他多次从房间里出来，说要上厕所或者喝水，怎么办？"

尼克医生："一开始你要宽容和理解。和妈妈分开是一件令人害怕的事情。但三次之后，你的语气和声音要变得坚定而清晰，告诉他'不要再出来了！'"

妈妈："如果他还这样做呢？"

尼克医生："从温和的到不那么温和的方法，你有各种选择。温和的方法是在他的房间里坐一会儿，让他慢慢有睡意。"

妈妈："我试过了，结果他还是睡不着。我除了'睡觉'之外什么也没说，可是我在他房间里待了一个小时，已经过了他的入睡时间，他还没有睡着。"

尼克医生："当他累了的时候，让他上床睡觉是非常重要的。晚上8点到8点半，对一个5岁的孩子来说，也是不错的睡觉时间。"

妈妈："我试过在7点半哄他睡觉。我想如果他要花1个小时才睡得着，就提前1个小时上床好了。可是没有效果，因为他不困，查理也不困。"

尼克医生："太早也是不行的。你试着和他待在一起，这是一种温和的方法，不过只会让事情变得更糟。"

妈妈："不那么温和的方法有哪些呢？吉姆说我应该把他锁在房间里面，他哭累了就会停下来去睡觉。我觉得有点太残忍了。"

尼克医生："我有一个循序渐进的计划，既牢靠又不苛刻。首先，你**威胁**说把他关在房间里，并会把门关上。"

妈妈："他会尖叫，吵到查理。"

尼克医生："当他第四次出来时，只是威胁一下，不要真的把门关上。当他第五次出来时，你关上门一小会儿，比如1分钟。"

妈妈："他肯定会尖叫，吵醒查理。"

尼克医生："查理睡得很好。需要的话，你可以把查理（在他睡着的时候）移到你的床上（直到你和雅各的战斗结束）。这对雅各来说，等于是另一个威胁：'如果你哭的话，查理会到我们的房间里睡。'然后，你把门关上，握住门把手，这样雅各就出不来了。你必须赢得这场战斗。"

妈妈："他会抓狂的！"

尼克医生："是的！把门关上1分钟后，你就进去对他说：'你是想要在房间里睡觉不再出来，还是想要我把门关上？'"

妈妈："我明白了。主要是威胁他。"

尼克医生："大部分时间确实如此。不过如果他一直出来，你就要关他的门，然后每隔一段时间检查——3分钟、4分钟、5分钟，以此类推。明白了吗？每次你打开门的时候，你要用坚定的声音告诉他：'雅各，我在这里。我爱你！现在是睡觉时间，去睡觉吧。'不要给他任何其他的关注。你要一直说相同的话语。最终他会感到疲倦，然后自己入睡。"

妈妈："那可能要花几个小时。"

尼克医生："一般来说，第一天需要大约1个小时，第二天要大约30分钟，第三天要15分钟。到了第四天，大多数孩子意识到他们已经输掉了这场战斗。他们知道你在那里，你爱他们，但你对他的要求很明确——去睡觉！我总结了一个方便的提示列表。"

> **就寝时间下床的处理方案**
>
> - 和雅各谈谈这个计划：他只能从房间里出来三次，否则就没有奖励。
> - 注意他的**分离焦虑**，要向他传达"你能行"的信息。
> - 建立正确的入睡联结：你如果陪他躺在床上，就要在他入睡前离开。
> - 如果他不停地起来，你就威胁要关门。
> - 如果他仍坚持起来，你就关上门，握住门把手，每隔一段时间检查一下，直到他累了，睡着为止。

**注意**：这是**费伯入眠法**的一个变体（见**资源和网站**）。我强烈推荐这个方法给那些孩子有夜间易醒问题的家庭。

妈妈："您以前试过这个方法吗？"

尼克医生："至少试过上百次。这样做并不是容易的事情，因为你必须设定限制，而且会伤害孩子的感情，你会相当难受。"

妈妈："会不会让他觉得……"

尼克医生："……没有安全感？不会的。他明白这个计划。你甚至可以对他说：'雅各，我不想这样对你，我爱你！但你必须睡在自己的床上。你需要睡觉。'他知道你在那里，他知道你爱他。你让他起来三四次，你陪他躺在一起，你跟他讲道理，你完全公平、宽容、有爱心。他会因为没有如愿以偿而生气，但不会没有安全感。"

妈妈："好吧，我试试。"

尼克医生："不要只是试，而是要实实在在地实行。最重要的是，你必须传递给他'你能行'的信息。如果他意识到你为他感到难过或者你的决心不足，他认为你会屈服，他就会反抗！所以你必须坚定不移地按计划执行。**这种方法唯一失败的情况是，当父母为孩子感到难过并屈服的时候。**我见过有的父母让孩子看电视入睡，然后再抱起来放在床上。当孩子半夜醒来时，让孩子和他们一起睡在床上。我认为这些孩子有长期睡眠问题的风险。不过我可以接受父母的任何想法。就我个人而言，我希望我的孩子独自睡在自己的床上。顺便说一下，我两个孩子的睡眠都很好。"

妈妈："当他最终在自己的床上睡着时，他会回到正确的入睡……"

尼克医生："……入睡联结。太棒了！你明白我的意思啦！这也有助于解决夜间醒来的问题，因为当他夜间醒来时，他会有正确的入睡联结。雅各这种不良的睡眠行为才刚刚开始，因此我们应该很容易让他回到正轨。"

妈妈："希望如此，过去的三周太糟糕了！除了查理，没有人睡得好。"

尼克医生："还有最后一个关于**入睡困难**问题的建议。我推荐使用**褪黑激素**，这是一种安全且不会成瘾的非处方睡眠辅助药物（见**资源和网站**）。在睡觉前半小时到一个小时服用，可以帮助雅各入睡。剂量范围是1~6毫克。可以从1毫克开始服用，但3毫克是最佳的剂量。还有更强的睡眠药物，如可乐定和曲唑酮，目前褪黑激素应该就能起作用。"

## 夜间起床处理方案

妈妈："好的，我想我已经学会如何处理他入睡前起床的问题了。如果他在夜间醒来要找我，怎么办？我不能锁住他的门，否则他会尖叫，而且肯定会吵醒查理。如果他一直想睡在我们的床上，怎么办？"

尼克医生："处理方案是类似的。具体来讲，答应他待在他自己床上会有更大的奖励。打印一张或画一张奖品的图片，贴在他能看到的地方。如果他来到你的房间，你带他回床上。他如果只进来一次，仍然可以得到奖励。他如果把你叫醒两次，那就没有奖励了。"

妈妈："他会偷偷地睡在床尾，我们早上醒来才会看到他。"

---

**夜间起床处理方案**

- 跟他谈谈这个计划：在自己的床上睡一整夜，然后得到一个真正的大奖（用图片示意）。
- 如果他不止一次过来叫醒你，就没有奖励了。
- 千万不要让他睡在你们的床上（锁上你卧室的门），你也不要睡在他的床上！
- 不断地把他抱回床上，你可以躺在或坐在他的房间里，在他睡着之前离开。
- 如果他大喊大叫，你就把查理抱到你的床上，而他得不到奖励。
- 如果他在房子里到处走动有危险，你可以安装护栏或把他的门锁上。

---

尼克医生："锁上你的房门。"

妈妈："他会敲门的。"

尼克医生："那就把他带回自己的房间，告诉他：'雅各，你必须像妈妈、爸爸和查理一样睡在自己的床上。如果你再起来，就没有奖励了。可以给他一次机会。如果你愿意，你可以和他一起躺在他的床上，或者你甚至可以坐在他房间的摇椅上，直到他开始入睡，但一定要在他睡着之前起来并离开房间。"

妈妈："我试过了。我起来离开时，他会跟着我。"

尼克医生："一遍又一遍地让他躺回自己的床上，直到他筋疲力尽，独自在自己的床上睡着，而且没有奖励。别让他睡在你的床上，一次也不行！你也别在他的床上睡着了。"

妈妈："这会让人筋疲力尽的！"

尼克医生："需要3～5天才能让他恢复良好的睡眠卫生习惯。你可以和吉姆轮流。比如你负责星期一，吉姆负责星期二，以此类推。"

妈妈："这办法会有效吧？"

尼克医生："没有……开玩笑的！一定会有用的。最终，他会在自己的床上独自入睡，他会成为一个好的睡眠者，但是……"

妈妈："但是什么？"

尼克医生："你如果要做，就去做！如果在你们斗争了几天后，你不再坚持把他送回他自己的床上，那么他下次会坚持得更久。"

妈妈："我当初妥协是因为查理。雅各如果得不到他想要的，就会大喊大叫，我担心他会吵醒查理。"

尼克医生："嗯，你这样做的时候，告诉雅各：如果他大喊大叫，你会把查理放在你的床上。这会让他很不高兴，这是一个很好的自然后果。（'当你尖叫时，会吵醒查理，所以查理会睡在我们的床上。当你安静下来时，查理会回到自己的床上。'）"

妈妈："这样会不会让查理也想睡在我们的床上？"

尼克医生："查理睡眠很好。等雅各一睡着，你就把查理抱回他自己的床上。我敢打赌，在大的奖励系统影响下、在查理睡在你们床上的威胁下，以及绝对不会让他睡在你们床上的坚持下，雅各很快就不会那样大喊大叫了。他如果大叫，就叫吧。不过，如果他吵醒了查理，你就要真的表现出非常生气的样子：'看！你吵醒了查理！他在哭，他睡不着了。雅各，不要大喊大叫！'你要郑重其事地处理这个问题，要对他强调这就是后果。你要和雅各对抗到底，直到他在自己的床上睡觉或太阳升起为止。开始行动吧！"

妈妈："您说得倒是轻巧啊！"

尼克医生："我不介意雅各和你们同睡。我知道有很多父母喜欢让孩子和他们一起睡。我可以接受父母的选择。但就我和我的妻子而言，我们希望孩子能独立地睡在自己的床上。"

妈妈："这也是我和吉姆想要的，可是这个方法听起来太难了。"

尼克医生："我从未承诺过这是一条坦途。不管你怎么做都会有麻烦的。如果你没有让雅各睡在自己的房间里，麻烦会更多。"

妈妈："好吧，好吧！我计划一下。"

尼克医生："实际情况会比你想象的要容易。最后一件事，如果雅各夜间会在屋子里到处走，为安全起见，你就得安装安全栅栏或把他的门锁上。"

妈妈："他从不乱走，他害怕怪物。"

尼克医生："怪物还挺有用的。我真希望我有几个怪物可以出租给其他家庭！"

**注意1**：对于不理解后果的孩子，可能有必要安装安全栅栏，或者使用婴儿监控系统以便及时发现孩子醒来，或者使用一种新的激光系统，在孩子离开房间时发出警报。防止孩子晚上在房子里到处走的最后一个解决方法，为安全起见，你可能需要锁上他卧室的门。

**注意2**：对于已经养成到父母床上睡觉习惯的孩子，我有时会推荐一种更渐进的方法。一开始父母躺在孩子的床上，直到孩子睡着，这么做只是为了让孩子再次习惯睡在自己的床上。然后，父母睡在孩子床边的小床上，这就改变了入睡联结。最后，父母坐在椅子上，在孩子睡着之前慢慢离开椅子。处理方案与雅各的是一样的。

### 后续

朱莉和我在这次咨询的后半部分继续讨论晨间常规（见**第20章**）。几周后，我收到了她的回复。雅各比我想象的更固执一点。朱莉在后续的一系列电话中提到，有时她会在心里埋怨我，是我让她陷入这样的困局。我的话一直在她耳边回响："你如果要做，就去做！如果在你们斗争了几天后，你不再坚持把雅各送回他自己的床上，那么下次他会坚持得更久。"他们历经了五天漫长而艰难的战斗。每个晚上，雅各都会大喊大叫，朱莉和吉姆一次又一次把雅各放回他自己的床上，不断增加关门的时间，这使得他们都无法入眠（查理醒了好几次！）。不过，最终雅各独自在自己的床上睡着了，并得到了他的奖品。他已经在自己的床上睡了两个多星期了，现在"睡得像个婴儿"。朱莉和吉姆赢得了战斗（当然也付出了一些代价！）。

### 小结

- 在过去的一个月里，雅各一直不愿睡觉。他总是不停地爬起来，逃避睡觉。他还会在夜间醒来，跑到父母的床上睡觉。当他的父母尝试让他回到自己床上时，他会尖叫，威胁要吵醒查理。他的父母不得不妥协，让雅各如愿以偿地睡在他们的床上！由于雅各晚上没有睡好，他清晨的表现也是一团糟。
- 我帮助雅各的父母制订了一个育儿方案，让雅各（最终）恢复成为良好的睡眠者。
- 关键是"入睡联结"，加上清晰、一致、公平、宽容、有爱心和强硬的方法，让雅各知道："你可以自己入睡，也可以在自己的床上睡觉。你是安全的。爸爸妈妈爱你！"

### 预告

- 雅各的睡眠好转，雅各的父母准备应对令人抓狂的晨间常规问题。

# 第 20 章

# 第十二次来访②
# 雅各令人抓狂的早晨

尼克医生："朱莉，我们要再接再厉！我们至少对雅各的睡眠问题有了一个计划。让我们谈谈雅各糟糕透顶、令人头疼且非常不美好的早晨。"

妈妈："朱迪思·维奥斯特①，是那个儿童作家吗？我小时候很喜欢她的这本书。"

尼克医生："没错！好的儿童文学作品会触及我们最深的情感。我可以提供非常多的参考书目（见**资源和网站**）。既然雅各正在成为一个情感思考者，这对你来说会是不错的书单。"（我把书单递给朱莉。）

妈妈："尼克医生，谢谢！"

尼克医生："你们早上的日常安排是什么？"

> **雅各的日常问题**
>
> ✓ 入睡困难或夜间易醒。
> □ 晨间常规或上学准备。
> □ 自理，如穿衣、刷牙。
> □ 车上的不当行为。
> □ 在公共场所发脾气，如在便利店里购物时。
> □ 晚餐时间和饮食问题。
> □ 如厕问题。
> □ 同胞竞争和分享。

## 雅各令人抓狂的早晨

妈妈："这么说吧，我们家每天早上都是兵荒马乱的！每天早上 7 点左右，我叫醒雅各。在上学的日子，我们必须赶上 8 点的校车。校车的停靠点就在门外。可是只要我没有一直盯着他，他就完全不知道该干什么。他一睡醒就开始玩他的火车，或者跟查理抢电视遥控器。"

尼克医生："他磨蹭、三心二意，然后你唠叨他。这是典型的'磨蹭—唠叨'现象。我经常看到这种情况。"

妈妈："我觉得自己就在不停地唠叨。"

尼克医生："至少你的时间分配得很好，而时机就是一切。从醒来到出门用时一个小时是恰到好处的。有些家庭可能要花一小时十五分钟，这取决于叫醒孩子需要多长时间。雅各容易被叫醒吗？"

妈妈（扬起眉毛，噘起嘴唇看着我，好像在说'你在开玩笑吗？'）："很难把他叫醒，而且他起床气很重。"

---

① 编注：朱迪思·维奥斯特（Judith Viorst），美国心理学研究者，著名作家，著有绘本《亚历山大和倒霉、烦人、一点都不好、糟糕透顶的一天》（*Alexander and the Terrible, Horrible, No Good, Very Bad Day*），本章原文标题及第一段都用了这个句式"Terrible, Horrible, No Good, Very Bad"，所以有了接下来的对话开头。

尼克医生："这个方法听起来有点奇怪。当他还在床上的时候，你可以用一块**温暖的毛巾**唤醒他。你的一举一动都要充满爱和温暖，你可以轻柔地说：'嘿，雅各！该起床了，我亲爱的孩子。妈妈有一块温暖的毛巾，可以让你感觉很舒服。'有些孩子喜欢温暖的感觉。它将血液带到头部和颈部，帮助他们醒来。有些孩子可能不喜欢，但值得试试。"

妈妈："如果让他习惯了，他可能会喜欢的。"

尼克医生："我真的希望你的早晨变得美好些。其实，这应该是你对孩子们常说的话：'孩子们，我**不会再对你们大喊大叫或与你们争吵了！让我们有一个美好的早晨。我把奖品放在'奖品袋'里，当你们穿好衣服，照顾好自己的时候，你们可以得到奖品。**'"

妈妈："听起来真好！我真的希望他们独立。"

尼克医生："早晨你还有哪些需要解决的麻烦事呢？"

妈妈："两个孩子都不听话。主要是雅各，不管他做什么事，我都得不断地唠叨。他对我大喊大叫，我也对他大喊大叫。"

尼克医生："雅各能自己起床吗？他能自己穿衣服吗？他能自己吃早餐吗？他能自己刷牙吗？"

妈妈："您是说他有能力做到吗？是的，他可以的。他足以胜任。"

尼克医生："你必须确定他能做到这一点，否则你就是在自寻烦恼。"

妈妈："有时我要帮他拉拉链，有时他会把衬衫穿反。除了这些，他几乎可以做到任何事情。但他就是不愿意做啊！"

尼克医生："所以你就得唠叨和叫喊，对吗？"

妈妈："对，但我不会再大喊大叫了。"

尼克医生："如果你想唠叨，你还是**可以**唠叨的。唠叨确实有用。我甚至开出了系统地唠叨的处方。"

妈妈："您是说我可以把**唠叨**当成一种方法？"

尼克医生："对，你可以全情投入地唠叨孩子。我让妈妈们对孩子说：'孩子们，我会不停地唠叨你们，直到你们准备好为止。'这样一来，你就变得很烦人了。"

妈妈："我很擅长唠叨。我明白了！我可以用不唠叨作为讨价还价的筹码。"

尼克医生："是的，你可以说：'如果你不想妈妈唠叨，那就穿好衣服！'"

妈妈："我想先尝试更积极的方法，必要时再使用唠叨的方法。"

**合理有效的清晨计划**　我跟朱莉解释说，成功的关键是：第一，一个**合理有效的早晨计划**可以让生活变得更容易，而不是更难，并有助于培养孩子的独立性。第二，父母得给孩子传递态度坚定的信息。

有些家庭早晨活动的顺序是起床—吃早餐—看电视—穿好衣服—收拾书包—出发。如果这种安排有效，我是完全赞成的，但是对于那些特别**磨蹭**的家庭来说，早晨活动的顺序及传递的信息必须能够激励孩子合作，否则后果将由孩子承担，而不是父母。（孩子会在开始的时候试探一下父母，看他们是否只是嘴上说说而已。）这种方式有助于提升孩子的功能发展水平、独立性与成熟度，并且能让大家早晨的心情愉快。

该计划旨在让雅各获得成功。它应该奖励并支持雅各的合作行为，同时防止他出现反抗行为。如果父母表现出沮丧和不安，则说明这个计划存在问题。

尼克医生："我告诉父母们，如果他们在8点前大喊大叫、感到沮丧和疲惫，那么他们的做法很可能出现了问题。"

妈妈："我肯定做错了。"

尼克医生："再讲讲你早晨的糟心事吧。"

妈妈："真的太多了！孩子们不想起床。我就像他们的闹钟，要喊好几次他们才会起来。（我要试试您的暖毛巾方法。）好不容易起床了，他们又会分心跑去干其他事情，比如玩玩具，或者查理会跳到雅各的床上，这时候他们一般都会起冲突。我必须把他们分开。"

尼克医生："事实上，我会尽可能地忽略这些不适当的行为。记住，只要你关注它们，这样的行为就会增加。"

妈妈："现在已经够乱了，我不希望这种行为增加啊！我要不断提醒自己'忽略不适当的行为，忽略不适当的行为'。无论如何，他们一起床，我就把他们赶到厨房去吃早餐。他们边吃边看动画片，不过会经常争吵。雅各喜欢看《建筑工人鲍勃》（Bob the Builder），而查理喜欢看《消防员山姆》（Fireman Sam）或《蓝色斑点狗》（Blues Clues）。因为他们想继续看电视，所以即使他们吃完早餐，我也很难把他们从电视机前拉走去穿衣服。"

尼克医生："这本就是一场没有必要的争斗。看电视应该排在最后。"

妈妈："好在查理想自己穿衣服。不过他还分不清楚衣服的前后和鞋子的左右脚，需要别人的帮助。雅各已经快5岁了，我正尝试让他变得更加独立，所以基本上不会帮他。可是我在准备午饭或收拾早餐桌的空隙去看他时，发现他居然还穿着睡衣在玩火车！"

尼克医生："也许他确实需要排序方面的帮助。"

妈妈："排序？"

尼克医生："穿衣服的顺序是内衣—袜子—衬衣—裤子。"

妈妈："他拖延是因为他不知道穿衣服的顺序？我从来没想过这个问题。"

尼克医生："我们可以给他一个图片顺序表帮助他。请继续说吧，然后呢？"

妈妈："然后，我们为穿衣服的问题吵了一架！因为……唉，我也不知道。可能因为他就是不喜欢换衣服，或者也可能是您说的顺序问题。哦，对了，他只愿意穿特定的衣服。也有可能是他正在玩，不想停下来。或者他会嘀咕想看电视。"

尼克医生："看来让他穿好衣服并不容易啊。"

妈妈："照顾他们刷牙、洗脸、穿衣服、收拾书包及穿鞋子后，我已经筋疲力尽了。他们只要发现我不在旁边，就会跑去看电视，或者开始打闹。"

尼克医生："这一切发生的时候，吉姆在干什么？"

妈妈："他是个幸运的家伙！我们起床的时候，他已经出门了。他在家的时候，孩子们大部分时间还是很听他的话，不过我也经常会听到他对孩子大喊大叫。"

尼克医生:"不容置疑的语气很重要,它能传递强烈的信息。"

妈妈:"他们知道爸爸是言出必行的人。"

尼克医生:"你也必须给孩子们一个态度坚定的信息。这是计划的重点。你不能输。你们经常赶不上校车吗?"

妈妈:"现在不会了。我们以前有几次没赶上校车,雅各很不开心,因为他喜欢坐校车。"

尼克医生:"非常好!我们发现了一个动机,可以以此作为威胁。"

妈妈:"我已经这么做了,'雅各,你要快点穿好衣服,否则赶不上校车了!'"

尼克医生:"那么为何还会如此艰难呢?"

妈妈:"主要是因为他们不听话。他们好像喜欢看我大喊大叫,一看到我抓狂,他们就会笑。他们可能觉得这是一个游戏——试探妈妈底线的游戏。真的让我很恼火!"

尼克医生(模仿卡通片《芝麻街》里的伯爵假装邪恶地笑着):"啊,啊,啊!他们等着瞧!啊,啊,啊!"

妈妈(搓着双手,脸上露出邪恶的微笑):"对,就是这样!"

尼克医生:"我只是在开玩笑。如果他们不合作,付出代价的是他们,而不是你。当他们不听话的时候,你会怎么做?"

妈妈:"我只是不停地催促、唠叨、催促、唠叨。"

**内疚——源源不断的"礼物"**

尼克医生:"他们已经让你充满了内疚感。"

妈妈:"这是什么意思?"

尼克医生:"他们按下了你的'心软'按钮。如果你早上没有好好照顾他们,你会感到内疚,你会觉得自己像个坏妈妈,你觉得自己必须在早上出门之前做好所有事情。"

妈妈:"我不认为我必须做好所有事情。"

尼克医生:"如果他们不吃早餐呢?"

妈妈:"他们必须吃早餐啊!"

尼克医生:"看!你说他们必须吃!实际上,他们不是非吃早餐不可的。虽然他们会饿,但不是非得吃早餐。"

妈妈:"我不能让他们这样做。"

尼克医生:"因为养育孩子是你作为妈妈的职责,对吧?"

妈妈:"对!我明白您的意思了。我确实认为照顾孩子是我的职责,难道不对吗?我觉得这些是我应该做的。"

尼克医生:"对,你做得非常好!你是一个伟大的母亲。我不是说你不应该照顾他们,而是应该在照顾他们的时候给自己留一点空间,而不是无微不至。这是表明坚定态度的一部分。我希望你学会让孩子们自己去承担一些必要的责任。我想说服你为成功设计早上的规划。他们如果给你带来麻烦,就得承受后果,而不是你替他们烦恼。不要让孩子按下你的'心软'按钮。"

妈妈："我觉得您的建议会让我的生活更艰难。"

尼克医生："恰恰相反，会容易很多。但是……如果他们不合作，你就得让他们承受自然的后果。你不仅要用坚定的语气，还要表现出'我不会容忍你们乱来的态度'。"

妈妈："这就是吉姆表现出来的态度。所以，我必须愿意让他们承受后果？"

尼克医生："是的，比如不能看电视，或者没时间吃早餐。"

妈妈："怪不得您会提到内疚。"

尼克医生："请相信我和你一样想让他们吃早餐、看电视，有一个美好的清晨。如果你按我的建议来做，你会发现新的晨间常规会带来我们所想要的东西。而你们目前的晨间常规不行。"

妈妈："确实如此。"

## 雅各的晨间常规：奖励

尼克医生："首先，我希望你和孩子们谈谈新的早晨活动安排。告诉他们，你已经厌倦了争吵、大喊大叫和唠叨。告诉他们，合作的话他们就会得到奖励。"

妈妈："我试过奖励，但没有用。"

尼克医生："这是因为孩子们从不合作中得到了奖励。你现在的晨间常规对他们来说非常有奖赏性。他们得到了你的大量关注（尽管是负面的），可以看电视，可以做他们想做的事，而你会承担所有的责任。他们知道你会照顾好他们，所以不必照顾自己。"

妈妈："原来我一直都做错了！"

尼克医生："没有！你只是在做所有妈妈都会做的事情。你催促他们、唠叨、大喊大叫。其实你的做法也会有效果，但还有更好的方法。奖励只是激发孩子的动机。**最重要的是，晨间常规的安排、坚定的态度和自然的后果，以及最终的奖励。**我希望这些办法能够对你有帮助。

"我来讲一下晨间常规的安排吧。首先，我希望你前一天晚上把第二天要用的东西收拾好。"

---

**雅各的晨间常规：奖励**

- 不要争吵、唠叨或大喊大叫，要温和、有耐心。
- 提倡合作和独立。
- 提供视觉支持：日历、时间表、清单和顺序表。
- 奖励登记表、奖励贴纸和奖品。
- 前一天晚上把第二天要用的东西收拾好：准备好第二天要穿的衣服、整理好书包、备好午餐。
- 关键点：早晨活动的顺序。
  - ① 起床　　② 穿衣服
  - ③ 刷牙　　④ 吃早餐
  - ⑤ 看电视　⑥ 拿午餐和书包
  - ⑦ 出门或上校车
- 提前做好应对不适当行为和不良行为的准备。

妈妈："我可以准备好午饭，把孩子们的衣服摆好。"

尼克医生："没错，但一定要让他们协助你挑选衣服。记住，我们提倡独立。我知道有些父母甚至在晚上就给孩子穿上校服。"

妈妈："穿着校服睡觉？我不会这么做的。不过我明白了，我可以把他们的书包也准备好。"

尼克医生："正如我所说，你们晨间常规的问题所在是活动的顺序（见上文**早晨活动的顺序**）。你允许孩子们在穿衣服之前吃早餐和看电视（如果他们合作的话，这也是可以的）。但是他们没有动力穿好衣服出发，他们经常为了电视吵架。如果他们合作并做好出发的准备，看电视应该是他们的最后一项活动，否则，不能看电视或玩游戏。"

妈妈："他们不喜欢这样的安排。不过您的话有道理，看电视是一种附加的奖励。我开始明白您所说的早晨活动顺序是什么意思了。他们先穿好衣服再吃早餐，吃完早餐后**再**看电视或玩耍。他们如果不合作，就自己承担后果，而不是我。"

尼克医生："你传递的信息更明确了！我建议你去网上找一些好的图片，用图片展示早晨的顺序。你可以把图片贴在冰箱上。这样，他们就能准确地看到自己需要做什么才能获得星星贴纸和奖品。"

## 奖励：奖品袋

尼克医生："比如，集齐五颗星星就可以从奖品袋中选一个奖品。一开始的时候，袋子里应该放入特别有趣、令人兴奋的玩具。他们喜欢什么玩具？"

妈妈："雅各和查理都喜欢电影《汽车总动员》里面的汽车和托马斯小火车，不过这些玩具都很贵啊。"

尼克医生："如果能换来和谐的早上，你觉得值得吗？"

妈妈："我马上就去买。"

尼克医生："不要让他们知道袋子里是什么，制造点悬念。你可以跟他们说一定是他们喜欢的玩具。"

妈妈："他们肯定会喜欢这些玩具。"

尼克医生："和孩子们一起制作心愿卡片，一起买贴纸。把这件事当作一个项目，然后把心愿卡片贴在孩子们可以看到的地方。

- 冰箱上的日历。
- 卧室的早晨时间表。
- 梳妆台上的穿衣顺序表。
- 洗手间的洗漱顺序表。

"我想强调的是，你只需要做你必须要做的事情就可以了。如果你只需要一个总的早晨时间表（表5），那么这一个表就够了。你如果还需要一个穿衣服顺序表（表6），就加上它。根据我给你的示例，你可以按需制作更多的表格，甚至可以制作一个刷牙顺序表。"

妈妈（笑）："我已经有很多事情要做，我只会按照早上的顺序做。"

尼克医生："加油，朱莉！不会很难的。这是一个穿衣服顺序表的示例（表6），供你参考。"

表 5 雅各的图片时间表

| 活动 | 图片 | 贴纸 |
|---|---|---|
| 起床 | | ★ |
| 穿衣服 | | ★ |
| 刷牙 | | ★ |
| 吃早餐 | | ★ |
| 玩耍、看电视、玩平板电脑 | | ★ |
| 上学 | | ★ ×5= 奖励<br>奖品袋抽奖 |

表 6 雅各的穿衣服顺序表

| 穿衣服顺序 | 图片 | 贴纸 |
|---|---|---|
| 脱掉纸尿裤<br>换上内裤 | | ★ |
| 袜子 | | ★ |
| 上衣：标签在后面 | | ★ |
| 裤子：拉链在前面 | | ★ |

**从体验拿到奖励开始**

尼克医生："刚开始实施的时候，父母每天早晚都要带孩子们去看看时间表，让他们知道早上都要做什么事情。给他们多一些积极的关注，如拥抱、亲吻、赞美，并引导他们体验如何通过按时完成任务获得星星贴纸和奖品。在 7 点到 7 点 15 分期间，你可以给他们必要的协助。"

妈妈："我就坐在一旁监督他们穿衣服？"

尼克医生："不要给他们太多帮助。告诉他们，你想看看他们穿得有多好，他们如果穿得好，就可以得到一张贴纸。我们首先得让他们适应这个常规。你要给他们积极的关注。记住：你正在改变他们的常规，对表现好的地方要及时表扬。此外，你还可以看看他们穿得怎么样，有什么问题，比如穿衣服的顺序是否有误等。

"让整个过程像玩电子游戏那样，每次闯关成功，都会有祝贺成功的声音响起——'叮！太棒了！'每一步成功后你都要称赞和表扬他们，直到所有步骤都完成。之后，你要逐渐退出来，并继续称赞孩子们变得更加独立了。"

妈妈："我要这样做几天？"

尼克医生："只需要一两天就行了。我相信雅各和查理都会喜欢这样的方式，让查理做雅各的榜样吧。"

妈妈："查理没问题的。"

尼克医生："你要让整个过程变得有趣（早上能多好玩就弄得多好玩吧！）。你还可以在兄弟俩之间增加一点**竞争**，比如谁先拿到星星贴纸，这样可能也会有帮助。"

妈妈："天啊！他们经常争抢，非常激烈。这有可能会适得其反。"

尼克医生："你根据自己的情况判断吧。我相信你会找到激励他们的最佳方式，但是你要注意这里面的原则：**计划、积极动机、激励和实践**。"

妈妈："我会努力保持积极和坚定的态度，万一他们不合作呢？"

尼克医生："我们还有——**惩罚**！一开始你确实需要努力，不过这一切是值得的。我常说'习惯的形成在于行动起来……'"

妈妈："……然后就会习惯成自然。"

尼克医生："当他们通过穿衣服或刷牙获得足够多的星星贴纸时，就可以从奖品袋中挑选玩具！"

妈妈："吉姆会说那是贿赂吗？"

尼克医生："我称之为**激励**。激励不是原因（见**第16章**）。**他们这样做的原因是他们正在成长并变得独立**。告诉吉姆，有时候需要一个短期激励实现长期目标。我们会逐步撤销奖励。一定要保证他们在每次获得足额的星星贴纸时都能从袋子里挑选奖品。"

妈妈："什么时候撤销奖励？"

尼克医生："大概一周之后。在模式建立后，逐渐减少奖品的数量或降低奖品的重要性。"

妈妈："用次要喜欢的玩具替代最喜欢的玩具，比如用麦琪车替代闪电麦昆？"

尼克医生："没错！你要表现出坚定的态度，让他们知道这是必定要做的事情！不断强调他们正在成长，并且变得越来越强大。"

妈妈："所以过一段时间他们就不会有奖品了。如果他们还是缺乏足够的动力呢？"

尼克医生："嗯，我们还有——**惩罚**！"

妈妈："惩罚？"

尼克医生："对，惩罚！"

### 如何处理磨蹭：惩罚！

尼克医生："刚开始的时候，无论你做得多么正确，并且给了他们"奖励"，孩子们（尤其是雅各）

也很有可能会反抗新的常规,尤其是在你撤销奖励后。"

妈妈:"我们可能回到原点,但奖励也许会奏效。"

尼克医生:"确实会有效。在新的常规中,你给他们喜欢的贴纸和奖励,他们就有独立的动力,也许他们的行为就能永久地矫正过来了。"

妈妈:"听起来像童话故事。"

尼克医生:"格林童话中总会隐藏着一只恶魔。所以,你必须做好使用'惩罚'的准备。首先,这是一种新的常规,雅各不喜欢改变。其次,你不会像过去那样争吵、催促、唠叨、大喊大叫或给予关注。他可能会重新开始磨蹭。关于磨蹭还有很多内容需要讲。"

妈妈:"唠叨和大喊大叫有点效果,但是最终他们还是继续做他们想做的事情,我很痛苦。"

尼克医生:"你还是可以用回那种方式的。"

妈妈:"敬谢不敏了!"

尼克医生:"另外,他们不可以先看电视。不过雅各有可能会穿着睡衣下楼去看电视。"

妈妈:"如果他这样做了,我就把他送回楼上穿衣服,对吧?"

尼克医生:"他只有两次这样做的机会。当然,你在处理的时候,态度要温和友善。他必须在7点15分之前自己穿好衣服才能获得贴纸。带他复习一下图片时间表,给予孩子及时的帮助。你可以对雅各说:'妈妈很爱你!但你要自己按时穿衣服才能得到贴纸。你要先穿衣服,然后刷牙、吃早餐,最后才可以看电视。你能做到的!雅各,穿好衣服就可以得到奖品了!耶!'你要像啦啦队队长一样为他们打气加油并带领他们。对查理也是一样的。但是,你不要唠叨。"

妈妈:"如果他没穿衣服就下来看电视呢?"

尼克医生:"如果雅各没穿衣服就下楼,次数超过两次,你就让他坐在楼梯上直到7点15分。"

妈妈:"使用越界时的'3,2,1!倒数'技巧(见**第17章**),对吗?"

尼克医生:"太棒了!你已经学会了。记住,规则是——他穿好衣服,才可以吃早餐。"

妈妈:"我可以提醒他吗?"

尼克医生:"你可以提醒他**两次**。你站在楼梯上喊话或上楼去提醒:'雅各,你应该自己穿上衣服,然后下来吃早餐。你如果自己穿衣服,就会得到**星星贴纸和奖品**!'"

妈妈:"这样做会是个转变。我通常每两分钟就唠叨一次。"

尼克医生:"看,你的早晨正在变好!"

妈妈:"所以我要警告他,我的意思是'提醒'他。如果他还是磨蹭呢?"

尼克医生:"他可以继续玩一会儿,他其实是在占用后面看电视的时间。而你在7点15分之前也可以放松一下。"

妈妈:"自然的后果,我开始看到这样做的好处了。"

### 时间就是一切

尼克医生:"这个环节我们要用到时间表。

### 时间就是一切

- 7:00—7:15
  - 让雅各自己穿衣服,最多提醒他两次。如果他需要帮助,请帮助他。如果他做到了,奖励贴纸或奖品袋抽奖。
- 7:15—7:30
  - 如果雅各没有穿好衣服,让他坐在楼梯上,直到他自己穿好衣服。如果他需要帮助,你可以帮他,但不要奖励贴纸。
  - 如果他抗拒,让他坐在楼梯上罚时出局。
- 7:30—7:45
  - 如果他仍然没有穿好衣服,必要时可以强行给他穿衣服。
- 7:45—8:00
  - 刷牙,拿好外套、书包和其他东西,然后出发!

"如果到了7点15分左右,雅各没有穿好衣服下楼,你就把雅各和他的衣服一起带到楼下,并对他说:'雅各,你没有自己穿好衣服。你如果想吃早餐和玩,现在就要穿好衣服了,否则你必须坐在这里罚时出局。'"

妈妈:"如果他在房间里没有穿好衣服……"

尼克医生:"……到了7点15分,你可以把他和他的衣服带到楼下。"

妈妈:"然后,让他坐着直到穿好衣服?"

尼克医生:"对,必须自己穿好衣服。"

妈妈:"只要他可以穿好衣服,就不必在楼梯上罚时出局了吧?"

尼克医生:"对,或者他可以选择与你对峙,那么他就只能坐在楼梯上,直到自己穿好衣服。"

妈妈:"我猜他会和我对峙。"

尼克医生:"他也许会,也许不会。你只要计划好让他在7点15分到7点30分之间在楼梯上进行罚时出局就行,必要时强行让他待在那里。"

妈妈:"我要不停地把他拽回楼梯上吗?"

尼克医生:"对,你要心平气和但态度坚决。我们只是提前做好计划。"

妈妈:"这就是您所谓的美好早晨?"

尼克医生:"第二天他会长记性。你可以将它作为威胁:'雅各,还记得昨天的事情吗?你没有穿好衣服,所以只能坐在楼梯上。'"

妈妈:"我要先警告他吗?"

**运用社交故事**

尼克医生:"我喜欢用社交故事。假设他早上表现得不好,到了晚上,你可以用手偶或毛绒玩具,为第二天早上编一个简短的社交故事。"

妈妈："我们有一个闪电麦昆手偶。"

尼克医生："太好了！你可以跟闪电说：'可怜的闪电，你今天早上没有穿好衣服，所以妈妈让你坐在楼梯上。你很伤心。我爱你，闪电！我不会跟你争吵或大喊大叫。我希望你可以像大车一样自己穿好衣服，你能做到吗？（闪电点点头）我也觉得你能做到的。你如果自己把衣服穿好，就能得到贴纸，还可以从奖品袋中挑选喜欢的玩具！你只要穿好衣服、刷牙、吃早餐，就可以玩或看电视了，但是你如果不穿好衣服，就只能坐在楼梯上，没有贴纸，也得不到奖品袋中的玩具。明天早上，你要像大车一样自己穿好衣服哦。'

"然后，闪电可以说：'好的，妈妈！我想看电视和玩。我想要星星贴纸，还要从奖品袋中挑选奖品，因为我要成为一个大孩子了。'朱莉，你明白了吗？"

妈妈："明白了。不过我可以预见他嘴上答应了，第二天起床后还是会很磨蹭，也会忍不住坐在床上玩托马斯小火车。"

**按时间表工作**

尼克医生："这就是为什么我们要用到时间表和惩罚。7点15分，不允许磨蹭，这是规矩。雅各必须在7点15分穿好衣服下楼。除非他自己穿好衣服，不然就没有星星贴纸或奖品。他还是得自己穿好衣服。"

妈妈："他有第二次机会获得奖品吗？吉姆会认为这是在纵容他。"

尼克医生："我不同意吉姆的看法。如果你把他的衣服带下楼，而他自己穿上衣服，为什么不能奖励呢？为什么不能多给他点机会呢？我们要始终保持积极的态度和有趣的互动。你甚至可以试试我的技巧，告诉他，'你最好别穿衣服！''你别穿衣服了，雅各！'让他违抗你，跟你对着干，并且用穿衣服的行动让你知道谁才是老大。"

妈妈："如果他还是不穿衣服呢？"

尼克医生："没问题。你还有一个预案：让他在楼梯上一直待到7点30分，期间不要唠叨，不要跟他进行任何交谈，除了把他领回楼梯上罚时出局，你什么都不要做。"

妈妈："这样是绝对没有贴纸了？"

尼克医生："是的，但你不要刻意去强调这一点。他可以随时改变主意穿好衣服。然后，他就可以吃早餐了。"

妈妈："如果他故意从楼梯上走下来试探我呢？"

尼克医生："尽可能忽视这种不适当的行为。如果他待在楼梯附近，这是可以接受的。如果他真的站起来试图离开这个区域，你就让他回去继续罚时出局，直到7点30分。在此期间，请不要给他太多的关注，也不要和他说话！你只是跟他说：'雅各，你没有自己穿好衣服，你现在必须坐在楼梯上（或罚时出局椅上）。'"

妈妈："这可能会占用整个早上的时间。"

尼克医生："不会的，只是从7点15分到7点30分。他会错过早餐时间。"

妈妈："现在我明白您为什么提到内疚了。让他不吃饭就去上学，不知道我心里会是什么感觉。"

尼克医生："用饥饿作为动力。告诉他：'雅各，如果你想吃早餐，就穿好衣服。'"

妈妈："他喜欢吃早餐。"

尼克医生："如果他错过了早餐，就给他一根燕麦棒吧，让他在车上吃。"

妈妈："这让我感觉没有那么内疚了。"

尼克医生："这种情况应该最多持续两天。一旦他接受了新的常规，你们的早上就会过得很愉快（见后续）。做最好的打算，但要做好最坏的准备。记住，这是雅各照顾自己和成长的真正意义。"

### 底线

妈妈："好吧！如果他没有穿好衣服，也没有吃早餐，但已经到时间要出门了，我应该怎么办呢？"

尼克医生："你给他穿上衣服，按计划做。在7点30分到7点45分之间给他穿上衣服。语气坚定并且表达你的不满：'雅各，我对你很失望！你没有穿好衣服，所以我必须给你穿衣服，这样你才能去坐校车。你拿不到星星贴纸，没有奖品，不能看电视，也没时间吃早餐了。'"

妈妈："我应该指出查理是因为合作才得到这些东西的吗？"

尼克医生："当然！"

妈妈："我甚至可以预见当我给他穿衣服时，他有可能会抗拒，比如脱掉衣服。"

尼克医生："他真是头小倔驴！那你就再给他穿一次衣服。有必要的话，再穿一次，直到时间用完。同时提醒他，再这样下去，他就会错过校车了。那将会是一个真正可怕、糟糕透顶的早上！你必须等到早上7点55分。"

妈妈："他喜欢坐校车。"

尼克医生："我最近碰到一个男孩子，到了上学时间，他还非要穿着内衣不肯穿上其他的衣服。他的家人只能直接把穿着内衣的他送去学校，然后把他交给学校工作人员，让他们给他穿衣服。在他妈妈开车送他上学的路上，他非常生气，解开安全带，攻击了正在开车的妈妈。"

妈妈："他妈妈是怎么做的？"

尼克医生："他妈妈只能多次把车停下来，每次都把他放回座椅上并系上安全带。她很生气！他们度过了一个非常糟糕的早晨，还好这种情况只发生了一次。所以，做好战斗准备，你要赢得这场战斗！底线是：他得不到关注、没有早餐、没有电视、没有奖品；他早上大部分时间都被罚时出局，还要和妈妈大战一场。相信我，第二天他会记住这一切的。我想问的是：当早晨变得轻松起来时，你打算利用空闲时间做什么呢？"

妈妈："我只是希望我足够坚强，能按您所说的这些方法做。"

尼克医生："你不是非得如此。如果你想按老方法去做，也是可以的。"

妈妈："我讨厌之前的每个早晨。"

尼克医生："你做或不做都会有麻烦的。如果你不建立一个新的常规，麻烦就更大了。我们最终目的是帮助雅各成长，照顾好自己，至少每一天都有一个体面的开始。这也关乎你的态度。一旦孩子们按下你的'心软'按钮，你就会退缩，你会输掉这场战斗。"

妈妈："吉姆更强硬，像一个军事教官。我必须记住这一点。"

尼克医生："以下是一个简洁方便的总结。"

---

### 雅各的早晨：惩罚

- 前一天晚上：用手偶演绎社交故事。
- 第二天早上 7:00—7:15：提醒雅各两次要自己穿衣服。
- 7:15：还没有穿好衣服？把雅各带下楼，让他在楼梯上穿衣服。
- 7:15—7:30：在楼梯或椅子上罚时出局。
    - 提醒雅各，他如果自己穿好衣服，仍然会得到奖品。
    - 如果他走下楼梯，把他送回去，直到 7:30。
- 自然后果：不能吃早餐、玩和/或看电视。
- 7:30—7:45：你帮他穿好衣服，准备 8:00 点出发。
- 第二天他会记住这一切的！

---

妈妈："我的清单上还有两个从早上开始就困扰我一整天的问题，我真的很想解决。"

尼克医生（看着问题清单）："你是说如厕和同胞竞争吗？"

妈妈："给雅各换尿不湿真的太烦人！他其实可以不用尿不湿了，可是他很固执。"

尼克医生："我有很多如厕训练的妙招，可以让他试试。"

妈妈："另一个大问题是一起外出。这是雅各和查理都存在的问题。他们在车里不能分享，经常吵闹。我们去哪里都会出现问题。"

尼克医生："听起来'外出'很麻烦。"

妈妈："去便利店购物、去餐馆吃饭、乘车出去，所有这些都让我们头痛不已。"

尼克医生："让我们先看看晨间常规计划的实施情况吧，然后我们再一起讨论外出、如厕和同胞竞争的问题。你觉得怎么样？"

妈妈："我想让吉姆参加这些讨论。雅各的行为问题实在太糟糕了！吉姆甚至在考虑是否该给他使用药物治疗。我会和您分享早晨的情况，祝我好运吧！"

尼克医生："一定会好的！记住：既要温和，也要坚定。"

## 后续

跟之前夜间常规中遇到的问题不同，朱莉带来了晨间常规的好消息。通过奖品袋抽奖的奖励方法，孩子们得到了极大的激励。起初，他们试探朱莉，那天确实糟糕透顶：雅各没有吃早饭，他被罚时出局，一直坐在楼梯上，朱莉只能强行给他穿上衣服。不过雅各似乎明白了一个事实，就是妈妈会赢得这场战斗。她下定决心了！她很强硬！

那天以后，雅各喜欢上这个包含日历、时间表、活动清单和顺序表的早晨活动安排。他喜欢为每一次成就贴上星星。查理也非常喜欢得到奖品,他是让雅各独立的榜样。现在朱莉可以在早上喝杯咖啡,上网看看新闻。早上的生活依然很忙碌,不过平静多了。她非常感激新的晨间常规。

## 小结

- 这几个月来,雅各的早晨过得非常糟糕:磨磨蹭蹭、大喊大叫、反抗,最近甚至出现明显的不服从。他妈妈早上8点就已经筋疲力尽了。
- 我们制订了一个晨间常规计划,其中包括帮助朱莉传达态度坚定的信息,同时使用"奖励与惩罚"的方法,惩罚即在楼梯上罚时出局,不能看电视,延迟吃早餐,这些是严重的磨蹭和不当行为的自然后果。这是一场艰难的、关于爱的战斗,最终我们胜利了!
- 在此期间,我向雅各的家庭提供了许多简易的图表和计划示例。

## 预告

- 吉姆打来电话。尽管实施了良好的行为策略,雅各仍然存在严重的行为问题,主要表现在外出,如就餐、乘车,以及对查理的攻击等方面,现在吉姆正在重新考虑使用药物治疗的问题。针对在公共场所的不当行为,我们安排了一次访谈。
- 情况变得如此糟糕,可能得考虑使用药物了。

# 第 21 章

# 第十三次来访
# 外出和就餐

在漫长的一天结束时，我看到了桌面上摆放着的雅各的病历，上面附有艾米给我的便条，写着"吉姆刚打来电话说'雅各的行为越来越糟糕了'"。这是一个坏消息，尤其是在我们已经为解决雅各的行为问题做了很多工作的情况下。吉姆向来相当镇定。我拨通了他的电话。

**爸爸**："尼克医生，很抱歉在下班时间还打扰您。我记得在我们的某次交谈中，您提到了药物治疗，当时我是反对的，但是我和朱莉商量后，觉得雅各可能需要用药。"

**尼克医生**："你为什么改变了想法？"

**爸爸**："您曾经说过的一句话一直印在我脑海里，那就是药物不仅可以治疗疾病，也可以帮助雅各感觉更好、更快乐。而他一直……唉！很痛苦。说实话，这些天我们都很痛苦。大事、小事，任何事都会让他感到紧张。我们准备的东西他都不吃。我们外出就餐简直就是一场噩梦。您觉得他可能有注意力缺陷障碍（Attention Deficit Disorder, ADD）吗？"

**尼克医生**："我对此表示怀疑，但我们可以详细分析一下。"

**爸爸**："他在车上的行为很糟糕。比如，一旦我们没有走他认定的路线，他就会一直哭，并且他一直在和查理竞争。"

**尼克医生**："我以为情况已经好转了。"

**爸爸**："确实是的。他的睡眠改善了。我们还想着也许雅各晚上睡好了，白天会表现得好一点。可是每次外出活动都让我们筋疲力尽，这可能是雅各感觉方面的问题。我们无论去哪里，雅各都会做出令人尴尬的行为：大发脾气、大喊大叫、推搡等，这让我们哪儿都去不了。对了，朱莉想问一下，无论在家里或是在餐馆，雅各都很挑食，对此我们可以采取哪些办法呢，比如，吃药或是用别的措施？"

**尼克医生**："听起来确实很糟糕。好吧，明天下午 5 点我们一起谈谈，到时带上你们的问题清单。我希望尽量避免吃药，不过听起来这个可怜的家伙好像并不快乐。"

**爸爸**："而且您是知道的，朱莉有压力的时候，所有人都很有压力。"

**尼克医生**："我已经结婚 40 年了。我从 40 年的婚姻生活中领悟到一个真谛，那就是'妻子开心，生活舒心！'帮我一个忙，好吗？在你们来之前，让孩子们先吃点东西垫垫肚子。我不希望他们在我们聊天时感到肚子饿。"

**爸爸**："好的，明天下午 5 点见。"

## 一层又一层的洋葱皮

当家里有一个孤独症孩子时，家长需要解决的问题就像剥洋葱一样，最外层是像如何面对孤独症这样的大问题，然后下面还有一层，接着还有一层。在孤独症的干预方面，雅各在过去的两年半里取得了巨大的进步，但是进步的同时也带来了过渡问题、睡眠问题和晨间常规的问题。他的大脑仍处于逐渐成熟的过程中。

根据我以往的经验，随着孤独症儿童情况的好转，他们的行为往往会变得更糟。为什么会这样呢？这里面有两个原因。

- 首先，随着他们对外界的逐步了解，世界变得更大，更令人不知所措，更容易引发焦虑。有太多事情要处理，而他们的应对能力还不成熟。
- 其次，他们变得越来越聪明，也逐渐有了更多的愿望和期待，所以他们想要的更多，但他们不可能总能得到想要的东西。

焦虑感、欠缺应对的技巧和更高的要求汇集在一起，就会让孤独症儿童的父母觉得每天的麻烦不断。随着时间的推移，这些麻烦就像鞋子里的沙，磨损原本和睦的家庭。只有家长与孩子共同面对，才能帮助孩子提高应对技能和成熟度。所有的孩子都会经历这可怕的2岁阶段，而孤独症儿童经历的时间会更长。

与吉姆结束通话后，我再次意识到处理这些日常琐事，拨开这一层层的"洋葱皮"是多么重要！处理这些琐事的过程为我们提供了重要的机会，帮助雅各成为一个更好、更成熟的情感思考者。这对雅各的生活有着深远的长期影响。我期待与他们的谈话。

## 来访

第二天下午5点，朱莉和吉姆带着孩子们如约而至。他们一脸严肃，忧心忡忡，我感觉到了紧张的气氛。他们想直奔主题。尽管这一天的工作很累，但我还是想以积极乐观的方式开始这次交谈。

尼克医生："请告诉我一些雅各小朋友的好消息吧。"

雅各和查理在一旁转悠，等着我和他们一起玩。

妈妈（拿着她的清单）："晚上和早上的情况都有好转。雅各能自己穿好衣服，大部分时间都可以自己去刷牙。不过，有时我还得开个玩笑，编个游戏，或者使用反向心理……"

爸爸："还有，告诉他**不要**做什么事情。"

妈妈："他也知道不合作的后果。"

尼克医生："朱莉，你给他传递了态度坚定的信息！雅各，好样的！击掌吧！（他和我击掌了。）哎哟！你打疼我了！（他笑了。）查理，你是个好孩子吗？（他点点头。）好样的！击掌！（他笑了。）哎哟！你也打疼我了！（两个男孩都笑了。）"

当然，在我假装被打疼，发出"哎哟！"的叫声后，他们更用力地和我击掌了。我们花了1分钟的时间玩击掌，并夸张地大喊"哎哟，好疼！"然后我让两个孩子自己玩，我跟吉姆和朱莉继续聊天。

尼克医生："雅各的睡眠变好了，并且大多数时候他会自己穿好衣服。"

妈妈："我必须帮他拉拉链和扣扣子，不过，这不算什么了。糟糕的是外出的时候，如果他表现不好，我不知道该让他承担什么后果。他不在乎是否可以出门，他喜欢待在家里。当我们外出时，失去特权的威胁并不足以改变他的行为，因此他让我们很崩溃。几乎每次我和他外出待在公共场所，都会遭受陌生人异样的眼光。"

爸爸："这真的让我很恼火！他们的眼神就像在说'你为什么不能管好你的孩子？'"

尼克医生："我明白。我知道很多家庭在便利店或其他地方都经历过尴尬的时刻，而在场的其他人根本不能理解。"

妈妈："就算当时雅各只是有轻微的情绪崩溃，我们也能感觉到'那种眼神'。"

尼克医生："我有一个方法（我从书架上拿了一张卡片）。你们可以拿几张这种卡片。卡片正面写着：'我的孩子有孤独症，**谢谢您的理解！**'你可以在卡片背面的空白处写上：'你这个混蛋！'"（我们都笑得很开心。）

尼克医生："这张卡片的效果可不是开玩笑的。一位家长告诉我，他们前几天在便利店里用了这张卡片。之前还对他们怒目而视的女士，看到卡片之后态度发生了转变，并且向他们道歉了。仅仅几秒钟内，她变得更加富有同情心了。我真心相信公众教育的重要性，这个社会需要更多的宽容。"

爸爸："我不想让雅各因为这样就可以放任自己。"

尼克医生："我同意。我们应该期待雅各表现得好点，对吧，雅各？（我举起手，他又和我击了一掌。）朱莉，我有很多让外出情况改善的办法，可你可能还是会面临一些尴尬的时刻。"

妈妈："我需要几张这样的卡片。"

尼克医生："我有一些切实可行的方法能够减少雅各在公共场所的不安情绪，帮助他更好地应对，让他明白他不能为所欲为。"

爸爸："他想要什么就要得到，而且是立即就要得到。"

## 帮助雅各应对和成熟

尼克医生："好的，我们来谈谈外出的问题吧。哦，还有饮食问题。吉姆，你提到雅各越来越挑食了。我们不是聊过'美味大逃杀'（见**第10章**）吗？"

爸爸："他之前确实进步了，不过最近他的食物选择范围又缩小了。我想我们需要加强他的饮食管理。"

妈妈："饮食方面的问题确实也很重要，不过我们能不能先谈谈雅各在车上的行为？"

尼克医生："所有这些行为都是相互关联的。当孩子有整体发展时，他们的行为就会倒退，我经常看到这种情况。"

爸爸："为什么会这样呢？"

尼克医生："因为随着孩子的进步，一方面，这个世界会让他们感到不知所措，进而引发焦虑和不安；另一方面，他们开始将自己的欲望投射到未来，他们明白自己想要什么。"

妈妈："因此在某种程度上，这些都是进步的表现吗？"

尼克医生："是的，但我们仍需要帮助雅各去成熟地应对问题，让他知道除了发脾气，还有更好的方式可以让他得到他想要的。他需要控制自己。"

爸爸："希望如此吧！现在朱莉带他们外出做任何事情都很困难。您觉得我们需要让他吃药吗？"

尼克医生："我们稍后一定会谈到这个问题的，现在先处理更重要的事情。"

孩子们很难打发。他们找到了我的弹跳球，迫不及待地要和我一起玩。

雅各："弹跳球，发射。"

查理（指着天花板）："把它们弹上去。"

尼克医生："我先和孩子们玩一会儿，然后我们再继续谈？"

我教雅各和查理把弹跳球放在我光秃秃的脑袋上让它们弹起来。（这些弹跳球是半球形的橡胶玩具，就像一顶小帽子一样。当它们被捏扁时，它们会跳得很高。）孩子们觉得很好玩。我还用手指捏着弹跳球像枪一样向他们射击。我们接着还玩了击剑游戏，直到我受了"致命伤"倒地不起。最后，我们玩"恶心的青蛙"。我把大嘴巴青蛙手偶戴在手上，假装吃东西，然后边吐出塑料的玩具食物，边说'太恶心了！'游戏结束后，孩子们安静地玩托马斯火车，而我们则准备继续剥开更多的'洋葱皮'。

> **雅各的日常问题**
>
> ✓ 入睡困难或夜间易醒。
> ✓ 晨间常规或上学准备。
> ✓ 自理，如穿衣、刷牙。
> ☐ 车上的不当行为。
> ☐ 在公共场所发脾气，如在便利店里购物时。
> ☐ 晚餐时间和饮食问题。
> ☐ 如厕问题。
> ☐ 同胞竞争和分享。

尼克医生："除了外出、车上的行为和挑食，你们的清单上还有什么问题？"

朱莉把清单递给我。

## 外出：开车的苦恼

尼克医生："你很有条理！"

妈妈："尼克医生，我感觉像是被囚禁在自己家里了。最重要的是，现在开车去任何地方都成了一场噩梦。"

尼克医生："上车的过程怎么样？"

妈妈："我们一直在使用您的一些过渡技巧（见**第18章**），效果不错。"

爸爸："我们让孩子们知道会发生什么事情，让他们觉得很有趣，允许他们带上喜欢的玩具……"

尼克医生："一个过渡物品。"

爸爸："他们如果表现得很好，如可以乖乖地上车，就会得到小奖品——超级英雄贴纸。"

妈妈："我们经常表扬和称赞他们。"

爸爸："实际上，让他们上车是不难的。可是为了给雅各系上安全带，我和他斗争了好几次。不过他在意识到我不会妥协之后，最近老实多了。"

妈妈："他只是表面屈服了而已。结果就是，很多时候当吉姆不在身边时，他就会出问题。比如，如果我不走雅各认定的路线，他就会尖叫并试图挣脱安全带，就好像他有强迫症一样。"

爸爸："他甚至会在车上攻击朱莉，扯她的头发。所以当朱莉开车时，我们不让他坐在妈妈身后。"

尼克医生："让孩子坐在正确的位置上是很重要的。"

爸爸："当我在车里的时候，他会比较乖。如果他敢这样做，我会很恼火，因为他的这种行为是非常危险的。"

妈妈："雅各有时候还会试图挣脱安全带去抢查理的玩具或游戏机。我在前面开车，孩子们在后面打架。"

尼克医生："好吧，我们就从开车的烦恼说起。我会教你们一个妙招，应对各种类型外出活动的首要原则是'必须做好计划'。你们得做最坏的打算，尽最大的努力，抱最大的希望。"

妈妈："嗯，我确实需要计划，因为开车带他们外出让我很烦恼。"

尼克医生："当你开车的时候，如果孩子们不能安静地坐着，你是怎么做的？"

妈妈（半开玩笑）："祈祷呗。"

尼克医生："我父亲过去常说：'自助者天助之。'"

妈妈："我试过描述雅各的感受或者想法。"

尼克医生："你是这样说的吗？'雅各，你不想妈妈走这条路，你希望妈妈走那条路。'"

妈妈："是的。可是当他对我走的方向感到不满时（雅各都可以为高德绘制地图了），他就什么也听不进去了。"

尼克医生："我还有一个'描述他的感受和想法'的升级版，可能会有用。我希望你表现得像雅各一样，对走错路感到非常愤怒。"

妈妈："比如说？"

尼克医生（大声示范）："不！不！不！妈妈，我不想走这条路！"（我假装大声喊叫。）

---

### 应对开车的烦恼：计划

- 与孩子共情，表现得夸张一点。
- 使用社交故事或寓言故事（只走固定路线的小兔子）。
- 最初的两周内，外出时预留出 20~30 分钟的时间。
- 使用相同的表述，即'你们哭闹和打架时我没法开车，我得靠边停车！'
- 当孩子们在汽车内表现出不良行为时，快速（但安全地）停车 15 分钟，看一会儿书。
- 以后把靠边停车当作一种威胁。
- 出行顺利的话，要给予孩子表扬和奖励。

孩子们以为我真的在哭，这引起了他们的注意，担心地看着我。

尼克医生："看看，效果来了！"

妈妈："这是个好主意，我还没试过呢！"

尼克医生："时机要对，你的一举一动必须夸张且真实。"

爸爸："哦，她能演好的。"

雅各："不要哭，尼克医生。"。

尼克医生："妈妈走错路了，我很难过！"

雅各："我喜欢我的路线。"

尼克医生："你希望妈妈走正确的路线。"

雅各："是的，96号公路，正确的路线。"

妈妈："他知道从我们家到这里的所有高速公路，这些路线他都能清楚地列举出来。我们必须按照他认定的正确路线行驶。雅各，96号公路之后，我们该走哪条路？"

雅各："23号公路。"

尼克医生："没错！就是从96号公路转23号公路。惊人的地图认知！这是保持世界不变的一种方式。"

爸爸："他清楚得很！我的意思是说他非常清楚要怎么走，我们如果不按照他的路线走，那可就完蛋了！他会马上失控的！"

妈妈："我们平时走的高速出口上周被封了，我们得从另一个出口出来。他很生气，大哭、尖叫、从安全带里钻出来打我、扯我的头发。"

尼克医生："不能再这样下去了！现在的问题是：我们要如何通过这些日常冲突，帮助雅各成为一个更好的情感思考者，让他变得更灵活，更能控制自己的不安情绪。他现在很刻板，思维不灵活，而且他似乎有点强迫症。还记得我们讨论的'冲动三明治'（见**第17章**）吗？"

爸爸："我记得，没有肉馅的冲动三明治。"

尼克医生："吉姆，记性真好啊！我们想通过跟他进行推理并将想法联系起来，在他的冲动三明治中加入更多的肉、奶酪和西红柿。那么，这里面的基本思路是什么呢？"

爸爸："有时候我们并不能按照雅各的想法做。"

尼克医生："对，这就是社交故事的内容。"

妈妈："你无法总能得到你想要的东西。"

尼克医生："是的，但'如果你尝试了，你可能会发现……'"

爸爸："'你得到了你想要的！'，这是滚石乐队的歌。"

尼克医生（与吉姆击掌）："吉姆，你真酷！我们要怎样教雅各更灵活地思考呢？"

妈妈："跟他进行讨论？"

**寓言故事：只走固定路线的小兔子**

尼克医生："没错！不过，不能在他情绪激动的时候聊，而且一定要用他能理解的话聊……我觉得我们可以跟他讲寓言故事。"

我飞快地拿出一辆小玩具车，把一个玩偶当作妈妈放在驾驶座上，把迷你小猪和小兔子放在后排的座位上。我开始对着录音机声音响亮、声情并茂地录寓言故事。

**尼克医生**："从前，有一只兔子叫'只走固定路线的小兔子'。（我按下重播按钮，把查理和雅各吸引到了我身边。）你们知道为什么叫他'只走固定路线的小兔子'吗？因为他坐车的时候只想走固定的路线。

"有一天，他妈妈开车的时候，前面的路被挡住了（我把一些大的积木放在了车的前面），所以妈妈只能走其他路线。噢，快看！你们知道'只走固定路线的小兔子'怎么了吗？"

**雅各**："他哭了？"

**尼克医生**（生气地提高了声音）："雅各，是的！他很生气，很伤心。他大哭大叫，并且打他的妈妈！他说：'我是只走固定路线的小兔子，所以必须走固定的路线！如果走的路线不对，我会尖叫、大哭和打人！'"

听到"打人"这个词，我和查理、雅各交换了一下眼神，我们都睁大眼睛去看"小兔子"的表现有多么糟糕。

**尼克医生**（对兔子说）："小兔子不要打人！"

**查理**："不许打人！"

**小兔子**（我扮演兔子，表现得很自以为是）："哼！如果不按我的路线走，我就会打人！我是只走固定路线的小兔子，开车必须走固定的路线。"

**尼克医生**（对孩子们）："妈妈会怎么办呢？哦，哦，哦！快看发生了什么事。妈妈把车停在路边了（同时模拟发出急刹车的声音）。"

**妈妈玩偶**（我扮演故事里的妈妈）："小兔子，当你尖叫、大喊和打人时，我没法开车，我必须停车！否则会很危险！"

**尼克医生**："你们知道妈妈做了什么事情吗？她把车停了下来（模拟发出急刹车的声音）！他们哪里也没去成。"

**小猪**（我扮演小猪）："妈妈，不要停车！我们走吧。"

**小兔子**："不要停车！我们走吧，妈妈。"

**雅各**："妈妈，我们走吧！"

**尼克医生**："可是妈妈并没有开车。你们知道她做了什么事情吗？（长时间的突然停顿，孩子们完全沉浸在故事中，认真地听我说的每一个字。）她唱了一首歌（用《伦敦桥》的调子）！"

**妈妈玩偶**："有时候路被堵住了，有时候路被堵住了，有时候路被堵住了，我没法走固定的路线。"

**尼克医生**（用社交故事总结）："有时候路被堵住了，妈妈就没法走固定的路线了。如果小兔子尖叫、打人，妈妈就不能开车了。妈妈如果继续开车，会很危险。"

我倒带，再次播放这首孩子们喜爱的歌曲。

**尼克医生**（我的声音听起来很伤心）："然后，妈妈给小兔子唱了一首悲伤的歌（同样是《伦敦桥》的曲调）。"

**妈妈玩偶**："我不能开车，当你尖叫和打人，尖叫和打人时，我不能开车。我亲爱的孩子们，我不能开车。"

**尼克医生**："于是，他们停在路边，坐在车里，坐着，坐着……一直坐着。小兔子和小猪说：'妈妈，我们走吧！'你们知道妈妈会怎么做吗？她一动不动地坐着，什么也不做。小猪和小兔子很难过。他们想去商店，可是妈妈不开车了，直到小兔子和小猪（我晃动小猪和小兔子）一起说：'妈妈，就算你没有走原来的路线，我们也不会尖叫和打人了。我们会乖乖地坐车。妈妈，咱们走吧，走吧！'

"于是，妈妈重新开车上路去商店了。可是你们知道吗？他们又走了不同的路线。你们知道为什么吗？他们为什么又走了别的路线呢？因为原来的路……"

**雅各**："……被堵住了（可以看出他已经有所明白了）。"

**尼克医生**："是的，雅各。原来的路被堵住了，妈妈只能换其他路线去商店，而不是走固定的路线，所以'只走固定路线的小兔子'非常难受。"

**小兔子**（我一边晃动兔子，一边用内心独白的方式去说）："我不想走另一条路，我想走固定的路线。我很生气，我想哭，想打人！可是如果我这样做的话，妈妈就会停车。我如果打人了，就得不到我想要的东西。路被堵住了，我们必须走不同的路线才能到达商店。"

**尼克医生**："妈妈没有走固定的路线，小兔子很难受，但它想去商店玩。你们猜怎么着？好消息！尽管妈妈带他们走了不同的路线去商店，可是小猪和小兔子都玩得很开心，还得到了玩具。（我又播放了一次快乐的结局。）结束了！"

**查理**："再放一次！"

**雅各**："再放一次，尼克医生！"

于是，我又重播了一次寓言故事。

**尼克医生**："有时候因为路被堵住了，你不能走固定的路线，你必须走另一条路。"

**爸爸**："太棒了！我想他们真的明白了。"

**尼克医生**："重点是帮助雅各**理解原因**！我们把这两种想法从逻辑上联系起来，帮助雅各成为一个越来越成熟的思考者，这有助于他应对各种变化！"

**在车里的罚时出局：靠边停车**

**妈妈**："这个故事的意思是，每次孩子们开始打架，我都要停车？"

**尼克医生**："你要运用你的判断，尝试所有的技巧。当你发出两次警告后，他们还是没有反应时，你就应该找到一个安全的地方把车停下来。经过一两次这样的操作，他们就会开始听你的话了。"

**妈妈**："可是我没有那么多时间这样做啊！"

**爸爸**："亲爱的，试试吧！这可是你最头疼的问题。"

尼克医生："你可以用一周的时间尝试。每次外出都在计划之外多留一些额外的时间；预期这种情况会发生，带上你最喜欢的书。"

妈妈："我最喜欢的书？"

尼克医生："当你靠边停车时，拿出你最喜欢的书开始阅读。我希望你能好好享受15分钟的阅读。"

妈妈："孩子们会很讨厌我这样做的。他们想赶快去……噢，我明白了！我明白了！这就是后果！"

尼克医生："在靠边停车之前，我希望你每次都大声清晰地说出同样的话。比如：'我无法忍受这样的争吵，我要靠边停车！'"

爸爸："'我要靠边停车'这句话太有杀伤力了。这意味着当妈妈读她的书时，孩子们得在路边度过一段无聊的时光。太棒了！"

尼克医生："很多父母都用过这个方法，效果不错。我让你这么说的原因有两个：第一，它是有含义的；第二，你以后可以用'你想让妈妈停车吗？'作为一种威胁。"

妈妈："我迫不及待想要试一下了。如果他们在我停车后一直尖叫呢？"

### 应对开车的烦恼：计划

- 与孩子共情，表现得夸张一点。
- 使用社交故事或寓言故事（只走固定路线的小兔子）。
- 最初的两周内，外出时预留出20～30分钟的时间。
- 使用相同的表述，即"你们哭闹和打架时我没法开车，我得靠边停车！"
- 当孩子们在汽车内表现出不当行为时，快速（但安全地）停车15分钟，看一会儿书。
- 以后把靠边停车当作一种威胁。
- 出行顺利的话，要给予孩子表扬和奖励。

尼克医生："你可以完全忽视那些不适当的行为，表现得好像你没有听到一样。在确保安全的情况下，你也可以走到车外。这个方法适用于各种各样发生在车上的不当行为，而不仅仅是由没有走固定的路线引起的。当他们解开安全带或两兄弟争吵时，你也可以使用。这就是惩罚。

"但是别忘了奖励。你要试着让行程变得有趣起来，当他们表现好时，要表扬他们，或给他们一些小奖励，比如印章或贴纸。"

妈妈："我们一直都这样做。我们带着书和小游戏机，车上播放他们最喜欢的音乐，奖励他们贴纸和棒棒糖，可是他们很少能拿到奖励。奖励并不起作用，他们依然会哭泣、吵架和打人。"

尼克医生："希望在你停车几次后，他们经历过那种无聊，以后会三思而后行。在这种情况下开车确实不安全。

"我们还要寻找问题的根本原因，比如同胞竞争的问题。你们得让我知道接下来的进展状况。你们的清单上还有什么问题？"

## 外出：雅各不吃餐馆的食物

妈妈："外出购物和就餐。"

爸爸："我已经不记得最后一次顺利地、没有任何麻烦地在外面吃大餐是什么时候了。"

尼克医生："你们两个没有像以前约会时一样，单独出去好好吃顿饭吗？"

妈妈（沉默好久）："我们已经很长时间没有过二人世界了。雅各这样子，我们很难找到一个可以信任的保姆。"

尼克医生："你的家人呢，朱莉？"

妈妈："我的妈妈和爸爸都愿意帮忙，可是我们不想因为这样的事情麻烦他们。"

尼克医生："我需要给你们开个处方吗？'每月一次外出约会'。"

妈妈："好啊！"

爸爸："你总是说太累了。"

尼克医生："你们需要独处的时间，否则会很累。记住，如果你们不给自己充电，就没有足够的精力照顾孩子们。你们只需要做好计划并坚持下去。你们的家人会乐意帮忙照顾孩子们的。"

爸爸："他们管不住雅各，我觉得有可能会让他的行为越发糟糕。"

尼克医生："不要太担心你的父母如何带孩子。你们会一直保持着家里的控制权。你们需要休息，每月约会一次。（我拿出处方单写下'每月约会一次，祖父母照看孩子'，把单子递给妈妈。）这是医嘱。现在，咱们谈谈外出就餐问题。我猜你们会带一些东西让他们在餐馆打发时间吧。"

爸爸："当然有啊！我们会带上书、玩具、掌上游戏机等。这些东西会有点用，但是雅各对食物很挑剔……"

妈妈："我们本来可以选择就餐的餐馆就不多，即使是在精挑细选的地方，我们也吃得匆匆忙忙的，全程提心吊胆，担心雅各又会出什么问题。我感觉钱都白花了。于是我们在家吃饭的次数就越来越多。"

爸爸："以前去好的餐厅吃一顿美食是一种享受。"

尼克医生："太糟糕了！我有个小窍门：去麦当劳买一份儿童套餐或麦乐鸡和薯条，然后带到餐厅。"

妈妈（满怀希望）："我们能这样做吗？"

爸爸："把其他地方的食物带到餐厅？"

---

### 外出就餐的建议

- 不能因为怕麻烦就永远不带孩子到餐馆吃饭。
- 父母需要每月单独出去约会一次（找个保姆带孩子）。
- 在餐馆就餐时，可以拿些东西分散孩子的注意力，给他们奖励。让孩子有玩的并能从中获得乐趣。
- 购买快餐带到餐馆。
- 在非繁忙时段去，坐在安静的位子。
- 出发前让孩子们先吃点东西。就餐时，他们吃甜点，父母吃晚餐。

尼克医生："如果只是给孩子们吃的话，餐馆不会介意的。"

妈妈："还要去快餐店买食物的话，我们要花的时间就更多了。"

尼克医生："没错。最好是他们能乖乖地吃餐厅的食物。"

爸爸："这是不可能的。"

尼克医生："我有一个很有用的方法，很多家长试过都说有效。那就是**出门之前给孩子们先吃点东西**。他们喜欢吃甜品吗？"

爸爸："查理喜欢所有的甜品。雅各只喜欢冰激凌或巧克力蛋糕。"

尼克医生："太好了！几乎每个吃饭的地方都有冰激凌。出门之前先给他们吃点东西，这样他们就不会饿了。你们吃饭的时候，他们吃甜品。你们要选择错峰时间就餐，比高峰时间早一点或晚一点。尽可能找一个在角落里比较安静的位子，比如靠近出口或洗手间附近，这样能尽量避免感觉问题带给雅各的不适感。你们今天出发之前给他们吃东西了吗？"

爸爸："吃过了。"

尼克医生："看看他们多乖啊！今天就像天使一样。"

妈妈："这个办法很不错。亲爱的，我们可以去一家很棒的餐厅。"

爸爸："就像过去一样。"

尼克医生："哇！你们这样让我很不好意思啊。"

妈妈："因为担心孩子们制造麻烦，所以我们不能开车外出，不能去餐馆就餐，不能去商店购物……"

爸爸："这些问题真的影响了我们的生活质量，让人受不了啊！"

尼克医生："我明白！希望这些技巧能帮助雅各回到正常的轨道上。（雅各和查理在开心地玩火车玩具。）我们现在聊一下到商店购物的问题吧。"

## 在商店里发脾气

妈妈："尽管我已经开始习惯被围观，可是我仍然害怕去购物。我发誓我会用这些卡片的。吉姆无法忍受雅各在商店的行为。"

爸爸："对我来说，其实还好。因为我可以把他抱起来带走。我不会惯着他，请原谅我这么说。"

妈妈："他越来越重，我都抱不动他了。"

尼克医生："他确实长大了，这也是问题的重点。他已经成长到能够理解要去购物才能买到食物。'家里需要麦片，所以我们要去商店购买。'你们要让他把这两件事联系在一起……雅各为什么会在商店里出现不当行为呢？"

爸爸："他想要买东西啊。他总是会提前想到要买点什么东西，他是个收藏家。"

尼克医生："哦，原来是**期望破裂**，他感到失望了！他对事情应该如何发展有自己的想法和期望。"

妈妈："是的。他期望我每次都给他买点东西，而我不会再这样做了。我已经犯了一个错误。我曾经给他买过一本有关托马斯小火车的书，现在他每次都想去图书或玩具专区，可是那些玩具都不便宜。"

爸爸："他应该做到只是去逛商店，而不是每次都要买东西。"

尼克医生："没错，吉姆。有些家长确实会承诺给孩子一点奖励，比如口香糖，或者一块小糖果，又或者一两块钱的东西。这些东西可以作为对良好行为的奖励。我不反对给孩子一些小奖励，重点是要用来奖励良好行为。吉姆，我同意你的看法，去商店购物是生活的一部分。我们不应该用物质收买他，但这并不意味着我们没有其他办法让他觉得购物好玩和有趣。"

妈妈："外出购物一点也不好玩！"

爸爸："即使得到了一样东西，他还会想要其他东西。尤其当朱莉带着他的时候，他如果没有得到一本书或一个玩具，就会哭闹、发脾气，还会打人，像个小恶霸。"

尼克医生："你们必须遵循'绝对不会'的规则——谁都绝对不会因为不良行为而得到想要的东西（见**第17章**）。这需要一些练习，但我相信雅各能做到。"

妈妈："他一看到自己想要的东西，就开始嚷嚷着要买。我不理他，继续往前走。他在发脾气，却又不想让我离开他，所以他会从地板上爬起来，一直跟在我身边又哭又闹。"

尼克医生："这样真的很糟糕。"

爸爸："确实很糟糕！"

妈妈："我准备到处发刚才您推荐给我们的卡片了。除此之外，我不知道还能怎么办！我必须得去购物啊。"

## "去商店"计划

尼克医生："我们需要一个更好的'去商店'计划。目标是让雅各在半个小时的购物过程中，不会哭闹和发脾气。因此我们要先做好一些基本准备。你会列购物清单吗？"

妈妈："我会的。"

尼克医生："你也给雅各一份购物清单。让他帮你勾选购物清单，这是安排给他的任务。"

妈妈："他可能会喜欢这样的做法。"

尼克医生："接下来，你的情绪和态度很重要。你如果预感到将会出现不良行为，就会表现出焦虑的情绪，而雅各会注意到这一点。"

妈妈："我真的不喜欢去购物。每次他都安静不了五分钟，更不用说半个小时了。他要是半个小时都没有制造麻烦，太阳都要从西边出来了。"

尼克医生："那也许我们可以从此处着手。刚开始的购物之旅要**保证简短**。把这看作一次教雅各如何购物的练习课。**只买需要的东西，随时准备好开车离开**。做好心理准备，做好计划。确保孩子们休息好并且肚子不饿。让购物变得有趣、好玩、有意义，唱一首搞笑的歌，'嗨，嗨，我们去买点食物吧！我们想买好吃的食物，嘿嘿，嘿

> **"去商店"计划**
>
> - 将勾选购物清单作为安排给孩子的任务。
> - 态度积极，期待成功。
> - 缩短行程，先买急需物品。
> - 确保孩子们吃饱了，不累。
> - 让购物变得有趣和有意义，让孩子帮忙选购。
> - 严格而迅速地遵循"绝对不会"的规则。
> - 尽可能忽略不适当的行为。
> - 预留出半小时的"车内罚时出局"时间。
> - 仅奖励好的逛商店行为。
> - 小心感觉反应过度。

嘿！'你一定要让他知道，你不会给他买玩具。"

妈妈："我都会提前跟他说的，可是根本没用。他就想要买玩具。"

尼克医生："我建议你可以给他一个小小的奖励，让他有所期待，但前提是他要在商店表现良好才会奖励他。你要严厉一点。吉姆，这样可以吗？"

爸爸："可以啊。"

尼克医生："你们接受这个计划吗？"

爸爸："反正也不可能比现在更糟糕了。一旦雅各有不当行为的迹象，我们就应该回到车上**进行罚时出局**吗？"

尼克医生："跟往常一样，你应该感同身受地描述他的感受，看看是否能安抚他。这种情况下给予一次警告就可以了，如果警告不起作用，你就必须采取行动。你要怎么跟他说呢？"

妈妈："雅各，别闹了！如果你继续闹，我们就要上车回家了。"

尼克医生："很好！"

**雅各抬起头看了看我们（他正在玩火车）。**

妈妈："如果他跟我对着干怎么办？他会跑掉的。"

尼克医生："你可以先把他哄过来。当他继续闹时，你可以用一种有诱惑力的、吸引人的声音说：'来，雅各，我给你看点东西。'然后把他带到车上。如果你预料到他会跑掉，就紧紧地抓住他，把他带上车，关上车门。你要把车停得近一点。我甚至让一些家长拿到了残疾人停车证。记住你才是老大。"

妈妈："我希望能有效果。这得花很多时间。"

爸爸："第一次我和你一起去吧。"

医生尼克："吉姆在场的话肯定会有帮助，不过我希望朱莉自己全程处理这件事。否则的话，雅各在朱莉独自一个人的时候又会不听话了。他可能要去几次商店后才明白你说'不要哭哭啼啼'的意思就是'不行'。他越来越聪明了，他觉得可以让你妥协。你目前使用的'忽视和离开'策略实际上还是可以的，而且最终是会有效的。但是我想要帮助雅各学会成熟，延迟满足，而不是总想着拿到想要的东西。我希望他不仅能忍受购物的过程，还能乐在其中。"

妈妈："好的，我打算实行'车内罚时出局'，我要多花点时间试试这个方法。"

尼克医生："成功了的话就打电话告诉我吧（见**后续**）。我还有最后一个问题：雅各对噪声和嘈杂环境的反应怎样？有些孩子真的无法应对感觉过载。我建议你们选择非繁忙时段去购物。"

爸爸："我觉得他没有那么敏感。我可以带他去建材市场（如百安居），他喜欢那里的工具和机器，我们假装他是建筑工人鲍勃。"

尼克医生："好的，我们就这样处理吧。我想雅各会明白的。"

### 挑食

妈妈："我们还有最后一个问题——雅各的挑食问题。"

这时，孩子们为争抢玩具打起来了，雅各和查理相互推搡。

尼克医生："哇，哇！谁想要棒棒糖？去找艾米要吧。"

他们停止打闹，跑了出去。

妈妈："我很惊讶他们能玩这么长时间没有打架，他们兄弟间的竞争在家里越来越激烈。分享的问题一直存在。"

尼克医生："这个问题就说来话长了，我们应该留到下次再讨论。今天最后一个话题咱们谈谈挑食，好吗？"

妈妈："抱歉，尼克医生。"

尼克医生："最近我接诊了很多挑食的个案，所以我整理了一套方便使用的指南，可以帮助孩子扩大食物范围。（在文件夹里翻找）这是挑食应对指南。"

### 挑食应对指南

- 小心"美味大逃杀"！
- 把健康的食物放在餐桌上是父母的职责，吃饭是孩子的事情。
- 不要为吃饭而斗争。不要喂食或强迫进食。他如果不吃东西，自然会饿的。
- 可能要经过20次左右的尝试，孩子才能接受新食物！
- 制作一个"尝味道"盘子。
- 食物的颜色、口感、气味和味道应与他想吃的或之前吃的相似。
- 用于触摸、品尝、进食等的五星奖励。

"我先来快速地讲解一下，如果你们有需要，我们可以稍后再详细讨论。说实话，我不太担心挑食，因为我很少看到孤独症儿童因饮食问题而体重下降或生病。如果饮食问题很严重，我会建议家长寻求专业帮助。

"我有一个关于孤独症和饮食的笑话：**你们知道印度的孤独症儿童吃什么食物吗？**"

爸爸："印度孤独症儿童吃什么食物？"

尼克医生："印度食物。"

我们都笑了。

尼克医生："米饭、咖喱、豆子。"

妈妈："孩子们会吃大人提供给他们的食物。"

医生尼克："没错。因此饮食的第一条规则是不要因为他们不吃，就给他们提供更美味的食物。我们之前也说过这一点。当然，他们会想要更甜、更咸或更油腻的食物，因为这些食物的味道更好。有很多孩子只吃炸鸡块和薯条，他们觉得：'我有炸鸡块吃，为什么还吃白煮鸡肉啊？'然后，他们会拒绝吃白煮鸡肉或发脾气。有一些家长为了让孩子吃饭，真的会跑去麦当劳买食物给孩子吃！选择最美味的食物，这就是我所说的……"

爸爸："……美味大逃杀。"

尼克医生："这就是挑食的主要原因：父母迁就孩子的饮食偏好。因为孩子偏食，很多妈妈会在晚餐时准备多种食物。"

妈妈（不好意思）："我也是这么做的。"

尼克医生："如果美国父母遵循最著名的儿科营养学家艾琳·萨特（Ellyn Satter）的格言'把健康的食物放在餐桌上是父母的职责，吃饭是孩子的事情'，我们国家的人的饮食状况会更好。换言之，孩子如果不吃饭，没有关系，等他们肚子饿的时候就会吃父母给他们的健康食物（意思是你可以重新加热他们之前拒绝的食物），或者可以等到下一顿饭再吃。"

妈妈："我不忍心看他们挨饿啊！"

尼克医生："确实如此，眼睁睁地看孩子挨饿是很难的。但是对于孤独症孩子来说，不断让步可能是灾难。我见过有些孩子一共只吃5种食物。最近我遇到一个孩子，他只吃薯条。一旦他们的饮食范围缩小了，他们就不想改变了。

"请别误会我的意思。我认为可以用简单的食物，如花生酱和果酱，或者热狗，或者一碗健康的麦片，替代正餐的食物。可是如果他们是因为想吃麦当劳的麦乐鸡而拒绝了这些选择，那就太糟糕了！如果你想迁就孩子，给他们更美味的食物，我没有意见……"

爸爸："……但他们选择的食物范围就会越来越窄。"

妈妈："尼克医生，我从您身上真正学到的一点是，要成为好的父母意味着做最好的事，即使会让孩子感到难受。"

尼克医生："朱莉，总结到位！因此这是第一条规则。把健康的食物放在餐桌上，不要命令，也不要强行喂食。吃饭是孩子的事情。"

妈妈："那怎么扩大他们的饮食范围呢？"

### "尝味道"盘子

尼克医生："这是下一个策略。首先，你们要明白：孩子在接受一种新食物之前，需要先接触这种食物将近20次。"

妈妈："哇，20次？"

尼克医生："推荐一个我称之为'尝味道'盘子的方法。这是一个单独摆放在餐桌旁的小盘子，里面有一小块食物。以下是指导原则。

- 盘子里的食物应该非常容易制作（通常是已经煮熟的），而且简单。
- 食物的颜色、气味、口感和味道应该与雅各喜欢的食物非常相似，这一点很重要。
- 一开始，食物需要是他很喜欢的、甜甜的东西。
- 但必须有不同之处。"

爸爸："我明白了，让他习惯尝试一些容易喜欢的新食物，然后养成尝试新食物的习惯。"

尼克医生："没错！这样他会有更多的机会接触新食物。告诉他，如果他'尝一尝'，就能得到奖励。我喜欢用五颗星星作为奖励。

- 他如果只是触摸食物，得到一颗星星。
- 他如果把食物放嘴里，再得到一颗星星。
- 他如果尝一尝，吐出来，还可以得到一颗星星。
- 他如果真的吃下去了，马上就会得满五颗星星并得到奖品！

"无论他是怎么做到的，只要他集齐五颗星星，就能得到一个奖品。"

妈妈："我明白了。这样他很容易就能得到星星，那奖品是什么呢？"

尼克医生："能激发孩子动机的所有东西都可以作为奖品，可以是一份甜品，甚至有家长会用巧克力作为奖品，也可以是小玩具。我还让一些家长把晚餐的食物作为奖励：尝一口白水煮鸡肉，就会得到一块炸鸡块外加五颗星星！"

爸爸："对查理我们也可以这样做。"

尼克医生："是的，他会是一个好的榜样（也是竞争对手）。过一段时间，这就成了一种习惯，而且习惯会……"

爸爸妈妈（齐声）："……成自然。"

### 药物

尼克医生："今天讨论的最后一件事是吉姆提到的药物治疗。"

爸爸："我现在犹豫不决。有时我觉得雅各真的控制不了自己，有时又觉得我们应该给他机会学习应对和变得更加成熟，然后再考虑药物治疗的事情。"

医生尼克："我会告诉你要怎么做。我们再约个时间谈谈药物的选择，这样你就可以看到有哪些可能性。如果我们能够避免使用药物，那是最好的。因为我的预约已经很满了，我很乐意通过电话讨论这个问题。如果我们能让雅各从生活中学习，那么这些辛苦付出都是值得的，如果不能，就另当别论了。"

妈妈："但是用药前，我们得给他一个机会，对吧？"

尼克医生："你们需要很多的耐心和坚持。我看到过很多孩子在没有药物的情况下也可以得到改善，但是在有必要的时候，药物会很有帮助。"

爸爸："那么我们现在暂时先不用药物吧。不过，我还是想和您讨论这个问题的。有了这些新方法，我想我们可以帮助雅各做得更好。"

尼克医生："让我们先花几周时间解决今天讨论的这些问题，然后再讨论药物治疗吧。"

### 后续

**走不同的路线** 在听完"只走固定路线的小兔子"这个寓言故事后（妈妈给了他一点鼓励），雅各对走不同的路线已经不会有明显的行为问题（只发生了一次）了。计划完全成功！此外，当雅各想要拿查理的玩具并开始在车里扔东西时，吉姆和朱莉确实只得靠边停车。他们会说出那句带有魔力的话：

"当你扔东西的时候，我们没法开车，我们要靠边停车！"他们安全地靠边停车，拿出（厚厚的）小说，读了足足15分钟。随着时间的推移，孩子们恳求他们开车离开。现在，吉姆和朱莉要做的就是威胁要靠边停车，孩子们的表现就好多了！

**外出就餐**　吉姆和朱莉在带孩子外出就餐方面不太成功。他们在家里先让雅各和查理吃完晚饭，然后去了一家不错的餐厅吃饭。他们给孩子们点了冰激凌，还给自己点了晚餐。本来一切都很顺利，可是晚餐快结束时，雅各开始发脾气了。他们警告了雅各一次，让他不要再发脾气了。他们告诉雅各，如果他不停下来，吉姆就会把他带到车上，让查理和妈妈平静地吃完饭。雅各不喜欢在车上的罚时出局（但查理喜欢）。

**去商店购物**　去商店购物方面他们也不太顺利，不过朱莉已经做了最坏的打算。她把车停得离商店的门口很近。她的购物清单也很短。雅各一开始发脾气，她就赶紧带他出去。她态度强硬且冷静，强行实施了五分钟的车内罚时出局。查理也不高兴，大声哭了起来，而这是雅各讨厌的状况。朱莉对雅各说他们要重新回去购物，因为"我们必须买到食物，家里才有吃的"。她得重新把雅各带回商店里面。她对雅各说："如果你哭闹或发脾气，你就得待在车上很长很长的时间。"雅各明白了。第三次很棒，朱莉刚刚威胁说："回到车上罚时出局！"他就停止哭闹了！最后，因为他表现好（第三次），朱莉给了他一点奖励。

**饮食情况**　雅各的饮食没有太大变化，但餐桌上的氛围已经没有那么紧张了。他正在尝试一些新的食物（足以获得奖励），可是他还不能接受任何新的食物。好吧，我们不能苛求事事都成功！

## 小结

- 雅各的爸爸来电！虽然某些情况有所好转，但雅各仍然在外出，如坐车、去餐馆就餐和去商店购物方面遇到问题。
- 我们会面并制订了开车外出计划、外出就餐计划和处理公共场所不当行为的计划。
- 雅各的饮食也变得越来越挑剔。
- 我们讨论了如何利用处理日常琐事和不当行为的机会提高雅各的情感思维、应对能力和成熟度。

## 预告

- 在电话访问中，我与吉姆、朱莉探讨雅各的药物治疗问题。

# 第22章

# 电话访谈
# 用药？

尽管在过去的两年半时间里，雅各接受孤独症干预后在许多方面取得了巨大的进步，但是他的**行为**却恶化到了我和他父母不得不考虑使用药物治疗的程度。吉姆和朱莉给我打了电话，这次电话访谈的主题紧接上次我们面谈的内容。

## 筋疲力尽

**爸爸**："非常感谢您能这么快又跟我们通话了。主要是因为雅各让我们家里一团糟，所以我们必须得赶紧确定一下药物治疗方面的问题。我已经开了免提，朱莉就在旁边。"

**尼克医生**："没关系，上次我们没有时间讨论，我也觉得这个问题很重要。"

**妈妈**："您之前说如果雅各行为失控，药物可能会有所帮助。"

**尼克医生**："你们觉得雅各已经出现行为失控了？"

**爸爸**："您是没看到他发作时候的样子。他好像完全失去控制，十头牛也拉不回来一样。他的面部表情都变得狰狞了。他会瞬间变脸，就像完全变了个人似的。"

**妈妈**："就像我们之前说的那样，几乎所有的事情都会让他生气——出门、得不到他想要的东西、不去他想去的地方、跟查理吵架等。我们已经很努力了，尝试了很多办法，希望这些办法能让我们的生活有所好转。"

**爸爸**："可能已经有所好转了，我们采用的新策略还是有点帮助的。你觉得呢，朱莉？"

**妈妈**："可能多少有点吧。但是我真的好累，快撑不下去了！"

**尼克医生**："确实太难了！我能理解你的痛苦。雅各的行为非常具有挑战性。想要改变这样的孩子是要花费很长时间的，需要成年累月的努力。"

**爸爸**："她已经筋疲力尽了。尼克医生，您别误会。总体来看，雅各真的已经取得了很大的进步。我们不是对他的现状不满意，我们只是不明白为什么他还是不能够控制自己呢？朱莉一直说是因为我们做得不够好，他才总是会失控。"

这时候，我听到朱莉的抽泣声。在背景音里，我听到了雅各和查理的声音。

**雅各**："妈妈在哭。"

**查理**（走到妈妈身边）："别哭了，妈妈！"

爸爸："妈妈没事，放心吧！"

妈妈："为了雅各和查理，我们只想尽力做到最好。"

尼克医生："你们已经很棒了！你们如果了解我所接诊过的各种各样的家庭，就会明白自己有多么了不起，甚至可以说是惊人了。这不是一件容易的事情，我能理解你们为人父母的心，也能体会到你们多想要让雅各快乐起来。"

妈妈："可是以他这样的行为，他怎么可能会快乐呢？"

尼克医生："问题就在这里！如果你可以换个角度来看，其实雅各已经有非常大的进步了。根据多年对孤独症儿童随诊的经历，我发现：他们的情绪发展阶段要比普通儿童持续的时间长。比如说查理现在3岁，他已经能够比雅各更好地控制自己的冲动了。可是他同样也经历过'可怕的2岁'这个阶段，什么事情都'不要！''不行！'，对吧？"

妈妈："确实，但是查理那时候没有持续这么长时间。"

尼克医生："我就是这个意思。雅各所谓的'可怕的2岁'这个阶段会持续更长的时间，不过他总有一天会变得更加配合。"

爸爸（半开玩笑）："不知道我们能不能坚持到那个时候啊。"

尼克医生："我们聊聊他能有多失控吧，先具体量化一下。如果我说错了，你们可以随时纠正我。从我的角度看，他总体上是开心的。你们满足了他对于养育的需求。他获得了充足的爱。他确实让其他人的生活苦不堪言，但是他本身是快乐的。"

妈妈（含泪笑道）："也许我才需要吃药啊！"

尼克医生："不是开玩笑的，很多家庭其实是因为父母自己忍受不了那种冲突、不安和痛苦，所以想要给孩子用药。他们总感觉前途一片黑暗。"

妈妈："确实是一眼望不到头。"

尼克医生："我们现在先来讨论一下给雅各用药的事情，然后再一起做决定。"

## 对于药物的考虑

尼克医生："你们现在对使用药物治疗的倾向性有多大呢？"

妈妈："跟您聊得越多，我越感觉雅各可能真的只是在经历某个阶段。这个阶段确实长，但是也只属于阶段性的经历而已，也许我们应该再坚持一下。"

尼克医生："我不希望你在此期间精神崩溃。"

爸爸："就我个人来说，我是很愿意再等等看情况如何，再决定是否使用药物治疗的。可是这些麻烦和冲突已经造成了伤害，尤其对朱莉来说她更加痛苦。我真的很难坐视不管。"

尼克医生："这也是我关注的点，孩子的行为是否已经严重到影响家庭的正常生活了？"

妈妈："雅各的行为确实让我们都感到很艰难。不过如果您认为这只是阶段性问题的话，我就没有那么绝望了。"

尼克医生："我肯定这就是雅各要经历的一个发展阶段，我相信雅各内在有潜力，可以变得更加成熟。但是这不意味着我们要完全摒弃药物治疗，你们还是可以给他暂时服用药物，之后再把药物戒掉的。"

**爸爸**："我可以接受药物治疗，可是我担心药物的副作用。"

**尼克医生**："有疑虑是正常的。我不是那种日常专门给孩子开药的儿童精神科医生，但我确实也经常会给患儿开一些精神药物的处方。我可以告诉你们，这些药物是很有效的，它们会改变孩子大脑中的化学物质，但目前对于这些物质对大脑长期影响的研究还不多。我认为目前整个社会在这个方面所存在的问题是，人们在没有首先提高孩子情感思考能力的情况下，就过早地使用药物治疗。这些药物都是有副作用的，有些药物的副作用还非常严重。因此，对我来说，一个重要的问题就是雅各的行为问题究竟有多严重。**他的行为问题是否已经严重影响他的正常生活、他的快乐，以及家庭的正常运转和幸福指数，是否到了我们需要采取药物治疗的程度？**"

**妈妈**："他的行为之前确实越来越糟糕，但是最近在您的帮助下，情况已经有所好转。我只是觉得似乎每次和他互动都有麻烦。"

**尼克医生**："另一个基本问题是与'能的哲学'有关。雅各能够在没有药物帮助的情况下，在一个合理的时间内，变得更加成熟吗？"

**爸爸**："什么叫合理呢？"

**尼克医生**："四到六个月吧，不管是否使用药物，帮助雅各成为一个更加成熟、更好的情感思考者都需要时间和坚持。我们已经努力多久了？好几年了！"

**爸爸**："别提了，真是往事不堪回首。"

**妈妈**："好像他的能力变得越好，他的行为就越糟糕。按下葫芦起了瓢，我们刚处理好一个问题，又会出现另一个问题。"

**尼克医生**："这就好像剥洋葱，一层又一层！他还不成熟，不明白他不可能总会得到自己想要的东西，而且'就算发脾气，也绝对不会让他得逞'。（确保雅各能听见我说话！）我们还是量化一下，你觉得他大发脾气的频率有多高？"

**妈妈**："您是说像在地板上打滚尖叫那种吗？"

**爸爸**："那种特别严重的发脾气已经少了一些，以前每天都会发作的。有一阵子，雅各和查理一起躺在地上尖叫，简直让人哭笑不得。"

**尼克医生**："像打人这类非常有攻击性的行为呢？是每天、每周还是每个月会有呢？"

**妈妈**："不会每天，但一周至少会有两次吧。他们兄弟间竞争这种事基本每天都会发生。"

**爸爸**："朱莉处理这种日常的麻烦已经得心应手了。您问雅各大发脾气的频率是否每天或每周一次，说真的，如果不是朱莉处理得好，绝对会每天都上演。"

**妈妈**："那是在吉姆鼎力相助的情况下才做到的。"

**尼克医生**："你俩真是最佳拍档啊！其实这也是我考虑的一个因素，你们没办法通力合作的话，我肯定早就考虑用药的问题了。如果整个家庭都摇摇欲坠，痛苦不堪，我会尽早使用药物治疗的。"

我们刚一提到"兄弟竞争"，雅各和查理就在家里为了某个玩具打起来了。吉姆离开电话去处理这件事。我听到吉姆把他们安抚下来，回到了电话旁。

**爸爸**："我让他们看电视了，这样我们才能接着说话。您之前问我们是否整个家庭都痛苦不堪，我觉得确实是的。"

妈妈："查理真的很不容易。"

尼克医生："你们说雅各每周会有两三次大发脾气，每天还会出现兄弟竞争问题，或者在外出等方面出现各种小问题。这样确实是很频繁了。不过在我们讨论具体的药物类型之前，我希望你们知道，就算是使用药物治疗，也很少有真正的药到病除。药物可以改善症状，可是停药之后，所有症状会卷土重来，可谓治标不治本。但是我们如果能够成功地处理这些行为问题，就可以从根本上解决问题。帮助雅各成为一个成熟的情感思考者才是从根本上治疗。"

爸爸："即使我们给雅各用药，他还可能会有行为问题吗？"

尼克医生："在50%～75%的情况下，药物可能会让他的行为有所改善，尤其在症状非常严重的情况，会很有帮助。"

妈妈："在您看来，雅各的情况有没有严重到需要药物的程度呢？"

尼克医生："差不多，他现在就到了这个临界点。我们接下来看看他具体需要服用哪一种类型的药物，这可能有助于我们做出决定。"

## 焦虑，强迫，抑郁？

尼克医生："你们认为雅各总体上是个爱担心的人，还是说他的烦恼更多是情境性、反应性的呢？"

爸爸："雅各让我们感到忧虑，但我觉得他不是爱担心的人，他的烦恼都是反应性的。"

妈妈："我也有同感。雅各不是焦虑的人。他确实很强势，也很冲动，但至于焦虑，除非是我们没有走他认为正确的路线，不然他不会焦虑的。他大多数时候都是很好相处的。"

爸爸："他的烦恼都是情境性的，可预见的。"

妈妈："坐车、去商店购物、跟查理争吵。"

尼克医生："当他的期望被打破的时候，他就会生气。所以，从某种意义上来讲，他会**担心**自己得不到想要的东西。这就是一种焦虑。"

爸爸："确实是这样，但他不是那种会杞人忧天的类型。总的来说，雅各就是受不了期望被打破，他对于自己想要的和喜欢做的事情非常痴迷。如果他不能做自己期望的事情，那我们就要小心了。很多时候我们并不知道他想要什么。"

尼克医生："所以他的脾气会突如其来。"

妈妈："我越来越善于觉察他何时会爆发了。之前他会有一些迹象，我也能够更好地解读出来，比如说他专注于某件事情的时候，这就是迹象。他完全沉浸其中。"

尼克医生："可是你不认为他的沉迷到了强迫症的程度，是吗？"

妈妈："您是说像我一样总是要查看门有没有锁，炉子关没关吗？我是有点强迫症的。"

尼克医生："嗯，就是有一种必须做某件事，不然就会有不好的事情发生的感觉。比如，**必须放下马桶座圈**，**必须关上所有的门**或者每天晚上玩具都**必须以一个固定的顺序排列在床上**。我称他们为'完美主义的'孩子，他们想要所有事情都是完美无缺的。"

爸爸："雅各完全不会这样。除了要走特定的路线，他对所有事情都毫不在意。"

尼克医生："雅各有没有恐惧症呢？这与焦虑有关，像是害怕蜜蜂、飞虫、风暴或黑暗。"

妈妈："他不想去地下室，因为地下室有'怪物'。今年夏天他确实很关注虫子和蜜蜂，不过他其实是喜欢它们的。"

爸爸："我也没看出他有那样的恐惧。"

尼克医生："听起来雅各不像有强迫症，也没有普通意义上的焦虑，也没有抑郁。"

爸爸："抑郁？您是指总感觉情绪低落吗？"

尼克医生："儿童抑郁症和成年人的不同。他们不会说自己很难过，而是表现为不能正常生活，拒绝参加活动，或者在长时间的持续心烦意乱、悲伤难过之后，变得易怒。它通常发生于孩子经历了一系列的重大事件之后，比如非常亲近的人离世或父母离异，或者受到忽视和情感上的虐待。雅各显然不属于这种情况。"

> **要使用药物吗？**
>
> - 孩子的行为有没有影响到生活和情绪呢？不要标签化。
> - 情境性的压力是否会引发行为问题呢？
> - 精神障碍诊断。
>   - 焦虑/强迫/抑郁
>   - **注意力缺陷与多动障碍**
>   - 对立违抗障碍
>   - 情绪障碍
>   - 调节障碍

爸爸："您认为他的愤怒和烦躁可能来自抑郁吗？"

尼克医生："我必须考虑所有的可能性，不过我认为并非如此。"

妈妈："其实大多数时间他都是个开心的孩子。"

尼克医生："确实。因此抗焦虑的药物可能对雅各没有什么帮助。"

爸爸："抗焦虑的药物具体是什么药呢？"

## 氟西汀类药物

尼克医生："**氟西汀类药物（见术语表）会增加大脑血清素，使人快乐，减少焦虑和强迫倾向。我们称之为'无忧无虑，快乐加倍'药丸。低剂量的情况下它是相对安全的，副作用很少。孩子有焦虑症状的话，它会很有效。但是对于雅各表现出来的问题，我还是建议采用我们之前一直在用的方法。"

妈妈："您指的是过渡技巧和像'只走固定路线的小兔子'这样的寓言故事吗？这些办法确实对缓解雅各的焦虑很有帮助。"

尼克医生："是的。我们希望通过让孩子学会正确看待事物，发掘孩子内在的潜力，从而应对生活中的焦虑。"

爸爸："这些药物需要每天服用吗？"

尼克医生："是的，这些药物需要长期服用，不能时断时续，而且在停药之后，焦虑会很容易复发。但是对雅各来说，我不确定它们是否有效果。他的问题更多是反应性的，并不是焦虑引起的。"

妈妈："当他做出反应的时候，那真是天翻地覆啊！转眼之间他就会怒火中烧，很快就会变成'熊熊大火'。"

尼克医生："而且他个头越来越大，体格越来越强壮。"

爸爸："当他失控开始打人的时候，我也越来越难控制住他了。"

## 是注意力缺陷与多动障碍（ADHD）吗？

尼克医生："我们来聊聊他的反应性和冲动性。我要继续做鉴别诊断。我要筛查他是否存在其他的合并症。你们觉得他多动或注意力不集中吗？他的注意力情况怎么样？"

爸爸："如果让他玩小火车，他能专心致志地玩上几个小时。我不觉得他多动。朱莉，你呢？"

妈妈："他不配合的时候，我会这么觉得。"

爸爸："在看电视、玩火车、荡秋千这些事情上，他会很**沉迷**。"

妈妈："但是如果让他去做一些他不想做的事情，他就会不配合，要么跑开，要么大发脾气。当他到处乱跑的时候，感觉还挺像有 ADHD 的。"

尼克医生："这就是诊断孤独症儿童是否合并 ADHD 的困难之处。当他们做自己喜欢的事情时，他们完全没问题。可是如果要求他们去做那些没有那么喜欢的事情时，他们就会注意力不集中和分心。

"因此，这是很难诊断和治疗的。最近有一项很重要的研究，研究人员给同时有孤独症和 ADHD 的儿童服用利他林类的神经系统兴奋性药物，并将他们与只有 ADHD 的儿童进行比较。利他林类的药物对于 90% 的 ADHD 儿童都是有效的，但是只对 40% 的合并 ADHD 的孤独症儿童有效。"

爸爸："差别很大啊！"

尼克医生："是的。换句话说，这类药物对于合并 ADHD 的孤独症儿童的有效性只能达到 ADHD 儿童的一半。"

爸爸："怎么知道会对谁有效，对谁无效呢？"

尼克医生："很遗憾，一般需要进行实验性治疗才能知道效果。我会让孩子服用不同剂量的神经兴奋性药物（包括不用药），然后让老师每天用标准评分表给孩子打分。"

爸爸："老师不知道剂量是多少吗？"

尼克医生："是的，这叫作'单盲试验'。老师是'盲的'，也就是说，她不知道当天孩子服用了多少剂量。对了，幼儿园老师对于雅各在课堂上的表现是如何评价的呢？"

妈妈："他表现不错，没有收到什么投诉。"

爸爸："我感觉他好像在学校里会努力控制自己，等回到了家就肆意发泄。"

尼克医生："这又涉及'能的哲学'了。至少雅各在学校里是**能**控制住自己一段时间的。"

爸爸："这一点很好，他肯定是有一定的控制力的。"

妈妈："学校从来没有给我打过电话。他为什么在我面前会表现得那么糟呢？"

尼克医生："朱莉，你不要责怪自己，跟你没有关系。这种情况很常见。孩子在学校里控制住了自己，等他回到家里，感到安全、被爱、舒适的时候，他就会肆意发泄。因此事实上，上学可能是雅各在家里出现行为问题的原因之一。我也见过有些孩子的情况恰恰相反，他们在学校里肆意妄为。"

妈妈："他刚回到家的时候，确实会表现得更加糟糕。这还真是挺有意思的。"

爸爸："他如果愿意，其实是可以老老实实地坐着、集中注意力的。我们一起看书，就算时间很长，他也可以坚持下来。"

尼克医生："因为那些是他喜欢的活动。如果他去上学前班，要在学校待上一整天的时候，情况又会如何呢？要知道学校的要求更多，也更重视孩子参与**非偏好性**活动时的服从性，要求孩子保持专注、不分心、认真聆听。"

妈妈："他还是经常会忽视很多事情，尤其是那些他不想做的事情。就算我们用上您的'罚时出局'方法（见**第17章**），他还是不能好好听话。"

爸爸："他很快就要上学前班了。雅各不喜欢做您说的那些非偏好性活动。ADHD药物对此有效吗？能帮助他听讲吗？"

## ADHD药物

尼克医生："ADHD药物会有助于集中注意力。你们可以把这类药物想象成一杯浓缩咖啡。你们都喝咖啡的，对吧？"

爸爸："我是咖啡成瘾人士。"

尼克医生："当咖啡起作用的时候，你会感觉很好，专注又警觉。神经兴奋剂同样如此。它们能提高警惕性、注意力和专注力。它们可以减少多动、注意力不集中和冲动行为。现在还出现了一些新型的药物，跟神经兴奋剂完全不同，它们可以减慢速度，减少冲动，但会让孩子感觉很疲惫。"

妈妈："雅各有时候很冲动。有一天我们去商店的时候，他从我身边跑开去了玩具区。我之前根本没想过他可能会跑丢。"

尼克医生："ADHD的冲动，指的是有这种症状的孩子整天做事都不经思索就快速付诸行动。"

妈妈："他没有那样子。"

爸爸："只有利他林有这样的效果吗？"

尼克医生："这是一大类的**神经兴奋性药物**（见**术语表**），当中包括哌甲酯，也就是利他林的通用名。如果对症的话，神经兴奋剂确实会非常有效，因此目前才会被大量使用。它对于提升孩子在学校的专注力是非常有用的。"

爸爸："有副作用吗？"

尼克医生："会有一些，但不严重。明显的副作用包括影响食欲，如果摄入的剂量太高的话，性格会变得没那么活泼。当药效退去的时候，孩子会有点烦躁易怒。"

妈妈："我们可不想他更易怒了。"

尼克医生："我不认为雅各符合ADHD的诊断标准。如果你们感兴趣，我可以让你们和他幼儿园的老师填写一些表格，以更深入地了解雅各有没有多动的症状。我个人的观点是，ADHD药物可能对雅各的作用不大。我倾向于等他正式上了学前班，再考虑使用神经兴奋性药物或其他让他'慢下来'的药物。"

爸爸："那我们就等一等吧。"

### 《精神障碍诊断与统计手册（第 5 版）》（DSM-5）

**尼克医生**："我们现在正在逐项排除。雅各没有焦虑、强迫、抑郁或 ADHD。我要在脑子里再过一遍 DSM-5。"

**爸爸**："DSM-5 是啥？"

**尼克医生**："不好意思，我还以为我已经跟你们提过了。这是精神病学的一个主要文献，叫作'精神障碍诊断与统计手册'，简称 DSM，现在用的是第五版。DSM 在精神病学领域是非常权威的，它指导精神科医生和其他精神健康服务提供者做出正确的诊断，从而选择合适的药物和行为治疗方法。我考虑用药的时候，就会参考 DSM 的标准。我现在考虑的 DSM 诊断是：

- 焦虑症
- 强迫症
- 抑郁症
- ADHD
- 对立违抗障碍（ODD）
- 品行障碍（CD）
- 情绪障碍
- 调节障碍"

**爸爸**："对立违抗障碍？"

**妈妈**："就是它了！雅各跟我们对立，违抗我们。"

### 对立违抗障碍（ODD）

**尼克医生**："这是精神病学的一个专业术语，指的是那些'不听话，不按要求行动的孩子'。（我能听到他们在笑。）对立违抗障碍（*Oppositional Defiant Disorder*, ODD），通常适用于那些故意不听话的年幼儿童。当他们年龄大一些，开始有更严重的行为问题时，比如在学校打架、出现破坏行为，会被诊断有'品行障碍（Conduct Disorder, CD）'。雅各并没有品行障碍。"

**爸爸**："现在还没有而已。"

**尼克医生**："他可能符合 ODD 的诊断标准。我只是不太喜欢用这个词形容孤独症孩子。因为他们大多数时候并不是故意对立或违抗，而是出于对某种情境的反应。"

**爸爸**："我不同意。雅各很多时候都是故意的。他会用挑衅的眼神看着我们，他是有意识地不服从。"

**尼克医生**："我们曾经谈到过他不尊重你们还骂你们这件事。"

**爸爸**："比如，他有一天在学校学到了'臭屎脸'这个词，他就用到我们身上了。我认为这是不尊重父母的行为。"

**妈妈**："您是如何帮助这些孩子的？可以用什么药物吗？"

**尼克医生**："所有的孩子都会如此。我会帮助他们变得更加成熟，成为更好的情感思考者。既然提到了药物治疗，我们就要弄清楚孩子对立违抗的程度。如果当中包含攻击行为——咬人、打人、扔东西，我们就需要用到一些药效非常强的药物，但它们的副作用也远超我们之前谈到的那些药物。"

**爸爸**："副作用比其他所有药物都要大吗？"

**尼克医生**："是的，有这个可能性。它们被称为'非典型抗精神病药物（Atypical Anti-psychotics Medications）'（见**术语表**）。"

**妈妈**："您不会认为雅各患有精神疾病吧？！"

**尼克医生**："他当然不是。只是这些药物最初是用在患有精神疾病的成年人身上的，能够帮助他们平静下来。这些所谓的'非典型'药物，能够减少患者异常的思维模式和攻击性，所以后来医生才会把这些药物用在那些有攻击性和冲动行为的孤独症儿童身上。我的经验和这方面的研究都表明，这类药物在减少**冲动性攻击**行为方面有很好的效果。"

**爸爸**："冲动性攻击行为，挺符合雅各的表现。"

**尼克医生**："这些都是药效很强、非常复杂的精神类药物。"

**爸爸**："您会给病人开吗？"

**尼克医生**："会啊，不过我会非常小心。我真的很犹豫是否要给年幼的孩子服用这一类药物，因为它们都是非常强效的长期性用药，并且有严重的潜在副作用。"

**妈妈**："有哪些副作用呢？"

**尼克医生**："有些孩子会昏昏欲睡，超过50%的孩子经常感到非常饥饿，因此会体重猛增。"

**妈妈**："雅各已经吃得不少了。虽然他很挑食，但是喜欢的东西他就会吃很多。"

**尼克医生**："还有一些潜在的、非常严重的副作用，包括过敏反应、肌肉僵硬、类似抽动的行为……"

**爸爸**："您现在就好像电视里的广告一样，展示了一个美好的场景，同时又用画外音提醒大家这些药物会造成很多可怕的后果。"

**妈妈**："我不想让雅各吃这么危险的药物。"

**尼克医生**："那些危险的副作用是很罕见的。幸运的是，我从来没有见到这种副作用发生。希望我永远也别遇到。但我必须要告知你们会有这些副作用。正如我所说的，除了体重增加，其他的副作用都是很罕见的。大概有60%的孩子会有体重增加。不过这种药物对于有严重行为问题的孩子的作用，简直就像魔法般神奇。"

**爸爸**："尼克医生，实话实说，我真的非常受打击。因为您提出的最适合雅各的药物，却有着最大的副作用。"

**尼克医生**："我不是想要吓唬你们，只是跟我们之前谈到的其他药物相比，比如那些抗抑郁和治疗ADHD的药物，非典型抗精神病药物出现副作用的风险确实更高。"

**妈妈**："我本来还希望会有既快速又简单的方法能够帮助雅各。可是您提到的这一类药物太复杂了。难道没有其他的办法可以帮助他吗？"

**情绪稳定剂和短期镇静药物**

尼克医生:"最后还剩下两种药物可供选择:情绪稳定剂和短期镇静药物。情绪稳定剂用于治疗癫痫,但低剂量的情绪稳定剂可以用于治疗情绪问题,比如易怒、一起床就闹各种别扭、整天都情绪低落等情况。"

妈妈:"雅各总体上是开心的,就是很容易生气。"

尼克医生:"再次强调,这些情绪药物是每天都要服用的长期使用药物,它们是有副作用的,而且可能无法解决引发雅各情绪反应的原因。雅各的情绪反应并不是问题所在。"

爸爸:"短期镇静药物呢?"

尼克医生:"鉴于我们所有的用药考虑,这一类药物可能是最适合雅各的。有一种老式药物叫可乐定,它能够让孩子平静下来,从而帮助孩子控制行为。它其实是一种降压药,而我们则利用了它的副作用。"

爸爸:"所以是把副作用变成了主要作用吗?"

尼克医生:"是的。它能够让孩子不会那么冲动,感到更加平静,而又不会像其他那些安定类药物和镇静剂那么容易让人上瘾。它非常安全,可以帮助雅各调节自己。我觉得雅各的主要问题就在于冲动控制和自我调节。我们也是在努力帮助他调节自己。你们可以上网搜一搜可乐定,它是可以帮助人进行自我调节的。"

妈妈:"它会影响血压吗?"

尼克医生:"如果只是在需要的时候服用,而且把剂量控制得比较低,比如半片,就不会影响血压。你可以在雅各需要长时间坐车时使用它,或者当雅各某一天过得特别糟糕,又或者他难以入睡的时候才用它,它是一种非常好的助眠药物,但是效果最多只能维持4~6个小时。"

妈妈:"去商店购物时也可以用吗?"

尼克医生:"可能也会有效果。如果你们想要一整天都给雅各用药的话,另外一种药效更长的药也有同样的效果。"

爸爸:"这个短期的药物听起来挺安全的,它是叫可乐定吗?"

尼克医生:"是的,它确实安全有效,不过吃太多的话会昏昏欲睡。"

妈妈:"想睡觉也不是坏事啊。"

尼克医生:"你去商店的时候也不希望他在车里睡着吧?我建议一开始的时候先吃半片。我希望你们先在家里试试,看看它效果怎么样。你们可以把它当作一种救急药,在真正需要它的时候再用。"

妈妈:"我们有时候确实需要救援。"

爸爸:"在雅各能够更好地控制自己之前,这种药能在短期内帮到我们,是吗?"

尼克医生:"可以说是,也可以说不是。可乐定是一种非常简单的、不会上瘾的镇静剂。它可以帮助雅各平静几个小时。但雅各主要的行为问题并不能仅凭这种药就解决了。如果你们想要达到长期控制冲动和攻击行为的效果,非典型抗精神病药物才是最好的选择。"

妈妈:"但是那些药太吓人了。"

尼克医生:"确实。我坚信这就是阶段性的问题,只要我们一直相信他能够控制自己的冲动,他一定会越来越好的。"

爸爸:"呈现出一个更好的'冲动三明治'。"

尼克医生:"这就是我们现在在做的事情,我们会用尽一切方法帮助他变得更加成熟,成为一个更好的情感思考者。不过我们也不需要在这个过程当中一味去忍受。药物在此期间也能起到辅助的作用。"

妈妈:"尼克医生,太感谢了!现在我们终于有点盼头了,我感觉好多了。"

尼克医生:"我们会成功的。"

爸爸:"我们会给您打电话汇报情况的。"

## 小结

- 雅各的行为问题确实已经影响了整个家庭,他们正在寻求药物的帮助。
- 我们讨论了雅各的行为,以确定哪种药最适合。
- 在这个过程中,我们提到了治疗焦虑症、强迫症、抑郁症、ADHD、ODD 和情绪障碍的药物,并讨论了这些药物的副作用及可能获得的效果。
- 雅各的父母认为对治疗雅各的冲动和攻击行为最有效的药物的风险太大。
- 雅各的父母最后决定要用短效、非成瘾的镇静剂,这种药物安全且副作用小。
- 我应该已经说服了雅各的父母,让他们明白雅各正在经历一个发展阶段(一个漫长而艰难的阶段),他最终会成为一个更成熟、更好的情感思考者。

## 预告

- 我们会着手处理如厕和同胞竞争的问题。这是雅各一家日常烦恼的主要来源。我觉得是时候让雅各正常如厕了——他已经准备好了!然后,我们再解决同胞竞争的问题。

# 第 23 章

# 第十四次来访
# 如厕训练

**雅各快 5 岁了：该进行如厕训练啦！**

上次访谈结束之后，我就跟朱莉在电话里讨论了雅各的如厕训练方法。他再过几个月就 5 岁了，还穿着纸尿裤呢！我们该集中精力对他进行如厕训练了。朱莉想要来找我谈谈这件事。

我领着雅各、查理和朱莉走进了诊室。打完招呼之后，我向雅各提出了一个开放式问题。

尼克医生："雅各，爸爸去哪儿了？嘿，雅各！爸爸去哪儿了？"

雅各："上班。"

尼克医生："哦，爸爸在上班。（转向朱莉：'哇！他回答了一个复杂的疑问句！'）你现在想要跟我说说上厕所尿尿和拉便便这件事情吗？"

查理："我能上厕所尿尿和拉便便。"

妈妈："现在真的什么都要争，同胞竞争太可怕了！"

尼克医生："我们今天就先处理如厕的问题，下次再聊兄弟间的问题，可以吗？"

妈妈："嗯，反正我也希望吉姆能一起参与讨论他们兄弟俩的事。"

尼克医生："没问题！我就直奔主题了。来击个掌吧，查理（我们击了一下掌）。耶！查理会上厕所尿尿和拉便便了！你呢，雅各？嘿，雅各！你会上厕所尿尿和拉便便吗？"

雅各没理我，稍微低下了头。

尼克医生（对雅各）："雅各，你要学习上厕所大小便了。尼克医生会上厕所，爸爸会上厕所，妈妈会上厕所，巴斯光年也会去上厕所尿尿和拉便便。（这引起了雅各的注意。）你很快也要上厕所尿尿和拉便便了。（对妈妈说）朱莉，如厕训练进展如何呢？"

妈妈："不太好。我记得您说过当雅各开始说话的时候，就该训练他如厕了。他现在是说话了，不过教他上厕所却并不容易。吉姆让我告诉您，他实在是受够了要给雅各换脏兮兮的纸尿裤了。查理 3 岁的时候就已经学会上厕所了，而雅各都快 5 岁了！"

尼克医生："好的，很可惜吉姆今天不能一起来。不过我会把我们讨论的内容录下来，这样他就能听到了。（我把我的录音机打开，对爸爸说）吉姆，今天我们就来制订一个教雅各如厕的训练计划。我们所有人都要达成一致，我现在开始录音了。雅各的功能发展已经达到了可以进行如厕训练的水平。

如果我们能坚持不懈、积极进取、始终如一，同时有策略性，那么雅各就能成功地学会上厕所。（转向妈妈）你们现在进行到哪一步了？"

朱莉讲述了他们已经做过的一系列尝试，包括：
- 当查理和爸爸在厕所小便的时候，让雅各旁观。
- 给他读如厕训练的书籍。
- 用糖果和小贴纸奖励他。
- 跟他谈论如何成为一个大男孩，告诉他纸尿裤有多"恶心"，说到他面露愠色为止。
- 让他光着屁股到处跑，结果他就尿到了地毯和沙发上！
- 每隔一个小时就带他上一次厕所，在他坐在马桶上的20分钟里面，给他读他最喜欢的书。（他可以在马桶上坐着，可是他会憋住不拉，等他一穿上纸尿裤立刻拉在纸尿裤里！）
- 威胁他如果他不去上厕所的话，就把他的小火车拿走。（他一开始挺生气的，但之后好像就不在乎了。反正他就是不把大小便拉在马桶里。）

### 雅各的排泄记录表：一项"实证研究"

尼克医生："我最近刚刚读了一篇关于普通儿童如厕训练要花费多长时间的文章。你猜猜要花多长时间？"

妈妈："一两个月？"

尼克医生："平均来说需要18个月！"

妈妈："18个月？这也太令人沮丧了。"

尼克医生："这个时间指的是从开始训练到最终可以独立上厕所，不需要提醒，也不需要帮忙擦屁股等。有的孩子学得快些，有的慢些，不过通常都需要一定的时间才能学会。关键在于，必须要积极地尝试，坚持几个月的时间。这项研究的研究对象都是普通孩子，这些孩子也都满足了能够进行如厕训练的条件，一般是2~3岁这个年龄。你现在已经着手去做了，雅各也完全**了解这一点了**，这已经是迈出了第一步。"

妈妈："对！他知道我们想要他干什么，他只是不喜欢那样做。"

尼克医生："现在还不喜欢而已。今天我们重点讲一下我多年以来总结出来的方法。这些方法不仅包括我从各个家庭（包括我自己的家庭）当中学到的东西，还有很多来源于最好的如厕训练研究的内容，我也可以推荐给你一些相关的好书。但是，我们先要确认一些事情，我给你的表格填好了吗？"（我之前给她布置了一项任务。）

妈妈（笑我）："我做了'**实证研究**'。"

实证的意思是确认事实。

尼克医生（开玩笑）："不要取笑我的**实证研究**。你得承认通过定时检查雅各的纸尿裤，你也了解了很多情况。"

妈妈："要一周七天每个小时都检查并记录又湿又脏的纸尿裤情况，真不是容易的事情！不过，我坚持下来了。"（把表格交给我。）

尼克医生："非常好！看看这个表填得多好啊！"

妈妈："他的大小便问题确实是有迹可循的。"

**我非常推荐这种初始的、系统性的儿童排泄模式的研究。它为建立一个成功的如厕习惯奠定了基础。**

尼克医生："他能够憋尿好几个小时，甚至可以好几个晚上一整晚都不尿。这是好消息，说明他的身体已经做好了准备。从他的功能发展来看，他也达到了相应的发展水平。"

雅各的排泄模式总结如下。

---

**雅各的排泄模式**

- 小便的规律。
  - 如果睡觉时没有小便，醒来之后会排尿
  - 早上起床之后每两到三个小时一次
  - 有时是饭后
  - 睡觉之前
- 大便的规律。
  - 大都在午餐之后
  - 有时在晚餐之后
  - 偶尔会有一天不排便

---

**准备好的迹象**

- 语言能力达到了2岁的水平。
- 理解常规。
- 能够服从指令并模仿他人。
- 想要取悦他人（有时），喜欢被表扬。
- 了解后果（尿尿 = 奖励）。
- 能够感受到自己身上湿了或脏了。
- 能够动手穿裤子、脱裤子。
- 膀胱容量增加。能够一两个小时甚至更长时间都没有尿湿纸尿裤。大便可预测。

---

### 发展功能上的准备

实际上，不管雅各的父母有没有意识到，他们通过对雅各进行密集的以游戏为基础的干预，已经为雅各成功如厕做好**发展功能上的准备**了。

**注意**：对于那些在发展功能上没有做好准备的孩子来说，我们也可以运用时间表和行为强化的方法训练他们如厕。具体请参见**资源和网站**部分，查看运用这种方法的书籍。

雅各表现出来的迹象表明他已经在发展功能上准备好了。

### 三个坏习惯

虽然雅各已经准备好了，可是他还不想改变。他养成了三个坏习惯，所谓积习难改。他的三个坏习惯是：

- 他想什么时候拉就什么时候拉。
- 他想在哪儿拉就在哪儿拉。
- 他在纸尿裤里大小便。

我们的任务就是系统地帮助他改掉这三个坏习惯，具体要通过以下方法：

- 让他把大小便与马桶联系到一起。
- **每天让他在适当的时间进入卫生间。**
- 鼓励他使用马桶。
- 让他戒掉纸尿裤。

### 儿童坐便器还是马桶圈

尼克医生:"在讨论这些习惯之前,我们要先处理一个大问题。那就是你想用儿童坐便器还是马桶圈?"

妈妈:"我们给查理用的是坐便器,不过雅各好像不怎么喜欢坐便器。我们就在普通的马桶上安了一个马桶圈,感觉他还可以接受。"

尼克医生:"如果我们一开始就让他用普通马桶当然会更好一些,这样我们以后就不用再费心思打破另一个习惯,让他从坐便器再转移到普通马桶上了。"

妈妈:"他现在个头比查理大,坐在坐便器上确实有点不太舒服。可能就是因为这个原因,他才不喜欢坐便器。"

尼克医生:"好的,我们用大马桶加个马桶圈就好了。"

### 舒服地坐马桶

尼克医生:"雅各坐在马桶圈上的情况如何呢?他喜欢吗?他能坐上一会儿吗?"

妈妈:"我们之前常常会让他穿着裤子坐在上面,就是为了让他习惯。"

尼克医生:"很好!这是一个让孩子脱敏的好办法,能让他们习惯坐在上面的感觉。"

妈妈:"现在,如果我们给他讲他最喜欢的'托马斯小火车'里的话,他就能开开心心地坐在马桶上。大概坐十五分钟吧。"

尼克医生:"太好了!五到十分钟就足够了,不用坐太长时间。以后当他要去上厕所的时候,他就会去了。吉姆,朱莉(我朝着录音机说),我们其实已经成功一半了。我会建议家长通过和孩子一起玩、给他们读书、贴贴纸、放一些有趣的小玩具或零食,把卫生间变成一个有趣的地方。这些你们都已经做到了,很棒!"

妈妈:"可是他还是不去厕所大小便。"

尼克医生:"但我们从表格当中,已经了解到他什么时候要大小便了。"

妈妈:"哦,我明白了。当他的膀胱快撑不住的时候,我们就把他放到马桶上,给他念书,直到他憋不住为止。"

尼克医生:"学会了吗?"

妈妈:"学会了!"

尼克医生:"很好!"(击掌。)

## 感觉问题

在我们处理那三个坏习惯之前,我们还剩下一组问题要讨论,那就是感觉问题,这些问题会让如厕训练难以推进。感觉问题分为两种——环境感觉问题和生理感觉问题。

**环境感觉问题** 我们已经讨论过马桶圈是不是舒适的问题,马桶圈不要太冰凉,不要摇摇晃晃。大多数孩子都不喜欢屁股坐在马桶上而脚悬在半空,他们想要有个脚凳。还有,卫生间排气扇的声音是否太响呢?一般来说,卫生间应该保持相对安静。另外,卫生间的光线会不会太亮?或者卫生间里面是否有清洁剂的味道呢？很多孩子都害怕冲水声，父母可能需要安抚他们说先不冲水，待会儿再冲。很重要的一点是，卫生间和马桶都要很舒服，不会刺激感官，同时很安全。

幸运的是，雅各的父母买了一个非常适合他的马桶圈，他们也为他摆上了一个脚凳，他还**喜欢冲马桶**（这是一种内在奖励）。雅各唯一的环境感觉问题就是他不喜欢卫生间排气扇的声音，因此他们就不开排气扇。

**注意**：对于有感觉防御的孩子，渐进性的脱敏方法效果最好。父母先从孩子能够忍受的程度开始，如让孩子把马桶盖盖上，**看着马桶**，或者**不脱裤子坐**在马桶上等，然后向最终目标逐步推进，让孩子光着屁股坐在马桶上五分钟。要让过程有趣一些，用语言树立孩子的自信心，让他保持积极的态度，并给予他奖励！

**生理感觉问题**　有些孤独症儿童对触觉过于敏感。这些孩子可以早一点开始训练，因为他们很讨厌那种潮湿和肮脏的感觉。他们能感觉到自己需要大便或小便了。雅各不属于这种情况，他是低反应性的，生理上不敏感。他们这类孩子不在乎是湿还是脏。雅各知道会弄湿或弄脏屁股，可他不在乎。当他膀胱撑不住的时候，他也不说话，不过在他小便之前（妈妈在表格上标注了），他会"有点小亢奋"，而当他要大便的时候，他会"躲在客厅的一把椅子后面"。因此，他其实也没有**那么迟钝**。

### 雅各的如厕计划

*尼克医生*："好了，我们来总结一下。我们了解了雅各的习惯；我们知道他在功能发展方面已经准备好了；我们知道要给他用什么类型的马桶；我们知道他的感觉敏感程度。我们现在可以讨论雅各如厕训练计划的下一步了。"

*妈妈*："我准备好了。"

*尼克医生*（对着录音机）："吉姆，准备好了吗？在继续讨论之前还有两件事。**第一，在这个过程中父母保持乐观和积极的态度是非常重要的，甚至可以是充满欢乐的。**下面的步骤通常是最困难的。因为积习难除，在训练过程中总会发生一些意料之外的情况，所以孩子会有抗拒和倒退。不过这些情况一般都只是暂时的，最好的解决方法就是一直鼓励和保持一个不断尝试的态度。

"如果雅各变得**极为**抗拒，你们就缓一缓（通常缓几周到几个月的时间），避免冲突加剧。重要的是，不要让孩子感到很羞耻或者让他觉得自己很失败。"

**注意**：根据我的经验，孩子出现反抗通常源于三件事情：孩子非常固执，孩子充满怨恨或愤怒（这就需要解决愤怒的根源），或者孩子有新出生的弟弟妹妹。基于雅各并没有以上的三种情况（除了有点小固执），我非常有信心他能通过我常用的（哄骗型）如厕方法成功学会如厕。

*尼克医生*："第二件事也非常重要，你们需要**专门抽出时间建立新的如厕模式**。"

*妈妈*："如果需要的话，我可以让雅各周五不去上学，这样周末就有更多的时间了。然后让奶奶帮忙带查理让他别碍事。为了成功，我什么都愿意做。"

*尼克医生*："这个态度是对的，朱莉。从我的经验来看，成功的**第二**重要因素就是父母有想成功的意愿。"

妈妈："我想知道第一重要的因素是什么呢？"

尼克医生："孩子**要有**想成功的意愿。但是孤独症孩子通常没有这样的意愿，他们不想要改变，因此父母才需要积极，有耐心，让这件事情变得有趣起来。第一步就是关于态度和计划的，下一步才到行动。**我们要把雅各也纳入计划当中，激励他，培养新的习惯。**我认为这当中有两个最大的问题，一个是最终要让雅各摆脱纸尿裤，另一个是我们一定要激励雅各。我们就先讨论一下这两个问题，然后再讨论其他的步骤。"

> **雅各的如厕训练计划 1**
> 
> - 当孩子"准备好"时开始训练。
> - 帮助孩子了解"要坐在马桶上大小便"这件事，并练习坐在马桶上。
> - 了解孩子的排泄习惯。
> - 选定马桶圈的类型并让孩子舒适地坐上五分钟。
> - 让卫生间变成一个有趣的地方。
> - 解决孩子的感觉问题。
> - 保持积极，要有耐心，让过程有趣起来。
> - 从繁忙的日程当中抽出时间。

### 纸尿裤的危害

如厕专家的共识是，纸尿裤最终都必须要被淘汰掉！在这个快节奏的科技社会，超吸水的纸尿裤极大地阻碍了数百万儿童的如厕发展。对于孩子来说，神奇的超强吸水性纸尿裤会像海绵一样吸走身体上潮湿的感觉，就算纸尿裤里层已经湿透，孩子也不会有不舒服的感觉。对于父母来说，这种神奇、方便、一次性的纸尿裤让他们从忙碌的生活当中，免除了要洗尿布和回收利用恶心的脏尿布的不便。难怪孩子们学会如厕的平均年龄越来越大了呢！

问题在于，我们如何激励雅各放弃使用纸尿裤呢？

**动机问题**：普通儿童和孤独症儿童之间的区别。就像雅各的弟弟查理，普通儿童的动机，主要是为了取悦父母或者避免让父母不高兴，也为了让别人认可自己"长大了"或者成了大孩子，因此他们会模仿那些学会了如厕的同龄人。普通儿童喜欢穿上印有超人图案的大男孩内裤或者印有灰姑娘图案的大女孩内裤。孤独症孩子则对这些方面没有那么感兴趣。

虽然包括雅各在内的这些孤独症孩子在某种程度上也会被成长的这些需求所激励，但是，可能我不说你们也猜到了，他们还是会深受"让世界保持不变"的想法影响。雅各已经穿纸尿裤四年了，他肯定想要保持原状。除非我们能让这件事变得很简单，或者有强大的动机让他改变自己的习惯，否则他是不会想要改变的。

### 将雅各也纳入其中：成功预设

尼克医生："我们下一步计划的重点，一方面是要让雅各也参与到如厕训练当中，让他知道发生了什么，用他能听懂的语言，用有趣的故事跟他分享这个计划。我们不会搞什么突然袭击，并且（我对着录音机跟吉姆说）不会使用强制的手段或与他争斗解决这个问题。（不过可能会用到一切强力的说服手段！）我们会循序渐进地让他习惯这一切。

"另一方面，我希望你们能秉持一种'如厕训练必须进行到底'的态度，希望你们能够认定这是必然的事情。"

妈妈："我不太明白您的意思。"

尼克医生："我的意思是你们不要询问雅各是否想要进行如厕训练。你们只需要跟他说明如何进行如厕训练就可以了。你们可以像我这样：'嘿，雅各！你能等会儿再玩小汽车吗？我需要跟你聊聊。'"

雅各走了过来。

尼克医生："跟我击个掌。（他击掌了。）你看到这个录音机了吗？听！"

> **雅各的如厕训练计划 2**
>
> - 让雅各参与其中，预设成功，不搞突然袭击。
> - 使用寓言故事、社交故事和图片时间表。
> - 运用赞扬、贴纸和大男孩礼包——查理也能够得到奖品。
> - 根据雅各的排便规律，把他带去上厕所。
> - 仔细分辨线索，雅各有便意时就赶紧让他坐到马桶上。
> - 必要的话，一直陪他在卫生间里玩，直到他小便或大便完（拉在地板上或马桶里都可以）。
> - 用"意外"练习如厕技巧。
> - 从纸尿裤换到内裤。
> - 逐渐减少辅助，直到他能独立如厕为止。

我录了一些声音，"啦——啦——"，然后按下了重播键回放。雅各很喜欢。查理也过来一起听。我让雅各说出他自己的名字，他照做了。我让查理说出他的名字，他也照做了。我重放了刚才的录音，他们都觉得很酷。我教他们怎么按倒带键，他们就一遍又一遍地听自己的讲话录音。

尼克医生："好了，雅各！你听我说，你今天回家之后，妈妈会给你一些新的内裤和玩具。耶！（我回放了3遍，雅各听到了。）你想要什么样的内裤呢？上面是印有蜘蛛侠、超人、玩具总动员还是汽车总动员图案的内裤？"

雅各："汽车的。"

尼克医生："太好了！你想要跟妈妈一起去玩具反斗城挑内裤吗？（雅各超爱玩具反斗城。）你想去玩具反斗城吗？"

雅各："去玩具反斗城。"

尼克医生："好啊！买到内裤后，你就可以穿上自己的新内裤了。"

雅各笑着点头。

查理（不甘示弱地插话）："我穿**超人**内裤。"

尼克医生："因为你强壮得像超人一样。"

妈妈："我明白了。你没有问他要不要穿内裤，你直接跟他说穿内裤的事情，而且还要让这件事听起来很好玩。"

尼克医生："没错。现在我还录下来了，这样就更有意思了。你按照这个方法进行，谈论这件事，让它变得很好玩。你要假设他同意，而他很可能就会同意。你还要把他的弟弟变成你的盟友，这个我们之后再说。"

妈妈："如果他抗拒的话，我们要怎么办呢？"

**可预见的阻力：穿上内裤**

**尼克医生**："你跟吉姆是不是灵魂互换了?！通常他才是持怀疑态度的人。(对着录音机说：'吉姆，跟你开玩笑的！')在这个过程中我们肯定会遇到一些阻力。当他很抗拒的时候，我们就**退后一步，听听他的担忧，跟他协商，鼓励他，帮他解决问题**。他本来就不想换成内裤，这对他来说是个很大的改变。"

**妈妈**："他会抗拒的。我们去年就尝试过，他不肯穿内裤。"

**尼克医生**："保持肯定的态度。"

**妈妈**："我肯定他会抗拒。"

**尼克医生**："哈哈！那我们要如何让他对这件事情习以为常，并帮助他进步呢？"

**妈妈**："我觉得带他去购物，选他想要的内裤，这个想法很好。其实我也想持乐观态度，可是如果我们回家之后，他就是不想穿内裤，我该怎么办呢？"

**尼克医生**："把内裤从包里拿出来，放到他的房间里。让他先看一两天，习惯一下。别着急。你想想怎样才能让穿内裤这件事变得有意思呢？"

**妈妈**："把它变成一个游戏？"

**尼克医生**："没错！我可以提供几个游戏供你们参考。

- 你可以让查理和雅各在房间里互相扔内裤，来场内衣大战。
- 把内裤像帽子一样套在头上跳舞。
- 把内裤穿在你的腿上，然后抱怨内裤不合适，记得要搞笑一点。
- 你可以故意说反话，告诉他不准穿内裤，等着他跟你作对，这会很有意思。
- 让查理和雅各比赛谁能更快穿上内裤。
- 他穿上内裤后，要奖励他。
- 你可以跟他说，他穿上内裤看起来很强壮。
- 让他穿上内裤，只要能数到十就给他奖励。"

**妈妈**："明白了。"

**尼克医生**："我们要让他逐步适应变化。这个过程要循序渐进地进行。"

**妈妈**："可是他特别喜欢纸尿裤，要是坚持不肯换，怎么办呢？"

**尼克医生**："在头一两周内，我们可以把纸尿裤穿在他内裤的外面。他上厕所的时候，就把纸尿裤和内裤一起脱下来。这样，当他发生什么'意外'(希望你以后称那种情况为'意外')状况的时候，内裤就会让他有更直观的感受。

"当他发生'意外'的时候，你要这样说：'雅各，当你需要小便或大便的时候，你要告诉妈妈，这样我们就可以去厕所里解决了。'

"之后，当他在上厕所这方面越来越轻车熟路的时候，你要适时地说：'纸尿裤用光了。'你懂我的意思吧？之后就可以让他一直穿内裤了。"

**妈妈**(心怀疑虑)："听起来似乎可行。"

**尼克医生**："还没完呢！接下来才是最重要的方法。"

妈妈："您让我的心一直悬在半空啊！"

尼克医生："听好了，吉姆和朱莉，如果事态不断恶化，我们就需要缓一缓，改天再试。我们要尽量让雅各更容易接受，让这件事更有趣一些。**万一他真的完全不想要接受如厕训练，就随他吧！** 因为这就是生活，很多事情只能顺其自然。雅各能够察觉氛围是紧张还是有趣。记住，这就是 <u>PLAY</u> 模式，孩子的意愿和快乐才是最重要的。"

### 成功的步骤

研究表明成功的如厕训练有以下几个关键步骤：

- 当孩子准备好时再开始。
- 要保持积极乐观的态度，不要批评责备。
- 通过谈话和故事让孩子做好准备。
- 用玩偶或真人进行演示。
- 练习坐马桶，上厕所。
- 每次孩子想大小便的时候就把他们带去厕所，把排便行为和上厕所这两件事紧密地联系在一起。
- 运用正强化，如多夸奖（但是不要太突然或太大声）、奖励、奖品。

98%的**普通**孩子都能够在36个月大的时候学会如厕，而雅各也大概达到那样的功能发展水平了。正如我之前所提到的，虽然完全学会如厕的平均时长为18个月，但完全实现坐在马桶上大小便，不用任何辅助，而且意外情况也能不断减少的时间是3～6个月。让孩子能逐渐走上正轨，也就是坐在马桶上，偶尔能在马桶里小便，一般只需要几天到1周时间。

**示范、练习和奖励：首先要有个寓言故事……**

尼克医生："好了，你已经完成了最开始的三个步骤：雅各准备好再开始，保持积极乐观的心态（大多数时候如此），还有就是通过谈话和读故事让他对这件事习以为常。你还做了一些坐马桶的练习。现在是时候进行示范，做更多练习和给予奖励了。对他来说，什么算是大奖励呢？"

妈妈："自从他在您这里看到卡车麦克和闪电麦昆之后，就一直把它们挂在嘴边。"

尼克医生（对雅各说）："嘿，雅各！到这边来。查理，过来！（他们过来了。）你们喜欢卡车麦克和闪电麦昆，是吗？（他们点点头。）如果你们可以去厕所大小便，你们知道爸爸妈妈会给你们什么奖品吗？"

雅各："卡车麦克。"

尼克医生："你怎么知道的？答对了！如果你在马桶里大小便，你就能得到卡车麦克和闪电麦昆！你喜欢这个奖励吗？查理呢？你也会得到奖品啊！妈妈，如果雅各上厕所大小便，查理也要有奖品啊！"

妈妈："嗯，查理也会有奖品。"

我用录音机把最后一句关于拿到奖励的话回放了三遍，然后我用响亮的戏剧腔介绍说："现在，我们来听一个小狗皮特的精彩故事吧！"（我开始对着录音机讲寓言故事了。）

**小狗皮特的故事**

尼克医生："从前，有一只叫皮特的小狗。皮特的爸爸妈妈说：'小狗皮特，我们希望你能在马桶里尿尿。'雅各、查理，你们知道皮特说什么了吗？（他们很喜欢听故事，等待着答案……）小狗皮特喊：'不要！'声音可大了！它一直喊：'不要，不要，不要！我才不要在马桶里尿尿！'（雅各很爱这部分。）'小狗皮特，爸爸就在马桶里尿尿啊！爸爸不穿纸尿裤。爸爸穿着大狗狗的内裤呢。难道你不想成为像爸爸那样的大狗狗吗？'你知道小狗皮特这下会说什么吗？'不要，不要，不要！我不要在马桶里尿尿。'小狗皮特的爸爸妈妈说：'好吧，如果你能在马桶里尿尿，我们就给你一个特别大奖——世界上最大的骨头！'小狗皮特太爱骨头了！它想了一会儿，然后它说：'你们真的会给我世界上最大的骨头吗？'爸爸妈妈说：'是的，世界上最大的骨头！'小狗皮特多聪明啊，它说：'好吧，那我就在马桶里尿尿吧。'它知道要怎么做，它去卫生间，脱下纸尿裤，坐在马桶上，你知道它干什么了吗？"

雅各（完全沉浸其中了）："它尿尿了。"

尼克医生："是的，它在马桶里尿尿了！你知道它得到什么奖励了吗？"

雅各："一根大骨头。"

尼克医生："是的。（再次用到我讲故事的腔调。）它拿到了世界上最大的骨头。它非常开心！它长大了，成为像它爸爸一样的大狗了。你知道小狗皮特后来怎么样了吗？它可以从一个装满了奖品的大狗奖品包里挑选自己想要的东西。后来有一天它终于爱上了坐在马桶上尿尿。它可以像大狗狗一样穿上印着电影《汽车总动员》图案的内裤，再也不用穿脏兮兮的纸尿裤了。它很喜欢成为像爸爸那样的大狗狗。故事讲完啦！"

**用大男孩玩偶进行示范 & 用大男孩奖品包奖励**

尼克医生（对妈妈说）："他明白了。你看到他脸上兴奋的表情了吗？现在你需要买卡车麦克和闪电麦昆、电影《汽车总动员》的录像带，还有《汽车总动员》的其他周边产品，把它们都放在一个棕色的购物袋里。最开始的时候，他能够从大男孩奖品包里挑一个大奖品。你还需要找一个会尿尿的男孩玩偶。"

妈妈："我们买了一个一挤就会尿尿的玩偶，雅各正眼都不看它。"

尼克医生："他现在会看的，因为大男孩奖品包里装满了有趣的玩具。**你要计时，在距离雅各上一次更换纸尿裤 2～3 个小时的时候，他就该上厕所了。**然后，你在雅各面前进行以下操作。

- 让大男孩玩偶说：'妈妈，妈妈！我要去尿尿。'
- 语气夸张地说：'好呀，大男孩，我们去尿尿吧。尿完尿后，你就能从大男孩奖品包里挑奖品了。'
- 你也可以用《伦敦桥》的旋律唱出来：'你可以从大男孩奖品包里挑奖品，大男孩奖品包，大男孩奖品包。你去尿尿之后就可以从大男孩奖品包里挑奖品。'
- 你带着雅各（和查理）一起去卫生间，在他们面前晃晃袋子，说：'不知道袋子里都有什么呢？肯定有大奖吧！'
- 你跟玩偶说：'去尿尿吧，大男孩！该去上厕所了，在马桶里尿尿吧。'挤压玩偶，让他尿在马桶里。

- 你说：'真棒，大男孩！你可以在袋子里挑奖品了。'
- 你让玩偶把卡车麦克拖出来，说：'耶，耶！我尿尿了，然后我就拿到卡车麦克啦！'
- 让玩偶拿着卡车麦克开心地手舞足蹈。
- 转向雅各，他也想要卡车麦克啊，你就跟他说：'如果你也去马桶里尿尿的话，你就能有你自己的卡车麦克了。你现在想要坐到马桶上尿尿吗？这样你就能有卡车麦克了。'"

尼克医生："运气好的话，他可能当场就会尿在马桶里了。如果不行，我们就等到他可以。"

妈妈："这可得花不少钱呢。"

尼克医生："不会很多的。第一个大奖之后，你就可以在大男孩奖品包里面放一些便宜一点的玩具。然后你逐渐降低奖品的价值，最后奖品包就彻底退役了。关键是要改变雅各的三个排泄坏习惯——随时拉，随地拉，以及在纸尿裤里拉。帮着雅各养成好的如厕习惯。就像我常说的：'好习惯一旦养成……'"

妈妈："就会习惯成自然。"

## 视觉时间表和社交故事

尼克医生："你们要在卫生间的墙上，雅各可以看到的地方贴上**视觉时间表**，同时也是一个社交故事（见**资源和网站**）。这也是非常重要的方法。上面放一张男孩在马桶里尿尿的图片，还有奖励包图片、奖品图片和小笑脸之类的贴纸。你们可以自己画，或者在网络上搜索。"

妈妈："我很擅长做手工，吉姆也很擅长技术的部分。这是很不错的方法。"

尼克医生："你们可以在墙上贴一张贴纸表，这样雅各就可以做记录并看到他自己的成功。现在我们就集齐开启下一步的所有要素了。"

### 把所有东西整合到一起

尼克医生："雅各已经做好了准备。你把他的纸尿裤穿在内裤外面。你知道他每隔两三个小时就要尿尿一次。现在你就等着，时不时查看一下他的纸尿裤。如果过了两个小时，纸尿裤还是干的，你就把他带进卫生间，把他的纸尿裤和内裤脱到膝盖位置，让他坐下。（如果你把它们都脱下来，他就会慢慢习惯——习惯成自然。）他可以看到墙上的如厕训练计划。你也让他知道了，他如果在马桶里尿尿的话，就能从大男孩奖品包里选奖品，并且在贴纸表上贴一个大大的贴纸。让他在马桶上坐5～10分钟，时不时提醒他'该尿尿了，雅各。是时候尿尿了，尿在马桶里吧'。如果他没能成功，你就给他一点小奖励（一颗巧克力豆、一个小贴纸、一块饼干等），奖励他坐在马桶上的行为。如果他成功了，你就和他击掌，并且表扬他，但是声音不要太大，也不要太突然。你要是能跳一段搞笑的舞蹈就更好了。"

妈妈："他肯定喜欢我们这样做。可是，如果他到了两个小时还不尿尿，该怎么办呢？我下一步要怎么做？"

### 尿在卫生间的地板上

尼克医生："你就每隔半个小时再带他去一次，明白吗？"

妈妈："明白了。"

尼克医生："很好。你需要展现耐心和毅力。你还需要专门找个长周末，让他在卫生间多待一些时间。这是我从我的同事黛比·比亚莱（见**资源和网站**）那里学到的小花招。你可以脱掉他的纸尿裤和内裤，让他在卫生间裸着下半身（只是因为要用这个方法才会让他裸着）。"

妈妈："他喜欢裸着。"

尼克医生："你们可以待在卫生间，直到他憋不住为止。关上卫生间的门，在浴缸里玩或者玩一下玩具。你就让他待在那里。然后，当他要尿尿的时候，试着让他坐上马桶，如果他不肯或者做不到的话，就跟他说尿在卫生间的地板上也没关系。"

妈妈："这样能有什么用呢？"

尼克医生："这样至少能改掉他三个坏习惯中的两个。他会在**他需要大小便的时候拉**，会去正确的地方拉，**也没有拉在纸尿裤里**。这对于雅各是一个很大的改变，让他能够准备好坐在马桶上大小便。"

妈妈："我要让他在大男孩奖品包里挑东西吗？"

尼克医生："在马桶里尿尿才能挑奖品。你只需要夸赞他，给他一点小零食，让他往墙上贴个贴纸就可以了。你要向他承诺如果他在马桶里尿尿就可以从大男孩奖品包里挑礼物。"

妈妈："真的太好了！现在无论发生什么事，我都有很好的应对方法。尼克医生，您是高手啊！"

### 逐渐减少辅助

尼克医生："谢谢！我还可以教你一个小技巧，即逐渐减少辅助。一旦雅各走上了正轨，你又'用完了'纸尿裤，他就能只穿内裤了。这时候你就要小心，否则他会在你的沙发、椅子或者地毯上，发生一点'意外'的。"

妈妈："他有自己的木头摇摇椅。"

尼克医生："最开始的时候，他需要你提醒他上厕所。你要像侦探一样仔细观察他流露的所有线索，让他能够及时去上厕所。"

妈妈："我会的。"

尼克医生："他一旦表现出要小便的迹象，就算他已经尿完了，你也要把他带到洗手间里去，让他在小便和马桶之间建立联系。如果你有时间，而他又表现出想要上厕所的迹象，你可以说：'雅各，该去上厕所啦。来吧！小男子汉，走吧！赢奖品去啦。'希望你能够运用肢体语言引起他的注意，比如，**说这些话的时候，扬起你的眉毛，用你的食指指着卫生间**。

"随着时间的推移，你要逐渐减少口头的提醒，只是扬一下眉毛，用手指一下，之后就只是扬一下眉毛，最后他不用你提醒，就会自己去上厕所了。当然，你一定要告诉他你的期望。你可以说：'雅各，该去上厕所的时候，一定要赶紧去，不要等着妈妈告诉你。'这就是**终极目标——完全独立**。"

妈妈："我喜欢这个'逐渐减少辅助'的技巧。"

### 是时候练习应对意外了

尼克医生："整个过程需要几天到一周才能完成，在此期间，雅各肯定会有些意外状况，尿湿或弄脏纸尿裤、内裤、裤子都有可能。"

妈妈："我可不希望看到这些意外发生啊！"

尼克医生："当这种情况发生时，你就要说：'雅各，需要上厕所的时候你要告诉妈妈。'然后直接把他带到卫生间，让他坐在马桶上，再给他一个小奖励。要表现得有点失望。"

妈妈："您不是说我们要一直积极乐观，持支持的态度吗？"

尼克医生："失望和积极乐观不冲突啊！你可以说：'雅各，下次要记得去马桶尿尿，别尿在裤子上！''好重的尿味啊！请你下次去马桶尿尿好吗？来吧，我要给你换衣服了。希望你下次会做得更好。'明白了吗？"

妈妈："我明白了。我们可以坦诚地表现出我们的反应。"

尼克医生："但不能尖酸刻薄，也不能惩罚他。不过你可以让他停下手头的事情，马上带他去卫生间。换衣服这件事也是刻不容缓的。如果他大便了，就把便便扔进马桶里冲掉。如果他尿湿了，就让他把湿的内裤或纸尿裤脱下来，然后让他坐在马桶上练习一下，你说：'雅各，下次你如果能坐在马桶上拉大小便，就能得到一个大大的奖品。'他想要的话就让他在表格上贴个贴纸。只是要注意不要让这件事情太有趣。你要拉长整个清理和换衣服的过程，这样就会很无聊，很耗时间。"

妈妈："这样会让他下次不愿意再拉在裤子里。"

尼克医生："这就是我的另一个技巧。"

### 大便：底线

妈妈："好的，最后一个问题，对于大便，我们有什么特殊的处理方法吗？"

尼克医生："大多数情况下，你用跟训练小便一样的方法就可以了。雅各在这方面很规律，你很容易就能够发现线索，因为他会躲起来嘛。当他要大便的时候，你可以像小便一样把他带到卫生间去。"

妈妈："在朋友的建议下，我们试着让他光着屁股待了几天，但是他完全拒绝排便。"

尼克医生："这样其实挺危险的。大便跟小便不一样，他憋不住小便，却可以一直憋着不拉出来，直到憋成可怕的排便**失禁**为止。"

妈妈："什么？！"

尼克医生："当孩子**憋着不大便**的时候，粪便会越积越多，最后他们的直肠就会失去知觉。"

妈妈："危险吗？"

尼克医生："从医学上讲不危险，不过可能会演变成慢性疾病，孩子总是会在内裤上留下污迹，还会漏粪便。这肯定不是你希望看到的事情。"

妈妈；"一点都不希望，拜托！千万不要发生这样的事情。"

尼克医生："如果雅各愿意坐在马桶上大便，我们就可以使用像小便一样的方法。如果他抗拒，我会建议你们让他穿着纸尿裤大便，但是不要让他藏在椅子后面，而是尽量把他带到卫生间去。这样做能打破两个习惯：就是在哪里拉及什么时候拉。我会用大男孩奖品包里面的小奖品来奖励他的这种行为，比如火柴盒车或者其他他喜欢的东西都可以。"

妈妈："我发现他会用一种奇怪的方式蹲着大便，他会把手放在膝盖上。"

尼克医生："要想让他坐在马桶上大便，你可能需要帮他站到脚凳上，让他用他平常的姿势蹲在马桶上。他会半坐在马桶圈上。你可以试试**把纸尿裤的后面一部分剪掉**，这样他还是会有一个穿着纸尿裤的感觉。"

妈妈："这还挺不好弄的。"

尼克医生："而且你还要加大奖励的力度，上厕所大便的话就要给一个大奖品。"

妈妈："万不得已的话只能这样了。"

尼克医生："好的，希望我们不用走到这一步。"

妈妈："我肯定要避免出现排便……"

尼克医生："失禁？"

妈妈："对，排便失禁。"

尼克医生："那就是守住'**底线**'。"

妈妈："双关语，这个好笑。"

尼克医生："现在我们已经聊**到底**（意指直肠和肛门）了，可不就是底线了吗？"

妈妈（带着一抹苦笑）："够啦，别再浪费您的才华在谐音梗上面了。"

尼克医生："说到这里，我想起最后一件事。我可能还得提一下擦屁股和洗手的事。擦脏屁股需要有很好的协调性。你让雅各找你帮助，之后你就可以让他把擦屁股和洗手联系到一起，这样就可以让他养成一个良好的卫生习惯了。"

## 结尾

尼克医生："好了，这真的是到底（结束）了。今天是星期二，你回去就试试吧。"

妈妈："要做的事好多啊。"

尼克医生："如果是我的话就会选择趁热打铁，尽快在回家的路上去买**卡车麦克**。要享受这个过程，如果有什么问题记得给我打电话。大部分重要内容我都帮吉姆录下来了，幼儿园的老师如果对此感兴趣，也可以听听。"

妈妈："您的提议不错。幼儿园的老师也应该知道我们在做什么。"

尼克医生："就算你在这一个周末就差不多完成了所有的事情，你也需要和他们一起协调制订你的计划。如果吉姆或幼儿园老师有什么问题，你可以让他们打电话给我。这是相关的资料，供你们参考。希望雅各能喜欢我们的计划。"

妈妈："我是很乐观的。我会用周末的时间实施这个计划。我下周会给您打电话，跟您汇报一下进展。"

尼克医生："嘿，雅各、查理，要回家啦。雅各，过来。查理，过来。谁想要大贴纸呀？"

查理："我！"

雅各："我！"

尼克医生："好的。雅各，你回家之后，我希望你上厕所尿尿，然后你就可以从大男孩奖品包里拿到你的**卡车麦克**和**闪电麦昆**，就像小狗皮特一样，好吗？"

雅各："我会上厕所尿尿，然后拿到**卡车麦克**。"

尼克医生："好啊！还有闪电麦昆呢！查理，你也可以玩这些玩具啊。来吧，贴贴纸了。"

他们朝门口走去。我把我的材料、参考文献和录音带都交给朱莉。我开始期待好消息了（见**后续**）。

妈妈："我会再约个时间跟您聊同胞竞争的问题。这可是个大问题啊，尼克医生。"

### 后续

**第二天**（不是第二周）朱莉给我打电话了。昨天会面结束之后，他们就去了玩具反斗城，买了印有电影《汽车总动员》图案的内裤，上面有卡车麦克和它的一些朋友，包括闪电麦昆。他们把视觉时间表贴在墙上，把卡车麦克放进了大男孩奖品包。朱莉和吉姆试着让雅各穿上内裤，不过他拒绝了。于是他们就退后一步，一直等到了雅各快憋不住的时候，他们用大男孩玩偶做了示范，让他坐在马桶上。重点来啦！雅各当天晚上就在马桶里小便啦！

### 后续的后续

雅各拿到他的卡车麦克之后，就有点倒退了。他不想上厕所小便，但是当朱莉威胁要把**卡车麦克送回玩具反斗城**的时候，雅各又在马桶里小便了，然后他就得到了更多的玩具。（查理也是如此。）雅各甚至开始在纸尿裤里面穿内裤了。朱莉都还没有完全用上我的那些小技巧呢！现在他们开始努力练习上厕所拉大便并把它纳入他的日常当中。耶！我很开心，我就知道雅各能行。

### 小结

- 雅各 5 岁了。他已经过了普通儿童如厕训练的时间，他已经准备好了。
- 朱莉已经研究了雅各的排泄模式，摸清了他的习惯。
- 解释了"准备好了"的定义，跟朱莉讨论如厕训练的计划。
- 第一套计划是要雅各习惯如厕的流程，雅各的父母要找到合适的马桶座圈，有一个积极的态度，下决心付出时间和精力。
- 第二套计划包括运用寓言和社交故事，用玩偶（和家庭成员）做示范，建立一个奖励体系。
- 我还提供了几个如厕的小窍门，以增加成功的机会。

### 预告

雅各和查理两兄弟之间的竞争问题由来已久，而且这些问题随着孩子们发展能力的变化而不断升级。现在这种同胞竞争的问题已经白热化（甚至恶化！），是时候该聊聊"分享的六个规则"了。

第 24 章

# 第十五次来访
# 同胞间的竞争！

经过父母几个月艰苦卓绝的努力，雅各的行为问题正在逐渐好转。在和雅各互动时，雅各的父母深入的观察、敏锐的反应、积极的回应帮助他成了更好、更成熟的情感思考者。

- 睡眠常规保持固定，夜醒问题不复存在。完成。
- 睡眠和晨间常规已经有一段时间比较稳定。完成。
- 雅各可以自己穿衣服，能够像个大孩子那样照顾自己，除了他还是没能完成的如厕训练（见**第23章**）。未完成。
- 使用路边停车的策略，终结了在车里的危险不当行为。完成。
- 公共场所撒泼打滚、争执吵闹的行为少了很多（朱莉只需要给出一张"孤独症卡片"，见**第21章**）。完成。
- 现在雅各一家可以没有太多顾虑地去餐厅吃饭了。完成。

目前还剩下最后一个严峻的行为难题，我们称之为"恶化的同胞竞争问题"，包括"历史遗留"下来的分享问题和持续不断的争吵问题，已经发展到了很严重的地步。

好笑的是，引发这场危机的并不是雅各，而是查理！查理现在已经3岁多了。以前十分可爱的小查理，学会了如何挑衅雅各，之后事情就一发不可收拾了。我们安排了一次访谈。

> **雅各的日常问题**
>
> √ 睡眠困难或夜间易醒。
> √ 晨间常规或上学准备。
> √ 自理，如穿衣、刷牙。
> √ 车上的不当行为。
> √ 在公共场所发脾气，如在便利店购物时。
> √ 晚餐时间和进食问题。
> □ 如厕问题（仍在努力中）。
> □ 同胞竞争和分享。

## 孤独症儿童和同胞间的问题

查理和雅各目前只是进入了一个新的阶段，这没什么奇怪的。孤独症儿童与兄弟姐妹的关系必定是**不同寻常**的。下面我详细说说有哪些不寻常的地方。

- 这些弟弟妹妹常常会**角色互换**，年幼的弟弟妹妹会变得更干练，相对于孤独症儿童来说，他们的行为举止更像哥哥姐姐。
- 当孤独症儿童拒绝跟他的兄弟姐妹一起玩的时候，他的兄弟姐妹常常会产生**失落**和困惑的感受。

- 兄弟姐妹（尤其是哥哥和姐姐）对有孤独症的同胞很容易产生**不满**，他们会认为有孤独症的弟弟或妹妹得到了父母额外的关注，或者不需要遵守他们需要遵守的规矩。
- 有孤独症的孩子可能会很吵，容易打扰别人，有强迫行为，会很缠人，很挑剔，有些难以预测的行为……这些表现会让他的兄弟姐妹觉得非常**讨厌**，他的兄弟姐妹会产生一些怨恨的感觉（以及随之而来的**内疚感**），而这种感觉往往不被重视或直接被忽略了。
- 年长的哥哥姐姐在公共场所或者与自己的朋友在一起时，常常会因为有孤独症的弟弟妹妹表现得行为怪异而感到非常**丢脸**（公平地说，有些兄弟姐妹能够接受并非常关爱自己的孤独症同胞，他们也会让自己的朋友更加包容）。
- 孤独症孩子常常会因为年幼的弟弟妹妹一点点的打扰而变得有攻击性。

当同胞关系偏离正常状态的时候，父母往往会不知所措。父母太过于想要"正常"的同胞关系，以至于会忽略（或者误读）家里其他孩子那些隐藏的负面情绪（怨恨、内疚、嫉妒、愤怒）。父母期望看到那些寻常兄弟姐妹间的忍让、理解、友善和分享。当父母否认、压抑或忽略那些负面情绪的时候，就容易导致家里普通孩子的不当行为，从而让家里一团糟。我经常看到这种情况。这就是为何我会接到像朱莉这样的求助电话——想要跟我聊一聊"分享问题"。雅各会因为查理稍微有一些侵犯他领地的行为，就变得非常有攻击性。在之前的会面中，我建议吉姆和朱莉在查理幼儿期时要"保护好"雅各。而朱莉和吉姆强烈地感觉到雅各该学会分享了，我也同意这个观点。雅各已经具有这方面的能力了。

### 雅各和查理：早期

在等待雅各一家期间，我回想了一下雅各和查理在过去几年相处的情况，实在是一团糟。

**哭喊** 查理出生的时候，雅各还不到2岁。雅各有孤独症，沉浸在自己的世界之中，根本就不会去关注刚出生的弟弟。当然，除了小查理哭喊的时候。雅各的听觉非常敏感，他讨厌突然发出的噪声。查理的哭喊声让雅各"抓狂"，会让雅各每天都发上好几通脾气。因而只要查理一哭，朱莉就会非常紧张不安。

朱莉发挥自己的聪明才智，想出了很多的策略。她会很快安抚好查理；她会把雅各放在一个有护栏的屋子里，放他最喜欢的视频分散他的注意力；她还会在房子有限的空间里，尽可能地拉开哭喊的查理和雅各之间的距离。当吉姆在家时，他有时候只能开车带着查理出去兜一圈，直到查理睡着才回来。还好查理不是那种容易哭闹或者烦躁的孩子。真的要谢天谢地！

**"无关联"** 只要查理安安静静的，雅各就会忘记自己弟弟的存在。实际上，发现雅各与查理之间缺乏关联感正是雅各一家来就诊的原因。最终诊断结果为雅各有孤独症。在我们早期的访谈当中，吉姆跟我说："一个快2岁的孩子对自己刚出生的小弟弟不感兴趣是不正常的。"

接下来的一年时间里，这件事成了吉姆和朱莉的心病，他们希望兄弟俩能亲密无间。孩子们之间的关系是不断会响起的警铃，也是雅各受孤独症影响的标志。

当干预措施开始起效果时，雅各开始慢慢地意识到查理的存在，他甚至开始跟他有一些互动。不过在查理10个月大之前，兄弟俩大多数时候都是各玩各的。那时候的雅各完全不理会外界发生的事情，就算查理偶尔进入他的空间，甚至拿走他的玩具，他也并不在意。他会去找别的玩具玩，或者自己走来走去。

**爬行** 查理开始爬行了！雅各大多数时候只想一个人待着，把小火车排成一排或者翻翻书，但他却发现查理不断地在他的空间里出现，他先是不胜其烦，然后是生气，最后他勃然大怒。而查理则是哥哥做什么他就想跟着去做。这是兄弟俩冲突的真正开始。

雅各的父母觉得雅各应该学会和查理分享，可是雅各并不想这样做。最开始他会把查理推走，后来每次查理想触碰他的玩具，他就会打查理。父母冲雅各喊道："雅各，查理是你弟弟，让他跟你一起玩。"但是雅各就是不允许这个小小的、总是打扰他的、烦人的"陌生人"进入他的领地。就像朱莉那时候说的："看到他们不能像普通的兄弟那样一起玩耍，我特别伤心，忍不住痛哭流涕。"

谢天谢地！查理是那种"好相处"的孩子。雅各对他的所有推搡（甚至是扇巴掌），查理都忍下来了。当然，他也会哭，而他的哭声会让雅各更加烦躁。还好查理的注意力很容易被转移，他会继续开开心心地玩自己的玩具，所以那时候的冲突是有限的。

**走路** 直到几个月之后，查理开始走路了。他动作可快了，朱莉一下没留意，他就跑进雅各的活动空间，抢雅各的玩具。当父母跟查理说"不行！"的时候，他的动作甚至更快了。（真是个小淘气啊！）雅各的不耐烦已经到了神经质的地步，他时时刻刻都要保持警惕，一旦查理靠近，他就打查理。最后，雅各变得异常危险，就算查理没有去抢他的玩具，他也会时不时地推倒查理，或者打查理。尽管朱莉努力让雅各学着分享，他还是不明白这当中的含义。他只知道他自己的私人空间被侵犯了。

这是令人悲伤的状况。查理紧紧抓着自己的玩具，当雅各把玩具抢走的时候，查理会反抗，之后会发脾气。小查理整天都要抓着他的火柴盒汽车或者他的超级英雄玩偶，脚步蹒跚地企图躲开比他动作敏捷的哥哥的追击，防止哥哥追上他，把玩具从他手里抢走，然后跑掉。

**攻击** 有一天，雅各毫无预兆地袭击了查理，他狠狠地咬了查理，把查理推倒在地，踢了查理的后背和脑袋！朱莉吓坏了，她向着哭得歇斯底里的查理跑了过去，把查理从雅各身边拉走。据朱莉说，雅各毫无悔意。朱莉大声斥责了雅各，并狠狠地惩罚了他。朱莉还因此给我打了一通紧急电话。

贴在雅各病例上的便签写着："朱莉打来了电话，情况紧急，请尽快回电！"我一有空就马上回了电话。这时朱莉已经平静下来了，但她还是非常沮丧。这是我们接下来的几年时间里关于同胞竞争问题漫长对话的开始。她非常难过自己没能保护好查理，对于雅各的行为感到很愤怒的同时她又由衷地担心雅各。

妈妈："我不知道我怎么会让这样的事情发生！您真应该看看当时的场面。可怜的小查理身上又是咬痕又是瘀伤。他满脸疑惑，那种表情让我不忍直视。他很喜欢哥哥的。"

尼克医生："雅各确实下狠手了。"

妈妈："我之前一遍又一遍地告诉雅各，这是他弟弟，他得跟弟弟分享。"

尼克医生："我觉得他听不懂你说的话。"

妈妈："他就没有能轻易做到的事情。他怎么能这么对待自己的弟弟呢！"

尼克医生："朱莉，这种情况其实很常见。"

妈妈："是吗？"

尼克医生："拜托你不要责怪自己了！从某种程度上来说，这也不是雅各的错。你要怪就怪孤独症吧！你现在面临的情况是，查理开始走路，而雅各想让世界保持原样。这种情况确实会让人束手无策。你别误会，我也觉得雅各打弟弟这件事非常可怕。可是如果你从雅各的角度来看，他也有他的道理。"

妈妈："我也不想这么生雅各的气。"

实际上，这种情况**确实**很常见。当年幼的弟弟或妹妹还是蹒跚学步的幼儿，而哥哥或姐姐有孤独症的时候，正如不受控制的力量碰上禁止变化的人，他们之间就会发生冲突。雅各就是那个禁止变化的人，他希望他的世界是可以预测的，有秩序的，一成不变的。可是，现在有一股不受控制的力量，摇摇晃晃地靠近，不由分说，猝不及防地改变了所有的事情。

一般来说，**普通孩子**在两三岁的时候，就会产生一种取悦自己父母的需求，他们有了初步的自我意识，发展出了与年幼的弟弟妹妹之间爱恨交织的关系。通常**普通孩子**对他们的弟弟妹妹也会有（或者内心当中有）攻击性（常常隐藏在非常用力的拥抱中）。他们很自然就知道，他们应该爱自己的弟弟或妹妹，但是他们同时又会感到嫉妒和愤怒，因为他们要跟这个新到来的入侵者共享自己的妈妈。

我做儿科医生的时候，一位妈妈告诉我，他们家2岁大的老大嫉妒心很强。那时候我就跟她说："你想象一下，你的丈夫把别的女人带回家，还跟你说：'亲爱的，不用担心，你早晚会像我一样爱她的。'这就是你家老大面临的情况。"孩子对家里新出生的弟弟或妹妹存在爱恨交织的心理是很正常的。

然而，孤独症孩子可能并没有普通孩子与生俱来的控制能力，而且他们通常不理解应该要爱自己的弟弟妹妹。这甚至都不是嫉妒的问题了。

对于孤独症孩子，"保持世界不变"是最为重要的事情。从某种程度上来说，他们可能也知道如果自己攻击了兄弟姐妹，父母会非常伤心难过。但是当孤独症孩子自己的小世界受到威胁或分崩离析的时候，他们会极为焦虑、冲动行事，从而变得很有攻击性。我跟朱莉解释了这些原因。虽然她还是觉得有些生气，但是她似乎能明白了。

尼克医生："没有你的帮助，雅各是没办法学会忍受查理的打扰的。"

妈妈："待会儿吉姆看到那些咬痕和瘀伤的时候，估计要气疯了！"

尼克医生："为了雅各曾经犯的错而不断地惩罚他，其实并没有什么好处。当然，将来我们肯定是要惩罚他的攻击行为的。"

妈妈："很好，我肯定不会容忍他那样对待查理了。"

尼克医生："朱莉，这真的不是他的错，也不是你的错。他的情况会在几周后有很大的好转。我们在开始的时候要多控制他一些，之后他就会改过来。你会看到变化的。"

妈妈："希望如此。现在查理对他哥哥避之不及。"

尼克医生："查理会好起来的。但是你们必须要保持警惕，要给出一致的信息。你们要利用这个问题帮助雅各实现情绪上的成长。"

妈妈："他最好如此，不然我饶不了他！我会给艾米打电话，约个时间跟您再谈谈这件事情。"

**通过同胞竞争促进成熟** 最近关于儿童发展的研究表明,个体的兄弟姐妹在影响该个体终生发展上的重要性被严重低估了。我们的孩子对于界限、竞争、冲突解决、公平、分享、忠诚和亲密关系的态度,是由兄弟姐妹之间长期的关系不断塑造出来的。

家长能够并且应该利用兄弟姐妹之间的关系,发掘孤独症儿童思维和情绪方面的潜能,帮助他们变得更加宽容,建立更适当的社交行为,有更成熟的情绪反应。**简而言之,通过兄弟姐妹之间的冲突,我们能够帮助孤独症儿童变得更加成熟。**

## 第一次谈到同胞竞争的话题:两年前

当雅各大概 3 岁(见**第 10 章**),查理大概 18 个月的时候,我们首次谈到了关于"同胞竞争"的话题。这大概是两年前发生的事情了,当时的情况一塌糊涂,我记得很清楚。(我凭借记忆和笔记重现了当时的对话。)

那次雅各一家进入我的诊室大概 15 秒后,两个孩子就打起来了。起因是他们两个一起冲向诊室里的黄色抽屉,里面装满了他们上次玩过的火柴盒汽车,还有一套他们爱不释手的(雅各特别喜欢的)电影《汽车总动员》里面的角色——闪电麦昆、卡车麦克和拖车板牙。

最开始的时候,他们为了占到有利位置而互相推挤。那时候查理走路还摇摇晃晃的,完全没有身体上的优势,他被雅各用胳膊肘撞倒了,倒在地上哇哇大哭。他的哭声让雅各更加生气。雅各使劲地踢查理的身体,好像在说:"别哭了,你太吵了!"查理疼到尖叫。

一切都发生得猝不及防。朱莉向我投来了"很抱歉,但这就是我的生活!"的眼神。我立即从椅子上跳起来,轻柔但是坚定地抓住了雅各的胳膊,阻止他再去踢查理。吉姆把哭着找妈妈的查理抱了起来。当我强硬地把雅各带到角落的椅子上时,我用深沉响亮的医生声音跟雅各说话。

**尼克医生**:"雅各,你**不能**在我的办公室里伤害查理。你不能踢他,也不能伤害他!"

**雅各**(对他的所作所为毫无悔意,尖叫着、哭喊着、扯着嗓子大喊):"切——切——切——切!"(他的意思是"车"。)

那天恐怕整栋楼的人都能听到雅各的声音。我们等了很久,但是雅各一直都没办法平静下来。他所有的注意力都集中在要拿到那些玩具车上面。查理已经从刚才的伤害中缓过来,他现在还是想拿到那些车。两个孩子都在哭,使劲地大哭。我站起来,走到他们面前,非常夸张地大声说话。我的意图是让自己加入他们想要的事情中,描述他们的感受。

**尼克医生**(大声地):"谁想要玩车呀?雅各,你想要玩车!查理,你想要玩车!"

突然,奇迹般地,就像关上了水龙头一样,他们两个都不哭了。

**爸爸**:"哇,好厉害!"

孩子们期待地看着我,我又重复了一遍。

尼克医生："谁想玩车呢？雅各，你想玩车！查理，你想玩车！好的，你们都可以玩车。但是，雅各你不能打查理。你打查理的话，就不能玩车了，你还得在椅子上坐着。"

妈妈："他好像真的懂了。"

尼克医生："看到了一线曙光。我们要**利用同胞竞争**帮助雅各了解他的感受、你们的感受和查理的感受，让他明白不能打人的规则及相应的后果，即如果违反了规则会发生什么。我们之前还没有谈过良好行为、不良行为和不适当行为（见**第17章**），我们应该要尽快谈一下了。"

然后，我迅速地平均分配了玩具汽车。幸运的是，我有两辆闪电麦昆，而查理其实并不在乎是否可以拿到电影《汽车总动员》里的角色。可以说，他只是想要参与其中而已。雅各在房间的一个角落玩，查理则在另一个角落玩。我们度过了这场危机，现在可以谈话了。

妈妈："这种事已经发生过很多次了！他什么时候才能学会分享呢？"

爸爸："我打过他的屁股，我也像您一样把他放到椅子上，我也把他的玩具拿走过。这些做法似乎都没有什么效果。他就是不明白！他不断地伤害查理，这让我实在太生气了！"

尼克医生："我了解你们的痛苦。你是对的！雅各确实不明白，因为他**无法**理解。"

在那次会面时，我向吉姆和朱莉解释说，虽然雅各已经3岁了，但是他的功能发展水平还停留在1岁的水平（见**第10章**）。换句话说，尽管我不想这么说（我知道这会让吉姆和朱莉很难过），雅各和查理的发育年龄其实差不多。1岁的孩子根本就不明白"如果怎么样，就会怎么样"这种推理（比如，你如果推了查理，就不能玩了），也不懂"分享"或其他那些抽象的概念。要经过几十次重复的经历，雅各才会开始明白，他打查理的话，就得待在罚时出局的椅子上。但是，在这段时间里，查理也会受到很多伤害。因此，我们需要一个更好的计划。

**保护雅各**

尼克医生："你们首先要保证**雅各**不受到查理的侵扰。"

吉姆和朱莉都感觉不可置信。

妈妈："您想让我们保护雅各**不受**查理的侵扰？"

尼克医生："是的！在接下来的一周时间里，我希望你们能够阻止查理进入雅各的游戏空间。"

妈妈："每次都阻止吗？"

尼克医生："每次都阻止。我们会让雅各接受查理的，但是在最开始的时候，我希望雅各能感受到他是安全的。我还希望雅各能感受到被理解，我需要你们'替雅各发声'。"

妈妈："这是什么意思呢？"

尼克医生："当查理接近雅各的玩具的时候，雅各会怎么想呢？"

妈妈："他可能会想'让那个家伙离我的火车远点'。"

尼克医生："没错！我希望你能用雅各的话说出来（意思是如果雅各会说话，他会用到的词），比如'妈妈，不要查理'或者'我想让**查理**走开'。"

妈妈："我懂了，替雅各说话。"

尼克医生："这样他就会感到被理解，这也有助于他平静下来（同时也有助于他的语言发展）。"

最开始的时候，雅各只能理解简单的概念。他只知道："入侵者又来了！查理又会把我的火车弄得一团糟！我非常讨厌他这样做，我要阻止他。如果他继续靠近，我就要攻击他了。"换句话说，雅各无法理解"分享"这个概念。

> **保护雅各**
> 
> ● 雅各的功能发展水平如何？他能真正理解"分享"是什么意思吗？
> ● 当查理朝着雅各的空间走过去的时候，跟着查理，别让他闯进去！
> ● 读懂雅各的线索，"替他发声"："查理不行！我在玩。你走开！"
> ● 当查理伤心难过的时候，要让雅各知道。
> ● 可以和雅各"讨价还价"一下，看看他会不会让查理"玩一下"，促进他们的互动。
> ● 惩罚雅各所有的攻击行为。

雅各甚至不知道该如何用语言说"不行！"他也不在乎是否会伤害查理，或者让妈妈生气。由于有孤独症，雅各并不是天生就有共情的能力，他现在还没具有这种能力。但是，我知道他有共情的潜力——我们如果能够以正确的方式对待雅各，就能把雅各的共情能力激发出来。

妈妈："但是查理会不高兴的。"

尼克医生："那么你就告诉雅各：'查理好难过，他也想要玩。求求你了，雅各！查理能不能玩一会儿呢？'我希望你能跟雅各'讨价还价'一下，让他知道查理并不是一个坏家伙。他如果让查理玩一下玩具，只是玩一会儿，真的不会有什么损失的。你要让雅各逐渐接受，展示给他看查理可以坐在火车旁边，查理可以拿着火车，查理能够把火车放在轨道上。"

妈妈："雅各的脸上会露出那种想要杀人的表情。"

尼克医生："好吧，我们一起来看看。现在就开始吧。"

妈妈（开始焦虑）："但是现在他们很乖啊。"

尼克医生："我们开始只是跟他说，看看会发生什么事情。我们现在的目标只是展开讨论，比如说，先看看雅各能不能忍受查理靠近，然后他们能不能有一点互动，接下来再看看他们能否一起玩一下。不过，你得参与其中，不能只是指望它自然发生。"

爸爸："我懂了。这就是个循序渐进的过程。我们的步子迈得太大，太着急了。"

尼克医生："没错！你们的期望必须与孩子的发展水平相匹配。我们称之为'能的哲学'。孩子能做到吗？如果他**不能**，我们就要降低一个层次，我们现在就是这么做的。"

孩子们各自玩得很好。我让朱莉抱起查理，挨着雅各坐在地板上，她照做了。当他们走到雅各的耳边时，查理很高兴。到目前为止，雅各还没有什么反应。

尼克医生："现在你要仔细观察雅各的肢体和表情线索，参与到他做的事情当中。他在干什么呢？"

妈妈："他在玩车。"

尼克医生："你要简单地描述他在做什么，然后让查理也参与其中。你不要**提问**，**就陈述事实**。记住：陈述他在做的事情，而不是提问。"

妈妈（把查理抱在膝上）："查理，看！雅各把这些车排成了一排。"

尼克医生："非常好，朱莉！现在指着每一辆车，用唱的方式唱出它们的颜色。"

妈妈："红色、橙色、蓝色、黄色、绿色！"

这时，雅各抬起头来，对妈妈露出了灿烂的笑容。查理也很喜欢这样的玩法。

尼克医生："吉姆，快点给查理一辆车（吉姆照做了）。朱莉，你现在让查理把车给雅各。你可以帮查理把车递过去，看看雅各要不要。"

妈妈（握住查理拿着车的手）："查理，把车给雅各。雅各，再给你一辆车，查理给你的！查理，把车给雅各。"

尼克医生："把车给雅各之后，再给查理一辆车，继续互动。"

雅各从查理手上把车拿过去了！查理又拿了一辆车，向前探着身子，想把车放在雅各排好的车队中。但是雅各**不喜欢**查理那样做，他皱起了眉头。

尼克医生："没关系，朱莉，坚持一下。雅各在用肢体语言跟你们交流。我称之为'适宜的负面行为'。这些行为比打人、咬人、踢人好多了。你要把雅各的感受告诉查理：'查理，不行！雅各不喜欢你把车放到车队里。不能这样做，查理。'"

妈妈："如果不让查理那样做，他就会低下小脑袋哭的。"

查理确实如此。

尼克医生（对雅各说）："哎呀，雅各！查理伤心了。"

爸爸："雅各根本不在乎，他只顾着排列他的汽车了。"

尼克医生："他只是**现在**还不在乎。你看看目前的情况：**我们让孩子们开始不带攻击性地进行交流了**；我们在教导雅各，让他知道他的肢体语言是很重要的，而且我们用语言把它表达了出来；我们让雅各了解了查理的感受。我认为我们还是很有成效的。"

爸爸："他们什么时候才能够像真正的兄弟那样在一起玩呢？"

尼克医生："吉姆，你不能操之过急。我们先要**保护雅各不受查理的侵扰**。当雅各看到查理不会破坏他的游戏时，他就会变得更加包容。关键在于要不断促进雅各的能力发展，这样他就会达到更高的功能发展水平，他的理解能力就会越来越好，他和查理就能成为很好的玩伴了。"

妈妈："我简直迫不及待了。"

尼克医生："会有那一天的。但你们得慢慢来，可能要花上几周到几个月的时间。在此期间，你们要像现在这样保护雅各，尊重他的感受，放慢速度。他会让查理加入他的游戏的。你也可以在雅各旁边跟查理玩，看看雅各会不会想要加入你们的游戏。"

**妈妈**："我们试过这个方法，但是后来雅各就想要把我们的玩具占为己有。"

**尼克医生**："你们让他得逞了吗？"

**爸爸**："她让雅各得手了，不过我没有。她让雅各拿走了查理的玩具，然后当查理不高兴的时候，她就用别的玩具分散他的注意力。"

**尼克医生**："维持和平，对吧？短期之内确实有用，但对查理不公平。两个孩子都要遵守同一套规矩，不然查理肯定是要心生怨恨的。"

**妈妈**："我明白！可是我真的不想再听到雅各的尖叫声了。"

**尼克医生**（对吉姆说）："我们现在可以任由她维持眼前的和平，因为查理还不会反抗。不过很快，她就会打电话跟我说，查理的行为越来越糟糕了。"

吉姆和我不约而同地笑了起来。

**妈妈**："喂喂，我还在这儿呢，你们就开始说我坏话了。"

## 后续

在随后通电话时，朱莉承认在最开始的时候，她和吉姆（尤其是吉姆）还心存疑虑——他们认为让雅各独占玩具是不对的，但是"保护"了雅各几周之后，雅各平静下来了，也不会那么草木皆兵了。雅各推搡、击打、踢查理的行为都大幅减少了。虽然他还没有说"不"，但他会用皱眉头和摇头表达自己的意思了。朱莉越来越擅长"替雅各发声"。重要的是，雅各对查理的容忍度越来越高，不过他还是非常在意他的宝贝托马斯火车头，他"完全不会分享它"。

朱莉大笑着告诉我，她是怎样"骗"雅各跟查理分享的。晚上等孩子们都上床睡觉后，她就会把所有的小火车都装到盒子里。第二天早上，雅各想玩小火车的时候，他找不到小火车，就会抓着她的手，把她带到原来放小火车的位置。这时候她会说："雅各，那些火车在哪里呢？我们把它们找出来吧！"找小火车的时候，查理也跟在他们后面，三个人一起找。"它们在这儿吗？没有！它们在这儿吗？也没有！在这里吗？"经过很多次互动之后，他们找到了盒子。接着朱莉告诉我："我让查理把火车一辆一辆地递给雅各。查理很开心能够和他哥哥一起'玩'，雅各则是很开心'找到'了火车。这是好消息，而坏消息是雅各想把查理的所有火车都拿走。"

当雅各表现出攻击性的时候，他知道这会让爸爸妈妈生气。因为他们会让他停下手头的活动，让他罚时出局。

当雅各不想分享也不想一起玩的时候，朱莉就会让他有一点愧疚和嫉妒，她会说："雅各，如果你不想和查理玩的话，我**就要**和查理玩了。"然后她在和查理玩的时候，会想方设法吸引雅各，让雅各加入他们的活动的次数逐渐增多。

### 分享的演变

这些都是一年前的事情。曾经有一段时间，情况确实有所好转。但是过了一段时间，随着雅各接受密集的、以家庭为基础的 PLAY 模式干预计划（见**第五、第六、第七和第八次来访**），他有了进步，而查理却进入了"可怕的2岁"阶段，因此兄弟俩的关系再次恶化了。我跟朱莉通了电话。

妈妈："他们还是没有学会分享。只要查理把玩具放下，雅各就会去抢；而当雅各放下玩具时，查理也一样会抢。他俩一直在你争我抢。"

尼克医生："朱莉，要知道孩子们在分享方面存在问题其实是件好事。这代表他们在不断成长。"

妈妈（不满地）："您如果站在我的角度，就不会觉得这是好事了。他们都快把吉姆和我逼疯了。"

尼克医生："我明白，我知道你们很不容易！但是孩子们一直都在进步，真的太好了！我觉得是时候定下'分享的规则'了，你还记得以前雅各无视查理的时候吗？"

妈妈："除了查理哭叫的时候，雅各正眼都不看他。"

尼克医生："那你还记得他们互相都不在意彼此的时候吗？"

妈妈："那段时间没有持续多久。"

尼克医生："在那儿之后，我们就得保护雅各不受查理的侵扰。"

妈妈："现在似乎对查理太不公平了。"

### 孤独症和同胞竞争的演化

- 大多数孤独症孩子会无视他们的兄弟姐妹。
- 孤独症孩子就算这时候有了自我意识，也会因为他们年龄还小，没有表现出占有欲，而不需要"分享的规则"。
- 孤独症孩子的占有欲逐渐显现，但是无法理解"分享的规则"。
- 典型神经发育的弟弟妹妹会越来越有侵占性。孤独症孩子需要被"保护"。典型神经发育的哥哥姐姐应该具有一些关于孤独症的知识。
- 孤独症孩子能明白"分享的规则"。争抢玩具时双方会产生冲突。

尼克医生："我同意你的看法。我们这时候要定下清晰的'分享的规则'了，不然冲突会愈发严重，因为这两个孩子现在都处于容易产生冲突的发展阶段。"

妈妈："您说得太对了。"

**注意**：哥哥姐姐存在不同的情况。**典型神经发育**的哥哥姐姐的情况会有所不同，但是演变模式是类似的。最开始，因为孤独症孩子被认为没有分享的能力，所以大家会对他们有一定程度的容忍。但是如果父母允许孤独症孩子拿哥哥姐姐的玩具（以免孤独症孩子发脾气），往往会导致哥哥姐姐产生不满，哥哥姐姐就会变得恼怒和怨恨。他们会捉弄弟弟妹妹，甚至还会背地里在很多事情上有一些挑衅的行为。当家里有哥哥姐姐的时候，父母就要尽早定下**分享的规则**（见下文）。孤独症孩子会因为得不到自己想要的东西而生气，但是随着时间的推移，他们就能"习得"这个不能随意拿哥哥姐姐东西的模式，从而避免这方面的冲突。这样一来，典型神经发育的哥哥姐姐会觉得正义得到了伸张，他们会成为父母的同盟，而不是麻烦制造者。当然，有一些优秀的哥哥姐姐会容忍孤独症弟弟妹妹所有的作为。不过我很少在现实中看到这类天使宝宝。

**雅各的发展**　4 岁之后，雅各就完全学会了执行一到两步指令；他开始进入语言爆发期，会说很多单词，还可以说一些两个词组成的短语；他开始真正了解行为的后果：如果我打了查理，妈妈和爸爸就会生气；然后，我就不能做我喜欢做的事情，因为我会被罚时出局。换句话说，跟同龄人相比，雅各在语言方面还是明显落后的，但是他在功能发展方面已经有了很大的进步。比如雅各明白他有**自己的**玩具，查理也有**他的**玩具，查理不喜欢他拿走查理的玩具。根据"能的哲学"，雅各"能够"理解关键点了，这就让他能够跟他的弟弟——现在已经 2 岁 6 个月，开始变得调皮捣蛋的查理，进行"分享"了。

**查理的发展**　可爱的小查理现在没那么乖巧了。他不太容易被转移注意力了。他想要留住自己正在玩的玩具，但是朱莉满脑子都是"兄弟就应该分享"，所以她常常逼查理和雅各"分享"，从而维持和平。虽然在短时间内查理会勉强服从，以取悦妈妈，但他肯定是不高兴的，他知道这不公平。

进入了"可怕的 2 岁"这个阶段之后，查理学会了如何轻而易举地惹恼哥哥，让雅各哭闹或打人（而查理知道这会给雅各带来麻烦）。他也弄懂了如何通过威胁雅各或跑到妈妈身后寻求妈妈的保护，从而让自己免受雅各的攻击。

虽然雅各已经没有那么暴力了，但是他们兄弟之间的小摩擦和争吵却越来越频繁，问题似乎总是出在**分享**上。雅各的父母想要让两个孩子分享，但之前他们一直都让孩子们"各玩各的"，这就导致了兄弟之间越来越多的冲突和明目张胆的攻击行为。这样是行不通的。

### 关于同胞竞争的第二次办公室访谈：分享的六个规则

在我们之前的访谈当中，朱莉多次提到了不断升级的分享问题，但那时候我们讨论的主题是关于糟心的早晨、外出身处公共场所及如厕问题等，现在是时候安排一次专门探讨同胞问题的咨询了。吉姆特地请假来参加，可见问题的严重性。

两个男孩子都在功能发展方面取得了巨大的进步。他们的社交能力提升了不少。我跟雅各玩了手部的动作游戏：击掌、手放下、手放里面、手放外面，举高一点、再举高、放到脸上（我会用手捂住他的脸）……雅各学会了，他非常喜欢这个游戏。查理也想玩。

雅各可以用简短连贯的句子说话了。他完全能够参与到社交活动中。他有能力理解当前的状况，并解决问题，从而得到他想要的东西。查理也达到了这个水平，他的能力可能还要比雅各好一点。从发育的角度来看，这两个孩子几乎是旗鼓相当。

出乎意料的是，这一次朱莉居然开始抱怨**查理**了！

妈妈："查理故意不理我们！他拒绝做我们要求他做的事情，比如我们让他把玩具收起来，他也不听。他还叫我'臭妈妈'。吉姆很严厉，完全不能容忍这样的行为。他因为查理不听话，不尊重人而打了他的屁股。就我个人而言，我认为打屁股只会让查理的表现更糟糕。他会记仇，还天不怕地不怕。"

尼克医生："你呢？你会怎样处理查理的问题？"

妈妈："我为查理难过。他要忍受雅各的控制欲。雅各就像个小暴君一样，大吼着发号施令！分享这件事快要把查理逼疯了。"

尼克医生："什么事情？"

爸爸："雅各要独占所有的玩具。"

尼克医生："这对查理不公平。"

爸爸："那我也不能因此就容忍查理的尖叫等行为问题。"

尼克医生："查理的尖叫是有原因的。"

妈妈："他俩的争斗没完没了。"

尼克医生："你们是怎么做的？你们的想法一致吗？"

妈妈："关于分享吗？有一致的地方，也有不一致的地方。我们都认为孩子们应该分享。查理好像能明白这个道理，可是雅各却压根就不想分享。他认为所有的车，包括查理的车都是他的。"

爸爸（挖苦我）："我们一直都在'保护'雅各。"

尼克医生："吉姆，很有趣！在孩子们小的时候，你就不喜欢'保护雅各'这个主意。"

妈妈："这个方法是有效的。雅各打人的频率已经很低了。但是我觉得我们制造了一只怪兽。"

尼克医生："我同意。这已经超出了'保护'的范围。我们现在要开始进入真正的分享阶段了。"

妈妈："查理又不傻。他大多数时候都受到了不公平的对待，而当他因此生气、脾气暴躁的时候，却会被打屁股或者被罚时出局。"

尼克医生："这肯定让查理很愤怒。"

有趣的是，我注意到当我跟孩子们的父母谈论一些非常重要的事情的时候，就算是平时霸道、调皮捣蛋的兄弟俩好像也能明白不能打扰我们。因此，奇迹般地，他们没有打扰我们。现在就是这种状况，查理和雅各在一起玩得很好，而且我觉得查理知道我们在聊他的事情。

妈妈："我觉得查理是很生气的，他会在其他方面发泄怒气了。他变得没有以前那么可爱、随和了。"

爸爸："朱莉，当雅各大喊大叫时，你就会退缩，我觉得这让情况更严重了。"

妈妈（对我说）："如果我不顺着雅各，他就会尖叫。我讨厌尖叫。"

尼克医生："看来他被宠坏了，现在查理也会尖叫了。"

妈妈："他们还打人，真是一团糟。"

尼克医生："好吧，我来**总结**一下。雅各独占玩具，不愿与人分享。你让他'分享'的话，他就会尖叫。查理觉得很生气，他也大喊大叫或者打人，然后**他**就会因为自己的不当行为被罚时出局或者被打屁股。查理内心累积的怨恨越来越多，这就导致了更多的行为问题。"

爸爸："基本上就是这种情况。"

妈妈："雅各有时候也会被罚时出局。可是情况并没有好转，反而越来越糟了。"

**强制的分享**

尼克医生："我明白了。你们有哪些分享的规则呢？"

爸爸："这还要规则？他们本来就应该分享啊！"

**妈妈**："我们没有**规则**。"

**尼克医生**："你们也看到了现在的情况。这是很普遍的。在我接诊的个案当中，大多数的家庭都有类似的关于'分享'的同胞竞争问题。朱莉，你有个妹妹，对吧？"

**妈妈**："我还有个弟弟。"

**尼克医生**："请问你的妹妹或弟弟可以随便地、不经询问就跑到你家，拿走你的车钥匙，把你的车开走吗？"

**妈妈**："肯定不行。"

**尼克医生**："我明白了，你让雅各和查理'分享'，可是你自己却不跟兄弟姐妹分享。"

**妈妈**："那不是分享，分明是抢啊……哦，我明白了！当我们**让**查理把玩具给雅各的时候，那根本就不是在分享。"

**尼克医生**："没错！其实是你在强迫他'分享'！要知道强迫的分享不是分享。真正的分享是**愿意**分享的时候才叫分享。"

**妈妈**："但是我们本来就应该跟兄弟姐妹分享啊！我们确实也是这样做的。"

**爸爸**："我们家也是如此。为了抢东西大喊大叫或者打架，这种情况我们可是想都不敢想的。我的父亲极为严格。"

**尼克医生**："上一代的情况确实不一样，但是人性是不会变的。我打赌你们在被父母逼着分享的时候，心中也有过怨恨。"

**妈妈**："是的！我现在还对自己的东西有非常强的占有欲。"

**爸爸**："亲爱的，你确实是这样。"

**妈妈**（白了他一眼）："我是大姐姐，我记得我小时候会把自己最喜欢的东西藏起来，我和我妹妹到现在还总是较劲。"

**尼克医生**："我可以告诉你们，根据我对数百个家庭的观察，造成愤怒、怨恨和家庭冲突最常见的3个原因就是：

- 没有得到足够的正面关注。
- 不平等的对待或偏袒。
- 强迫的分享。

"在所有原因里面，强迫分享是最常见的冲突来源，因为孩子们对玩具和所有物的争夺每天都在发生。"

**妈妈**："确实一直在发生。"

**注意**：我见过很多家庭会强制分享或者干脆让孩子们"自己解决"。这些做法似乎也有效果。有时候这些家庭能相安无事，其实是因为家里的孩子们性格特别随和。但是，我担心怨恨或过度竞争的种子已经种下，将来会发展成更大的问题（尤其是当父母不在场的时候）。

**爸爸**："在我小的时候，我们都知道能做什么，不能做什么。我们都不需要父母提醒。我父亲是个军人。"

尼克医生:"你喜欢那样吗?"

爸爸:"我喜不喜欢不重要,孩子就应该那样。"

尼克医生:"你以前没有很多的选择。你希望你的孩子也是如此吗?"

爸爸(顿了顿):"也不是。我们那时候没什么发言权,我尤其对我哥哥心存怨恨。所以我希望孩子们的关系可以亲密一些。"

尼克医生:"你跟你的兄弟姐妹的关系并不亲密?"

爸爸:"不是特别好,也不算差……我不能像我父亲那样做,但我们现在的做法又不起作用。"

尼克医生:"我们可能需要折中一下,既不要太严厉,也不能太纵容。"

妈妈:"现在是一团糟啊!"

尼克医生:"你们准备好聊一聊分享的六个规则了吗?"

妈妈:"六个规则?"

### 分享的六个规则

尼克医生:"这就是分享的六个规则(我给他们一人一张清单)。**第一个规则**我们已经讨论过了,强迫分享不是真正的分享。**第一个规则就是孩子可以不用分享。**"

---

**分享的规则**

- 孩子可以不用分享。不要**强迫**孩子分享。
- 最喜欢的玩具要收起来(不然它们就是公共玩具)。
- 公共玩具的分享以"先到先得"为原则。
- 两个孩子如果都想要玩同一个玩具,就要轮流玩,一般是每人玩10分钟。
- 两个孩子如果同时拿到了玩具,那就抛硬币决定谁先玩。
- 分享的好处在于:
  ○ 它会让其他人开心。
  ○ 如果你跟别人分享,别人也会和你分享。

---

爸爸:"我们不是想要他们分享吗?"

尼克医生:"当然。请耐心地听我讲完吧。**第二个规则**是,如果雅各或查理有一个或者一套特别喜欢的玩具,那么他就应该在玩完之后,把这些特别的玩具收好(或者你们也可以帮他们收起来)。不然就按**第三个规则**,所有其他的玩具(没有专门收起来的都算)都是'公共玩具',先到先得。雅各如果想要玩查理正在玩的玩具,就要**按照第四个规则**——排队轮流玩。我一般喜欢用10分钟规则(几乎没有孩子能玩一个玩具超过10分钟)。**第四个规则**就是孩子们要轮流玩那些大家都喜欢的玩具,每到一定的时间就得轮到另外一个人玩。这种做法不是分享,是轮流。"

妈妈:"如果雅各把玩具放下了呢?查理就在旁边虎视眈眈地等着,一看到雅各把玩具放下,他马上就会冲过去拿走,然后雅各就会追着他要拿回来。"

尼克医生:"按照第四个规则,在10分钟之内,那是雅各的玩具,就算他放下了别人也不能碰,除非他真的不想玩了。"

爸爸:"我们怎么知道他是不是真的不想玩了?"

尼克医生:"因此孩子们要问、要谈、要讨论。你们要划定界限,制订明确的规则。"

爸爸:"听起来很麻烦。"

尼克医生:"一开始确实是要花点时间。你们要花时间教会他们这些规则,这是非常值得去做的事情。你们给予了他们积极的关注,认可了他们的感受,并且创造出一个公平的游戏环境,没有不公平和偏袒,减少了怨恨。这就是分享的普遍原则,我们都在遵守这些规则,不是吗?"

妈妈:"有时候我根本不知道他们为什么吵起来。很多摩擦都发生在我们没注意的时候。"

尼克医生:"确实。有时候你无法了解到所有的事实。你看!现在不就是我们说的那种情况吗?"

就像是说好了一样,之前雅各和查理乖乖地玩了差不多半个小时,现在他们在争夺一辆玩具车。当然,他们抢的又是闪电麦昆!它的前挡风有两个小轮胎,看起来像黑框眼镜。雅各非常喜欢这辆车。事情也很清楚,雅各已经玩了一会儿了,查理也想要玩这辆车,所以查理就逮住机会把这辆车抢了过来。他们的争吵不断升级。雅各现在压在查理身上,一遍又一遍地大喊:"我的傻电麦昆!"(他还发不清楚"闪"这个音。)他拼命地想把车从查理手里抢回来,而查理(有点享受把玩具抢到手的感觉)则把他的手臂伸长,让雅各够不到。

尼克医生:"这个时机真的刚刚好。来吧,我们来处理一下。吉姆,你一般会怎么做?实话实说。"

爸爸:"我知道我会怎样做,因为我平时就是如此。很简单,我会把他们争抢的玩具直接拿走。以前我会让他们自己解决,可是现在他们真的会伤害到彼此了。有必要的话,我会把他们拉起来,把他们分开。这样基本上就能终止打斗了。"

尼克医生:"这样处理的话,他们还会有下一次的争抢。朱莉,你会怎么做呢?"

妈妈(犹犹豫豫):"我讨厌打架和哭喊,我会……"

爸爸(打断):"……她差不多每次都会让查理把玩具还给雅各。(模仿妈妈提高音量)'查理,你不能这样做!把车还给哥哥!你要对哥哥友好一点。'然后她会用另一个查理喜欢的玩具来哄他。"

妈妈(大笑):"你学得太像了!以前我还能分散一下查理的注意力,但是现在不管用了,因为经常都是查理先动手的。(看起来有点紧张)我们需要采取措施了,因为他们会弄伤对方。"

事实也确实如此。他们的尖叫声越来越大。雅各扯着查理的衣服,使劲掐查理。查理哭了起来,开始踢雅各。我赶紧过去控制住局面。

尼克医生:"哎,哎!孩子们,停下来!到此为止!"

我把雅各从查理身上拉起来。查理把那辆车紧紧护在胸前,表现出一种胜者的姿态。雅各在我怀里还伸手去抢车,嘴里念叨着:"我的,我的,我的,我的!"

尼克医生(对朱莉和吉姆):"我一般会用'描述情感'或者叫'镜像反馈情感'这一招。(然后我转向孩子们）雅各，你想要闪电麦昆。查理，你也想要闪电麦昆。雅各，那原本是你的车，你在玩的车。可是，查理把它拿走了。"

雅各不念叨了，看着我，好像在说："你说对了！那就是我的车，查理把它拿走了！不行，查理！"

雅各（附和我）："不行，查理！"

尼克医生："查理，你想要闪电麦昆，雅各已经玩了很久了，该轮到你玩了。"

查理："轮到查理玩了。"

查理就好像吵赢了似的，开始玩车了。

尼克医生（我拉住查理不让他玩）："等会儿，查理。你还不能玩，你玩的话我就把车拿走。我们先要解决现在的问题。你是不是没问过雅各就把车拿走了呢？（查理低下头，表情有点愧疚。）我明白，雅各玩了很久了，你也想玩。（查理看上去充满希望。）嗯，那我们怎么办呢？雅各，查理能玩一下这辆车吗？"

雅各："我的傻电。"

尼克医生："雅各，你已经玩了好久了。"

雅各："我的傻电。"

尼克医生："查理，雅各不想分享，你必须要把车还给雅各。过五分钟后，你就能把它拿回来。"

查理："不要，不要，不要！我的车！"（他用双手仅仅抓住那辆车。）

尼克医生："查理，把车给我。你可以在**五分钟**之后把它拿回来。现在给你另外这辆车。你看，是拖车板牙。它很拉风的。"

查理（把板牙从我手里打掉）："不要！"

妈妈："查理，你不能对尼克医生没有礼貌。"

尼克医生（伸出手去）："你不可以没有经过雅各同意就拿走他的车。你必须要先问雅各。雅各现在不愿意分享。如果你不把车给我的话，我就只能自己拿了啊。"

查理其实什么都懂，他把车给了我，然后哭得非常可怜。

尼克医生："查理，我知道你非常想要那辆车。我保证你**会**拿到的。但是，你必须等五分钟（查理好像懂了）。（对雅各）雅各，你可以再玩五分钟，然后你就**要**把闪电给查理了。你明白吗？就五分钟。你已经玩了很久了，你要跟查理分享，他也喜欢那辆车。"

爸爸："你这不是在强迫他们分享吗？"

尼克医生："这不是分享，这是轮流，**第四条规则**。如果雅各自愿把它给查理，那就是分享了。"

爸爸："我懂了，就好像划定了一条看不见的界限。"

尼克医生："没错，一种心理上的界限，它的意思是'你不能不经询问就拿走别人的东西'。可惜我们却总是允许孩子以'分享'的名义做这种事情。"

妈妈："您说得对！"

爸爸："如果不知道是谁的错，该怎么办呢？"

尼克医生："你要循着蛛丝马迹找到真相，这样你才能做到公平。在我家孩子比你们孩子稍微大点的时候，只要他们争吵的音量达到一定分贝或者持续时间太长的话，我就会开庭审判。我拿一条毛巾披在肩膀上，假装自己是法官，然后拿一把像木槌一样的锤子。我让他们坐下，用锤子敲桌子，说：'开庭了！请陈述你们的案情。'然后孩子们就开始讲他们的故事，我仔细地聆听他们说的所有话，并及时给出反应，像是'我知道了，你在看电视，可是哥哥想要看别的节目，你不愿意，他就嘲笑你……'我故意拖延时间让他们觉得很无聊。我最后肯定会判定他们两个都有错，理由是我儿子嘲笑别人，我女儿因为别人嘲笑她就动手打人。然后我会让他们俩罚时出局，嘲笑别人的罚四分钟，打人的罚五分钟。面对这种处罚，他们都会很生气。因为他们不能做自己正在做的事情，听了一场无聊透顶的庭审，之后还要再来一段讨厌的罚时出局。用不了多长时间，我就会听到他们对对方说：'别叫了！你的声音太大了，爸爸又要开庭了！'

"我说这么多都是为了说明，要想公平，就要搞清楚事情的原委。如果无法找到答案，那么我的做法是，比如，他们为了某个玩具打架，我就会把引起争端的东西拿走五分钟，然后，让孩子们抛硬币看看谁能先拿到它（**第五个规则**），之后再轮流玩（**第四个规则**）。"

妈妈："有道理！我们为什么不早点这样做呢？"

尼克医生："因为那时候孩子们在功能发展上还没有准备好。现在差不多有五分钟了，我们实行**第四个规则**吧，开始轮换。（对雅各）好了，雅各，五分钟到了，现在你要把闪电麦昆给查理（查理的眼睛都亮了）。"

当然，现在轮到雅各双手紧抓着小汽车，把它抱在胸前，眉头紧皱了。

爸爸："我可要好好看看接下来会发生什么。"

尼克医生（对吉姆）："吉姆，现在我要用我的过渡技巧了。（对雅各）雅各，你还想玩这辆车（雅各的眼睛亮了）。但是，你看看查理，他也想玩。现在该轮到他了。来吧，雅各，把车给查理（没成功，雅各还是紧紧抓着不放）。好吧，雅各！你可以再玩一分钟，然后你要把车给查理，不然我就把车拿走了。（对查理）再等一分钟，查理。一分钟后你就能拿到车了。"

爸爸："你对雅各屈服了。"

尼克医生："是的，就一分钟。不过却有很多好处。我们围绕着一些重要的事情进行了'讨价还价'，我们有很多交流环。我让雅各知道了查理的感受，我谈到了时间、规则和后果。现在时间到了，我们来看看雅各愿不愿意把车给查理。"

妈妈："那可真是开天辟地头一遭了。"

尼克医生（一分钟之后我对雅各）："雅各，到时间了，把闪电麦昆给查理吧！（雅各充耳不闻）雅各，看着我！（他看了。）如果你不把车给查理，我就会把它拿走。如果你打人，你就要被罚时出局。我现在数到三，你把车给查理。你已经玩很久了（查理把手伸了出来）。1，2，3！"

我开始从椅子上站起来。雅各愤怒地把车扔向了查理，而查理则迫不及待地把它抓在手里。

妈妈:"雅各,不能扔东西!"

尼克医生:"朱莉,忽略这种不适当的行为。他已经在轮流了。"

妈妈:"太妙了!"

尼克医生:"倒也没有,雅各只是知道我会说到做到。"

爸爸:"如果他不给你,你会直接拿走的。"

尼克医生:"那是肯定的。如果他变得有攻击性的话,我会阻止他,让他罚时出局。有必要的话,我会控制住他,直到他冷静下来为止。"

爸爸:"我觉得可以接受,这些规则很公平。"

尼克医生:"这些都是分享的通用规则。它们虽然复杂,不过很实用。我希望所有的孩子都对这些规则有充分的了解,包括最后一条。"

妈妈(读着清单上的字):"分享是件很美好的事情。"

尼克医生:"是的。(对雅各)嘿,雅各!看看查理。因为你让他玩闪电麦昆,他非常开心。(对吉姆和朱莉)我这是在指出查理的感受。**第六条规则,促进分享**。"

爸爸:"雅各看了一眼,但是他并不在意。"

尼克医生:"他只是现在还不在意而已,他需要经历很多次这样的事情。最终,他会明白他愿意轮流玩和分享会让查理很开心。这是格林斯潘的第六个功能发展水平。"

妈妈:"我感觉好多了。"

爸爸:"这一点上我们还是有共识了。(对妻子)我真的非常不喜欢你总是迁就雅各。"

妈妈:"我之前的做法确实不公平。我可以预见我必须要忍受雅各刺耳的尖叫声,但是他会明白的。"

尼克医生:"等他明白之后,这种明白就是永久性的。他们兄弟两个的相处会好很多。你以前的做法就是在查理心里埋下怨恨的种子,总有一天你会自食其果的。"

爸爸:"尼克医生,太感谢了!"

尼克医生:"我看你的单子上写着雅各还在努力进行如厕训练。"

妈妈:"您还有什么妙招吗?"

## 小结

- 随着年龄的增长,查理很快就意识到雅各不公平地获得了很多玩具,这让他开始感到不满,他甚至会通过故意惹恼雅各来报复。这种情况让雅各一家的分享历程分外困难。
- 同胞竞争是一个非常复杂的发展过程,必须要把整个家庭都考虑进来。
- 我为雅各的父母总结了六个通用的分享规则,并在雅各和查理在我办公室大打出手的时候,演示了如何运用这些规则。

## 预告

后记当中,我们会展望雅各的未来。他正面临着一个巨大的转变——上全日制学校和结束PLAY

模式干预计划。他已经取得了惊人的进步。现在吉姆和朱莉明白,进步永无止境。雅各在情感、社交和学业上有不断成长的**内在潜能**,可以过上幸福而有意义的人生。我非常愿意在雅各上学前班之后继续支持吉姆和朱莉。

# 后　记
什么是孤独症儿童的内在潜能？

什么是孤独症孩子的内在潜能呢？就像我在第一章中提过的那样，一项追踪研究[1]对34名5岁前被诊断为孤独症的儿童（年龄在8岁到21岁之间）进行了重新评估，结果发现他们不再符合孤独症的诊断标准，也就是说，他们没有孤独症了。这些孩子并非轻易地"脱离了"孤独症谱系障碍的范畴，而是他们都接受了非常好的早期干预，因而不再符合孤独症的诊断标准。研究人员估计，高达10%的儿童都有这样的可能性。所以孤独症孩子确实有成为非孤独症人士的**内在潜能**。

但是其他90%呢？我希望通过雅各的例子能让人们明白，发挥孩子真正的**内在潜能**，就是让他们沿着有明确功能发展里程碑的发展道路不断前进。根据格林斯潘和维尔德[2]的说法，孩子的成长不能跳过这些发展里程碑，否则会造成社交功能不良。孤独症人士会以自己的节奏沿着这条道路前行，有的人进展非常缓慢，有的人速度中等，有的人则进步神速。

雅各以中等到快速的速度走过了漫长的干预之路。当他被诊断为孤独症的时候，他还不会说话，也不跟人互动，他只想要一直待在舒适区"做自己的事情"。在此书中他的故事完结时，他已经能够用连贯的句子说话，想要与他人交往，喜欢玩假扮游戏，成为一个强大的情感思考者。雅各上了普教学前班。根据他的特殊教育计划，学前班里有一位不用提供全天服务的影子老师会给他提供一些支持。那么他完全掌握了有效适应学前班的7个习惯了吗（见**第16章**）？还没有呢！不过我相信，等他6岁上学的时候，他就应该具备这些能力了。

像雅各这样的孩子，未来还要面临很多挑战。他需要大量的帮助以提升他的社交能力和情感成熟度，只有这样才能够更好地与那些同龄孩子交往。他在学校里也会面临智力方面的挑战，他要学习数学、拼写和阅读理解技能。随着年龄的增长，他的父母需要帮助他应对与日俱增的需求。焦虑、愤怒、强迫、刻板、孤僻，甚至抑郁，这些心理问题会像恶魔一样如影随形，威胁到孩子的成长。但在专业帮助和家庭的支持下，像雅各一样的孩子就会有在这个世界立足的潜能。

那么在这个世界立足，意味着什么呢？是普遍意义上的成功吗？父母当然希望他们的孩子能上大学，找到一份收入不错的工作，结婚生子，生活幸福。我的很多病人确实会在这些方面取得成功。但是有些孤独症孩子却无法做到，所以我为大多数孤独症孩子重新定义了何谓成功。我希望他们能够与其他人保持友好的关系，不断地成长，保持好奇心和创造力，很好地应对生活中不可避免的压力，过着有意义的生活，从事他们爱好且擅长的工作。这就是幸福的意义所在，这才是他们真正的内在潜能。

## 参考文献

[1] Fein D, Barton M, Eigsti I, Kelley E, et al. (2013) Optimal outcome in individuals with a history of autism. *Journal of Child Psychology and Psychiatry*, 54(2), 195-205.

[2] Greenspan S and Weider S. (2006) *Engaging Autism*, Cambridge, MA: DaCapo Press/Perseus Books.

# 附录 A  PLAY 模式的研究支撑

## 发表的文章

**文章 1**：Solomon R, Van Egeren L, Mahoney G, Quon-Huber M, Zimmerman P. PLAY Project Home Consultation Intervention Program for Young Children with Autism Spectrum Disorders: A Randomized Controlled Trial. *J Dev Beh Pediatr*. 2014; 35(8): 475-485.

（http://journals.lww.com/jrnldbp/Fulltext/2014/10000/PLAY_Project_Home_Consultation_Intervention.1.aspx）

**文章 2**：Solomon R, Necheles J, Ferch C, Bruckman D. Pilot Study of a Parent Training Program for Young Children with Autism: The PLAY Project Home Consultation Program. *Autism*, 11(3), 205-224.

## 文章 1 的摘要

**题目**：孤独症谱系障碍幼儿 PLAY 模式家庭指导干预计划：一项随机对照实验

**目的**：评估 PLAY 模式家庭指导模型的有效性。实验组会采用 PLAY 模式加上常规的社区服务，对照组仅采用社区提供的干预服务，比较两组在改善孤独症谱系障碍幼儿的亲子互动和孤独症症状方面的效果。

**方法**：从分布在美国 4 个州的 5 个残疾康复机构招募了孤独症谱系障碍儿童（N=128），年龄跨度从 2 岁 8 个月至 5 岁 11 个月，随机分为两个组，实验时间为期 1 年。PLAY 模式顾问以发展的理论框架为指导，使用视频和书面反馈的方法，每个月为家长提供指导，为期 12 个月，以改善照顾者与孩子的互动情况。社区服务组包括言语语言治疗、作业治疗和公共教育服务。实验组主要结果包括以下的改变：家长和孩子的互动、语言与发展水平，以及孤独症的严重程度/症状。次要结果包括父母压力和抑郁程度，以及家庭顾问实施 PLAY 模式的准确度。收集干预前后数据进行对比。

**结果**：采用治疗意向分析，在母婴行为评定量表上，父母和孩子的互动行为具有明显的治疗效果。两组儿童的语言和发育商数随时间推移没有差异。接受 PLAY 模式干预的儿童在孤独症诊断观察量表的诊断分类中有所改善。采用 PLAY 模式干预的照顾者的压力没有增加、抑郁症状减轻。家庭顾问准确地实施了干预。

**结论**：结果显示，PLAY 模式干预使亲子互动发生了实质性变化，而且没有增加家长的压力或加重抑郁程度，但儿童的发展水平和语言能力与对照组没有显著差异。必须谨慎解释孤独症诊断观察量表的结果，因为结果与临床经验不一致。PLAY 模式干预为社区的孤独症儿童及其家长提供了一种相对便宜又有效的干预措施。

# 附录 B  雅各的初步评估结果

评估日期：2012 年 4 月 4 日

姓名：雅各
出生日期：2009 年 10 月 5 日

尊敬的医生：

我很高兴可以为你们的患者提供咨询。雅各是一名 2 岁 6 个月的男孩。他的父母把他带到安娜堡发育行为儿科门诊做评估，想确定他是否患有孤独症。

目前雅各通过所在学区的特殊教育管理处，参加了早期干预计划。根据他的个别化家庭服务计划，他获得了特殊教育服务。内容包括每周 1 次的儿童发展专业人士家访服务，还有一些包括在家访计划内的言语语言治疗。雅各每周参加 1 次小组游戏，同样属于学区特殊教育管理处安排的早期干预计划内容。另外，他的父母还自费让他每周到私立机构接受半小时的言语语言治疗。

对雅各的父母来说，他们主要担心雅各的语言发育迟缓、社交互动问题、刻板的兴趣爱好及一些感觉问题。

在语言方面，雅各只会说为数不多的几个词，而且只是偶尔说说，还得是在他的父母辅助下他才会说。在 12 个月到 15 个月大的时候，雅各出现了语言能力轻微的倒退，之前他会说的话比现在多，可是后来他就不再说了。最近他的词汇量有所增加，如"曲奇""车""嘟嘟（火车声音）"等。当他还想要吃东西或想要更多其他东西时，他开始会用手势表示"还要"。平时别人叫他名字时，他经常没有反应，不过最近情况有所好转。事实上，他的父母曾经担心他的听力有问题，还带他去做了听力测试，结果发现他的听力在正常范围内（详见下面的既往史）。在常规活动方面，如果他看到父母在厨房里做饭，他好像就知道吃饭时间到了；听到浴室的水龙头哗哗的流水声，他就会上楼去洗澡。如果只是说出某项日常活动的名称，他似乎还不太明白。他显然还不能执行一步指令，如"把球给爸爸"。看书的时候，雅各对翻书页的兴趣大于阅读书本的内容。他不能按指令指向图片或者回答简单的问题，比如"这是什么？""谁？""在哪里？"雅各似乎认识他喜爱的颜色并且对字母有异乎寻常的兴趣。他正在学习 ABC 字母歌，他喜欢按字母表顺序排列字母。今天我用了《萌发期语言理解和表达测验第三版》（Receptive-Expressive Emergent Language Test, Third Edition, 简称 REEL-3）对雅各进行评估。这是一份家长报告量表，可以评估雅各的语言理解和语言表达能力。评估结果显示雅各的语言理解和语言表达能力相当于 14 个月大的孩子。

在社交方面，雅各喜欢独自做事情。当他的父母试图进入他的世界时，他大多时候都会走开。正如前面提到的，并不是每次喊他的名字，他都会回应，特别是当他沉迷于感兴趣的事情时，他更加不会理睬。他可以自己玩很长时间，父母说他"非常独立"。他的父母注意到雅各缺乏"三方指向"，意思是雅各不会用手去指或转换视线来跟他人分享他的兴趣。雅各的父母留意到雅各跟其他孩子在一起时的表现，例如，他最近在参加小组游戏时，充其量只是"平行玩伴"，也就是别人做什么他也跟着做，而且他经常忽略其他孩子提议的玩法。令雅各的父母感到很困扰的是，当爸爸下班回家时，除非是爸爸靠近雅各并开始和他一起玩，否则对于爸爸的归来，雅各很多时候会视若无睹，不过雅各似乎很喜欢爸爸待在家里。雅各表现出对妈妈强烈的依恋，因为他会"黏"在她身上。雅各害怕时会去找妈妈，但在大多数的时间里，他还是喜欢独自玩他的小火车和小汽车。雅各喜欢玩打闹游戏，特别喜欢跟爸爸一起玩。他还喜欢玩追逐游戏（"我来捉你了"）和一些音乐游戏（如"玫瑰花环"）。他喜欢和妈妈一起玩水（"在浴缸里吹泡泡"），叠积木，还有把简单的拼图（如动物或汽车拼图）拼到正确位置。他有时也会让父母加入他的汽车游戏。

雅各对任何有轮子的物体都表现出强烈的兴趣，特别是小汽车和小火车，尤其喜欢托马斯火车头。他也喜欢把小车翻过来拨轮子。他以前特别喜欢玩门和抽屉，还有任何可以开/关的东西。他似乎对事物产生作用的原理特别感兴趣。如果父母允许的话，他会不停地开关灯。最近，雅各开始把他的小汽车和小火车排成一排排，他好像有着自己的排列规律。如果他的父母改变排列顺序，雅各会很生气，他会把它们恢复到原来的位置上。他爱看电视、电脑和父母的手机。雅各对电子产品太沉迷了，因此他的父母只能禁止他玩这些电子产品。有意思的是，他十分擅长用平板电脑在视频网站中搜索他最喜欢的字母歌。他表现出"惊人的记忆力"，看起来十分聪明。雅各最喜欢的电视节目是《超级Y》（*Super Y*），这是一部关于字母的动画片。他最近开始对字母、数字和拼图感兴趣，但还不太会认颜色。

雅各存在严重的感觉问题。他受不了吵闹的噪音。他不喜欢去商场、大型超市这种人多嘈杂的环境（虽然他喜欢去建材市场，比如百安居）。他对冲马桶的水声很着迷，尽管他不喜欢公共厕所里自动冲水系统发出的响亮声音。他寻求深压并喜欢抱抱。他喜欢跑、攀爬、跳跃和旋转，他会用力地扑到沙发上。他有时会踮着脚尖走路，虽然这一点现在已经有所改善。他有一些拍手的动作，特别是当他看电视或其他电子产品兴奋的时候。

**既往史**：雅各的身体一直很健康，近期没有任何重大疾病，也没有外伤、手术或住院史。他曾经有几次耳部感染，因此他父母担心他的听力有问题。但是包括听力检测在内的耳鼻喉全面检查的结果正常。雅各的妈妈因为频繁孕吐曾服用昂丹司琼，除此之外妊娠史没有其他异常。怀上雅各之前，她已经停止服用抗焦虑药物。既往没有异常妊娠史。雅各是她的第一胎，出生史没有异常。雅各是孕42周出生，出生体重6斤，阿普加评分为7分和9分。雅各是和妈妈一起出院回家的。他出生后有轻微的生理性黄疸，之后自行消退了。

**系统回顾**：系统回顾发现雅各入睡困难并且夜间容易惊醒。随着时间的推移，他越来越偏食，他似乎很抗拒尝试新的食物。他的小便正常，排便通畅，没有便秘或腹泻，但他拒绝进行如厕训练。听力和视力方面没有异常。

**服用的药物**：无

**药物过敏史**：暂无

**免疫接种**：至今为止，接种完疫苗后雅各都没有出现过不良反应。而家长注意到雅各1岁多接种了麻腮风疫苗后有语言倒退的现象，他们担心免疫接种可能导致了雅各的发育落后。

**替代疗法**：患者没有进行特殊饮食或替代疗法，虽然父母正在考虑采用无麸质/无酪蛋白饮食。

**家族史**：母亲家族有强迫症病史。母亲承认自己有一些强迫症倾向。她年轻时害羞、内向。父亲家族中有一个表弟有孤独症。外祖父酗酒，外祖母患有抑郁症。父亲的姐姐非常"情绪化"，但没有被诊断出患有情绪障碍。家族中没有严重的神经系统、精神、发育或遗传性疾病。

**社会史**：雅各家是一个稳定且有凝聚力的家庭，有良好的社会支持。父亲吉姆是一名独立的信息技术顾问，他与大公司签订了一系列合同为他们提供服务。他形容自己是个注重细节的完美主义者。他们最近买了一套房子，经济不算宽裕但收入稳定。母亲朱莉是一位有教育学背景的全职妈妈。她承认自己有一些"强迫症"的倾向。她描述雅各的气质为"紧张型"性格。雅各很容易被惹恼，一般要好一会儿才能平复下来，但是，只要他不受到过分干扰，大多数时候他都会很乐意做自己喜欢的事情。目前除了对雅各情况的担忧，家庭没有面临重大压力。

**诊室中对雅各的观察**：身高86厘米（50～75百分位数），体重25斤（25百分位数），头围52厘米（90百分位数）。雅各是一个反应快、身高体重发育良好、营养充足的小男孩，没有表现出明显的不舒服，也没有外表的畸形。他的头看起来比较大，但头围测量在正常范围。体格检查完全正常。皮肤正常，没有明显色素沉着或色素减退的区域，也没有胎记。手、脚、面部和生殖器没有发现异常。

进一步的观察发现，雅各在我们会面的两个小时内表现得非常独立和以自我为中心。我真的没有听到他说过任何话。他表现出短暂的参与互动能力，并能够维持一些来回互动，不过他很快就会转回去玩小火车和小汽车。他在诊室的地上排列小火车，把它们放在火车轨道上，然后沿着轨道推动它们。他特别喜欢小丑八音盒，想要反复地玩，这反映出他的坚持和参与新活动的能力。他会找妈妈，特别是一开始缺乏安全感的时候，但除此之外，他基本上没有跟父母进行很多的互动。

**评估**：雅各是一个2岁6个月大的男孩，既往有语言发育迟缓、社交互动问题，表现出刻板的兴趣爱好。他存在感觉问题（回避和寻求行为都存在）。我认为他患有轻到中度孤独症。因为他已经有早期语言发展的苗头，并且最近有进步的迹象，也表现出良好的智力，还有一个非常积极和稳定的家庭，所以估计会有良好的预后。

以下是我当天关于下一步计划的录音：

- 雅各应该继续参加他目前的早期干预计划。按照公立学校个别化教育计划的安排，他秋季会转到特殊教育幼儿园。
- 雅各应该每周接受言语语言治疗，我强烈推荐他的父母也一起去上课，并且对所选定活动进行录像，回家后用上课学到的方法促进孩子言语和语言的发展。
- 我总结了科学地进行孤独症早期干预的方法（洛德等人于2001年发布的美国国家研究委员会报告），强调了"强度"的重要性，即每周20～25小时（2～3小时/天）的一对一干预。这种参与性的干预（启动）战略的主要目标是解决孤独症儿童的综合需求（即社交/互动、语言、教育和感觉/运动需求）。
- 行为模式或发展模式，或者两者结合，是目前有效性得到最多证据支持的干预模式。目前最容易获得的孤独症行为类干预模式是应用行为分析（ABA），也称为语言行为训练。此类干预模式应用"技能训练"的方法,孩子达到治疗师的要求就可以得到奖励。ABA 的有效性在实践中早已得到证明,特别是在学业和单独的语言技能提高方面。在密歇根州,ABA 将有可能由保险公司支付费用(见正文)。而最容易获得的发展干预模式是 PLAY 模式,这是一个由父母实施的计划,治疗师通过教会父母以有趣的方式跟孩子互动,帮助孩子发展社交能力。ABA 和 PLAY 模式是相辅相成的,两者一起使用时收效甚佳。

- 我建议每周进行 1 次作业治疗,帮助雅各统合感觉和运动。
- 我推荐"孤独症之声"网站,尤其是上面提供的"100 天工具包",它总结了干预方法的整体计划。
- 我提出两个"不要"。首先,**不要**让雅各长时间独自玩耍或沉迷于自己的世界不理人。在这个阶段,任何类型的电子屏幕对他都没有好处。请将观看屏幕的时间限制在每天不超过 2 个小时。其次,**不要**使用网上推荐的五花八门的孤独症治疗方法。根据我长期的临床经验,饮食(如无麸质/无酪蛋白饮食)、维生素(如注射 $B_{12}$)和替代疗法(如高压氧、螯合治疗等)对孤独症的治疗效果不佳,而且并没有科学证据支持这些方法。密集的行为和发展干预模式是最好的。

进一步来说,我建议家长尽早开始进行 PLAY 模式的干预,并且继续做言语语言治疗和作业治疗。他们应该跟保险公司确认 ABA 的费用是否可以由保险公司支付。

我希望他们能够在 6 个月之后回来复诊,我会帮助他们确定特殊教育幼儿园的个别化教育计划。与此同时,我会跟他们保持电话联系,如果他们选择进行 PLAY 模式的话,我会一直跟进下去。非常感谢您推荐我接诊了雅各。

祝好!

理查德·所罗门医生
医疗总监

# 附录 C  PLAY 模式功能发展水平概述

### 功能发展水平第一阶段

**共同注意和自我调节**（始于 0～4 月）
- 能够保持平静和自我调节，以跟他人分享注意；可以维持短暂的互动。
- 因**舒适区**活动而失去调节：自我刺激（比如拍手）、背诵、排列等。
- 当发现孩子有舒适区活动，说明孩子的功能发展水平第一阶段有漏洞。
- 关键问题：孩子和我们**在一起**的程度？
- 孩子的注意力在哪？孩子的意图是什么？
- 使用"兔子洞技巧"在功能发展水平**第一阶段**加入孩子的活动。

### 功能发展水平第二阶段

**参与**（始于 4～8 个月）
- 更多的持续关注让孩子开始参与互动。
- 喊他们名字时，他们会看过来。开始有交流环了！
- 躲猫猫是经典的功能发展水平第二阶段的游戏。
- 关键问题：加入孩子的活动中，难度有多大？
- 这是"出汗"的阶段，家长/专业人员必须花力气（即出汗）保持孩子参与互动。
- 跟随孩子的引导并不容易，但可以做到的！（见**兔子洞技巧**。）
- 小心视觉性的活动，因为参与这些活动的难度更大。
- 应用加入"舒适区活动"的技巧。

### 功能发展水平第三阶段

**简单的双向沟通**（始于 8～14 个月）
- 轮流打开和关闭交流环，持续 6～10 个来回。
- 主要活动：简单的因果游戏。
- 关键问题：是孩子启动的交流（即打开首个交流环）吗？
- 我们想要"制造一个小怪兽"（即孩子会一直缠着你，要一起玩）。
- 这是需要"等待"的阶段，家长/专业人士要学会等待，看看孩子是否会启动交流（即打开交流环）。
- 开始明白"常规"。
- 开始说第一个单字。

## 功能发展水平第四阶段

**复杂的双向沟通**（始于 14 ~ 20 个月）

- 孩子成为解决问题小能手！有了他们自己的想法。
- 会说一些字词，但主要以非言语沟通为主。
- 连续打开和关闭 10 ~ 30 个交流环，互动不间断。
- 简单的假想：把电话放到耳边或像奶牛那样发出"哞"的声音。
- 更长时间地和我们"在一起"。
- 模仿。
- 执行一步指令：去，拿，给，放那儿……
- 小故事："明白"有意义的顺序。
- 跟同伴或兄弟姐妹玩平行游戏。
- 在感受方面越来越清晰。

## 功能发展水平第五阶段

**分享意义和象征游戏**（始于 18 ~ 24 个月）

- 接受性语言和理解能力显著提高。
- 跟成年人玩单一主题的假扮游戏。
- 主要使用 1 ~ 2 个词的短语。
- 能回答简单的问题：是什么？在哪里？谁？在做什么？是或否？但还不能回答"为什么""什么时候"的问题，不会使用人称代词。
- 继续跟同伴进行平行游戏，其中有一些互动。
- 执行 1 ~ 3 步指令。
- 简单地打招呼，开始讲礼貌。
- 开始有幽默感。
- 顺从：开始做别人想让他们做的事情。

## 功能发展水平第六阶段

**情感思维/逻辑思维**（始于 24 ~ 48 个月）

- 可以用句子表达。
- 提问和回答"为什么"的问题。
- 可以回忆起刚发生不久的事情。
- 把想法串联起来。
- 识别自己和他人的感受。
- 认识感受、行为和结果之间的关系。

- 双主题的假扮游戏。
- 展开简单的对话。
- 建立同伴游戏。
- 随着能力发展,不当行为随之而来。

# 附录 D  呼吸、放松和想象——为孤独症儿童提供的技巧

## 介绍

对于处于**功能发展水平第五阶段**及以上，而且能力已经相当稳固的孤独症儿童，我们可以教导他们使用简单的呼吸、放松和想象的技巧，这个技巧跟其他的应对技巧结合一起使用（详见尼克医生的"20个过渡技巧"和"良好行为、不良行为和不适当行为"），可以非常有效地帮助减少愤怒、悲伤、担忧和不安等情绪。

我曾在密歇根州立大学儿科工作过几年。当时我在肿瘤科担任发育行为儿科医生，为患有癌症并需要经受痛苦手术过程（脊椎穿刺和骨髓穿刺）的儿童提供服务。我教他们如何使用呼吸、放松和想象的方法控制疼痛，并在此过程中学到了一些"转换技巧"。

### 呼吸、放松和想象的步骤

1. 告诉孩子你的目的，即**教他们在心烦意乱时如何平静下来**。让他们启动"采纳建议"的流程。"当你生气、悲伤或担心时，其实一点都不好玩，对吗？我有一个好玩的方法可以帮你**保持平静和快乐**（正面的建议），而且不难做到。今晚你准备睡觉的时候，我会教你。"不需要征求他们的同意，你只需要假设他们**会**这样做并且**能够**做到。要给予**正面**的建议，不要用负面的表述，比如"我们不希望你担心"。相反，给出正面的建议，如**保持平静和快乐**。

2. 最好在孩子要睡觉的时候教他们这些技巧。当他们放松地在一个舒适的地方躺下来时，会更容易接受。

3. 睡前再说一次："我要教你的是，当你开始生气、悲伤或担心时，如何**保持平静和快乐**。我要教给你一个非常好玩的技巧，这个技巧的名字是'**松、松、松的把戏**'。首先，你先深呼吸3次，然后握紧手臂，接着你让它们松、松、松开。这个把戏很好玩！"

4. 接着让孩子（一定不要强迫）做**3次缓慢的深呼吸，你帮忙数数**。深呼吸跟正常无意识的呼吸不同，它可以帮助孩子更好地控制放松的过程。此技巧可以用于缓解压力。如果你想了解更多的放松方法，请继续往下阅读。

5. 在孩子吸气时，你依次数到3，然后**紧接着说：呼气！**"这会让孩子非常放松。"享受此刻，放松你的身体。吸气，呼气，放松，更加放松……现在我要教你'松、松、松的把戏'。"

6. '松、松、松'的把戏。孩子躺在床上，让他们在**吸气**时握紧手臂。与此同时，你说"紧、紧、紧"。接着，在孩子呼气时说："呼气，让你的手臂放松，放松，再放松。"此方法也适用于腿部。让孩子呼气时暗示自己"放松的感觉很好"。孩子如果喜欢的话，可以重复此操作。

7. **接着给孩子一个将来在何时使用这个方法的建议（呼气时）**。"当你感到生气、悲伤或担心时，你可以使用这个新技巧保持平静和快乐。"

8. 最后，告诉孩子，他们的情绪会平复，并且他们会感觉良好、平静和快乐。整个过程不应超过15分钟。

# 术 语 表

**应用行为分析**（Applied Behavior Analysis，简称ABA）：一种行为干预方法，由伊瓦尔·洛瓦斯博士和特里斯塔姆·史密斯（Tristam Smith）博士在斯金纳的操作性条件反射理论的基础上发展而来，通过强化原理提升儿童技能。循证研究表明，ABA能够对孤独症儿童实现有效干预。

**注意力缺陷与多动障碍**（Attention Deficit Hyperactivity Disorder，简称ADHD）：（见术语表"兴奋剂"）一种脑部疾病，主要特征有注意力不集中、容易分心、多动和冲动，会影响儿童在家庭和学校中的正常生活。

**孤独症诊断量表**（Autism Diagnostic Inventory，简称ADI）：可以准确诊断孤独症的一种问卷，由凯西·洛德（Cathy Lord）博士开发。

**孤独症诊断观察量表**（Autism Diagnostic Observation Scale，简称ADOS）：一种观察评分工具，能够准确诊断孤独症，由凯西·洛德博士基于实证研究开发。

**情感**（Affect）：儿童的情感态度；他们喜欢的、想要的或偏好的那些事物。

**孤独症谱系障碍**（Autistic Spectrum Disorder，简称ASD）：其特点是社交或沟通障碍、重复刻板的行为和狭窄的兴趣，范围从轻度到重度。常见表现有感觉加工困难和语言发育迟缓。

**阿斯伯格综合征**（Asperger Syndrome，简称AS）：孤独症谱系障碍中的一种高功能表现，其特点是语言沟通和智力发育正常，但社交风格怪异，具有刻板或狭窄的兴趣爱好，部分儿童可能表现出特殊天赋。目前《精神障碍诊断与统计手册（第5版）》已删去这一名称（见术语表"精神障碍诊断与统计手册（第5版）"）。

**非典型抗精神病药物**（Atypical Anti-psychotics）：如利培酮和其他控制攻击行为的药物。获批用于治疗孤独症儿童。

**听觉加工**（Auditory Processing）：儿童加工听觉信息的方式。对于孤独症儿童来说，解码声音和理解文字含义的过程往往是困难的，即他们难以理解听到的信息，或者需要更多的时间加工听觉信息。

**儿童孤独症评分表（第2版）**（Childhood Autism Rating Scale Second Edition，简称CARS-2）：由埃里克·邵普勒（Eric Schopler）博士开发，用于诊断孤独症的量表。

**婴幼儿孤独症筛查量表**（Checklist for Autism in Toddlers，简称CHAT）：一种常用的筛查工具，由西蒙·巴伦-科恩（Simon Baron-Cohen）博士开发，用于识别可能有孤独症的幼儿。

**交流环/交流互动**（Circles of Communication）：沟通中来回互动的过程。打开一个交流环意味着开启一个互动，关闭一个交流环意味着对社交对象做出回应（见术语表"互动"），就像"打乒乓球"所体现的关系。

**认知发育迟缓**（Cognitive Delays）：儿童在思考和理解方面低于常人水平一种保障。这是描述儿童精神发育迟滞的较新术语。

**舒适区**（Comfort Zone）：孤独症儿童在做他们想做和喜欢做的事情时，尤其是重复活动时，所拥有的神经心理舒适感。舒适区源于儿童异常的神经系统，使儿童想要沉浸其中，保持不变。

**内容与过程（Content vs. Process）**：父母与孩子进行互动时，内容是"做什么"，过程是"怎么做"。例如，当孩子和父母在玩抛接球游戏时，内容就是"抛接球游戏"，过程就是"来回抛接球"。

**依联互动（Contingent Interaction）**：当一方的回应取决于另一方时，就是依联的互动（见术语表"交流环"）。

**线索（Cues）**：线索是指观察到的孩子的行为。通过它，你可以判断孩子到底是否喜欢互动的过程。

**回合尝试教学法（Discrete Trial Training，简称DTT）**：这是应用行为分析或早期密集行为干预中的一种方法，以简化的和结构化的步骤展开教学，即通过将每一项要教的技能分成小的步骤，然后分步教授并练习，从而让孩子学会技能。

**地板时光（Developmental, Individualized, and Relationship-based，简称DIR）**：一种基于发展、个体差异和人际关系的干预模式，由儿童精神病学家斯坦利·格林斯潘医学博士和儿童心理学家塞蕾娜·维尔德博士共同开创。PLAY模式的理论基础便是在"地板时光"的框架上产生的。

**精神障碍诊断与统计手册（第5版）（Diagnostic and Statistical Manual, Fifth Edition，简称DSM-5）**：美国精神病学协会对精神疾病进行分类和定义的官方诊断手册。关于孤独症谱系障碍，《精神障碍诊断与统计手册（第4版）》包括3个诊断类别：孤独症障碍、广泛性发育障碍和阿斯伯格综合征。DSM-5不再保留广泛性发育障碍和阿斯伯格综合征的分类，现在统称为孤独症谱系障碍，范围为轻度到重度。DSM-5中强调孤独症主要是一种社交沟通障碍。

**表达性语言障碍（Dyspraxia）**：该障碍主要表现有两个，（1）儿童有发音困难，即语言发育迟缓；（2）儿童知道自己想说什么，但无法顺利表达。

**仿说（Echolalia）**：儿童在没有完全理解句子意思的情况下自动重复听到的单词或短语。

**早期密集行为干预（Early Intensive Behavioral Intervention，简称EIBI）**：是应用行为分析（见术语表"应用行为分析"）的一种形式，针对孤独症谱系障碍幼儿的干预。通常让幼儿在桌面上学习目标技能，并借助食物或口头表扬或有趣的活动等外部奖励强化正确反应。

**功能情绪评估量表（Functional Emotional Assessment Scale，简称FEAS）**：利用视频对社交互动进行测量。该量表可以测量照顾者对于孩子行为线索的敏感性和孩子的功能发展水平。

**功能发展水平（Functional Developmental Level，简称FDL）**：源于斯坦利·格林斯潘博士的地板时光理论。儿童在5岁之前有六个功能发展水平：（1）共同注意和自我调节；（2）参与；（3）简单的双向沟通；（4）复杂的双向沟通；（5）分享意义和象征游戏；（6）情感思维/逻辑思维。

**脆性X染色体综合征（Fragile X Syndrome）**：一种主要影响男性的遗传病，该病患者存在一定程度的认知迟缓或智力障碍。有10%～15%的该病患者同时存在孤独症。

**泛化（Generalization）**：将在一种情况下学到的知识应用于另一种情况的能力。

**遗传病因学（Genetic etiology）**：研究疾病是由基因引起的一门学科。基因由DNA组成，并决定着个体的生理特征和一些人格特质。科学证明，一些孤独症病例是由基因引起的。

**高敏感性（Hypersensitivity）**：对环境刺激过度敏感。

**低敏感性（Hyposensitivity）**：对环境刺激不够敏感。

**《残疾人教育法》（Individuals with Disabilities Education Act，简称 IDEA）**：《残疾人教育法》为美国各州的早期干预和特殊教育服务提供了指南，主要条款有以下几条。（1）免费且适合您孩子的教育；（2）限制最少的环境，即您的孩子享有与其他普通孩子在同一学习环境中接受教育的权利；（3）个别化教育计划（IEP），即您与学校根据孩子的具体情况制订一份个别化教育计划；（4）法律支持，即您有权获得免费的法律援助，州政府会聘请专业人士。

**个别化教育计划（Individualized Education Plan，简称 IEP）**：法律规定的个别化教育计划，适用于 3 岁至 5 岁 11 个月儿童。

**个别化家庭服务计划（Individual Family Service Plan，简称 IFSP）**：法律规定的个别化家庭服务计划，适用于 0 岁至 2 岁 11 个月儿童。

**学区特殊教育管理处（Intermediate School District，简称 ISD）**：负责管理特殊教育服务的官方机构。特殊教育服务与普通教育学校服务分别由不同的机构管理，但特殊教育服务机构通常位于普通教育学校内。它有自己的管理者及行政人员，如"孤独症顾问"。它负责监督所有特殊教育服务，包括言语语言治疗服务、作业治疗服务、特殊教育教室和资源教室等。

**引导（Lead）**：孩子的兴趣。类似于"意愿"。通过跟随孩子的"引导"，成年人与孩子进行愉快的互动，从而提高孩子的功能发展水平。

**学习障碍（Learning Disability，简称 LD）**：儿童智力正常，但有特定的学习困难的一种障碍。也就是说，孩子智力正常，但在阅读或数学或写作等方面存在困难。

**动作计划（Motor Planning）**：动作是指肌肉的活动。动作计划是指儿童从一项运动转移到另一项运动或对指定的动作进行排序的能力。孤独症儿童通常在动作计划方面存在困难。

**精神发育迟滞（Mental Retardation，简称 MR）**：在智力标准化测试中得分低于 70 分。孤独症儿童通常在智商测试中得分很低，因此可能被诊断为智力障碍或认知障碍。智力障碍是一个较老的术语，目前更倾向于使用认知障碍。

**自然环境（Natural Settings）**：不是专门为干预治疗而设置的环境。典型的自然环境包括家庭、公园、杂货店等。

**神经舒适区（Neurologic Comfort Zone，简称 NZC）**：见术语表"舒适区"。

**高反应性（Over-reactive）**：（见术语表"高敏感性"和"感觉运动模式"）。一种感觉运动特点，其特征是对环境刺激过度反应。例如，嘈杂的噪声会打扰到高反应性的儿童，只有较低水平的刺激才能够帮助他们保持冷静和关注他人。

**操作性条件反射（Operant Conditioning）**：一种由结果控制行为的学习方式。操作性条件反射的关键概念有正强化、负强化、正惩罚和负惩罚。

**口腔运动障碍（Oral Motor Problems）**：通过口和舌发音困难，或不能有效咀嚼和吞咽食物的一种障碍。

**可塑性（Plasticity）**：在外界刺激和丰富环境的作用下，大脑神经元产生新的联结的能力。

**孤独症幼儿游戏和语言干预模式（PLAY Project）**：PLAY 模式是一种基于循证医学研究，针对孤独症谱系障碍年幼儿童的由家长实施的干预模式。PLAY 代表孤独症（A-Autistic）年幼儿童（Y-Youngsters）的游戏（P-Play）和语言（L-Language）。PLAY 模式帮助父母在家庭环境中使用基于发展的、关系的方法，与他们难以参与社交互动的孩子进行互动。PLAY 家庭顾问为家长提供指导和示范，并提供视频反馈以帮助家长学习 PLAY 模式原则、方法、技巧和活动。正如斯坦利·格林斯潘博士和塞蕾娜·维尔德博士在《地板时光》中所描述的那样，由家长实施的干预可以提高孩子的功能发展水平。与应用行为分析或其他行为干预不同，PLAY 模式遵循孩子的引导和线索，而不需要训练或预设结果。

**PLAY 原则**：在 PLAY 模式的实施过程中，需要遵循四个原则。（1）孩子跟他人玩得开心；（2）每次跟孩子玩 10～20 分钟，加起来大约每天两个小时；（3）根据儿童的舒适区、感觉运动特点和功能发展水平，对儿童进行准确的评估；（4）根据孩子的功能发展水平去跟孩子玩。

**PLAY 策略**：在进行由 PLAY 模式指导的活动时，需要遵循三个策略。（1）舒适区；（2）感觉运动特点；（3）功能发展水平。在 PLAY 工作坊中可以查看这些概念的详细介绍。

**关键反应训练法（Pivotal Response Therapy，PRT）**：一种以应用行为分析理论为基础的干预方法。它比传统的应用行为分析、早期密集行为干预和回合尝试教学法更加有趣，并将游戏和儿童的兴趣作为正强化物（相关概念见术语表）。

**过程与内容（Process vs. Content）**：见术语表"内容与过程"。

**本体感觉（Proprioception）**：本体感觉是指肌肉、肌腱、关节等运动器官本身在不同状态（运动或静止）时产生的感觉（例如，人在闭眼时能感知身体各部位的位置）。

**互动（Reciprocal Interaction）**：取决于对方行为的互动。互动过程依赖互动双方，当你做某事时，孩子会做出反应，反之亦然。

**感觉运动游戏（Sensory Motor Play）**：使用涉及感觉或运动的游戏方式。例如，追逐打闹、转圈、摇晃、跳跃、开灯和关灯等。

**感觉运动特点（Sensory Motor Profile，简称 SMP）**：儿童通过各种感觉体验和运动探索外界的独特方式。有些感觉体验是儿童喜欢的，有些不是。感觉体验有九种主要形式：本体感觉（关节运动的体验，即跳跃、手臂/腿的抖动等）、空间感觉（对于空间距离的体验）、触觉（抚触/挠痒痒/按压/挤压）、前庭觉（转弯/旋转的感觉）、视觉、听觉、口腔感觉（品尝和进食）、动作计划（大小肌肉的协调以及做你想做的事情的能力）和嗅觉。此外，感觉体验还包括儿童对外界的反应方式。高敏感性的儿童对环境反应过度，当有过多的感觉或情绪输入时，他们很容易感到不适；低敏感性的儿童与之相反，对外界输入的感觉或指令没有反应；有些儿童呈现出混合的反应方式，有时表现为高敏感性，有时表现为低敏感性。

**感觉统合（Sensory Integration，简称 SI）**：使用感觉体验帮助儿童理解他们的世界的过程。感觉统合治疗通常由作业治疗师提供，且采用特定的治疗技术。

**PLAY 的七个环节（Seven Circles of PLAY）**：家长和专业人员可以按照七个步骤帮助儿童学习 PLAY。

**社交语用干预（Social Pragmatic Interventions）**：这是一种基于游戏和语言的干预方法，和传统的应用行为分析不同，主要用于改善两个人之间的社交语言和社交互动。格林斯潘、普里赞特（Prizant）、汉娜（Hanen）开发的那些方法和 PLAY 模式都属于社交语用干预的实际应用。

**选择性 5- 羟色胺再摄取抑制剂（Selective Serotonin Re-uptake Inhibitors，简称 SSRI）**：也称为选择性血清再摄取抑制剂。氟西汀及其类似药物有助于缓解焦虑、强迫症和抑郁。总体而言，耐受性很好，有效性高，且必须每天服用。

**兴奋剂（Stimulants）**：用于治疗注意力缺陷 / 多动障碍的安非他明类药物（如哌甲酯）。

**低反应性（Under-reactive）**：（见术语表"低敏感性"）一种感觉运动特点，其特征是对环境刺激没有反应。低反应性儿童的注意力很难被唤起，而且他们需要大量的刺激帮助他们保持平静和关注他人。

**语言行为疗法（Verbal Behavioral Therapy，简称 VB/VBT）**：一种应用行为分析干预方法，基于斯金纳的条件反射理论，通过行为教授言语技能。它是文森特·卡蓬（Vincent Carbone）、马克·桑德伯格（Mark Sundberg）和詹姆斯·帕廷顿（James Partington）开发的一种临床模型，目前已被美国诸州广泛使用。

**前庭觉（Vestibular）**：与神经反馈有关，以确定自己在空间中的位置。

**潜在发展区（Zone of Potential Development）**：由维果茨基提出的概念，描述了儿童发展的极限。当父母的期待超出了儿童的理解范围时，这种期待就处于儿童的潜在发展区，实际上应当处于儿童的最近发展区。

**最近发展区（Zone of Proximal Development）**：由维果茨基提出的概念，描述了儿童在理解范围内互动时产生兴趣、感到兴奋，并能积极参与互动的情况。它是儿童学习的最佳区域。儿童既不会因为互动过于简单或重复而感到厌烦，也不会因为超出理解范围而感到困惑（见术语表"潜在发展区"）。

# 译 后 记

作为本书的译者，我们感到无比荣幸能够参与《孤独症儿童社交、语言和行为早期干预：家庭游戏 PLAY 模式》的翻译工作。这不仅是一次深入探索的旅程，更是对科学理念和文化桥梁深入理解的过程。在与作者的反复沟通中，我们不仅要对书中的每一个字、词、句进行细致的推敲，还要保证能够精准传达作者想要表达的每一个观点。正是在这种细致入微的工作中，我们逐渐成了除作者之外，最了解这本书的人。随着对书本内容的不断深入理解，我们越来越坚信，这本书将为中国的孤独症干预领域带来新的视角和思路。

在此，我们首先要由衷地感谢理查德·所罗门（Richard Solomon）教授对我们的信任。他相信我们对他所创立的"家庭游戏 PLAY 模式"有着深刻的理解，可以准确地传递他想要表达的核心理念和信息，使其在中文语境中得到最恰当的呈现。翻译不仅仅是语言的转换，更是文化的桥梁。在这个过程中，我们不仅要考虑语言的准确性，还要考虑到文化背景的差异，以确保中国读者能够真正理解并接受书中的内容。我们对文本进行反复校对，并根据编辑的反馈进行了数次修改。经过一年多的辛勤努力，我们相信，我们已经不负作者的信任，用最纯正、最贴合中国读者阅读习惯的中文，将书中的精髓原汁原味地呈现了出来。

译者团队的每个成员都在孤独症干预领域拥有与孤独症儿童及其家庭打交道的丰富经验。这也是所罗门教授选择我们来翻译他的著作的重要原因之一。我们在第一次阅读这本书时，就被所罗门教授的智慧深深折服！家庭游戏 PLAY 模式融合了趣味性、实用性和科学性，本书通过讲述一个生动的家庭干预故事，让读者轻松理解并运用这一复杂的干预过程。这种模式的优势不仅在于它有扎实的科学研究作为支撑，还在于其实用性、可操作性和易于普及。

在翻译的过程中，我们也不断感受到家庭游戏 PLAY 模式大道至简的智慧：通过与孩子互动，家长引导他们在快乐中实现进步。书中所生动描述的家庭故事与实践经验，既为家长树立了榜样，也为专业人士提供了新的解决方案。家长可以在日常的家庭环境中，为孩子提供有趣且富有成效的干预。读者们会发现，家庭游戏 PLAY 模式不仅是一种干预方法，更是一种生活方式。正如所罗门教授在序言中所提到的，玩耍是哺乳动物的本能，幼崽通过与父母和同伴玩耍学习生存技能并建立亲密关系，人类也不例外。通过有趣的互动，孩子们逐渐对社交产生兴趣，模仿成人的言行，从而促进他们的社交、情感和语言能力的发展。更重要的是，这种富有乐趣且有效的互动还能减轻父母的焦虑，增进亲子之间的亲密度。

身为专业人士的同时，我们也都为人父母，养育孩子，也曾指导许多家庭。然而，在翻译的过程中，我们仍然被所罗门教授所传递的亲子互动理念所折服，深感家庭游戏 PLAY 模式的大道至简。成人在与孩子互动时，往往会不自觉地想要"教导"孩子，认为自己更懂。然而，家庭游戏 PLAY 模式强调的是，成人应跟随孩子的引导，做孩子想做的事情，而不是按照成人的预设去"教"孩子。这种理念听起来似乎很简单，但在实践中却不容易实现。如何放下成见，与孩子在同一个频道互动，跟随孩子的引导，这是需要技巧和方法的。该模式旨在通过指导家长如何跟随孩子的引导，最终帮助孩子达到家长期望的目标。这个过程说起来容易，做起来却充满挑战。然而，所罗门教授在书中详细阐述了这一过程，教家长们如何做到寓教于乐，如何成为孩子的最佳玩伴，并在实践过程中达成知行合一。

此外，本书解决了目前的一个困境，那就是市面上关于孤独症干预方法的书籍种类繁多，但多数书籍要么过于学术，难以理解；要么缺乏趣味性，难以吸引读者；又或是操作性不强，难以在实际生活中应用。书中的每个章节记录了雅各及其父母与尼克医生在不同时期会面的情况，涵盖了从初诊到干预取得巨大进步的全过程。在阅读的过程中，读者不仅能够深刻理解孤独症家庭所面临的挑战，还能见证雅各及其家庭的成长与变化。随着故事的展开，读者会逐渐对家庭游戏PLAY模式产生浓厚兴趣，进而对其效果表示由衷的认可。

对于正在寻找有效干预方法的无数孤独症家庭来说，雅各一家的故事无疑是希望的象征。它展现了在科学指导下，家长如何通过看似简单，实则有趣且有效的日常互动，帮助孩子取得显著进步，并在这个过程中收获亲子间的深厚感情。这不仅为他们的干预之路带来了信心，也为其他类似家庭树立了榜样。而对于专业人士来说，这本书则是一部难得的实践宝典。书中所描述的在诊室里发生的故事、医生与家长的对话，以及干预过程中所面临的各种问题，所有这些内容都会让我们感到熟悉和亲切。此外，书中所提及的专业知识及对家长的指导，也为我们提供了新的视角和解决方案。无论是在日常工作中，还是在指导家长进行家庭干预时，这本书都会成为专业人士的重要参考资料。

总而言之，《孤独症儿童社交、语言和行为早期干预：家庭游戏PLAY模式》不仅是一本干预方法的实用指南，更是一座连接不同文化、传递希望与信心的桥梁。我们相信，无论是家长还是专业人士，都能从这本书中获得深刻的启发，并在各自的实践中取得新的进展。我们作为本书的译者，深感荣幸的同时，也衷心希望本书的内容能够帮助到中国的孤独症儿童及其家庭。

最后，我们想感谢所有参与本书翻译、修订工作的医生、老师、同事和研究生们。特别是林玲（Linda Lin）女士，她多次往返于中美两国，积极推动家庭游戏PLAY模式的本土化修订和研究，为本书的面世付出了巨大的努力。同时，我们也感谢华夏出版社的编辑们，正是她们的专业精神和别具慧眼让我们对这本书的顺利出版充满信心。尽管我们尽力确保书籍的完美呈现，但难免存在不足之处，恳请读者批评指正。再次感谢大家的支持和帮助！

| | |
|---|---|
| 王崇颖（PhD，BCBA-D） | 李巧毅 |
| 南开大学孤独症研究中心主任 | 资深发育行为儿科医生 |
| 南开大学社会学院教授 | 美国家庭游戏PLAY模式认证顾问 |
| 博士生导师 | 家庭干预内生模式联合创始人 |

2024年9月

This is a translation of *Autism: The Potential Within* by Richard Solomon.
Copyright © 2016 Richard Solomon MD

北京市版权局著作权合同登记号：图字 01-2024-1638 号

**图书在版编目（CIP）数据**

孤独症儿童社交、语言和行为早期干预：家庭游戏 PLAY 模式 /（美）理查德·所罗门（Richard Solomon）著；王崇颖，李巧毅主译. -- 北京：华夏出版社有限公司，2025. -- ISBN 978-7-5222-0758-2

Ⅰ．G766

中国国家版本馆 CIP 数据核字第 2024BD0230 号

**孤独症儿童社交、语言和行为早期干预：家庭游戏 PLAY 模式**

| 作　　者 | ［美］理查德·所罗门 |
|---|---|
| 主　　译 | 王崇颖　李巧毅 |
| 策划编辑 | 张冬爽 |
| 责任编辑 | 薛永洁　张冬爽 |
| 出版发行 | 华夏出版社有限公司 |
| 经　　销 | 新华书店 |
| 印　　装 | 三河市少明印务有限公司 |
| 版　　次 | 2025 年 3 月北京第 1 版　　2025 年 3 月北京第 1 次印刷 |
| 开　　本 | 880×1230　　1/16 开 |
| 印　　张 | 25.25 |
| 字　　数 | 613 千字 |
| 定　　价 | 128.00 元 |

**华夏出版社有限公司**　地址：北京市东直门外香河园北里 4 号　邮编：100028
网址：www.hxph.com.cn　　　　　　　　　电话：（010）64663331（转）
若发现本版图书有印装质量问题，请与我社营销中心联系调换。